审判实践与探索

静安法院 2023 年度调研成果精粹

上海市静安区人民法院 编

孙静 主编　沈立 副主编

上海人民出版社

编辑委员会名单

目　录

典型案例

数据研析

类案检索机制的司法应用及完善
——以数字赋能适法统一为研究视角

孙　静　倪　强　季玲玲　皮妍蓉　蒋卫丽*

2020 年 7 月，最高人民法院（以下简称最高院）公布《关于统一法律适用加强类案检索的指导意见（试行）》（以下简称《类案检索意见》）并试行，成为创设具有中国特色类案检索制度最直接的司法文件。至此，类案检索机制的发展步入快车道。2021 年 11 月《最高人民法院统一法律适用工作实施办法》（以下简称《适法统一办法》），提及最高院法官进行类案检索的强制条件。2023 年 3 月，全国两会上最高院的工作报告，分别在"司法体制综合配套改革"和"智慧法院建设"两部分，提到了"类案检索"及"类案识别推送"，更加凸显了类案检索的重要性。

从当前司法实践的运行来看，推进类案检索的已经不止于助力适法统一，在贴合审判实务需求、预判潜在案件风险、助力场景应用审判监督、服务诉源治理等方面，类案检索无疑也在发挥着巨大的价值。然而，类案检索的运行现状，与通过数字手段赋能高质量审判的预期效果之间，还存在一定差距。当前，随着司法数据中台和智慧法院大脑的初步建成，如何立足法官需求作为开发视角，使类案检索成为打开"类案类判"大门的金钥匙？如何以数据驱动和知识服务能力的提升，拓展类案检索的全链式应用？是当前亟待研究的课题。

*　孙静，法律硕士，上海市静安区人民法院党组书记、院长。倪强，上海市静安区人民法院金融审判庭庭长。季玲玲，法学硕士，上海市静安区人民法院商事审判庭副庭长。皮妍蓉，法学硕士，上海市静安区人民法院金融审判庭审判员。蒋卫丽，法学硕士，上海市静安区人民法院金融审判庭法官助理。本文系 2023 年上海法院重点调研课题结项成果，并获优秀奖。

一、缘起：类案检索制度的现状考察

笔者通过问卷调查及现场访谈方式，以随机抽取的 S 市 J 区基层法院的 87 位法官为样本，调研法官使用类案检索的情况。通过笔者调查，发现法官在进行类案检索时普遍感受到以下"痛点"。

（一）检索平台各自为政，类案资源散落重复

近几年，类案检索平台如雨后春笋般诞生，但因缺乏顶层设计与规范引导，各类法律检索公司开发的检索产品同质性较大、个性化不足。海量散落的司法信息未系统整合，没有统一的数据来源，类案检索变成"大海捞针""大浪淘沙"，冗余的数据分散了法官的检索精力，使法官无法在相对较短时间内"淘"到最具有价值的信息。调查中发现，有近 70% 的法官因无法"确信"单一检索平台结果的全面性，存在同时使用两种或以上平台的情况。（见表 1）

表 1 部分案例检索系统

法院内部检索系统		法院外部检索系统
最高人民法院	类案智能推送系统	中国裁判文书网、北大法宝、法信、中国知网、威科先行、中国司法案例网、无讼案例
北京市	睿法官系统	
上海市	C2J 智能辅助系统	
浙江省	凤凰金融智审	
重庆市	类案智能专审平台	

（二）检索产品供需失衡，推送结果欠缺精准

因未建立统一的司法元数据标准，各平台的数据信息呈闭环流通，缺乏共享融合，协同开放程度不高，平台案例推送的精准度不能满足法官的检索需求。调查中发现，有 23% 的法官认为，通过设定关键词筛选后获得的案例，并非"类案"，需进一步筛选，耗时耗力；有 25% 的法官认为，检索平台仅程式性设置若干检索标签，并未关注案件个性化的争议焦点和事实情形，类案参考价值不大；另有 52% 的法官认为，检索平台存在类案提取

范围过窄、案例来源不清、案件效力不明等无法满足法官检索预期的情况。（见图1）

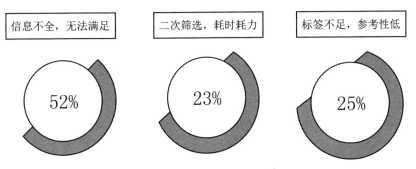

图1　被调研法官使用类案检索平台感受

（三）检索方法机械单一，搜索结果偏离预期

因缺乏与类案检索平台配套的具体操作指引，检索平台标签制作相对粗糙，法官自身检索能力差异较大。法官检索案件主要凭个体经验，未形成统一的检索思路与方法技巧，个体检索的有效性差异较大。上述情况在45周岁以下的法官中相对较好，而在45周岁以上的法官中则运行不畅。经了解发现，在经常性使用检索平台的法官中，有50%以上的法官对于检索任务的实现需要耗费60分钟以上的时间，仅有不足20%的法官对于检索任务的实现仅耗时15分钟以下。（见图2）

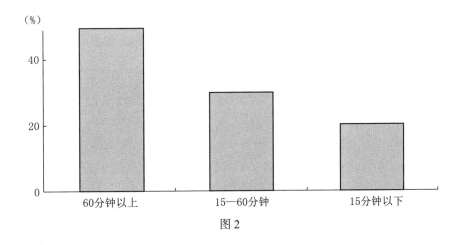

图2

（四）检索范围较为狭窄，避重就轻有失规范

类案检索的主要作用，在于前案对后案处理在法律适用上的参考价值。虽然《类案检索指导意见》中列出四类强制检索的范围，并提出在前一顺位检索到案件，可以不再进行检索。但是，除了最高院指导性案例为"应当参照"外，其他案例的效力仍缺乏遵循适用方面的"硬性"评价。法官在检索时，主要以二审是否改发作为导向，调查中发现，有84%的法官检索类案时，首先考虑的是其上一级法院有无"类案"，其次才会考虑其他级别的"类案"，而对于外地法院的案件一般不予参考。如此一来，法官所检索的案件并非真正意义上的"类案"，过于狭窄地选择性适用检索案例，影响了案件的审判质量，最终不利于适法统一。

（五）检索收费两极分化，使用成本影响选择

不同类案检索平台存在检索界面的构架差异及检索功能的不同，也导致收费存在很大差异，直接影响使用者的选择。以功能较全的"法信平台"为例，不仅显示专门的"类案检索"板块，而且能提供字段和句段的模糊检索，全文检索时还支持诉讼请求、事实认定、裁判理由、裁判结果、引用法条等字段的检索，并具备自动统计分析和可视化阅看等强大功能。当然会员费也较高，个人账户会员费近2000元/年。但调查中发现，类似"中国裁判文书网"等免费使用平台或其他有偿使用费用相对较低的平台，虽然未对"类案检索"板块专门罗列或者功能明显不及"法信平台"，却是80%以上的法官的选择，可见高昂的检索成本还是会让人望而却步。（见表2）

表2　部分类案检索平台功能及价格对比（2023年）

类案检索平台	突出优点	每年使用费用
中国裁判文书网	案例收录最全	免费
法信平台	一站式检索＋智能关联	2000元左右
威科先行	案例收录全＋检索维度广	3000多元
无讼案例	指导性案例、公报案例	案例检索免费

（六）人工智能助力不足

目前绝大部分类案检索平台的运行机制，主要是通过字段识别输入检索词和数据库中的案例样本进行抓取匹配，应用模式仍为弱人工智能的产物，司法人工智能在类案检索领域体现不明显。调查中发现，检索系统与人工智能的结合主要存在以下问题：现有类案检索从制度上和实操上均对人工智能摄入不深，技术上缺乏对相似案件事实与裁判结果之间的智能解读，人工智能技术瓶颈突破难度较大。类案检索平台可供选择的字段范围较窄，且仅能根据字段匹配呈现相应结果，无法对输入的"检索词"进行"人工思维"识别分析。以类案经验总结为基础的要素式审判模式及要素式裁判文书仍未有效嵌入系统中，裁判要素的提炼还需反复斟酌，自然语言处理技术、语义理解技术等无法直接抓取案件要素。

二、审思：类案检索机制的制约因素

类案检索机制在司法实践中遭遇挑战，从既往的司法实践看，检索效果参差不齐，这与检索理念不清、检索范围不明、检索资源不整合、检索标签不精细、检索算法不智能存在因果关系，具体而言：

（一）顶层设计规范化与案例运用自发性的矛盾

《类案检索指导意见》对于类案检索作出了四种情形下"应当"检索的强制性规定，即"（一）拟提交专业法官会议或者审判委员会讨论的；（二）缺乏明确裁判规则或者尚未形成统一裁判规则的；（三）院长、庭长根据审判监督管理权限要求进行类案检索的；（四）其他需要进行类案检索的"。其他情形下，法官对法律检索的认知还停留于自发性阶段，把类案检索看作是一项选择性工作，而非办案的必经程序，这与当下法官的理念、类案需求和检索能力存在着天然联系，也与法官办案时间紧、压力大、任务重等客观因素有关。

值得注意的是，2017 年的《类案检索实施意见》规定，除了拟作出的裁判结果与本院同类生效案件裁判尺度一致的，可以由合议庭自主决定外，其他形成新的裁判尺度或改变原有生效案件裁判尺度的，都要通过专业法官会议或审判委员会的支持。2020 年出台的《类案检索指导意见》指出，对于类案法律适用不一致的，通过法律适用分歧机制予以解决，而《最高人民法院关于建立法律适用分歧解决机制的实施办法》的适用范围仅为高级人民法院以上以及专门法院，并未覆盖到中级人民法院及以下法院。此种情况下，法官对于检索平台中有关生效案例的自发性运用更加趋于弱化，有的会刻意选择作出与原有生效裁判尺度一致的裁判结果而规避检索类案。久而久之，将形成裁判尺度的"马太效应"，不利于"类案"的质量。

（二）搜索任务多元化与数据供给不平衡的矛盾

首先，适用范围上，司法领域案件繁简分流改革已进入正轨，但类案检索背景下的"繁案"与"简案"的标准如何划分尚未进一步细化，由此导致检索要求也缺乏细则。调查发现，对案情较为简单、争议不大、法律适用明确的案件，类案检索需求不大；对新类型、疑难案件等，更需要类案检索的参考意义。但现阶段，类案检索未区分"简案""繁案"，检索方法和结果"大杂烩"。关键词单一将检索出大量"简案"，难以定位目标案例，关键词叠加又将带来检索结果极少或检索不能的困境。其次，工具选择上，由于统一权威的检索平台缺失，各检索工具检索标准不一，检索结果大相径庭。目前类案检索系统主要包括官方检索系统如中国裁判文书网和商业检索系统如无讼、北大法宝等。各平台在数据来源、标签制作、检索路径、智能化程度上参差不齐各有长短，法官在类案检索中很可能需要跳转多个平台以满足不同需求。这与检索平台各自为政、资源零散有关，并由此导致难以统一检索标准和抓取规则。因此，从法官类案检索具体需求入手，拆解多元检索任务，以目标导向构建数据输入模式，是实现类案检索高效精准的前提。

（三）类案冲突标准细化与检索规范要求泛化的矛盾

从法院审级看，不同审级、兄弟法院在适用法律方面产生冲突，如何确定检索效力尚未明确；对于最高院层级的案例效力上是否必然高于其他案例，有待规范；对于上一级法院的判决是否应当优先参考存在不确定性。从案件事实看，法官对于关键事实的细微改变是否对类案适用及审判产生影响等问题难以判断，加之法官个体知识结构、审判经验和价值评价不同，在关键事实和相似程度的经验判断以及认知程度上存在偏差，造成检索结果匹配困难，检索的全面性、有效性将无法保证。总而言之，如果缺乏一套明确的检索规则，法官所选择的案例将会是"选择性"类案，一些裁判质量不同的案例会因为法官先入为主的主观因素不当地进入类案的范畴，与类案类判的导向发生功能偏离。①

（四）标签匹配精准与类案推送错位的矛盾

精准是法律检索的关键。法官对于现有案件进行类案检索目标的实现，相当程度上依赖于法律标签的精准度，但因缺乏统一的标签词库，标签制作粗糙简单，标签名字随意无序，导致类案自动推送并不智能，即推送案件数量庞大，法官不得不进行多次甄别与筛选，无奈以"人工检索"方式选择契合办案需求的裁判文书、司法案例等等，这实质上并未真正提高法官的办案效率。另外，因裁判文书的复杂多样性，以及缺乏争议焦点的归纳与表述规范，导致有的标签无法准确表达争议焦点，难以供检索主体发现、提取和比对，从而使得当前的标签定位无法满足法官精准检索的需求。标签不精准、维度不完善、知识不全面、分类不深入已成为法官对推送案例"类似而无用"的认知与感受。

也就是说，如果仅通过规模化的法律标签比对寻找类似案件，即便标签相同，而核心法律技术不符合检索预期，则对于法官而言，该类检索毫无价值可言。因此，如何解决标签匹配的精准化问题，是实现类案自动推送智能化的关键。

（五）检索结果深度融合与人工智能浅化运用的矛盾

司法审判的数字化、智能化时代已经到来，类案检索的功能要求已经从利用数据测算实现个案公正向提炼法律总结类案裁判方式的更高价值推进。总结类案裁判规则要求在不同语言组合中提取语义，抓取案件要素进行类案特征识别，并运用法律技术提炼裁判观点。此外，当类案结果存在差异冲突时，需要结合多种因素对检索结果进一步比对，如地域差异、司法价值理念、

---

① 魏新璋、方帅：《类案检索机制的检视与完善》，载《中国应用法学》2018 年第 5 期。

新旧法交替等，对检索过程的要素抓取与语义理解提出了更高的要求。

虽然早在2018年已经推出"类案推送"检索方式，但其技术路径仍通过关联案件强制检索机制，以及大规模的标签比对去搜寻目标案例，技术上缺乏对相似案件事实与裁判结果之间的智能解读，而目前还缺乏对类案检索推送策略的定量化研究。同时，由于各检索数据库过于分散和重复，难以通过统一平台资源训练机器的智能话术。人工智能技术驱动下的自然语言处理工具将更好匹配检索结果深度融合的要求，其对不同表达方式的语义解读及结合上下文的理解能力都将让类案检索向法官个体需求无限靠拢，如何通过机器学习（machine learning）训练其自动抓取关联语言并归纳整合裁判观点，这对建成全方位智能服务的智慧法院将是全新的挑战。

三、输入：类案检索司法应用的建构完善

类案检索是以大数据为基础的案件事实和法律争点相互匹配的过程。案例数据库的容量储备度、原始数据的规范性、检索平台的智能化等方面的前期构建将直接影响类案检索结果匹配度的高下。因此，解决类案检索在司法应用中呈现出的问题，归根结底，就是要思考如何完善检索的前端建设以及优化法官群体终端使用路径。

（一）确立数据采集的遵循原则

随着人工智能技术的发展，类案检索技术的算法不断迭代更新，但不论技术条件怎么变化，优质的法律数据库依然是类案检索的根基。对类案检索数据库的内容进行大数据采集时，要关注到数据的"海量＋权威＋分层"。"海量"就是要求采集数据的内容广泛，既应当包括以自然原始形态呈现的生效裁判文书、根据案件编写加工而成的案例分析等案例基础资源；也应包括法律、司法解释、各级法院出台的指导审判工作的意见、印发的会议纪要等案例周边资源。"权威"是指采集的司法数据来源应当出自官方渠道，内容的准确关乎检索的结果是否具有参照意义，基于这些数据的产生源于法院，对于案件是否生效、裁判文书是否被改判或者撤销、审判工作的指导意见和会议纪要等内容是否发生变化，都要在采集时予以明确。"分层"则是出于检索效率的考虑，在采集司法数据时，根据对案件裁判的参考意义大小，对案例

及案例周边资源进行层级区分，排除与案件认定无关的流程信息，避免对数据分析结果产生干扰，便于检索者在搜寻到大量检索结果后，可以对案例的参考价值作出判断。（见图3）

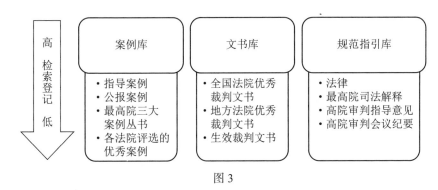

图3

（二）拓宽检索资源的供给渠道

检索依赖于稳定持续而准确有效的基础资源供给，数据库需要新鲜血液的不断补给，才能持续焕发活力。首先，中国裁判文书网、中国庭审公开网、中国执行信息公开网等系全国性公开的数据库，已成为法律大数据应用的重要"数据能源"。其中，中国裁判文书网已成为全球公开规模最大的裁判文书检索网站，目前已公开法律文书142957779份，[②]成为检索生效法律文书最权威、最完整的渠道来源。裁判文书公开上网，全国各级法院均有专人负责，此处延续目前机制即可。其次，优秀裁判文书和精品案例的资源供给，则可以与各地法院开展的优秀裁判文书和精品案例评选工作相结合，[③]精心筛选后的优秀裁判文书和精品案例，一般涉及司法实践中的新类型和疑难复杂案例，具有示范效应和参考价值。考虑到评选活动主要由各级法院的审判管理部门牵头组织，已有的优秀裁判文书和精品案例成果较为完备，且总体数量可控，故可由审判管理部门集中负责上传，发挥优秀裁判文书和精品案例的指引价值，以审判成果反哺司法实践。目前，最高院"人民法院案例库"的持续建设为该类优秀资源的供给提供了有力支持。最后，类案的周边资源，如法

---

② 数据截至 2023 年 10 月 23 日。
③ 如最高院的全国法院百篇优秀裁判文书评选、S 直辖市法院开展十多年的百篇优秀文书、百篇优秀案例。

律、司法解释等，直接从全国人大常委会、最高院的官方渠道即可获取（较为权威的有全国人大常委会国家法律法规数据库、中国人大网法律释义与问答等）；而地方各级高、中级人民法院形成的对案件裁判的指导意见、会议纪要等，凝结了法官的集体智慧，对类案审判具有指导作用，由印发的部门负责上传，但考虑到司法实践的地域特性，应允许上传部门可以设置公开的范围。

（三）推进检索系统的集成互融

追求和建立任何一项制度都不能仅关注结果，而无视所付出的成本。[④]当前，各类案例检索平台较多，法院开发的检索系统和法律科技公司开发的检索平台，已有较好的基础。但是不同平台的技术标准并不统一，可能造成同一案件在不同平台匹配不同的类案，且平台之间融合共享、协同开放的程度不高，应当予以有效集成。要解决制约类案检索高质量发展的关键技术难题，要结合多学科力量，协同企业院校，依托上海本地的互联网企业技术力量和资源，集中优势力量，加快集智攻关，面向类案检索应用提供基础的、通用的数据服务。首先，建立"一站式检索"，服务四级审判。最高院建成类案检索的大数据库后，各地法院检索平台都可从该数据库中抓取数据，数据来源的唯一性与权威性也为检索平台的集成提供了基础。其次，检索系统集成，坚持内外有别。法院内部，建议由最高院出台《类案检索平台建设规范指引》，规范各地法院检索平台的基本功能。检索平台之间可以通过最高院内网互联，互相开放检索端口，实现资源共享。法院外部，应认识到商业主体搭建的类案检索平台对推进司法公开，提升律师等群体的司法能力具有重要价值。且外部技术平台具有较强的资源，可合作共享类案检索数据库的开发成果，最高院可以选择几家权威的商业检索平台，对其开放数据库。最后，合理区分费用收取。上文提到的许多检索平台收费，均超出使用者的预期，也影响了类案检索成效的充分发挥。鉴于如上文所述由最高院牵头、各地法院共享建设的类案检索大数据资源库，以及法院对案件进行如下文所要探讨

---

④ ［美］罗格·I. 鲁茨：《法律的乌龙：公共政策的意外后果》，刘呈芸译，载《经济社会体制比较》2005 年第 2 期。

的标签标记工作，类案检索平台的创建和维护凝结着各级法院法官的劳动成果，也能解决制约商业检索平台破解标签精细化的重要障碍，商业检索平台向法院免费开放检索端口，共享司法公开的成果。

（四）更选类案标签的制作主体

类案检索以知识图谱和自然语言处理技术为基础，通过分解案件事实结构、比对要素标签，对类案进行量化分析，最终搭建类案之间的形式逻辑。故，案件事实间的相似度计算是核心。但是进行相似度计算的前提，是对数据进行识别和归类。未经归纳和整理的裁判文书、案例，就像摆放在仓库中杂乱无章的货物，要确保分拣和推送结果的精准，数据标签的制作尤为重要，必须对海量的文书、案例等通过标签的方式进行标记。搭建检索平台的技术服务商，要付出极大成本来进行数据标签的标记工作。而标签制作本身是一项极其耗费人力和精力的工作，且需要较强的司法能力，如果标签不准确，会导致检索结果偏离关键事实，获取错误选项，检索效果不佳；如果标签不全面，会导致检索结果宽泛庞杂，筛选工作加重，检索效率低下。目前多数类案检索平台由法律技术公司开发，存在算法设计者司法认知不足、从事基础性法律数据标签工作的人员不具备法学背景等问题，可能导致标签设置不合理、标签设置滞后、标签设置空白等问题。这并非仅依靠人工智能即可一蹴而就予以解决，这也是制约当前法律检索平台发展的最大瓶颈。

但如果转换思维、目光向内，结合类案检索数据库在资源汇入阶段的天然优势，将这一关键步骤交给承办法官，让每一名法官成为案件数据标签的"制作者"。法官作为"标签制作者"对自身承办案件的分析、归纳和提炼，这样既能形成第一手资源，也是最精准、最高效的标记方式，可以大大提高数据标签的精度，兼具成本低和效率高的优势，这也是外部法律科技企业无法企及的天然优势和重要资源。依托结案时的线上系统化报结方式，当前法院采用的审判综合管理平台，可以将案件标签设置的任务，嵌入电子化审判系统，作为案件报结时信息点的必输项。案由、当事人、标的、裁判结果等基本案件标签，⑤ 系统本身已作为基础采集数据；而裁判要旨、争议焦点、法

---

⑤ 案件标签，即案件特征要素，在标识案件特征时的形象化表达。

律适用等反映案件最重要特征的标签，应当由法官在报结案件时进行录入。法官对于自己承办案件的裁判要旨、争议焦点、法律适用等特征最为清楚明确，由其进行归纳，能极大提高标签制作的准确度和实用性。另外，在报结同时进行标签录入工作，还能提高标签录入的效率，因为标注的案件体量有限，亦不需要耗费额外人力在另行阅读文书和案例后再做标签。对于上文提到的案件是否属于优秀裁判文书、精品案例、指导性案例以及案件审判指导意见、会议纪要等内容，则由负责评选以及负责印发的部门在评选后予以标记，也可与内部考核的可视化相结合。

（五）创设类案标签的词库指引

类案检索的精确度来源于标签设置的精准化，只有细分明确的法律标签，类案检索的目标和结果的匹配度才能更高。上文提及由法官作为标签设置的主体，能极大提高案件标签的标记质量。但是，因法官个体能力和认识存在差异，同时考虑到争议焦点和裁判要旨的标签设置更加符合类案的快速定位要求，应在争议焦点、裁判要旨、法律适用等核心标签的设置上进行规范。涉及争点整理与表达的基本规范，建议最高院可以结合最高院案由规范指引等既有规定，对案件事实、焦点问题进行分类总结，就各争议焦点设置检索词，出台《类案检索标签词库指引》，并将标签的关键词直接导入案件报结系统，便于法官报结时选择录入。而对于裁判要旨的表达方式，可以参照指导案例的裁判要旨所列方式。由此，可以在一定程度上减少因法官个体智识、能力以及表达习惯上的差异所导致的词库标记的不精准、不科学。当然，在设置标签的过程中，对于标签的关键词有必要区分必选项和输入项，为法官在标签创设的过程中留出个性化空间。普通案件的争议焦点可以直接在必选项中进行选择，对于疑难案件和新类型案件，无法在词库中找到精确用词的，可以由法官自主标记。有观点担心，法官在进行案件标签设置时可能会随意适用，但事实上标签精细化对法官而言也具有一定的内生驱动，对自己承办案件的标签设置越精确，日后自行搜寻和梳理承办案件时，检索精准度也更高。

只有把握类案搜索的核心关键词，才可以迎合准确的检索需求，更加符合类案界定和快速定位。上文提及的《类案检索标签词库指引》，不仅在前置输入端的司法元数据库采集数据时，用以对案件特征进行标记，实现信息输入，而且在检索中还可以直接作为检索工具，类似于我们使用的词典，实现后文将论述的效果输出。再者，在数据输入端和检索输出端，均使用《类案检索标签词库指引》同一套语言体系，搜索的匹配度和精准率将大大提高。词库指引可以向社会公开，共享司法成果。

（六）区分标签作制的繁简类别

随着案件繁简分流改革，简案进行类案检索的需求相对较低，繁案的类案检索供需不匹配，能够满足繁案检索需求的权威案例供给不足，很难检索到匹配度高的案件。为科学运用类案检索繁简分流机制，使类案检索成为法官手中的"智囊"而非负担，对繁简不同的案件，应分情形设置类案检索的标签。首先，以案由为标准进行分流。案由作为区分案件难度的一项重要标准，根据案由不同，类案的简繁设定规则就不同，如金融借款案件的繁简分流就以简案为原则，系统默认这类案件简案为原则，繁案为例外，标签设置可以尽量简单。而股权转让纠纷案件，法律关系相对复杂，则应以繁案为原则，简案为例外，标签设置相对复杂。其次，以审理程序为标准进行区分。如以小额诉讼程序、简易程序审理的案件，系统默认简案为原则；以普通程序审理的案件，或者经过专业法官会议、审判委员会讨论的案件，则应以繁案为原则，简案为例外。最后，对于案件繁简的区分，本身存在较大的主观性，此处可以引用上海法院开发用以考核法官工作量的案件权重系数，该套系数已经大量科学测算论证并在实践中取得了较好的运行效果，尤其是对每一类案件的权重系数都予以了明确，为案件繁简的识别提供参考依据。

（七）强化人工智能的深度应用

法律的本质是由众多经验归纳出逻辑，再利用这种逻辑去处理事务。[6]人工智能于类案检索的深度应用，通俗而言就是训练机器学习这些经验逻辑，并识别逻辑与不同事务之间的联系，从而给出解决方法，即提炼裁判规则的过程。不同于现阶段类案检索以精准标签作制为前提，再通过大量数据抓取

---

⑥　熊秉元：《正义的成本》，东方出版社 2014 年版，第 35 页。

进行标签匹配的路径，笔者建议的强人工智能其目的是要实现跨越标签匹配步骤，让机器精准理解检索需求，实现"人机协同"模式下给出对应具体类案甚至是类案裁判规则的解决方案。首先，后台人员先对裁判文书根据不同标准初步区分大类便于机器理解，如案由、简繁、程序、地域、审级等。其次，对裁判文书的规范样式及逻辑结构细化分割，便于机器识别。可参照前文提出的《类案检索标签词库指引》内容，以数字化形式输入机器。如诉请及请求权基础、证据认定、事实认定、法律适用、判决主文等之间的逻辑联系。最后，根据上述不同大类，每类项下通过大量生效裁判的数据训练，吸收裁判文书的语言学特征，构建能够理解语义和上下文逻辑的算法模型，训练机器从基本事实和关键证据推演出类案报告，最终实现精准度较高、检索结果匹配的类案自动推送和裁判规则提炼。在这个"输入—训练—学习"的过程中，贯穿着由智能算法提取并经专业法官严格校验的大路径，涉及机器学习与人机之间的互动反馈。通过反复持续的正向反馈，不仅可以促进机器学习，还能帮助使用者及时掌握技术缺陷，为类案智能检索迭代更新提供动力。当然，这个过程不仅受限于信息技术发展瓶颈，还受制于司法实践中争议较多的法律适用和事实认定；不仅需要了解算法模型构建，还需要了解法官的立场和需求，充满挑战，也更值得期待。

四、输出：类案检索的全链式应用优化

（一）检索预期的实现路径

1．明确检索的启动标准

探讨类案检索的启动标准，应观照类案检索的制度初衷，类案检索制度的目的在于辅助法官办案、促进法律适用统一，并非是给法官们本已繁重的审判任务再添负担，因此不宜对所有案件进行强制检索。鉴于司法实践中高位运行的案件数量和不同案件的不同检索需求，可将类案检索的启动标准区分为应当适用及建议适用两种情形。《类案检索指导意见》明确四类"应当适用的情形"：（1）拟提交专业法官会议或者审判委员会讨论的；（2）缺乏明确裁判规则或者尚未形成统一裁判规则的；（3）院长、庭长根据审判监督管理权限要求进行类案检索的；（4）其他需要进行类案检索的。

《最高人民法院统一法律适用工作实施办法》则规定了最高院强制承办法官类案检索的九类情形，除了有三项重合外，还有六项，其中一至四项也是最高人民法院要求各级人民法院监督管理的"四类案件"。建议将其作为各级法院建议适用类案检索的范畴：（1）重大、疑难、复杂、敏感的；（2）涉及群体性纠纷或者引发社会广泛关注，可能影响社会稳定的；（3）与本院及上级法院的类案裁判可能发生冲突的；（4）有关单位或者个人反映法官有违法审判行为的；（5）检察院抗诉的；（6）当事人或代理人提交指导性案例或者最高院生效类案裁判支持其主张的。类案检索的主体，则根据适用情形的不同进行匹配，符合"应当适用情形"时，由主审法官负责检索并制作检索报告；符合"建议适用情形"时，由主审法官委托法官助理进行检索并制作检索报告。（见图 4）

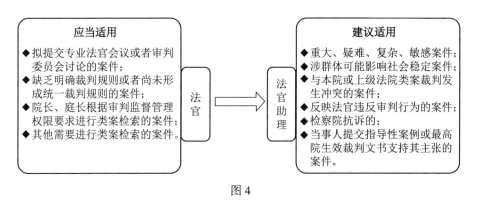

图 4

2．廓清合理的检索范围

类案检索不是漫无目的地搜寻，检索范围必须作必要限制，且张弛有度。必要限制是针对初检而言的，体现在案件的效力范围、时间范围及地域范围。效力范围主要包括最高院指导性案例、公报案例、典型案例，本省（自治区、直辖市）高级人民法院发布的参考性案例及裁判生效案例，上级法院及本院发布的典型案例及作出的生效裁判。案例的效力层级对应权威的强弱，指导性案例效力层级最高，各地高级人民法院及上级法院因审判监督权的存在，也对下级法院的审判具有约束力其他评选的典型案例、优秀案例等亦具备较高参考指数。[⑦] 时间范围，对应新旧理念的变化。时间越相近的案例理

---

⑦ 李文超：《法官说：案例检索与类案判决》，人民法院出版社 2023 年版，第 110 页。

念越接近，而当时间跨越到某一点时，相同的事情在前后可能获得不同的法律评价。故应当充分考虑类案的时效性，区分案件的重要程度，来明确检索的时间范围。《类案检索指导意见》指出，除指导性案例外，优先检索近三年的案例或案件，已经在前一顺位中检索到类案的，可以不再进行检索。结合上述指导意见，建议：对最高院已发布的指导性案例应检尽检，不限时间范围；最高院公布的公报案例、三大案例选、典型案例及裁判生效案件检索时间范围为五年内；本省高级人民法院发布的参考性案例、指导意见、裁判生效案件检索范围为三年内；上级法院和本院发布的典型案例、生效裁判文书等的检索时间范围为三年内。（见图5）地域范围，对应判决地方化，解决法官对检索结果存在不同地域类案差别时如何契合的问题。其规定除上级法院和本院外，其他具有代表性的省市中高级人民法院发布的典型案例及生效裁判也可纳入检索范围。张弛有度是针对复检而言的，依据上述方法进行初检后，若尚未实现搜索目标，则应合理突破上述限制，适当扩大检索范围，确保检索预期的实现。

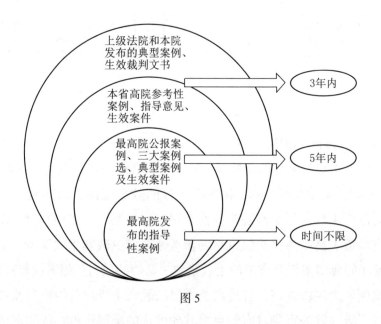

图5

3. 对标缜密的检索逻辑

随着数据库的不断充实和检索平台的融合发展，法律检索的终极目标，是让检索结果对个人检索能力高低的依赖度越来越弱，实现更加便捷友好的类案检索。但是即便如此，在现有的检索背景下，缜密的检索逻辑，依然能有效提高检索效率。检索准备如下：（1）判决依据的确定源于关键事实的归纳，类案识别是通过将案件关键事实标签化处理后，以事实要素是否相同为判断标准，将具有相同标签的案件进行比对识别。故需要把握待决案件的关键事实，厘清案件的必要事实和非必要事实。（2）锁定法律关系，精准总结争议焦点。通过诉讼程序的推进，诉辩双方的对抗意见，证据的展开，分层次分阶段地细化核心争议，最终精准提炼争议焦点。（3）根据案件情况提炼特征性因素，一般从主体特征、客体特征、行为特征三方进行提炼。[8]（4）检索应当把握好体系化检索、逐层检索、平台顺序选择等要领。体系化检索，是要明确检索的路径，一般为归纳案情——总结争议焦点——抽象出检索标签——输入搜索关键词——读取检索结果。逐层检索，则是根据检索内容按照效力大小进行等级排布，分类逐层检索，在较高类别检索到相关文书和类案的，可不再向后一类别进行检索。检索平台的顺序选择上，可优先选择智能权威的平台，如法信、类案智能推送平台、无讼、威科先行等法律检索平台。

4. 提高检索的实操技能

实践中，检索目标所依赖的法律规范、审判思路、平台本身等均处于发展变化中，唯有不断加强培训，才能提高类案检索的能力，最终实现精准检索。一方面，可将案例检索纳入法官和法官助理职业能力培训的必修课程，制作法院内部类案检索的指引，由法官、法官助理自主学习、自我培训。法官和法官助理需要熟练掌握检索工具的使用方法和类案信息的检索方法及技巧，还要提升类案识别能力，着眼于提高识别案由、争议焦点、基本事实、法律适用、综合权衡等能力，更重要的是将类案检索结果精准运用到审判实践。另一方面，职能管理部门可以对类案检索中所反映出的问题进行归纳总结，开展个性化、针对性的辅导和提示，建立检索能力考核机制，提高法官检索经验的积累和类案检索积极性，并定期组织法律检索技能大赛，以赛代练，促进检索能力的提升。此外，还可邀请法律科技公司派人讲授检索技巧，提升应用外部检索平台的能力。

---

[8]　李文超：《法官说：案例检索与类案判决》，人民法院出版社 2023 年版，第 77 页。

（二）拓展检索结果的应用场景

类案应用场景建设应是保障审判权规范运行、服务新型审判权力监督、服务审判资源科学设置的基础性工程。司法实践中，可针对案件办理、审判监督、资源配置的不同需求，探索类案应用在不同场域、不同层级的功能发挥作用，多维度共同构筑类案应用。

1. 立足法官需求，锚定个案正义

从个案出发到类案，最终又回归个案，类案检索最核心的功能，就是服务法官审理案件的现实需要，完成的是裁判要旨的比对和裁判思路的迁移。作为类案检索结果及运用的重要表现形式，同时也是类案检索机制发挥作用的重要载体，类案检索报告成为类案检索可视化的重要依托。报告中不仅应包含检索情况说明等方法论的内容，还应罗列已决案件及待决案件的基本信息，尤其是对两者的类比分析及得出的检索结论将是该报告的核心内容。当然，在案件检索结果的表达上，因我国并非判例法国家，检索到的案例不宜直接以援引的方式体现，而一般可在裁判理由中予以表述，并将参照案例的裁判规则融入文书的说理部分。另外，类案检索并非为了一味地"套用"在先案例的裁判思路，裁判结果可能与类案检索所得多数裁判观点一致，也可能存在与之不同的情形。为防止案件审理出现偏差，一般情形下结合个案情况，以参照多数意见为主。拟作出的裁判结果与检索所得类案的多数裁判观点一致，一般可以直接适用；特殊情形下，拟作出的裁判结果与多数裁判观点不一致的，拟作出的裁判结果应当提交专业法官会议讨论，必要时按程序提交审判委员会讨论，符合《最高人民法院关于建立法律适用分歧解决机制的实施办法》情形的，参照该办法处理。此外，应当建立类案检索的责任豁免机制。即便是类案，其实基于地区差异、当事人差异、当地社会文化差异，案件裁判要兼顾三个效果的统一。对于法官在参照类案时进行裁判导致的错案，避免机械的追责方式，以鼓励类案检索的应用。

2. 依托人工智能，迭代审判能力

类案检索是提升审判能力的重要手段，可以减少法官提升审判能力的时间成本，实现审判经验的复制和共享。当前，不少检索系统可以根据法官搜索的历史轨迹，自动生成检索案件的检索报告。未来随着人工智能的进一步

发展，期待检索报告可以实现报告内容的智能比对，对一段时期内裁判观点的变化予以追踪。系统可以根据法官的订阅习惯，将检索中关注较多的领域内最新的法律规范、指导意见、会议纪要等进行精准的智能推送，显示该领域内最新的权威观点。此时，类案检索的效果，便不再止步于个案的审判，而是以一种研究的视角探索法律适用的异同，更多地注重类案裁判的思考方式、逻辑演进，挖掘可以借鉴的司法方法，真正实现"检索一个，办好一类"的效果。随着 AI、ChatGPT 的发展，基于司法大数据资源，对于文本数据的提取分析能力大大增强，我们甚至可以想象到，系统自动化提取核心词汇、语句、段落等，智能分析语义，实现对类案本事实、争议焦点、法律适用等问题的精准定位与识别，构建精准的类案推荐模型，并关联法律法规、司法观点等。未来法官在撰写裁判文书时，系统会自动推送裁判要旨，甚至对拟裁判结果和类案结果进行自动比对校验，对偏离尺度较大的裁判结果进行预警提示。

3. 聚焦审判质效，赋能审判管理

类案检索制度最终是为了提升审判质效，这也是审判管理部门的职责所在。类案检索可以成为一种新型的审判管理抓手。上海市高级人民法院院长贾宇在全市法院院长座谈会上强调，"审判监督管理大平台是数字法院建设的核心，场景应用是核心中的核心"，通过构建相应的监督评查场景应用实现对标类案检索，自动提示适法不统一问题等。首先，《关于进一步完善"四类案件"监督管理工作机制的指导意见》明确对"四类案件"的识别要求和监管责任，也对承办法官设定了强制检索的需求。可基于对"四类案件"的特性，嵌入审执风险预警模块，进行类案检索和自动推送，实现对"四类案件"的可视化监管。并以类案检索为手段，通过数据碰撞发现案件异常，识别虚假诉讼，在源头上进行类案监督。其次，审管部门通过司法大数据，可追踪一定时期内，本院法官的检索热词及形成的检索报告，发现审判实务中的热点、难点问题，并就当前审判工作中的疑难复杂问题，提交审判委员会进行讨论，形成明确意见后反馈给审判业务部门，指导审判实践。再次，审判管理部门在对改发案件进行评查及错案追究中，是否经过类案检索及检索程度、处理及回应方式，也可以作为认定改发责任的情节予以考量。最后，在目前推进的"场景应用"建设中，类案检索的标签创设及提取规则亦可与之相结合。

通过类案检索的标签词库，搜寻应用场景的目标内容，同时，应用场景的构建亦可完善类案检索标签词库的资源。

4. 延伸应用场景，服务诉源治理

除了在诉讼场景中的应用，其实类案检索还可与诉源治理相对接，成为科学治理诉源的有效方式。上文提到的审判监督管理平台既是监督平台，也是治理平台。通过构建社会治理类场景应用，运用大数据开展类案监督，积极协同其他职能部门进行"都管"。从类案检索平台提取的标签关键词，为诉源治理类场景应用的规则指定提供思路。当某一类标签词汇搜索热度短期大幅提升时，将会对诉源治理场景进行预警提示。一方面，可以进行诉前检索，在线上的诉讼服务平台或者线下的诉讼服务大厅"智慧仓"嵌入类案检索模块，鼓励当事人进行类案检索，自行鉴别类案与自身纠纷的关联度、参考性，为当事人提供裁判结果的合理预期，有利于后续纠纷的实质性解决。另一方面，类案检索中形成的大量司法数据，可以进行交叉比对分析，形成司法大数据报告，揭示类案纠纷产生的主要原因，得出当前阶段类案裁判的裁判要旨。为参与诉源治理的司法所、人民调解组织等主体开通类案检索的端口权限，或者定期推送类案检索大数据报告、具有裁判指引价值的生效案件、诉讼风险评估等法律知识，帮助多元解纷的主体了解纠纷的主要特点及处理建议，使得类案数据的价值得到有效释放，为促进区域治理提供科学的司法指引。同时，通过类案检索，识别特定诉讼请求类型的重复模式，发现特定类型的纠纷突然激增的，比如涉众型金融纠纷，可以及时发出司法建议、审判白皮书等，预判诉讼风险，服务区域的高质量治理。

五、结 语

类案检索的内在逻辑，在于从海量的司法资源里精准地锚定所需要的类案，实现知识管理的精细化和智能化，助力法律适用的统一。实现类案类判，绝非一朝一夕之事，但在司法综配制改革的背景下，在"数字改革"的强力推动下，可以看到实现这一夙愿的曙光。笔者站在一线法官的立场和视角，对类案检索机制的应用和平台的构建提出自己小小的思考。各类检索平台如"百花齐放"，人工智能也逐步融入检索领域，相信在不久的将来，"海

纳百川"的司法元数据库、"智能便捷"的检索平台、"权威实用"的检索结果运用机制,都将在数字赋能下进一步得到完善,服务案件审判、诉源助理等的效能也将得到进一步发挥。法律人对于类案检索机制寄予的美好愿景终将实现。

审判团队与合议庭、审判庭关系研究

——以基层法院"五位一体"闭环式审判团队为中心

陈树森　沈　烨　向　阳*

新中国成立以来，我国法院进行了多轮内设机构改革，审判庭作为法院最基本的单元，经历了从简单到细分再到整合的过程。党的十八大以后，我国开始推动结构性的司法体制改革，逐步推行法官员额制，随着案多人少的矛盾日益突出，"诉讼爆炸"时代的来临，法院的机构设置、人员管理等面临巨大的挑战。一是法官员额制与立案登记制改革施行以后，案多人少的现象十分突出，人案矛盾愈发突出；二是社会生活的飞速发展，对司法审判工作提出了更高的专业化要求；三是部分基层法院人员基数大，科室众多，机构庞杂，审判监督和管理的难度大。

面对内设机构改革的迫切需要，各地基层法院开始探索建立新型审判团队。根据最高人民法院的构想，"以办案为目标，以法官为中心，配置一定数量的法官助理、书记员等必要辅助人员组建而成的相对独立、协作的新型办案单元和管理单元"，即组建审判团队，能够有效整合审判资源、提升司法效能。审判团队是我国内设机构改革下新设的办案单元，在推进法院扁平化管理、专业化审判以及提高办案效率等方面具有显著优势。

一、基层法院审判团队与合议庭、审判庭的架构关系

2015年，最高人民法院发布《关于完善人民法院司法责任制的若干意

---

* 陈树森，法学博士，上海市高级人民法院综合处处长。沈烨，法学硕士，上海市静安区人民法院审判监督庭副庭长。向阳，法学硕士，上海市静安区人民法院审判监督庭法官助理。本文系 2023 年上海法院报批调研课题结项成果，并获优秀奖。

见》(以下简称《若干意见》),正式提出组建审判团队的构想。作为落实司法责任制与完善审判权运行的创新举措,该制度一经推出便引起司法界的高度关注,各地法院开始探索建立各种类型的审判团队,并形成了各具特色的地方模式。随着各地审判团队的组建和运行,也面临诸多理论建构和实践操作的困境。

(一)包含关系

根据最高人民法院发布的内设机构改革方案,法院内设机构要以精简效能为原则,适当整合机构,减少管理层级。部分法院的审判团队建设叠床架屋,反而有悖于内设机构改革的要求。

1. 合议庭下设若干审判团队

这种包含模式是指在合议庭内设置若干微型团队,便于法官处理办案事务。有的法院在合议庭内嵌套多个"1+1+1"的审判团队模式,即1名员额法官、1名法官助理和1名书记员组成一个固定的审判团队。有的法院建立"1+N+N"速裁团队模式。该模式由1名员额法官、多名法官助理和多名书记员组成。该模式主要是为了应对大量的简易案件,特别是速裁案件和小额诉讼案件。

上述模式的优势十分明显,可以有效辅助处理诉讼事务,充分发挥法官办案的最大效益,但前提是审判辅助人员配置充足,实际上基层法院审判资源匮乏、配比失当,无法满足团队化办案的需要。员额制改革后,法官人数锐减,大量未入额法官分流至法院的各个岗位。面对案多人少的现实,建设新型审判团队,需要大量的审判辅助人员,但是由于基层编制、工作强度和福利待遇等问题,许多基层法院审判辅助人员十分匮乏,就连最基本的"一审一助一书"都达不到,遑论"1+N+N"的速裁模式了。此外,很多基层法院没有科学测算法官及助理工作量,人案适配比例失衡,导致有的法官负荷过重、有的审判资源闲置。

2. 审判团队包含若干审判庭

这种包含模式是指部分法院将若干审判庭组建为一个审判团队,法院结构由"院—庭"两级管理,转变为"院—队—庭"三级管理。这种团队架构在庭之上的模式不仅没有整合内设机构,反而无端增加了法院行政层级,一定程度上模糊了审判庭与审判团队的职能定位，增加了改革传导的距离和成本。上述问题反映出部分法院没有深入理解团队化改革的精神，将其作为政绩工程，盲目建设审判团队，却没有根据案件类型和特点进行繁简分流，更没有按照随机分案的要求进行团队专业化办案，运行情况流于形式。这种情况不仅不符合审判工作的需要，还无法发挥审判团队的功效，反而还影响了自身审判庭的建设。

（二）替代关系

部分审判团队构建模式与团队制改革的初衷相悖。根据最高人民法院深化司法体制综合配套改革的要求，强化独任庭、合议庭的审判组织地位，依法确定职责权限，理顺审判机构、审判组织、审判团队的关系。这就说明审判团队建设并不意味着取代合议庭，两者要在权责清晰的原则下运行。

1. 审判团队替代合议庭

有的法院利用现有合议庭建立"3+3+N"团队模式。该模式由 3 名员额法官、3 名法官助理和多名书记员组成，适用于法官助理较为充足、法官和法官助理形成固定搭配的情形。这种团队内部可以随机组成合议庭，可以独立开展审判活动。比较有代表性的有北京法院组建的"3+3+2"模式和深圳法院的"3+3+4"模式。①

但是，这种模式实际上与原有合议庭并无二致，难以清晰划分审判团队与合议庭的职能，审判团队是原有合议庭的"替代品"，没有突出专业化建设的优势。有的法院盲目效仿试点法院，照搬硬套团队模式，仅仅将原有合议庭改头换面，原有的审判长改为团队负责人，办理案件的类型也并无二致，内部人员结构、管理模式都原封不动。这种情形在实践中还占相当大的比例，并未发挥审判团队专业化审判的优势，反而增加了工作负担和压力，导致管理格局的混乱。

2. 审判团队替代审判庭

部分法院仅仅将原有的审判庭改头换面，以审判团队的称谓替代审判庭。

---

① 黎晓露：《我国法院内设机构的结构性变革：审判团队模式探讨》，载《法治现代化研究》2021 年第 5 期。

这种模式只有对应称谓的改变，但是内部管理、人员组成仍然按照审判庭的运行模式进行，实际上这种审判团队仍然是原有的审判庭设置，与内设机构改革的要求似有抵牾。

上述问题产生的原因在于审判团队、审判庭权责没有厘清。基层法院审判团队的基本定位和权责划分是团队制改革的核心问题。目前，取消审判庭并不十分现实，所以审判团队并非审判庭的替代物。在审判庭保留的前提下，建立审判团队无疑增加了行政层级，提高了管理的成本，"庭"与"队"的定位与职责不清会导致互相消耗、彼此虚化。这也是各地法院建设审判团队的过程中较多出现的问题，以致于有些地方的法院撤销审判庭确保扁平化管理，例如珠海市横琴新区人民法院推行的是"法官＋法官助理＋书记员"的审判团队运行模式，成为全国首个不设审判庭的法院。

（三）嵌套关系

嵌套关系是指将审判团队置于审判庭、合议庭之间。部分法院保留审判庭建制，在审判庭以下将若干合议庭联合组建一个新型审判团队，形成"院—庭—队"的管理模式。需要指出的是，审判团队并非在"两庭"之间新增一个层级，而是作为审判庭中专注办案的审判单元，由庭领导或资深法官担任团队负责人，审理案件时由团队内员额法官轮流组成合议庭，由承办法官担任审判长。

目前，审判庭、合议庭仍然作为法院基本的内设机构与审判组织，无法以审判团队建设将其两者替代，实际上两者的职能也是审判团队所"不能承受之重"。审判团队是对审判业务庭为基本单位的旧组织体系的超越，影响到的是其机构设置和职能调整，并不会取代其地位。其一，传统审判模式在我国已经运行数十年，"庭"作为我国法院组织法认可的管理单元，必定有其根植的制度土壤和司法环境。其二，内设机构改革并非是消除某一层级，而是按照法院承载的功能和规模建制更为科学地调整内部治理结构。② 未来审判团队与审判庭、合议庭要想顺畅运行，须辅以相应人案测算、人才培养、绩

---

② 黎晓露：《我国法院内设机构的结构性变革：审判团队模式探讨》，载《法治现代化研究》2021 年第 5 期。

效考核等一系列配套机制，促进三者良性互动、顺畅运行。

二、基层法院审判团队的定位、特征与功能

由于未能从法律规定、政策要求的角度理顺、理清审判团队与审判庭、合议庭之间的关系问题，导致审判团队在实际运作中出现了种种异化现象，或将之等同于审判庭、合议庭；或将之架构于审判庭之上；甚或将之嵌套于合议庭之中。凡此种种，或与现行精简内设机构的改革要求相悖；或不利于审判专业化建设；或妨碍合议庭"去行政化"目标达成。对此，应当严格遵循法律规定及政策要求，在现行机构设置框架下找准审判庭、审判团队及合议庭的应然定位，形成三者职责清晰、衔接有序的整体布局，将机构扁平化改造、业务专业化改革、资源有效性统筹的目标予以有机结合，有序推进。

（一）审判团队与合议庭、审判庭的定位辨析

审判团队与合议庭、审判庭在性质、人员、职能等方面均有所不同，三者定位相异不能相互替代。（见图1）

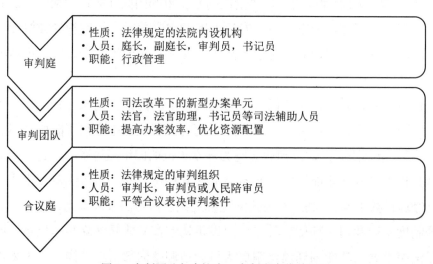

审判庭
- 性质：法律规定的法院内设机构
- 人员：庭长，副庭长，审判员，书记员
- 职能：行政管理

审判团队
- 性质：司法改革下的新型办案单元
- 人员：法官，法官助理，书记员等司法辅助人员
- 职能：提高办案效率，优化资源配置

合议庭
- 性质：法律规定的审判组织
- 人员：审判长，审判员或人民陪审员
- 职能：平等合议表决审判案件

图1　审判团队与合议庭、审判庭定位关系图

1. 审判团队与审判庭的辨析

一是性质不同。审判庭是法院行政管理下的一级内设机构，其人员构成与机构设置都是围绕行政管理的需要而设计的，具有很强的行政化色彩，在

审判庭内部是"管理—服从"的垂直关系。审判团队是以办案为导向、以审判为核心的办案管理单元，不具有行政职能，其职责在于集中行使审判权，实则与审判庭并行不悖，呈现出扁平化的管理模式，以多办案、办好案为团队目标。

二是管理方式不同。审判庭是由庭长、副庭长领导审判员、书记员等开展审判活动，通过审判庭的管理构建的是一种纵向的、层级化的权力等级模式。审判团队强调不同角色之间分工协作、相互配合，实现审判资源的优化配置。这种管理不是垂直管理，而是团队内部的自我管理。

三是建立背景与探索空间不同。审判庭是法律明确规定的、根据法律关系设立的各类内设机构，法律授权审判庭行使行政管理的职权，在此前提下只能对审判庭的具体运作方式进行优化完善，完全谈不上其存废问题；审判团队只是司法改革下针对专业化审判需要的新兴产物，法律规定付之阙如，其职权与运行方式都还有很大的探索空间。

2. 审判团队与合议庭的辨析

一是性质不同。合议庭属于法律规定的审判组织，是独立的司法责任单元，不具有审判管理职责，通过平等合议表决，实行少数服从多数的原则审判案件。合议庭是临时组建的，随着案件审理的结束而解散。审判团队是一个固定的办案组织，不具有法律意义，重在协作办案，不会因个案的审结而解散。

二是人员构成不同。合议庭是三名以上的法官或法官与人民陪审员构成；审判团队是由法官、法官助理以及书记员等审判辅助人员构成的，团队内部并没有行政首长的概念。

三是运行机理不同。合议庭重在三人平等合议，是民主集中制和权力制约理论在司法领域的具体应用，其重心在"议"。由于最终需要共同对外承担责任，因此合议庭运行时三人是相互制约的关系。而审判团队重在团队协作，协作精神是审判团队的灵魂。审判团队的责任认定和追究是区别对待的，对法官、法官助理以及书记员要根据其职权范围和分工不同承担相应的责任。③

---

③ 于猛：《人民法院审判团队制度建设与模式选择——以基层人民法院审判团队的构建为例》，载《法律适用》2018 年第 11 期。

（二）管理学视角下新型审判团队的应然特征

从管理学上看，审判团队首先应当是群体的一种，美国管理学教授斯蒂芬·罗宾斯认为，团队是为实现某一目标而由相互协作的个体所组成的正式群体。④一般认为，高效的团队具有以下几个特点：一是规模较小，人数过多不利于分工协作；二是团队成员技能互补，分别负责决策、对外交往和专业技术等方面的工作；三是有共同的目的，团队所有成员根据共同的目的开展行动；四是有明确的目标，成功的团队会将共同的目的转化为具体的、可测的、现实的绩效目标。五是有共同的方法，塑造共同方法的本质是整合个体的技能，从而进一步提高团体绩效；六是有共同的责任，成员应当明白个人应当承担什么责任以及与他人共同承担什么责任。

新型审判团队是司法领域中一种特殊的团队，是以办案为目标、以法官为中心、辅以若干法官助理、书记员等审判辅助人员组建的相对独立、分工协作的办案单元。新型审判团队的"新"，体现为配助手、定职权、分责任。在传统的"一审一书"模式下，法官全程负责审判，书记员负责记录、归档等事务性工作，两者分工明确、互无交集。

从制度设计的角度看，除了上述属于团队的共性特征外，审判团队还应当具备以下特征：

（1）以公正高效审判为共同目标。审判团队作为一个集体，完成审判工作是第一要务，且应当以公正高效为目标，这也是审判团队成立的初衷所在。

（2）以法官为中心的组织设计。"突出法官办案主体地位"是司法责任制改革的基本原则，围绕法官配备一定数量的法官助理、书记员等审判辅助人员，法官助理、书记员在法官的指导和委托下开展工作，可以有效破除层层把关的行政办案模式扭转人力资源错配导致的效率低下，改变审判事务粗线条划分的问题，实现审判事务精细化、规范化管理。

（3）以分工协作、互相配合为运行基础。审判团队的建立，改变了原来各自为战、各自办案的局面，让团队成员充分发挥年龄、专长、经验、知识

---

④ 许湘岳、徐金寿主编：《团队合作教程》，人民出版社 2015 年版，第 4 页。

等优势，集约化办理审判核心业务与事务性工作。⑤

（4）以有效管理为原则确定团队规模。人力资源专家苏珊·希思菲尔德认为，最佳团队规模并没有一个简单的答案。从经验和研究来看，最佳的规模是5—7人，可以持续发挥作用的团队规模是4—9人，而能够保持紧密协作、履行职能的团队规模最多12人。大型团队往往具有"社会惰性"且缺乏协作，小型团队负责人对团队运作的管理对大型团队更具优势。借鉴上述理论，团队规模应当控制在10人左右。例如，一个规范高效的审判团队中包含1名审判团队负责人、3名主审法官、3名法官助理以及3名书记员，就大致对应了一个合理的团队规模。

（三）基层法院构建新型审判团队的功能及价值

审判团队是一种办案单元，本质上是一种审判管理组织。设立审判团队是对审判资源的重新分配，建立匹配审判权运行规律的组织形态，因此审判团队在本质上属于小型的审判管理组织。由于审判团队内嵌于独任庭或合议庭，使其自身无法与审判组织剥离，因此审判团队兼具司法审判和组织管理的功能。

1. 通过审判团队分工协作提高审判效率

在立案登记制和法官员额制的双重压力下，基层法院案多人少的问题愈发突出。亚当·斯密认为，公平和效率是任何社会运行的主要矛盾，分工可以极大提高劳动生产率，从而解决这种矛盾。他在《国富论》中举例，如果一个人制作顶针需要抽丝、加热、回压、整形、锻打、磨制等多道工序，那么会因为不断进行各项工作而使效率降低。反之，让不同的人制作顶针的不同工序，由于各自的熟练可以大大提升效率。⑥通过为法官配备法官助理、书记员，分工负责、互相协作，能够减轻法官大量事务性工作负担，有效提高法官办案效率。

从已经探索审判团队的法院来看，法院结案率、法官人均办案数、当庭

---

⑤ 马渊杰：《司法责任制下审判团队的制度功能及改革路径》，载《法律适用》2016年第11期。

⑥ 于猛：《人民法院审判团队制度建设与模式选择——以基层人民法院审判团队的构建为例》，载《法律适用》2018年第11期。

宣判率等指标大幅提升，而案件平均审理周期、案件平均审理时间有所减少，审判效率显著提高。这一结果与审判辅助力量的配置密切相关，且配置越充分，效率越高。以宁波海事法院为例，海事庭和海商庭6个"1+1+1"或"1+2+1"审判团队中，法官的案件平均审理天数较上年同期均有明显下降，分别缩短了28天至173天，降幅最大达64.5%。[7]

2．通过审判资源优化配置提升审判质量

人力资源中存在"帕累托最优"原理，即在固定的一群人和可分配的资源中，从一种分配状态到另一种分配状态的变化过程，在没有使任何人境况变得更差的前提下，至少一个人变得更好。在化学领域的"同素异构"原理也同样被移植到人力资源管理中，该原理认为：群体中成员的数量和素质相同，但权责结构和协作关系相异时，便可产生不同的协同效应。因而将传统的"金字塔形"科层制管理结构向扁平化管理结构转变，压缩层次、拓宽跨度，增强组织的适应性和灵活性，有效发挥成员的积极性、创造性。[8]

审判资源同样符合上述原理，根据专业分工的原理，在现有审判资源总量保持不变的前提下，通过审判团队改革优化组合、合理搭配，分工越细、专业化程度越高，明确法官、法官助理、书记员的各自职责，让法官从繁杂的事务解脱出来，集中精力审判案件，最大限度保证案件质量。

3．建设审判团队有利于促进"去行政化"、扁平化管理

审判团队不是法院内部新增的科层，团队内部也并非上下级的隶属关系，团队内部实行扁平化的管理方式，压缩了行政干预的空间。审判团队通过集中行使审判权，院庭长不再对非本人承办的裁判文书审核签字，改变了过去层层把关的运行方式，使法官成为决策的主体，让法官专注于行使实体处理判断权、程序推进指挥权，逐步树立自我评价、自我管理的管理理念。

三、基层法院审判团队良性运行的模式探索

基层法院构建新型审判团队，其与合议庭、审判庭的关系十分密切且尤

---

⑦ 浙江省高级人民法院联合课题组：《构建新型审判团队研究》，载《人民司法》2019年第13期。

⑧ 沈建乐：《论政府部门人才资源的优化组合》，载《学术论坛》2002年第6期。

为重要。在理顺、理清三者关系的基础上，针对前述运行困境，可构建基层法院"五位一体"闭环式审判团队运作模式。（见图2）

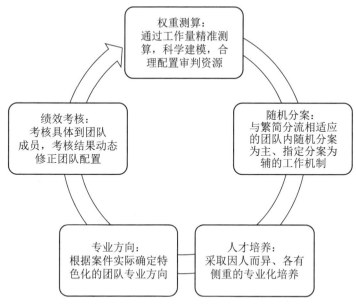

图2　基层法院审判团队"五位一体"闭环式运作模式图

首先，通过对法院人案情况权重测算进行科学建模，解决由多少人办多少案的问题；其次，在繁简分流的前提下落实团队内随机分案，解决多少人办简案、多少人办难案的问题；再次，根据团队成员的不同情况采取因人而异的培养模式，让各类人才在各自领域深耕细作，解决人的专长问题；复次，根据办案实际，个性化确定团队组建的专业方向，解决团队的特色问题；最后，建立反映团队成果的动态绩效考核机制，解决办案的质效问题；同时，为权重测算提供提供依据，实时修正团队的人案配置模式。

（一）团队建设前提：论证基层法院审判团队建设的必要性

根据《若干意见》第四条规定，案件数量较多的基层人民法院，可以组建相对固定的审判团队，实行扁平化的管理模式。人民法院应当结合职能定位和审级情况，为法官合理配置一定数量的法官助理、书记员和其他审判辅助人员。由此可见，基层法院审判团队建设需要满足一定的条件。

一是外部环境。孟德斯鸠曾说，"各个行省的地理条件不同，人们呼吸的空气、吃的食物和生活方式也不同。但是，所有这一切都对他们的制度（即法律制度）影响极大。"构建审判团队也是同理，外部条件对团队建设具有较大的影响。根据四级法院审级职能定位改革的要求，基层法院重在准确查明事实、实质化解纠纷。据最高人民法院公布的数据显示，2018年至2022年全国各基层法院共审执各类案件占全国法院审执案件总数的90%，承担了繁重的审判任务。这就说明绝大多数案件下沉在基层法院，各类审判人员需要完成大量的程序性和事务性工作，这些工作多为重复性和繁琐事务，不利于审判人员集中精力高质量办案。改革试点的目标要求需要基层法院组建审判团队优化资源配置。

二是内部情况。基层法院要根据辖区内案件数量、案件类型、队伍素质、法治环境等因素考量自身是否适合构建审判团队。有的基层法院案件量大、案件门类齐全、审判资源有限、内设机构庞杂，人案矛盾与机构改革的矛盾十分突出，应当通过社会化购买的方式争取配齐审判辅助人员。调解、速裁团队可以少配法官，多配辅助人员；简案团队应当多配助理；繁案团队应当配强书记员。

（二）团队人案适配：建立精准科学的权重测算机制

精准测算工作量，合理配置审判资源，推进案件繁简分流、轻重分离、快慢分道。

1. 测算法院收案数量，建立理想化的预测模型

以某地各基层法院过去10年的收案数为样本，综合考虑数量增减的影响因素，如地区经济发展、政策法规变化以及疫情防控等，采用多元线性回归分析方法建立收案预测模型，科学预估法院案件总数。如浙江省高级人民法院课题组选取浙江省10年的相关统计数据进行分析，结果显示回归分析的误差多在3%以内，[9]这就说明这种统计方式具有一定的合理性。

2. 测算审判人员工作负荷

以某地各基层法院过去10年的民事案件审判质效数据为样本，测算法

---

⑨ 浙江省高级人民法院联合课题组：《构建新型审判团队研究》，载《人民司法》2019年第13期。

官人均结案数量，并对其结案数与改判、发回重审等案件数进行统计梳理，得出法官办案数量最多且质效最佳的最大负荷值。此外，分别测算法官助理办理批量案件以及书记员办理保全、公告、鉴定等事务性工作的年均办案数量。北京市第二中级人民法院在全国法院系统率先上线"司法工作量核定系统"。该系统借助信息化技术，以"标杆案件对比，节点系数叠加"的方法，通过综合权衡案件的繁简程度，估算法官的实际工作负担，将审判工作科学量化，为测算法官员额、优化人员结构及动态配置审判资源提供了科学依据。[10]

3．测算人案配比

以法院案件数量、类型、繁简比例等为基础数据，根据现有的法官、法官助理及书记员数量，得出构建审判团队所需的人案合理配比，作为优化审判资源配置的科学依据。实践中，不同法院还可以添加具有本院特点的权重因子如审级、地域等，使建模数据更加符合客观情况。

（三）案件繁简分流：落实专业团队内的随机分案机制

根据各审判团队人员配置情况，落实随机分案机制，完善与审判团队相适应的随机分案为主、指定分案为辅的案件分配模式，构建"简案快审、繁案精审"的审判团队。

根据案件集中程度、繁简比例、难易程度、团队类型进行分案。在繁简分流的背景下，审判团队建设愈加专业化，团队类型更加多元，审判领域更加细分，法官集中趋势愈加明显。

在案件审判专业化的前提下，灵活运用"随机分案"和"指定分案"，特定专业案件流向专业化审判团队后应当进行分流：抽调部分审判人员集中办理大部分简易案件，专门处理重复性的诉讼事务，实现简案快审速裁；剩余的疑难案件在大部分审判人员中随机分案，促使优势审判力量向疑难案件倾斜，实现繁案精审精办。在专人指定的情况下，应当规范案件二次分配的程序规则，防止案件随意变更承办人，强化对案件流转的监督

---

[10] 刘静、王要勤：《让数据为测算法官员额作答——北京二中院科学量化审判执行工作动态配置审判资源》，载《人民法院报》2014 年 11 月 1 日。

管理。

（四）成员成长成才：探索因人而异的人才培养机制

在传统庭室管理中，各类人员遵循统一的管理模式，职业晋升路径单一，不注重发掘培养个人的专长与特点，属于"一刀切"式的粗放型培养方式。在新型审判团队建设中，应当充分尊重团队成员的特点，注重发现和培养成员的业务专长，采取因人而异、各有侧重的培养模式。例如，办案节奏较快的审判人员，可加入速裁团队，实现多快好省的办案；有意愿专注于难案繁案的审判人员，可加入特定的团队，在各自专业领域深耕细作。

除了根据工作节奏培养以外，不同的团队成员应当根据其分工和职责，发挥不同的作用。首先，要明确法官的核心地位。法官是团队的灵魂，是团队实力的重要体现。法官要不断提升审判业务水平，同时还要注重培养对法官助理、书记员的管理、调度的能力。其次，充分认识到法官助理的关键作用。在团队中，法官助理起着承上启下的作用，要看到法官助理作为法官的后备力量，充分给予其文书草拟、庭前证据交换等锻炼机会。同时，还要发挥其辅助功能，在法官指导下做好审判辅助事务，让法官心无旁骛地投入审判。最后，要充分发挥书记员的审判辅助作用。一个熟练的书记员，不仅在完成文书送达、庭审记录、卷宗归档等工作中更有效率，还会指正法官和法官助理的疏忽和文书瑕疵，对审判质量也有很好的辅助作用。[11]

（五）团队品牌打造：强化深耕专业领域的团队建设机制

前面提到，不少法院盲目效仿其他法院的团队建设经验，组建的审判团队趋于同质化，没有发挥应有的作用。

各地法院应当根据自身实际，综合考虑收案特点、人员构成和庭室设置，组建更为专业化的审判团队。据统计，基层法院有80%以上的案件集中在刑事案件中的盗窃、故意伤害、交通肇事、抢劫等十类案件和民事案件中的金

---

[11] 乐山市中级人民法官课题组：《方法之维：审判团队的构建与完善——以L市两级试点法院实践为视角》，载《中共乐山市委党校学报》2018年第3期。

融借款合同纠纷、离婚纠纷、道路交通事故人身损害赔偿纠纷等八类案件。⑫其中批量案件、简易案件可由快审速裁团队集中审理，数量较多的其他案件可由专业审判团队审理。一方面，可以保证裁判尺度的统一性；另一方面，可形成规范的审理模式，提高办案效率。

此外，还可以根据区域发展的实际情况，设立特色审判团队。例如，有的法院为服务保障国家积极应对人口老龄化的国家战略，设立专门的涉老审判团队，集中优势审判资源提供优质涉老司法服务；有的法院在审判庭内设立了专门的兼具难案办理与审判调研的综合团队，既有利于案件繁简分流，又能促进团队成果转化。

（六）团队绩效考核：建立人案事贯通的全员考核机制

建立健全科学合理的绩效考核机制，有助于全面科学反映审判团队的工作成果，有效发挥团队的最大优势。以往法院考核是根据案件类型、案件标的、审理天数以及卷宗厚度等个案因素予以考核；现在由于审判团队的专业化建设，权重计算应当根据团队每个成员的具体情况予以考虑。

首先，审判团队的考核模式应当打通不同案件类型、不同工作类型的评价体系，既有针对繁案的考核，又有针对简案的考核，既考核办案，又考核办事，综合各类工作成果科学设计各类指标。

其次，根据人员配比和案件量合理确定各类审判人员的工作任务，明确以工作任务的完成情况作为考核指标，做到目标设置科学、考核内容完整、考核结果公正。

最后，根据本院收结案情况、审判态势、考核结果定期动态调整考核指标，不断修正权重测算的模型，从而使审判团队的资源配比更加科学合理。

四、结语

无论是从全国各基层法院审判团队的实际运行情况和架构关系来看，还是从审判团队、合议庭与审判庭的定位、特征与功能分析，基层法院建设新

---

⑫ 于猛：《人民法院审判团队制度建设与模式选择——以基层人民法院审判团队的构建为例》，载《法律适用》2018 年第 11 期。

型审判团队有其必要性和可行性。建构人案适配、案件分流、人才培养、品牌建设以及绩效考核"五位一体"闭环模式，是基层法院细化审判团队顶层设计的有效实践，有助于理顺审判团队、合议庭与审判庭三者之间的关系，妥善处理案多人少、垂直管理与扁平化管理、科层制与司法责任制之间的难题，实现审判资源各方面效益的最大化，对全国基层法院探索新型审判团队建设具有重要的借鉴意义。

既有多层住宅加装电梯纠纷案件中的利益平衡问题研究

——以低层业主的容忍义务和权利救济为视角

陆　罡　吴　双　鲍舒婷*

一、既有多层住宅加装电梯纠纷案件现状概述——高、低层业主之间的矛盾

涉既有多层住宅加装电梯纠纷案件系近年来民生案件领域的新类型案件，案件数量逐年递增，且随着加梯工作的加快推进，该类案件数量也呈现极快的上升趋势。从法院对该类案件的处理过程来看，不难发现，加装电梯之后高、低层业主之间的尖锐矛盾，根源在于其二者之间利益失衡，实则亦是该类纠纷产生的根源。笔者认为，该类案件中体现出的高、低层业主之间的矛盾特征，至少包括以下几个方面。

（一）案件类型化程度高，高、低层业主之间矛盾集中

涉既有多层住宅加装电梯纠纷案件立案案由多种多样，物权保护纠纷、相邻权纠纷、建筑物区分所有权纠纷、排除妨害纠纷、侵权责任纠纷、财产损害赔偿纠纷、业主撤销权纠纷等等不一而足；但大致可归为两大类：一是高层业主起诉低层业主类，诉讼请求主要围绕排除妨害（排除对加装电梯实施的妨碍行为）、继续履行（继续履行加装电梯工程协议）以及牵扯出来的损

---

* 陆罡，法律硕士，上海市静安区人民法院党组成员、副院长。吴双，法学硕士，上海市静安区人民法院民事审判庭审判员。鲍舒婷，法学硕士，上海市静安区人民法院民事审判庭法官助理。本文系2023年上海法院报批调研课题结项成果，并获优秀奖。

害赔偿（赔偿因施工停滞造成的损失和提起诉讼产生的律师费等）。二是低层业主起诉高层业主类，诉讼请求主要围绕业主撤销权（认为加梯过程中存在程序违法、违规等瑕疵，要求撤销业委会关于加装电梯的决定）、损害赔偿（或补偿因加梯对其房屋贬值造成的经济损失，或因影响采光、通风、噪音、侵犯隐私等造成的损失）。无论是哪一类，矛盾均高度集中在高、低楼层对"要不要加装电梯""加装之后低层业主能否获得赔偿或补偿"这两大问题。

（二）案件调解难度极大，高、低层业主之间矛盾深刻

涉既有多层住宅加装电梯纠纷案件的当事人往往人数众多，楼栋的绝大部分业主均涉诉的情况非常普遍；高、低层业主之间的矛盾则由来已久、难以调和：首先，加装电梯与否对高、低层业主的利益影响可谓天差地别，这一利益差别，决定了双方的矛盾不可避免。加装电梯后的高层业主不仅能享受到房屋使用上的便利，同时能享受房屋增值的经济利益，可谓一举两得；而低层业主则反之，不仅需忍受房屋使用上的不便利，还可能遭受经济上的不利益，更存在对加装电梯这一新生事物的"未知恐惧"，加装电梯过程中的施工安全保障、加装电梯之后的房屋安全问题，处处都是隐忧。其次，进入诉讼程序的加装电梯纠纷往往积重难返。加装电梯工作流程复杂，发生纠纷往往在征询意见、表决等前置程序中就已露出端倪，且往往经过居民委员会等基层社区组织多次调解工作在陷入僵局之后才无奈诉至法院，过往的调解历程往往涉及方方面面，大家抬头不见低头见的邻里或社区共同体关系中，"说出去的话如泼出去的水"，覆水难收。再次，舆论宣传也间接起到了推波助澜的作用。经过舆论的多方宣传，高层业主在诉讼中对加装电梯的"判决方向正确性"有着非常高的预期，显得势在必得，法院又鲜少有支持低层业主赔偿或补偿请求的判例，直接导致法院在调解过程中缺少"抓手"，双方在法院诉讼过程中再次达成调解的难度变得更大。

（三）案件判决刚性强，高、低层业主之间矛盾在社区持续积累

从目前案件的处理结果来看，法院对该类案件的上述两大矛盾点——"要不要加装电梯""加装之后低层业主能否获得赔偿或补偿"，往往只回答了其中一个，即加装与否的问题，而对另一个低层业主能否获得赔偿或补偿的问

题，则鲜少有正面回应。而低层业主受到加装电梯的影响或妨害，此为不争的事实。法院的判决结果对此采取的回避态度，从政治效果上来看确实支持了政府工作，但法律效果显然并不漂亮。其一，作为专业权威的司法资源供给者，却未能从法律上对低层业主开放一个获得补偿或赔偿救济的通道，甚至连正面给予回应也难以实现。其二，从社会效果上来看，低层业主在表决环节已作为"少数声音"而被压抑的情绪，在法院获得不利判决之后往往再次被点燃，难以对判决心服口服。以高层业主起诉的排除妨害纠纷为例，判决支持之后，且勿论低层业主对判决的超低自动履行率体现出判决的社会效果不甚理想，低层业主不履行判决的行为随即将要招致的，显然是刚性更强的强制清场、罚款、拘留等强制执行措施，这使得已失了"里子"的低层业主，在诉讼结束之后也许还将继而失了"面子"。其三，更大的挑战还在于，从目前的基层治理现状来看，高、低层业主之间的矛盾并非至此已达终点，加梯之后的电梯运行影响持久而深远，经过法院诉讼之后，更多发、更深刻、更复杂的社区矛盾，恐仍在持续积累，并最终难以避免地向法院汇聚。

二、既有多层住宅加装电梯纠纷中，高、低层业主之间利益失衡的原因分析

既有多层住宅加装电梯纠纷案件是法院面对的新类型案件，其中显现出的高、低层业主之间的矛盾是其二者之间利益失衡的集中体现。而此二者之间的利益关系究竟缘何呈现出越来越令人关注的失衡状态，是本文第二部分将要展开的观察和分析。

（一）应对老龄化国家政策推进中的必经之路

1. 国家政策的推进，使得对高层业主利益的关注成为社会热点

随着我国社会老龄化问题的日益严峻，既有多层住宅加装电梯日渐成为舆论关注的焦点。近年来，国家对既有多层住宅加装电梯工作多次进行部署。自 2018 年将"有序推进城中村、老旧小区改造、完善配套设施，鼓励有条件的加装电梯"写进《政府工作报告》后，加装电梯工作已持续在全国推进。2022 年《政府工作报告》再次提出，要再开工改造一批城镇老旧小区，支持加装电梯等设施。为此，国家出台了一系列相关政策，支持既有住宅加装电

梯。2020 年 3 月，国务院印发《关于全面推进城镇老旧小区改造工作的指导意见》指出，将城镇老旧小区改造纳入保障性安居工程，给予资金补助，支持有条件的楼栋加装电梯等。2022 年 4 月，国务院印发《关于进一步释放消费潜力促进消费持续恢复的意见》指出，继续支持城镇老旧小区居民提取住房公积金用于加装电梯等自住住房改造。2023 年 6 月 28 日，第十四届全国人民代表大会常务委员会第三次会议通过《中华人民共和国无障碍环境建设法》(自 2023 年 9 月 1 日起施行)，其中第二十二条明确规定，国家支持城镇老旧小区既有多层住宅加装电梯或者其他无障碍设施，为残疾人、老年人提供便利。第三款更是明确强调，房屋所有权人应当弘扬中华民族与邻为善、守望相助等传统美德，加强沟通协商，依法配合既有多层住宅加装电梯或者其他无障碍设施。①

可见，经过多年的酝酿和推进，从政策推进到正式入法，中央对既有多层住宅加装电梯工作积极倡导的信号已然非常明朗。如果将当前的情形与十年前两相比较，政府对此进行推进的决心，则更是可见一斑。反过来说，也正是由于社会老龄化趋势越来越明显，之前一度停滞不前的多层住宅加装电梯事宜，才在各种不可逆的大背景之下，重新走入历史的快车道。在这一大背景之下，对高层业主通行便利的关注毋庸置疑地成为社会热点被舆论竞相追逐；低层业主要面对的，自然是"应当配合"这一道德感层面的压力将越来越大。

2. 地方政府的逐步推进，将加梯的现实压力推到低层业主面前

随着国家层面政策推进信号的释放，各级地方政府紧随其后，近年来对多层住宅加装电梯工作也在逐步开展推进，相关文件陆续出台，②各地纷纷将既有多层住宅加装电梯工作提上日程，甚至纳入政府工作考核范畴。从上海市的加梯工作来看，自 2011 年开展试点以来，上海市区相关部门在指导服务、规范流程、简化审批、质量安全监管、扶持保障措施等方面陆续出台

---

① 此外，该条第二款明确了该项工作的责任主体及相关所有权人的配合义务（第二款：县级以上人民政府及其有关部门应当采取措施、创造条件，并发挥社区基层组织作用，推动既有多层住宅加装电梯或者其他无障碍设施）。

② 如 2008 年《广东省既有住宅增设电梯的指导意见》、2010 年《关于北京市既有多层住宅增设电梯的若干指导意见》、2013 年《南京市既有住宅增设电梯暂行办法》、2017 年《重庆市老旧住宅增设电梯建设管理暂行办法》等，在当时都曾成为舆论热点。

了一系列政策文件。漫长的瓶颈期过后，2016 年 9 月 30 日，上海市住建委、市规土局、市质监局联合发布《关于本市既有多层住宅增设电梯建设管理相关建设审批的通知》，加大既有多层住宅增设电梯试点项目的推进力度。2019年 11 月 22 日，上海市住建委、市房管局等 10 部门联合印发《关于进一步做好本市既有多层住宅加装电梯工作的若干意见》，进一步扩大加装电梯试点，完善相关政策，促进业主主体协商、政府扶持引导、各方协同支持、社区组织推进工作机制的建立，做到"能加、愿加则尽加、快加"。2023 年 1 月 17日，市长龚正在上海市第十六届人民代表大会第一次会议的政府工作报告中指出，五年来上海市既有多层住宅加装电梯达 4343 台，2023 年要进一步改善市民居住条件，完成既有多层住宅加装电梯 3000 台。不难看出，曾经的政策性宣导，在困难被破除之后，将加装电梯变得越来越不那么难实现，加梯带来的全新的选择、影响和压力，始料不及地出现在低层业主的现实生活中。

（二）基层民主、社区治理制度发展的必经之路

如果说政府对多层住宅加装电梯政策的决心推进，是老龄化的人类社会历史大潮所推动，那么，在所有业主面临加梯选择的当下，高、低层业主在多数决这一民主表决程序中截然不同的表决地位，则成为高、低层业主之间就加梯问题形成利益失衡的另一关键原因。

1. 既有住宅加装电梯的行为性质决定了表决规则的决定性意义

既有住宅加装电梯这一行为发生在建筑物建成之后，与其相关的法律规定体现在《民法典》建筑物区分所有权章节。其中第二百七十八条规定，业主共同决定事项，应当由专有部分面积占比三分之二以上的业主且人数占比三分之二以上的业主参与表决，改建、重建建筑物及其附属设施应当经参与表决专有部分面积四分之三以上的业主且参与表决人数四分之三以上的业主同意。加装电梯显然属于"改建、重建建筑物及其附属设施"，需业主表决比例达到法定标准才可实施。而反观国家征收、城市更新等建设项目，则并无居民或业主自行决定的余地，仅需社会公共利益即可由政府方启动。因此，加装电梯显然并不属于法定的"社会公共利益"项目，不能适用公共利益优先的强制法理，即便由于政府的支持，在加装过程中存在政府的补贴行为，也不因此改变其本身的性质。可以说，其性质上属于众益项目，需要在业主

协商的框架内开展。③换言之，是否加装、如何加装电梯，都不容外力强制力替代业主自身作出决策。也正是这一加装电梯的自身性质，决定了表决规则是这一行为能否得以实施的关键环节——事实证明，在《民法典》改变表决规则之前，加梯工作的推进长期由于难以到达法定表决要求而处于停滞困顿状态；而要推动加梯工作，改进表决规则也就成了必经之路。

2. 现有表决规则的缺陷决定了高、低层业主之间的利益失衡结果

由上述表决规则的决定性意义，可推知高、低层业主之间的利益失衡将由高、低层业主在表决程序中的不同地位所决定。如前所述，在当前形势下，多数人的利益能够代表当前社会最急切而合理的需求，让多数人的统治合法化、制度化。但不可否认的是，在表决程序中的少数人的主张和利益，无疑被民主表决这一程序本身所忽视了。法国学者托克维尔作为近代历史上较早认识到多数人的暴政的可怕性的知识分子，在其著作《论美国的民主》中谈到"民主政治的本质，在于多数对政府的统治是绝对的，因为在民主制度下，谁也对抗不了多数"。不可否认的是，在多层住宅加梯语境下，业主通过自治投票表决的方式进行集体决策，是保障大多数业主即群体利益不受侵害的保护伞，事实上也推动了我国诞生不久的业主自治制度的发展进程。但处于表决权弱势方的低层业主，恰恰由于多数决这一民主表决方式，而必然成为最容易丧失话语权，甚至被道德绑架的弱势群体。

因此可以说，当前阶段高、低层业主之间的利益失衡这一结果的发生，是我国尚在发展中的基层自治、社区治理水平决定的。随着加梯相关表决规则的逐步完善，这一失衡状态也终将有望得以矫正。

（三）司法实践应对新问题时的必经之路

如前所述，涉既有多层住宅加装电梯纠纷案件是法院民生领域的新类型案件。面对新问题，司法的谦抑性决定了其滞后性。虽然当前的纠纷案件中已明显可见高、低层业主之间的利益失衡，其二者间显现的尖锐矛盾也已越来越明显，但该问题显然尚未获得足够的重视。若进一步分析司法实践中难

---

③ 参见罗培新：《加装电梯，高层住户为何要补偿受损者？法学教授：一楼业主受到的损害，须予以正视》，载"上观新闻"微信公众号 2021 年 5 月 11 日。

以回应低层业主利益需求的原因，大致存在以下几方面：

1. 现行法条依据的缺位

涉多层住宅加装电梯纠纷案件，从请求权基础来看，可归入相邻关系或建筑物区分所有权。从当前的法律规定来看，无论相邻关系抑或建筑物区分所有权部分，均无直接可援引的法律条文，可支持低层业主的损害赔偿请求权或补偿权。这一尴尬处境，从相邻关系中关于"补偿"的立法变迁历史来观察，也不难被发现。早年的《民法通则》第八十三条第二款，规定给相邻方造成妨碍或者损失的，应当停止侵害，排除妨碍，赔偿损失。其后，《最高人民法院关于贯彻执行〈中华人民共和国民法通则〉若干问题的意见（试行）》（以下简称《民通意见》）第九十九条则对补偿与赔偿两种不同请求权进行了区分："相邻一方必须使用另一方的土地排水的，应当予以准许；但应在必要限度内使用并采取适当的保护措施排水，如仍造成损失的，由受益人合理补偿。相邻一方可以采取其他合理的措施排水而未采取，向他方土地排水毁损或者可能毁损他方财产，他方要求致害人停止侵害、消除危险、恢复原状、赔偿损失的，应当予以支持。"第一百条规定："一方必须在相邻一方使用的土地上通行的，应当予以准许；因此造成损失的，应当给予适当补偿。"这就为审判实践中判决"补偿"提供了法条依据。但是，之后的《物权法》删除了《民法通则》第八十三条第二款有关侵权责任请求权的条款，同时又在第九十二条增加了有关排水、用水、通行、铺设管道等利用相邻不动产情形下的损害赔偿请求权，即"不动产权利人因用水、排水、通行、铺设管线等利用相邻不动产的，应当尽量避免对相邻的不动产权利人造成损害；造成损害的，应当给予赔偿"。而至《民法典》，则删除了《物权法》第九十二条中有关"造成损害的，应当给予赔偿"的规定。这也就意味着，《民法典》物权编关于相邻关系的部分未对"补偿"这一救济方式作出相关规定。可以说，自《民通意见》废止之后，获益方的"补偿义务"即缺失法律条文支撑；而可上升至"侵权"程度的案件情形又为数极少，因此低层业主的权利救济几乎失去了有效途径。

2. 现行审判实践的保守应对

多层住宅加装电梯近年来系政府力推的重大民生项目，客观上造福了多数业主，加之案件数量尚不多、可直接援引的法律条文缺失等因素叠加，当前的审判实践中，对低层业主的赔偿或补偿请求，法院所表现出的应对态度，可谓相当保守。从笔者的司法统计情况来看，一方面，对程序问题，低层业主大多以自己未签字同意加梯、表决同意比例未达到法律规定、未进行公示、缺乏政府相关部门审批等程序性瑕疵为由，但对此多缺乏相应证据佐证，法院以此为由驳回（少数案件则在程序方面确实缺乏政府相关部门审批的，法院对相关程序予以了否定评价）。另一方面，对低层业主是否受到不利影响问题，在目前的司法裁判中，法院很少支持低层业主所提出的赔偿或补偿理由，主要包括以下两类：一是认为低层业主对其主张负有举证责任，法院在查看现场后或者依据房屋安全性论证报告等，不认可加装电梯侵犯反对业主的相邻权益。二是法院认可加装电梯会对反对业主相邻权益产生影响，但是却认为这在反对业主所应履行的相邻容忍义务范围之内，故不支持其诉讼请求。可见，在对补偿问题缺少立法支持的情况下，法院对该问题采取了回避态度，低层业主为既有多层住宅加装电梯所作的特别牺牲应如何对其给予相应的补偿，以达衡平正义，此类案件对该问题至今未有明确、统一的裁判标准。即便偶有案件判决支持，其中的说理仍仅用"公平原则"四个大字概而述之，并未见翔实论证，更未能形成具有指导意义的案例。

无论是从国家政策推进、基层自治制度发展，还是从司法实践的应对角度，其中任何一个过程所需经历的曲折和反复，都成为当前多层住宅加装电梯高、低层业主之间利益失衡的原因——可以说，当下的利益失衡有其存在的历史必然性。

三、既有多层住宅加装电梯纠纷案件利益平衡的路径探索——以补偿为目标的低层业主权利救济探讨

即便当前高、低层业主之间存在利益失衡是历史的必然，是客观条件所限，笔者仍拟从理论和实践两方面，尝试探索两者之间重获利益平衡的路径。笔者认为，在高、低层业主已形成僵局、进入诉讼程序时，法院首先需对低层业主的容忍义务作出明确判断；进而，应当在低层业主受到加装电梯实际影响或损害的前提下，对其权利救济如何实现进行积极探索，努力避免利益失衡的局面继续扩大。此需说明的是，在出现损害赔偿情形可能性不大（当然也不排除）的当下现实面前，以先实现容忍义务范围内的"补偿"为论证

的目标，更具备现实的可行性。

（一）理论探索：低层业主获得补偿的可能性分析

容忍义务是相邻关系的核心，其限制了不动产权利，增加了权利人财产上的负担。但容忍义务的产生是所有权社会化的结果，其根本目的是维护邻人共同体之间相互协助以维系共同生活的需要，因而从这个角度看，低层业主寻求救济必然具有正当性。

在学理上，一直都存在相邻关系损害补偿救济之说，合理利用相邻不动产而产生损失，应给予补偿；[④] 超出应当的容忍限度，受损害一方即可请求赔偿，[⑤] 即"容忍义务限度内的妨害救济"与"容忍义务限度外的损害救济"，二者属于两个层次，前者即对应于容忍义务补偿请求权，后者则包括物权请求权、占有保护请求权和侵权责任请求权三种不同情形。本文讨论的重点在于前者。

1. 容忍补偿请求权存在坚实的理论基础

容忍补偿请求权的理论基础是特别利益牺牲或强制牺牲理论，该理论源于德国，它是一种私法上的"强制牺牲补偿请求权"。如果将其适用于私法，是指在所有权受到侵害时，所有权人本可以其所有权受侵害为由对侵害行为提起禁止之诉，但其禁止请求权却因公益上的理由而被剥夺，此即为了公益而牺牲私益，纵其损害非为有责行为所引起，亦应给予补偿，即容忍义务人限制约束了自己的权利，实际上是为相对方利益作出了特别牺牲，因此应给予相应的补偿以达衡平正义。[⑥] 容忍补偿请求权的关键在于"加害者"的行为本身具有合法性或公益性，即在没有违反法律规定的情况下，为获得正当利益而使用他人土地，而且很多情况下是基于公共利益，也正是因为如此，虽然对他人所有权造成了侵害，但又不宜贸然停止或恢复原状，在此情况下，为了兼顾被强制牺牲权利的"受害者"，创设了容忍补偿请求权。

我国台湾地区水的相邻关系和邻地利用关系中的"偿金制度"，从某种

④ 参见王利明：《物权法研究》（上册），中国人民大学出版社 2016 年版，第 617 页。

⑤ 参见崔建远：《物权：规范与学说——以中国物权法的解释论为中心》（上册），清华大学出版社 2011 年版，第 455 页。

⑥ 参见陈华彬：《德国相邻关系制度研究：以不可量物侵害制度为中心》，载梁慧星主编：《民商法论丛》（第 4 卷），法律出版社 1996 年版，第 299 页。

程度上说就是一种容忍补偿请求权。台湾地区相关法律规定利用或通行邻地者应支付"偿金"，具体体现为：取用邻地余水、⑦ 人工排水、⑧ 堰之设置与利用、⑨ 安装管线、⑩ 邻地通行、⑪ 因此所受之损害，应支付偿金。从相关条文的表述可见，偿金的性质是一种法定负担，土地所有权移转时，受让人仍有支付义务。其中取用邻地余水具有对价性质，在此情形下偿金支付不以有损害为必要，应与取用余水同时履行；其余情形不以故意或过失为要件，具有补偿性质，不具有对价性。⑫1987 年台上字第 2646 号判决中明确"领地通行中有通行权者，对于通行地因此所生之损害虽应支付偿金，偿金系指补偿土地所有权人不能使用土地之损害，必于有通行权者，行使其通行权后始有是项损害之发生，与通行权无对价关系"。此外，台湾地区"民法"中还规定了开设道路的权利及相应的偿金支付义务、⑬ 越界建筑可不予拆除但应支付偿金⑭

---

⑦ 台湾地区"民法"第七百八十三条：土地所有人因其家用或利用土地所必要，非以过巨之费用及劳力不能得水者，得支付偿金，对邻地所有人请求给予有余之水。

⑧ 台湾地区"民法"第七百七十九条：土地所有权人，因使浸水之地干涸，或排泄家用或其他用水，以至河渠或沟道，得使其水通过邻地。但应择于邻地损害最少之处所及方法为之。前述情形，有通过权之人，对于邻地所受之损害，应支付偿金。

⑨ 台湾地区"民法"第七百八十五条：水流地所有人，有设堰之必要者，得使其堰附着于对岸。但对于因此所生之损害，应支付偿金。对岸地所有人，于水流地之一部属于其所有者，得使用前项之堰。但应按其受益之程度，负担该堰设置及保存之费用。

⑩ 台湾地区"民法"第七百八十六条：土地所有人，非通过他人之土地，不能设置电线、水管、瓦斯管或其他管线，或虽能设置而需费过巨者，得通过他人土地之上下而设置之。但应择其损害最少之处所及方法为之，并应支付偿金。依前项之规定，设置电线、水管、瓦斯管或其他管线后，如情事有变更时，他土地所有人，得请求变更其设置。前项变更设置之费用，由土地所有人负担。但法令另有规定或另有习惯者，从其规定或习惯。

⑪ 台湾地区"民法"第七百八十七条：有通行权人应于通行必要之范围内，择其周围地损害最少之处所及方法为之；对于通行地因此所受之损害，并应支付偿金。

⑫ 参见王泽鉴：《民法物权（第二版）》，北京大学出版社 2010 年版，第 147 页。

⑬ 台湾地区"民法"第七百八十八条规定：有通行权人于必要时，得开设道路。但对于通行地因此所受之损害，应支付偿金。前项情形，如致通行地损害过巨者，通行地所有人得请求有通行权人以相当之价额购买通行地及因此形成之畸零地，其价额由当事人协定之，不能协议者，得声请法院以判决定之。

⑭ 台湾地区"民法"第七百八十八条规定：土地所有人建筑房屋非因故意或重大过失逾越地界者，邻地所有人如知其越界而不即提出异议，不得请求移去或变更其房屋。但土地所有人对于邻地因此所受之损害，应支付偿金。前项情形，邻地所有人得请求土地所有人，以相当之价额购买越界部分之土地及因此形成之畸零地，价额由当事人协议定之，其不能协议者，得请求法院以判决定之。

等内容，同时也为建筑物区分所有权救济时适用或类推适用相邻关系中支付偿金的模式留有余地。⑮ 由此可见，我国台湾地区的偿金制度与容忍补偿请求权的适用前提相一致，即两者均是在不存在不法行为的情况下，补偿土地所有权人为他人提供必要之便利所遭受的损失。

在加装电梯的情境中，若加梯符合相关政策规定且已达到法定表决比例、加装电梯过程中不存在不法行为，即各方均不存在过错的情况下，低层业主获得相对利益方给予的补偿即可符合强制牺牲理论，具备理论上的可能性。

2. 《民法典》条文中暗含容忍补偿请求权的题中之义

《民法典》第二百九十六条为相邻关系的相关条款，⑯ 有学者指出包含正常行使权利造成损害的补偿义务、非正常行使权利造成损害的赔偿义务，⑰ 实际上就对应于本文提及的低层业主权利救济的层次性问题——在容忍义务限度内，义务人有权请求相邻权利人补偿其所遭受的损失；而如果相邻权利人的行为超过了对方的容忍义务范围并导致损害发生，则受害人即可寻求侵权损害救济。我国《民法典》虽然未对容忍义务范围内补偿请求作出明确的规定，不过《民法典》第二百八十八条不动产的相邻权利人的公平合理原则、民事法律行为的诚实信用原则、权利不得滥用原则，均包含补偿请求的题中之义。⑱ 此外，根据相关理解与适用，《民法典》第二百九十一条中，⑲ 人民法院在处理因通行引起的相邻关系纠纷中，对于因通行造成损失的，应当给予适当补偿。⑳ 从体系解释的角度看，给予补偿应为处理相邻关系纠纷中的可行方式。尽管《民法典》没有吸纳《民通意见》对补偿和赔偿作出的有益

---

⑮ 台湾地区"民法"第八百条规定：前条情形，其一部分之所有人，有使用他人正中宅门之必要者，得使用之。但另有特约或另有习惯者，从其特约或习惯。因前项使用，致所有人受损害者，应支付偿金。

⑯ 《民法典》第二百九十六条：不动产权利人因用水、排水、通行、铺设管线等利用相邻不动产的，应当尽量避免对相邻的不动产权利人造成损害。

⑰ 参见孙宪忠、朱广新主编：《民法典评注：物权编（2）》，中国法制出版社2020年版，其中相邻关系部分第288条—296条的评注撰稿人是申惠文。

⑱ 《民法典》第二百八十八条：不动产的相邻权利人应当按照有利生产、方便生活、团结互助、公平合理的原则，正确处理相邻关系。

⑲ 《民法典》第二百九十一条：不动产权利人对相邻权利人因通行等必须利用其土地的，应当提供必要的便利。

⑳ 参见最高人民法院民法典贯彻实施工作领导小组：《〈中华人民共和国民法典物权编〉的理解与适用（上）》，载人民法院出版社2020年版，第453—454页。

区分，没有在物权编对相邻关系损害救济亦即对容忍义务补偿请求权作出明确规定，但却并不妨碍在理论和司法实践中作出另一种法律解释，即相邻关系规则是独立的请求权规范基础，即存在独立的、区别于物权请求权和侵权责任请求权的容忍补偿请求权。

结合既有多层住宅加装电梯的实际情况，若加装电梯的过程中存在违法情形，或对低层业主造成了超越容忍义务界限的损失，则不应考虑补偿，而可直接通过主张侵权损害赔偿请求权或物上请求权等传统途径加以救济；若加装电梯已达到法定表决比例且符合相关政策规定，进而可以实施，此时加装电梯已具备合法性和正当性（在容忍义务界限内），因此并不涉及侵权赔偿问题，但可以根据若干因素酌情确定补偿金额。

3. 容忍义务合理限度的判断——利益衡量原则的存在

在加梯相关纠纷中，低层业主能否取得权利救济取决于其所在楼栋的加梯行为是否超出容忍义务的合理限度，准确把握容忍义务的合理限度，对于平衡各方当事人的利益具有重要意义。学理上主要有三种评判容忍义务合理限度的标准：实质性损害（某种损害属于理性人或社会一般人所不能忍受的重大损害。"不能忍受"，是指妨害行为给相邻的不动产权利人的精神和生理状况造成过度干扰）、[21] 过错判断（如果行为人给邻人造成损害时具有过错，则邻人不再负有容忍的义务）、利益衡量（在各方利益发生冲突的情况下，需要通过协调、权衡各种不同的利益，考虑优先保护哪一种利益）。[22]

笔者认为，实现当事人双方利益平衡是判断容忍义务合理限度的重要原则。一方面，容忍义务在实质上属于不确定性法律概念，对于容忍义务的限度判断，无论是抽象提炼还是类型化归纳，都需要法官基于个案进行自由裁

[21] 参见［德］M.沃尔夫：《物权法》，吴越、李大雪译，法律出版社2004年版，第155—157页。

[22] 参见王利明：《论相邻关系中的容忍义务》，载《社会科学研究》2020年第4期。比较法上有德国的"场所的惯行性"、瑞士的"必要权"、日本的"忍受限度论"、法国的"异常性"或"过度性"标准等。参见汤大好：《相邻不可量物侵害之受害人容忍义务比较法研究》，载《太原师范学院学报（社会科学版）》2008年第3期；张利春：《日本公害侵权中的"容忍限度论"述评——兼论对我国民法学研究的启示》，载《法商研究》2010年第3期。

量，也即在法律方法上终归于个案利益衡量。㉓另一方面，判断容忍义务合理限度时，采用利益衡量原则作为标准可行性较强，因为在相邻各方之间发生利益冲突时，需要在冲突的利益之间进行平衡、协调，确定应当受到优先保护和受到适当限制的利益主体，也就是说，哪一方应当负有容忍义务。在相邻关系中，关键是要解决一方不动产权利扩张和另一方不动产权利限制的问题，而最好的处理方案便是从双方利益最大化的角度进行平衡。

容忍补偿请求权是以利益衡量原则为出发点的中间调和的责任形式，它旨在突破传统救济方式中只注重单方权利的维护，却不公平地忽视或剥夺另一方权利的思维定式，由保护单一利益转变为协调多方利益。同时，也正是由于该原则的运用，使得救济方式也突破了传统的排除侵害"零或全部"的思考模式，达到兼顾受害人与加害人利益、社会公平与经济发展需要的效果，引入了作为中间调和责任形式的衡量补偿请求权。㉔我国台湾地区的"偿金"制度中，对于偿金数额的判定也体现了利益衡量原则，1996年台上字第67号判决明确"土地所有人通行邻地所应支付偿金之数额，应斟酌因通行所受利益及邻地因之所受损害之程度，并双方之经济状况作为衡量之标准。此项衡量标准，于其他情形，亦应适用之"。

综上所述，笔者认为，虽然容忍补偿请求权在《民法典》中尚未有明确的条文规定，但根据相关法学理论、域外实践及《民法典》相关法条中体现的处理相邻关系的原则，低层业主的容忍补偿请求权具备理论基础。

（二）实践经验：低层业主获得补偿的可行性

1. 行政指导层面的探索

就既有多层住宅加装电梯低层业主的补偿问题，部分地方政府已发布新的行政性指导文件，明确"应当协商""应当补偿"或"可以补偿""可以诉讼"。如《广州市既有住宅增设电梯办法》明确，"申请增设电梯的业主应当以书面协议形式达成以下事项的解决方案：……（四）与不同意增设电梯的

㉓ 参见韩光明：《〈民法典〉相邻关系规范的体系化构造：兼论容忍补偿请求权的独立性》，载《财经法学》2022年第5期。

㉔ 参见刘秀清、王新刚、胡敬：《试论不可量物侵害中的衡量补偿请求权》，载《中国市场》2008年第39期。

业主进行协商，以及对利益受损业主进行补偿的资金筹集方案"，"业主认为因增设电梯侵犯其所有权和相邻权等民事权益而提出补偿等要求的，由业主之间协商解决。属地镇政府或者街道办事处人民调解委员会、相关行政管理部门应当应业主请求依照法定职权和程序组织调解，促使相关业主在平等协商基础上自愿达成调解协议。业主之间协商或者调解不成的，依法通过民事诉讼途径解决"。《深圳市既有住宅加装电梯管理规定》明确："不使用电梯且受影响的低楼层业主经协商后可以获得适当补偿。"《济南市既有多层住宅增设电梯规定》明确："业主认为因增设电梯侵犯了自身所有权和相邻权等民事权益而提出补偿等要求或者对增设电梯有异议的，可以由业主之间协商解决，补偿费用由筹集资金列支。协商不一致的，由住宅所在地镇人民政府、街道办事处、社区居民委员会，依照法定职权与程序，组织调解，在平等协商基础上自愿达成调解协议。协商或者调解不成的，可依法通过民事诉讼途径解决。"

此外，2023年无锡市甚至已出台《无锡市市区既有住宅加装电梯实施细则》，其中就"补偿指导标准"予以了明确："加装电梯后导致必经通道通行功能减弱，无其他通道可通行的，按1楼每户补偿电梯造价5%、2楼每户补偿电梯造价2%形成书面补偿方案。"虽然其中对低层业主获得补偿的权利受损情形规定得仍较为狭窄，但仍不失为一种有益的探索。

2. 过往的审判实践经验

笔者对《民通意见》时期相邻关系案件的判决情况进行梳理后发现，对受到相邻妨害业主，法院根据公平原则判决补偿并非个例，反而是法院对失衡的相邻关系进行利益调整的一种常用方式。只是，在以往的相邻纠纷案件中所涉利益不如当前的既有多层住宅加装电梯纠纷案件所涉利益之大，关乎房屋本身的价值，使人难免产生顾虑：在既有多层住宅加装电梯纠纷案件中是否也可如传统判决依据公平原则对利益受损业主进行补偿？笔者认为，既有多层住宅加装电梯纠纷案件只是表现形式更具冲击力，其实质仍为《物权法》之后相邻关系与建筑物区分所有权领域的交叉，过往的审判实践经验具备极大的可借鉴价值。

3. 当下其他地区的审判实践探索

从笔者的司法统计情况来看，部分地方法院已根据公平原则判决支持低层业主的补偿请求：广东省佛山市高明区人民法院判决 12 户业主各补偿 1 楼一户业主 2000 元，广东省兴宁市人民法院判决 13 户业主共同赔偿 1—2 楼一户业主 2 万元，湖南省汨罗市人民法院判决 9 户业主连带赔偿 1 楼一户业主 1 万元。㉕此外，另有一些其他地区的判决，已将房屋交易价值贬损因素亦纳入自由裁量范围之内。㉖

总体而言，加装电梯通常使高层业主受益（出行便利、不动产交易价值上升）、低层业主受损（不动产的使用价值、交易价值贬损）。低层业主的房屋使用价值受损一般可经评估鉴定确定房屋采光、通风、隐私等受到的影响大小，支持低层业主补偿诉请的判决中一般将该使用价值受损因素纳入自由裁量范围之内；但对于房屋交易价值贬损，如何具体予以补偿，目前

㉕ 另有 1 件上海法院判决案件，被告为电梯施工公司，其表示自愿对 2 楼一户业主补偿 22200 元，法院予以确认。由于该案纠纷发生于电梯施工过程中，判决支付主体亦为电梯施工单位，故典型意义不强。

㉖ 如广东省广州市越秀区人民法院（2020）粤 0104 民初 9311 号判决：广州市某楼栋 1 层某户原业主起诉主张，因无法忍受加装电梯施工期间对其造成的采光、通风、噪音和污染影响，其将房屋以低于当时市场均价出售，故要求楼上业主共同补偿 8 万元。法院认为，虽然原告位于一楼无需利用电梯，但实质上全体业主均能从加梯中获益。原告未能充分举证证明其在加梯施工期间所受的不利影响；而加梯并未改变原告房屋的物理性状及所处位置，即该行为本身不会导致房屋的价值贬损；况且原告在电梯正式运行前就已将房屋售出，也证明加梯与房屋市场交易机会减少之间并不能形成因果关系，故驳回原告诉请。原告不服一审判决并上诉，二审法院作出（2021）粤 01 民终 26764 号判决，认为加装电梯后确实对原告房屋的采光、通风、噪音造成一定负面影响，且原告并不会因加梯而实现房屋增值，因此法院对原告主张的房屋价值贬损予以采信。原告所受的不利因素已计入该房屋的交易价格，根据公平合理原则，酌定参与加建电梯的 3 层以上业主每户给予原告补偿款 500 元，共计 12500 元。

广东省广州市海珠区人民法院（2021）粤 0105 民初 5390 号、（2021）粤 0105 民初 5391 号判决：广州市某楼栋 1 层两户业主认为加梯后严重影响其住宅的通风、采光以及房屋价值等，均要求 3 至 9 层业主赔偿损失 10 万元，法院认为，加装电梯会对 1 层房屋的采光、通风产生一定影响，但并未达到损害的程度。1 层业主主张房屋因加装电梯而贬值，但未提交证据证明，故两案均驳回了原告诉请。两原告均不服一审判决并上诉，二审法院作出（2022）粤 01 民终 3806 号、（2022）粤 01 民终 3807 号判决认为，1 层业主并未因加梯获得任何收益或便利，相反对其出行、通风、采光、房屋升值空间均造成了一定影响，而 3 至 9 层业主则获得了一定的利益，作为受益方应当对权益受损方给予相应的补偿，1 层两户业主将诉请金额降至 5 万元，理据充分，故判决 3 楼以上各户补偿 1 层两户业主各 1428.57 元。

此外，还有（2021）粤 0112 民初 21356 号、（2021）湘 0681 民初 2788 号、（2021）粤 0112 民初 22695 号判决，亦表现出类似考虑。

判决中尚未见先例。审判实践中的顾虑和谨慎，与房屋价值之大，存在必然关联。

（三）未来路径：法院应对既有多层住宅加装电梯纠纷案件的路径探索

1. 秉持司法中立立场，从严审查加梯流程

既有住宅加装电梯是重大民生工程，但法院仍应首先恪守自己作为司法机关的中立立场，从严审查加梯流程。从当前的地方性流程指引内容来看，加梯流程包含多个环节，或涉及业主自治规则即表决规则的设计，或涉及建设工程施工的各个方面。从上海市颁布的相关加梯文件亦不难看出，对表决比例的规定虽呈现出明显的从严到宽的变化，但从司法统计情况来看，不同意加梯的低层业主几乎均对该程序的合法性提出质疑，包括未征询低层业主意见，意见征询时低层业主未签名或由他人代签、冒签、业主表决比例未达到法定标准（如占用公共空间的情形下，应当召开业主大会由全体业主共同决定），加梯流程或设计方案未经公示，等等。鉴于此，笔者认为，可针对表决和施工两个方面进行要素式审查。其一，表决程序方面，无论是高层主张的继续加装，还是低层主张的停止加装，抑或已经安装之后的赔偿或补偿，只要当事人对表决程序提出异议的，均应对照当地相关加梯流程指引进行严格审查。若确实存在程序瑕疵，剥夺了低层业主表决权的，可以重新表决——在此，若建设工程业已开始或已经完成，或即便重新表决亦将得出同样表决结论的，则仍需结合经济原则，考虑维持现状，并由社区对低层业主进行其他形式的可能的补偿。其二，施工程序方面，应当适用相较于表决程序更加严格的审查标准，例如，涉及施工资质、工程验收、可行性分析等环节时，可要求主张加梯一方承担举证责任，无法举证的，应通过不予支持继续施工的判决督促建设方补足相关建设材料，以确保施工质量，避免建设中的瑕疵经过法院判决之后获得正当性。

2. 善用公平原则、通过补偿判决平衡个案利益

对低层业主的权利救济问题，应当根据个案情况予以正面回应。其一，处理原则层面，个案的价值衡平过程需妥当推进、谨慎评价。法院进行价值衡平的目标，在于让高层的受益业主能够意识到，任何人都无权以牺牲他人

福利为代价，谋取自己的个人福利，否则将涉嫌权利的滥用；同时，也在于让低层的受损业主意识到，即便其客观上确实承受了一定的影响，也只能在客观公允的基础之上获得补偿。因此，法院的价值衡平过程，必须稳妥进行，谨慎为之。其二，处理技术层面，当前仅有公平原则可适用的客观条件之下，亟待明确的是一系列可用于弥补规则不足的实践中的界限、标准，这一过程可通过典型案例来实现。例如，在评价低层业主容忍义务是否超过必要限度的过程中，可以引入第三方评估机制，在公平合理的基础上，参考低层业主房屋市场价增值或贬值情况、高层业主房屋市场价增值情况、加装电梯所有业主的投入成本情况、政府对该楼栋加装电梯业主投入的财政补贴情况等因素进行综合考量。此处，需进一步明确的是，该评估大致可分为房屋交易价值贬损及房屋使用价值贬损两个方面。其中，房屋交易价值的贬损方面，为限制权利滥用，应当要求实际损失的发生作为补偿前提，即客观发生房屋交易之后，方可主张该项损失；房屋使用价值贬损方面，则应以对通风、采光、噪音、通行等影响的评估结果作为前提（有条件的情况下，也可以法院的现场踏勘为前提），参照相邻权纠纷的处理原则进行。

3. 争取多元解纷，推动基层自治

既有多层住宅加装电梯纠纷案件属新类型案件，但当下呈现多发趋势，法院作为权利保护的最后一道防线，承担着极大的压力。为此，只有从该类纠纷发生的根源出发，正视低层业主的权利保护问题，争取主动，日后更复杂深刻的基层治理矛盾才不至于集中涌至法院。其一，法院可主动向基层和社区提供司法支持，通过对相关规定的解释，澄清法律误区，帮助基层组织做好加梯流程中的程序性瑕疵矫正，防患于未然。其二，通过对典型案例的判决和宣传，使得高、低层业主对既有多层住宅加装电梯过程中的利益平衡问题，能有更明确和准确的预期，从而形成判决的正向引导，以期将化解矛盾的动力前移至诉前。其三，通过加强与相关行政单位的联合调研，推动相关行政性指导意见的出台，其中表决规则的完善应成为重点。

四、结语

若高、低层业主之间的利益失衡状态在诉讼程序中得不到及时的、充分

的重视和矫正，既有多层住宅加装电梯纠纷案件的处理或将为日后埋下隐患，加梯这一民生工程的效果亦将大打折扣。因此，只有尝试从低层业主获得补偿这一角度进行探索，大胆创新，才能谋得一条通往利益平衡、功在千秋的路径。

非法放贷型非法经营犯罪数额的司法认定

沈　立　龚　雯　葛立刚*

随着"扫黑除恶"工作由专项集中行动逐渐转向常态化布局，以往通过"套路贷"实施诈骗、寻衅滋事等黑恶犯罪案件大幅减少，但高利放贷等容易引发黑恶犯罪的违法犯罪行为仍屡见不鲜。为"打早打小"，早在2019年最高人民法院、最高人民检察院、公安部、司法部就发布《关于办理非法放贷刑事案件若干问题的意见》(以下简称《意见》)，其中明确，违反国家规定，未经监管部门批准，或者超越经营范围，以营利为目的，经常性地向社会不特定对象发放贷款，扰乱金融市场秩序，情节严重的，依照《刑法》第二百二十五条第四项的规定，以非法经营罪定罪处罚。自此，非法放贷行为被明确纳入非法经营罪的打击范围。

根据《意见》，以超过36%的实际年利率实施非法放贷行为，同时达到非法放贷数额、违法所得数额或放贷对象人数相关标准，或造成特定严重后果的，属于非法经营罪中的"情节严重"，应以非法经营罪处罚。据此，实际年利率、非法放贷数额及违法所得数额是个案中确定定罪量刑标准的重要依据，但非法放贷在实践中的情形纷繁复杂，对于如何确定上述犯罪数额分歧较大。本文以此为题，结合实际案例，提出弥合分歧之策，以期助益于理论推进与实践统一。

一、问题提出：由一则案例引入

案例：2021年起，被告人高某、何某在上海市静安区北京西路 × 号 ×

---

* 沈立，法律硕士，上海市静安区人民法院党组成员、副院长。龚雯，法律硕士，上海市静安区人民法院刑事审判庭庭长。葛立刚，法学博士，上海市静安区人民法院刑事审判庭审判员。本文系2023年上海法院报批调研课题结项成果。

室，以营利为目的，经常性地向不特定多人发放高利贷。经审计，2021年3月至5月，被告人高某、何某向近200名不特定对象累计出借资金人民币500万余元，并收取300%至1300%不等的高额年息。同年5月24日，被告人高某、何某被公安机关抓获，到案后均如实供述了上述犯罪事实。在审查起诉及法院审理期间，被告人高某、何某在家属帮助下各退赔违法所得人民币23万元。①

根据《刑法》第二百二十五条规定，以非法经营罪追究刑事责任需要达到"情节严重"的程度。为此，《意见》从非法放贷数额、违法所得数额、非法放贷对象数量以及所造成的危害后果等方面，规定了非法放贷"情节严重"和"情节特别严重"的具体认定标准。根据《意见》，以超过36%的实际年利率实施符合本意见第一条规定的非法放贷行为，具有下列情形之一的，属于《刑法》第二百二十五条规定的"情节严重"：（1）个人非法放贷数额累计在200万元以上的，单位非法放贷数额累计在1000万元以上的；（2）个人违法所得数额累计在80万元以上的，单位违法所得数额累计在400万元以上的；（3）个人非法放贷对象累计在50人以上的，单位非法放贷对象累计在150人以上的；（4）造成借款人或者其近亲属自杀、死亡或者精神失常等严重后果的。

上述案例当中，出借资金数额即非法放贷数额、非法放贷对象人数显然均已达到"情节严重"标准，故法院以非法经营罪对两名被告人予以判处。但就相关数额的确定，在审理中仍存在一定分歧：第一，本案中，借款人在获得贷款时会向中介等第三人支付介绍费用，相关费用的支出显然直接削减了借款人的实际所得资金，那是否影响非法放贷数额的认定？第二，超过36%的实际年利率是非法放贷入刑的硬标准，实际年利率的确定又依赖于实际利息的认定，但实践中实际支付的利息情况各不相同，部分借款人借得款项后尚未还款就案发，还有部分借款人归还借款时，实际支付的利息低于放贷时约定的利息，且被告人亦认可贷款还清的，或逾期还款并支付了超额利息的，此时如何确定实际年利率？第三，虽然本案当中，违法所得并未作为定罪的主要依据，但其作为非法放贷定罪量刑的一个独立情节，在个案中还

---

① 上海市静安区人民法院（2021）沪0106刑初1257号刑事判决书。

是应尽可能查清，以全面评价案件。本案至案发时，被告人已实际收取了部分借款人归还的本息，但亦有相当部分的借款人本金尚未还清，导致从总体的收支情况看，被告人处于亏损状态，此时如何认定被告人的违法所得？也即，违法所得的认定应整体评价，还是按照单次非法放贷行为累计计算？

由上可知，涉及非法放贷行为定罪量刑的数额，主要包括非法放贷数额、实际年利率、违法所得及非法放贷对象人数，其中非法放贷对象人数虽然在部分案件的证据把握上存在困难，但认定思路并无较大争议，故本文仅对非法放贷数额、实际年利率、违法所得的司法认定问题展开论述。可以说，上述案例在相关数额上的认定争议具有一定的普遍性和典型性，同时考虑类案的审判情况，就相关问题适度引申，可以将非法放贷数额认定的难点总结如表 1 所示。

表 1　非法放贷犯罪数额司法认定争议问题

数额类型	主要争议问题描述
非法放贷数额	借款人在获得贷款时会向中介等第三人支付介绍费用，相关费用的支出是否影响认定
实际年利率	借款人实际支付的利息低于放贷时约定的利息，且被告人亦认可贷款还清的，或逾期还款并支付了超额利息的，或者尚未支付利息就案发，如何区分情况认定
违法所得	按照总体收支情况整体评价，还是按照单次非法放贷行为累计计算

二、非法放贷数额的认定

非法放贷数额就是行为人出借的本金，其不仅是《意见》明确规定的非法经营罪的定罪量刑标准之一，也是计算实际年利率的基础性数据，关系到个案中对非法放贷行为予以刑事打击的范围确定。因为该类案件中，借条或合同上书面载明的借款金额与借款人实际所得金额不一致是常态，故以何种金额为认定基准，以及两者之间的差额是否又应无差别取舍，是该部分数额主要涉及的争议问题。

（一）认定原则：合同约定，抑或实际取得

在实际放贷活动中存在大量巧立名目预先收取一定资金的行为，如"手

续费""介绍费""砍头息"等，同时还有"复利计算""违约金""逾期利息"等，为了避免实际利率过高而采取的事后收取一定资金的行为。② 这可能使司法实践中对非法放贷数额与实际年利率的认定产生理解偏差，所以《意见》的第五条为了避免这种可能，作了详细规定。然而，规定的"本金金额"实际上可以作两种理解：一是依照合同形式主义原则，认为实际出借的本金金额是借条等借贷凭证中实际所载的金额；二是依照借款人能够实际支配的金额认定为实际出借本金金额。所以，《意见》明确规定："非法放贷数额应当以实际出借给借款人的本金金额认定。非法放贷行为人以介绍费、咨询费、管理费、逾期利息、违约金等名义和以从本金中预先扣除等方式收取利息的，相关数额在计算实际年利率时均应计入。"据此，在贷款发放过程中，行为人收取假借名目的费用，使借款人实际取得和支配的借款金额减少的，则应当按照减少后借款人实际取得和支配的金额认定非法放贷金额，这样才符合刑法实质判断的内涵，也可以避免行为人故意签订虚高本金的借款凭证从而逃避刑事追究。所以，原则上，非法放贷数额应在扣除行为人假借名目收取费用的基础上，以借款人实际借得款项认定。

（二）实际取得说的限制性解读

可以说在该类案件中，被假借收取费用的名目种类繁多，行为人假借名目收取的费用当然不应计入出借本金，但如果收取介绍费、咨询费的是第三人，最常见的就是，居间介绍借贷的中介从中收取介绍费的，该笔介绍费既不归出借人，也未被借款人实际取得，而是属于第三人，那么此时实际取得说还能否适用？很显然，一概不论相关费用的收取方而仅以借款人的实际取得数额认定放贷数额，可能有违客观和公正。

所以，以借款人实际取得和支配的借款金额认定非法放贷数额的标准是相对的，向行为人支付假借名目费用使实际取得本金减少的，自然，相关费用不计入非法放贷数额。但如果借款人向第三人预支介绍费、中介费等费用的，或者在取得借款后，再向第三人支付上述费用的，则应另当别论。诚如本案中，部分借款人系通过第三人介绍至被告人处借款，取得借款后会按照

---

② 陈晓枫、周鹏：《高利贷治理之史鉴》，载《法学评论》2019 年第 4 期。

事先的约定向该第三人支付介绍费，这种情况下，借款人支付介绍费的行为系对自己已经实际取得借款的一种处分，行为人也未因为借款人的上述行为使其实际出借的资金有所减少，故相关费用不应从本金金额中扣除，除非该第三人与行为人之间存在共犯关系。如果第三人与行为人系共犯，则属于刑法上的利益共同体，第三人收取的费用实际上也是对共犯人之间对赃款的分配，其法律效果与行为人直接假借名目收取费用并无二致，此时就应排除在出借本金数额之外。也即，在借款人取得贷款时支付的介绍费、中介费等应否在非法放贷数额中扣除，应当审查收取上述费用的主体是否系行为人，或者与行为人是否就非法放贷犯罪形成共谋。所以，《意见》中规定的"实际出借给借款人的本金"，应当注意剔除"非法放贷行为人"假借名目收取的费用，而一般不包括第三人为促成放贷而收取的相关中介费用。在上述案例中，作为第三方的介绍人，与被告人之间并未就非法放贷犯罪形成共谋，其也仅从借款人处获取介绍费，与被告人之间并未形成利益共同体，故相关金额不应在非法放贷数额中扣除。所以，根据第三人与非法放贷行为人是否存在共犯关系，出借人向第三人支付的介绍费等费用也应有所区别。

同时，相关案件中还存在被告人委托、雇佣他人开发客源并由被告人直接支付佣金、提成等情况，该类费用的支出实际上也未影响借款人实际取得和支配的本金数额，其只是被告人维持相关非法放贷活动所支出的必要犯罪成本，故也不应在相关犯罪金额认定中予以考虑。

三、实际年利率的认定

（一）实际年利率的入罪标准：36% 还是一年期 LPR 四倍

《意见》公布于 2019 年，其规定只有实际年利率超过 36% 的放贷行为才纳入刑法规制范围。而至 2020 年，《最高人民法院关于审理民间借贷案件适用法律若干问题的规定（2020 修正）》，将 24% 和 36% 的借贷利率标准调整为中国人民银行公布的一年期贷款市场利率（LPR）四倍，而《意见》并未随之调整。根据中国人民银行定期公布的 LPR 的四倍利率标准来看，虽然 LPR 是浮动的，但其始终远低于 36%，并造成其与 36% 之间存在较大的空白空间，这一空白空间成为民法没有规制手段、刑法不予规制的两不管地带。

对于这一问题，实务中有两种解释方法：一是认为刑法具有独立价值，36%的标准无需更改；二是认为《意见》中关于借贷利率的规定是基于民间借贷规定的，既然民间借贷规定修改了借贷利率，则《意见》也应当进行变通性解释。

实际上，从整个民间借贷法律规范体系来看，这一空白地带实际上类似于24%与36%之间的区间，属于立法者给民间借贷留下的一丝缝隙。从这个角度考虑，如果将《意见》中的36%利率标准也改为LPR的四倍，显然有违立法者本意，而且使刑法规制范围过大，有违谦抑性。笔者认为，可以将这一空白地带当做"违法但不犯罪"的空间，即民法不予保护，但刑法也不予规制，形成"合法借贷""违法借贷""经营性高利贷"的三种区间。与自然借贷说不同，自然借贷说不认为空白空间内是违法的，即使债务人予以偿还也无不可，而违法说将其视为违法行为，债务人即使偿还也可以行使返还请求权。而《意见》仍然规制原范围内的经营性高利贷行为。

（二）实际年利率的解释方法

关于上文提及的实际放贷过程中行为人预先收取的费用，虽不将其纳入非法放贷数额，但是将其作为利息还是其他名目的费用，可能会计算得出不同的实际年利率。这就导致在实际年利率的计算当中也并不是完全可以像规定所说的，将诸多名目一并在计算实际年利率时计入。在实际计算年利率时，可能会产生对某部分金额的重复计算，导致对实际年利率的认定过高；也可能会忽略某一部分金额，导致计算得出的实际年利率低于真正的年利率。同时，虽然《意见》对"违法所得"作了准确的规定，但是"违法所得"与"实际年利息"之间的关系不清，也可能导致在定罪量刑中出现问题。对此，笔者将以具体的例子予以说明：

1. 借贷凭证中所载金额为1000万元、年利率30%，预先收取200万元

若放贷人要求偿还1300万元，提前收取的200万元属于"手续费"等名目。那么：（1）本金800万元，实际年利息为1300−800+200=700万元，实际年利率应为87.5%。（2）本金1000万元，实际年利息为1300−1000+200=500万元，实际年利率应为50%。若放贷人要求最后偿还

1100 万元，将提前收取的 200 万元认定为利息。那么，（3）本金 800 万元，实际年利息为 1100−800+200＝500 万元，实际年利率应为 62.5%。（4）本金 1000 万元，实际年利息为 1100−1000+200＝300 万元，实际年利息应为 30%。

2. 借贷凭证中所载金额为 100 万元，年利率 30%，预先收取 20 万元

若放贷人要求最后偿还 130 万元，提前收取的 20 万元属于"手续费"等名目。那么：（1）本金 80 万元，实际年利息为 130−80+20＝70 万元，实际年利率应为 87.5%。（2）本金 100 万元，实际年利息为 130−100+20＝50 万元，实际年利率应为 50%。

3. 借贷凭证中所载金额为 150 万元，年利率 30%，预先收取 30 万元

若放贷人要求最后偿还 195 万元，提前收取的 30 万元属于"手续费"等名目。（1）本金 120 万元，实际年利息为 195−120+30＝105 万元，实际年利率应为 87.5%。（2）本金 150 万元，实际年利息为 195−150+30＝75 万元，实际年利率应为 50%。

首先，在 1（1）与 1（2）中，实际年利率的不同之处在于"预先收取的 200 万元"在本金认定阶段的不同作用。1（1）直接将其排除出本金金额，从而增加了实际年利息的数额，导致实际年利率的巨大差别。而这种差别在例 1 中并不对定罪产生实际影响，但是在量刑中却会左右法官的判断。在例 2 中这种不同认识对定罪也产生了实际的影响。在 2（1）中，因为非法放贷数额即本金金额与违法所得数额不足，就不能依照《意见》第二条所规定的一般条件定罪，但是因为 2（1）的实际年利率为 87.5%，则可以适用《意见》第三条的"降低定罪标准"来定罪处罚。而在 2（2）中，实际年利率为 50%，违法所得为 50 万元，也就无法适用"降低定罪标准"，不能定罪处罚。在 1（1）、1（2）、2（1）和 2（2）的对比中可以发现，实际年利率的不同计算方式会对定罪、量刑产生实质影响。

其次，在 1（3）与 1（4）中，计算实际年利息时将"预先收取的 200 万"计算了两次。即放贷人认为利息应为 300 万元，而最后收取了 100 万元利息，这就意味着提前收取的 200 万元已经被放贷人计算做利息了。但是依照《意见》第五条规定的文义解释，这 200 万元还要在计算实际年利率的时候一并计入。这实际上是对"预先收取部分利息"的重复评价，会导致罪责刑的不一致。

最后，在3（1）与3（2）的对比中还可以发现，3（2）的计算方法可能导致实际年利率满足了定罪的要求，但是非法放贷数额或违法所得数额无法满足要求，不能定罪。但是3（1）的计算方式可以使本金金额降低，违法所得数额及实际年利率提高，从而满足定罪要求。

上述问题的本质是对本金金额、实际年利率、实际年利息和违法所得等概念出现了不同的理解。前述两种不同的"本金金额"的解释方式实际上背后体现着两种路径，一种是"实际支配说"，它将"本金金额"解释为借款人实际可以支配数额的观点，因为将预先收取的部分资金重复计算，导致本金金额的降低与实际年利息的提高，使实际年利率较高，是一种加重处罚力度的解释路径；另一种是"形式主义说"，它将"本金金额"解释为借贷凭证中实际所载金额，相对于第一种解释方法，是一种直接的解释路径。两种解释的区别在于对"预先收取部分金额"的理解不同，前者将其理解为巧立"名目"中的一部分，从而在计算实际年利息时计入；后者将其理解为本金金额本身的一部分，是借款人在获得借款以后又将其所占有的货币转让给放贷人。

这实际上又涉及对实际年利息的不同理解，一种理解认为实际年利息是借贷人依据所认定的年利息与依照《意见》规定将巧立名目收取的费用相加即为实际年利息。如果将"本金金额"作第一种解释，实际年利息会使"预先收取部分金额"在第一部分与第二部分均纳入计算，导致实际年利息偏高。如果将"本金金额"作第二种解释，就不会出现上述情况，但是会导致另一种对实际年利息的理解。即违法所得等于实际年利息，这种解释源于《意见》关于违法所得的规定"非法放贷行为人实际收取的除本金之外的全部财物"。后者将实际年利息等于违法所得的理解可以避免计算复杂的情况，不会重复计算"预先收取部分"，而且不会存在上述对于实际年利息的理解偏差，同时也达到规制高利贷的惩处目的。基于法律规范的协调一致，在对"本金金额"解释时应当采取"实际支配说"，以借款人实际所能支配的金额为本金金额，本金金额以外的其他金额均为违法所得。"实际年利息"的解释应当采取"违法所得说"，将"违法所得"与"实际年利息"视作同一概念。如此解释"实际年利息"既可以避免"实际支配说"所产生的重复计算的问题，还可以使两个概念的内涵在体系中保持自洽，避免冲突。

（三）实际年利率的计算方式

超过 36% 的实际年利率是将单次放贷行为纳入非法经营罪打击范围的硬性标准，但高利放贷作为一种非法经营行为，从贷款发放至归还借款、贷款结清，其中会出现按时还款且利息按照约定付清、实际支付利息少于约定利息并获行为人认可、至案发时借款期限未满尚未归还全部本息、逾期还款且支付了逾期利息（包括违约金）等多种情况，由此，行为人实际收取的利息也不一样，并可能最终影响实际年利率的计算。案例中，行为人在放贷时与借款人约定了利息，但由于上述情况的存在，借款人实际支付的利息与约定的利息往往并不一致，系按照约定的利息还是实际支付的利息计算实际年利率，就存在争议。笔者认为，原则上应以放贷时约定的利息作为实际年利率计算依据，但后续因逾期等原因收取违约金、逾期利息等而使实际收取的"利息"高于约定利息的，则以实际收取的利息作为计算依据。具体分析如下：

第一，通常情况下以约定利息作为实际年利率计算标准，符合非法经营罪的罪质要求。通说认为，非法经营罪属于行为犯，只要实施了特定的经营行为，犯罪即成立并既遂。具体到高利放贷型的非法经营犯罪，《意见》所要打击的是以营利为目的实施的非法放贷行为，保护的客体主要是金融秩序而非借款人的财产权益，且非法放贷犯罪以放贷人与借款人形成合意为前提，借款人不具有其合法财产权益遭受不法侵犯而需要刑法保护的法律基础。以特定利率将贷款发放给借款人，就已经具备非法放贷行为成立非法经营罪所要求的客观行为要件，借款人获得贷款后是否还款以及如何还款，或者非法放贷行为人是否实际获利，一般均不影响犯罪的成立。也即，非法放贷型非法经营罪要求以营利为目的要件，但不以实际获利为结果要件。司法实践中，相关犯罪至案发时，可能因为借款期限未满，借款人尚未归还或尚未完全归还本息，或实际还款本息低于约定金额，但经协商，行为人认可账款已结清的，这些情况下，不能因为非法放贷行为人实际获取的利息低于约定利息，就以实际收取的利息为基础就低认定实际年利率。后续收取本息的实际情况，只能反映行为人实际获利情况，而不影响非法放贷行为人以高额利息发放贷款的事实及法律定性，故通常情况下应当以行为人发放贷款时与借款人约定的利息作为实际年利率的计算依据。

第二，收取超额利息时以实际收取的利息就高认定，是主客观相一致原则的基本要求。本案中，对于部分借款人逾期还款的，行为人还收取了逾期利息、违约金等，这些费用应否计入利息范畴？因为在贷款发放时，是否逾期还款尚不明确，进而，是否需要支付以及支付多少逾期利息、违约金均不明确，故即便借贷双方约定了逾期利息或违约金，在相关费用并未支付的情况下，就不宜将其纳入"利息"范畴，这符合主客观相一致的基本原则。但在贷款发放时对于将来需要支付利息是确定的，故案发时借款期限未满、尚未支付全部本息的，或者实际支付利息低于约定利息并获得行为人认可的，以约定利息计算实际年利率仍具有充分的法律依据。而在不能按时还款时需要支付逾期利息或违约金，在借贷双方就借贷行为形成合意时，即便没有明确约定，但就上述事项形成默认，也符合一般认知，故在发生了上述费用的情况下，按照实际发生的费用就高认定利息并计算实际年利率的，仍然是主客观相一致原则的基本要求。故而，《意见》强调"实际"年利率，并非排斥借贷双方基于意思自治而形成的约定，而是提醒司法机关，计算年利率时不应遗漏假借管理费、逾期利息、违约金等名目而收取的利息，也即，对利息的内涵应当作实质判断，凡是基于非法放贷而从借款人处获取的除本金以外的收益，一般都应当计入"利息"的范畴。

简言之，计算年利率所依据的利息应当从实质上进行把握，行为人收取的除本金以外的全部财物，一般均应纳入利息范畴。同时，原则上应当以借贷发生时双方约定的利息（包括约定的管理费等确定费用）作为年利率计算依据，但后续又发生逾期利息、违约金等不确定费用的，则应以实际收取的利息就高认定。具体计算规则详见表2。

表2 非法放贷案件中实际利息的认定规则

案件情形	实际利息认定规则
案发时借款人尚未支付利息	以放贷时约定的利率，并在本金中扣除预先收取的费用等计算
借款人实际支付的利息低于放贷时约定的利息，且被告人亦认可贷款还清的	以放贷时约定的利率，并在本金中扣除预先收取的费用等，就高计算和认定
借款人逾期还款并支付了超额利息	以实际收取的超额利息就高认定

四、违法所得的认定

所谓刑事违法所得，系我国刑法创设的一个概念，刑法理论一般认为是行为人通过违法行为直接获得的一种物质性利益，是危害结果的一种具体表现形式。从最广义法理学角度上讲，刑事违法所得包括犯罪所得、违法收益、犯罪组成的财物（包括违禁品，如毒品类犯罪中的毒品，枪支、爆炸物案件中的枪支、爆炸物等）以及犯罪工具等直接与犯罪相关的涉案财物。但从刑法学理论上讲，刑事违法所得应当与其他涉案财物有所区别，具体是指因实施犯罪活动而取得的全部财物及其孳息，包括天然孳息和法定孳息。[③] 在盗窃、诈骗等侵犯财产犯罪中，犯罪数额一般就是违法所得数额，但在经济性犯罪中，两者可能有着天壤之别。比如非法经营数额就不同于违法所得数额，甚至在相关类型的非法经营犯罪中，非法经营数额和违法所得数额都是定罪量刑标准确立的独立依据。但就非法放贷犯罪中的违法所得来讲，违法所得的计算是否应扣除经营成本，以及违法所得的计算方式，仍有待进一步明确。

（一）违法所得的外延：毛利说，还是获利说

理论界对于违法所得的认定标准则一直存在争议，归纳起来主要有两种观点：一是毛利说，也称销售数额说、经营数额说。该观点认为，刑法中的"违法所得"，一般是指犯罪分子因实施违法犯罪活动而取得的全部财物，包括金钱和物品，是包含经营成本在内的所有违法所得数额。二是纯利说，也称获利说。该观点认为，违法所得就是获利数额，即因违法犯罪所获得的全部收入扣除行为人直接用于经营活动的适当的合理支出。获利说是理论学说和司法实践的主要观点。最高司法机关先后就个罪中的"违法所得"制定的司法解释或者作出的批复和研究意见，均持此观点。比如，《最高人民法院研究室关于非法经营罪中"违法所得"认定问题的研究意见》就认为，非法经营罪中的"违法所得"，应是指获利数额，即以行为人违法生产、销售商品或

---

③ 孙谦：《〈人民检察院刑事诉讼规则（试行）〉理解与适用》，中国检察出版社 2012 年版，第 357 页。

者提供服务所获得的全部收入（即非法经营数额），扣除其直接用于经营活动的合理支出部分后剩余的数额。④

《意见》实际上对非法放贷犯罪中的违法所得也进行了界定，即"非法放贷行为人实际收取的除本金之外的全部财物，均应计入违法所得"。据此，《意见》与以往主流观点一致，采纳的是获利说，也即，借款人支付的本息以及行为人收取的其他名目的费用，在扣除本金后，均应认定为违法所得。

（二）违法所得的计算方式：整体把握，还是单次累计

根据《刑法》第二百二十五条的规定，犯非法经营罪的，应在违法所得一倍以上五倍以下判处罚金。所以，个人违法所得数额不仅是《意见》明确规定的非法放贷型非法经营罪定罪量刑的标准之一，也是法院确定罚金刑的主要依据。案例中，由于相当部分的借款人尚未归还或尚未全部归还本息，导致被告人至案发时总体上仍处于亏损状态，此时如何认定被告人的违法所得，就存在两种意见：一种意见认为，非法经营通常是一个持续行为，是否营利应从整体上把握，被告人至案发时并未从经营中实际获利，则不应认定其存在违法所得；另一种意见则认为，单次非法放贷行为中收取的除本金之外的全部财物均应计入违法所得，部分借款中本金尚未收回的情况，不影响违法所得的认定。

笔者同意第二种意见，并认为，按照单次非法放贷行为累计计算违法所得，能够与非法放贷行为刑事处罚范围的确定相呼应，使相关数额认定更精准，也更符合《意见》中相关规定的本质要求。《意见》明确规定，"单次非法放贷行为实际年利率未超过36%的，定罪量刑时不得计入"，显而易见的是，36%的实际年利率是就每一次放贷行为而言的。而违法所得数额也是《意见》明确规定的定罪量刑标准之一，在认定该金额时当然应该逐一认定，并剔除单次非法放贷行为实际年利率未超过36%的部分。也即，"违法所得"作为定罪量刑的标准，应当是犯罪行为的违法所得，而不是一般违法行为的违法所得，其辐射的范围应只及于非法放贷行为中构成犯罪的那部分。对于实际年利率未超过36%的借贷部分，行为人获取的收益充其量属于一般违法行为的

---

④ 张军主编：《司法研究与指导》，人民法院出版社2012年版，第155页。

所得，而不是犯罪行为的违法所得，故不能作为非法经营罪定罪量刑的依据。实际上，不管是违法所得数额，还是非法放贷数额、放贷对象人数等其他标准的认定，都应当且只能按照单次非法放贷行为逐一认定并累计计算。

那么，在实际年利率超过 36% 的非法放贷行为中，本金尚未归还的部分是否可以抵销违法所得的数额？比如，行为人分别向 A、B 二人发放贷款 200 万元，其中，向 A 收回了全部本金并另行收取了约定的利息 100 万元，向 B 仅收取了本金 100 万元，那么，前者获得的违法所得 100 万元与后者亏损的 100 万元本金能否抵销，从而认定行为人没有违法所得？答案显然也是否定的。对于 A 而言，利息 100 万元一旦支付给行为人，就意味着违法所得产生，并依法应当予以追缴，上述钱款的性质是明确的，不能因为行为人在 B 处有未收回的本金而影响上述 100 万元钱款的性质，更不能因为行为人在他处有亏损而抵销其退缴违法所得的责任。非法放贷行为本身就是一种违法犯罪行为，行为人支付的本金从法律属性上看，系犯罪成本，刑法不予保护。故对于上例中 B 未归还的 100 万元本金部分，因为行为人未收取除本金以外的收益，对该部分应认定为没有违法所得，但不因此影响其他单次非法放贷行为中违法所得的认定，更不产生抵销的效果。

五、余论

《意见》针对非法放贷犯罪规定了不同的定罪量刑标准，非法放贷数额、违法所得数额、非法放贷对象数量均是其独立的定罪量刑依据，只要达到其中的一个标准，就应当认定"情节严重"或"情节特别严重"，所以在实践当中应尽可能穷尽司法手段，尽可能查清相关犯罪数额，以确保不枉不纵。但实际上，上述不同的数额标准所代表的社会危害性是有差异的，其中最突出的问题就是将非法放贷对象数量作为一个独立依据，常引起实务部门罪责不配的疑虑。根据《意见》规定，个人非法放贷对象达到 250 人而无需考虑其他因素，就属于"情节特别严重"，法定刑在有期徒刑五年以上。但在小微金融、互联网金融已然普及的当下，不考虑放贷金额而只凭贷款人数就动辄升格法定刑，笔者认为有失偏颇。当然，毫无疑问，放贷对象数量是考量非法放贷犯罪社会危害性的一个非常重要的因素，但若能结合放贷数额、违法所得等其他犯罪数额综合认定，或更可以实现罚当其罪。

强制送医执法行为规范化问题研究

朱建国　陈剑红　朱坚军　胡晓涛　林兴乐*

党的二十大报告指出，要深化行政执法体制改革，全面推进严格规范公正执法，加大关系群众切身利益的重点领域执法力度，完善行政执法程序，健全行政裁量基准。中共中央、国务院印发的《法治政府建设实施纲要（2021—2025年）》与上海市制定的《上海法治政府建设规划（2021—2025年）》均提出，要健全行政执法工作体系，全面推进严格规范公正文明执法。完善权责清晰、运转顺畅、保障有力、廉洁高效的行政执法体制机制。在我国当前行政执法体系中，公安执法工作关系人民群众切身利益，关乎社会公平正义，人民群众感受度和社会关注度最高，积极推进公安执法工作规范化建设，对完善我国行政执法体制机制尤为重要。基于此，早在2016年，中央全面深化改革领导小组就审议通过《关于深化公安执法规范化建设的意见》，着力推进公安执法规范化建设。与此同时，公安执法工作量大面宽，其中多数行政执法事项有相对齐备的法律规范予以约束，但也有行政执法事项如公安强制送医执法行为规范性仍相对不足，执法标准较为模糊。而在日常生活中，疑似精神障碍患者突发疾病实施危险行为被强制送医的情况愈发多见，带来较大的社会安全隐患，在此背景下，完善公安强制送医执法行为规范化建设对进一步完善公安执法工作，推进我国行政机关依法行政水平、维护社会公共安全、保护精神障碍患者合法权益均具有重要意义。

---

* 朱建国，法律硕士，上海市浦东新区人民法院党组成员、副院长。陈剑红，法学硕士，上海市静安区人民法院行政及执行裁判庭庭长。朱坚军，上海市静安区人民法院行政及执行裁判庭审判员。胡晓涛，法学硕士，上海市静安区人民法院行政及执行裁判庭法官助理。林兴乐，法学硕士，上海市静安区人民法院行政及执行裁判庭法官助理。本文系2023年度上海市依法治市课题结项成果。

一、强制送医执法行为的内涵

本文所研究的强制送医执法行为，具体是指根据《中华人民共和国精神卫生法》(以下简称《精神卫生法》)第二十八条第二款的规定，① 对疑似精神障碍患者发生伤害自身、危害他人安全的行为，或者有伤害自身、危害他人安全的危险的，当地公安机关通过立即采取措施予以制止并将其送往医疗机构进行精神障碍诊断的行为。根据该条款的规定，强制送医执法行为的主要构成要件包含四个方面。

（一）执法行为的主体必须是公安机关

根据《精神卫生法》的相关规定，对存在伤人伤己行为或危险的精神障碍患者，家属、所在单位、② 公安机关均被赋予了强制送医的职责，一般情况下，对于发生在家中、所在单位、公共场所的有上述危险情形的精神障碍患者，由上述主体分别采取措施予以制止并送诊，但在性质上，前二者作为送医主体实施的送医行为，属于民事主体实施的自力或自助救济行为，不属于行政执法行为的范畴，只有作为行政执法机关的公安机关实施的强制送医才构成执法行为。

此外，如民政等部门对查找不到近亲属的流浪乞讨疑似精神障碍患者也有救助送医的职责，但此情形下的送医行为是不带有强制性的帮助救治行为，属于行政救助的范畴，也不属于本文所研究的强制送医执法行为的范围。

----

① 《精神卫生法》第二十八条：除个人自行到医疗机构进行精神障碍诊断外，疑似精神障碍患者的近亲属可以将其送往医疗机构进行精神障碍诊断。对查找不到近亲属的流浪乞讨疑似精神障碍患者，由当地民政等有关部门按照职责分工，帮助送往医疗机构进行精神障碍诊断。疑似精神障碍患者发生伤害自身、危害他人安全的行为，或者有伤害自身、危害他人安全的危险的，其近亲属、所在单位、当地公安机关应当立即采取措施予以制止，并将其送往医疗机构进行精神障碍诊断。医疗机构接到送诊的疑似精神障碍患者，不得拒绝为其作出诊断。

② 《上海市精神卫生条例》第三十一条第二款规定了所在学校亦属于强制送医主体。该条规定：疑似精神障碍患者发生伤害自身、危害他人安全的行为，或者有伤害自身、危害他人安全危险的，其近亲属、所在学校或者单位、当地公安机关应当立即采取措施予以制止，并将其送往精神卫生医疗机构进行精神障碍诊断。学校或者单位、当地公安机关送诊的，应当以书面形式通知其近亲属。其他单位或者个人发现的，应当向当地公安机关报告。

（二）执法的对象需是疑似精神障碍患者

公安机关在日常治安执法中，执法对象多是有完全民事行为能力的社会公众，即使该类人员正在实施伤人伤己行为或存在伤人伤己危险，在未造成严重后果的情况下，其所带来的是可能受到治安处罚的后果。但强制送医执法行为的对象则是疑似精神障碍患者的特殊群体，即从言行举止等外观形式上判断出其存在异常，并且需通过强制送医进行医学专业判断。

（三）强制送医执法行为的前提是疑似精神障碍患者正在发生伤人伤己行为或存在伤人伤己危险

公安机关实施强制送医执法行为的前提，是疑似精神障碍患者正在实施的伤人伤己行为或有伤人伤己的危险，具体包括以下两种情形：一是发生伤害自身、危害他人的安全行为，如疑似精神障碍患者自伤或自杀、打伤家人和邻居等。二是虽然没有伤害自己、伤害他人安全的行为，但有伤害自己或他人的危险，如不立即制止，可能导致伤害自己或危害他人安全的后果，如疑似精神障碍患者试图自杀、情绪失落产生暴力倾向等。[3] 因此，公安机关对在接报警中发现或者巡查中发现的如生活无着处于围困状态需救助的疑似精神障碍患者，因其并未存在相关的行为或危险，公安机关将其送至有关部门救助或就医的行为亦不属于本文研究的强制送医行为。

（四）强制送医执法行为的后果患者被送往医疗机构进行精神障碍诊断

公安机关对精神障碍患者完成强制送医执法行为的一般结果，是将患者送至精神疾病诊治的医疗机构实施诊疗。一般情况下，公安机关将病人送至医疗机构并与医疗机构完成交接后，该强制送医诊疗行为即完结。同时根据《精神卫生法》第二十八条第三款的规定，医疗机构接到送诊的疑似精神障碍患者，不得拒绝为其作出诊断。

---

[3] 参见信春鹰主编：《中华人民共和国精神卫生法释义》，法律出版社 2012 年版，第 84—87 页。

二、强制送医执法行为与协助送医、行政强制措施、强制医疗的区分

（一）强制送医与协助送医

根据我国《精神卫生法》第二十八条第二款之规定，除公安机关有职责对疑似精神障碍患者实施强制送医行为外，患者家属、所在单位也有职责对其实施强制送医行为，在一些特殊情形下，公安机关或居委会等组织，为患者家属送医提供协助，构成协助送医行为。但根据我国宪法、立法法及有关法律的规定，关于限制人身自由的实施主体，只有法律能进行设定，其他层级的行政法规、规章均无设定权限。基于此，我国《精神卫生法》规定了公安机关有强制送医的执法职权，同时也有限规定了患者的近亲属、所在单位有自助强制送医的职责。如疑似精神障碍患者在结束诊疗后对公安强制送医执法行为不服，可以依法提起行政复议或者行政诉讼。但如果对近亲属或者所在单位的强制送医行为不服，则需通过民事诉讼等其他法律途径提出主张。

（二）强制送医与行政强制措施

行政强制措施是指行政机关在行政管理过程中，为制止违法行为，防止证据损毁、避免危害发生、控制危险扩大等情形，依法对公民的人身自由实施暂时性控制，或者对公民、法人或者其他组织的财物实施暂时性控制的行为。单纯从外观形式上看，公安强制送医执法行为与行政强制措施较为类似，如前提是制止违法行为及控制危险扩大，措施是对公民人身实施暂时性控制等，因此，有部分学者认为公安实施强制送医需遵守《中华人民共和国行政强制法》（以下简称《行政强制法》）设定的执法程序规定。[④] 在司法实践中，也有精神障碍患者的家属或代理律师对公安机关的强制送医执法行为不服，在起诉时提出公安机关未按照《行政强制法》设定的行政强制实施程序进行，

---

④ 张奇、陈楠楠、许芬芬：《精神卫生法中强制医疗研究》，知识产权出版社 2022 年版，第 5—8 页。

存在程序违法等问题。

但公安强制送医执法行为与行政强制措施存在实质的差异，系属于不同性质的行政执法行为。从执法对象上看，强制送医行为系针对精神病人这一特殊对象，不同于一般的社会大众，具有一定的排他性。从执法后果上看，强制送医系送至医疗机构进行精神疾病诊断，行政强制措施是对人身或财物暂时性控制，不脱离公安机关管控，符合条件可予以解除或被采取如行政拘留等进一步处理措施。

此外，一些涉公安强制送医行为的法院生效判决亦明确公安强制送医不属于行政强制措施的范畴。如静安法院在生效的（2020）沪 0106 行初 580 号原告宋某不服被告上海市公安局浦东分局梅园新村派出所强制送医行为一案判决书中即载明，"对于原告认为被告将原告送医行为属于限制人身自由的行政强制措施的观点，本院认为，行政强制措施是指行政机关在行政管理过程中，为制止违法行为、防止证据损毁、避免危害发生、控制危险扩大等情形，依法对公民的人身自由实施暂时性限制，或者对公民、法人或者其他组织的财物实施暂时性控制的行为。本案中，被告将原告送医诊断行为并不符合上述规定，不属于《行政强制法》所规定的行政强制行为"。

（三）强制送医与强制医疗

强制送医是公安机关对存在伤人伤己行为或危险的疑似精神障碍患者采取制止措施并强制送医诊断的执法行为，在强制送医执法过程中，患者尚未造成严重后果，其承担的法律后果系由公安机关送至医疗机构进行诊断。同时依据我国《精神卫生法》第三十条、第三十一条等的规定，[5] 精神障碍的住院治疗实行自愿原则。当诊断结论、病情评估表明，就诊者为严重精神障碍患者且已经存在伤人伤及风险的，且经监护人同意，医疗机构应当对其实施

---

[5] 参见《精神卫生法》第三十条：精神障碍的住院治疗实行自愿原则。诊断结论、病情评估表明，就诊者为严重精神障碍患者并有下列情形之一的，应当对其实施住院治疗：（一）已经发生伤害自身的行为，或者有伤害自身的危险的；（二）已经发生危害他人安全的行为，或者有危害他人安全的危险的。

第三十一条：精神障碍患者有本法第三十条第二款第一项情形的，经其监护人同意，医疗机构应当对患者实施住院治疗；监护人不同意的，医疗机构不得对患者实施住院治疗。监护人应当对在家居住的患者做好看护管理。

住院治疗。但如果监护人不同意的，医疗机构不得对患者实施住院治疗。

此外，根据我国《刑法》《刑事诉讼法》等相关规定，实施暴力行为，危害公共安全或者严重危害公民人身安全，经法定程序鉴定依法不负刑事责任的精神病人，有继续危害社会可能的，可以予以强制医疗，即属于刑事管制范畴的强制医疗行为。在程序上，公安机关发现精神病人符合强制医疗条件的，应当出具强制医疗意见书，移送人民检察院。检察机关经审查起诉发现符合强制医疗条件的再向人民法院提出强制医疗的申请。人民法院在审理案件过程中发现被告人符合强制医疗条件的，可以作出强制医疗的决定。

当然，有学者认为强制送医与强制医疗双重模式并存现状下，两者不易明确区分，存在模糊地带，容易产生司法程序和行政程序的选择性适用，即公安机关可自主选择采取何种强制手段。[6]结合法条规定看，《刑法》《刑事诉讼法》较《精神卫生法》规定的强制医疗适用的精神病人危害情形明显更为严重，即危害公共安全或者严重危害公民人身安全且经法定程序鉴定后认为不负刑事责任但有继续危害社会可能的精神病人。

三、公安强制送医执法行为存在的主要问题

在司法实践中，主要是人民法院在审理涉公安机关强制送医执法行为行政案件的司法审查中，反映出当前公安机关在实施强制送医执法中仍存在一定的问题，具体表现如下。

（一）对精神障碍患者是否存在伤人伤己危险行为的判定不准确

精神障碍患者存在伤人伤己行为或危险是公安机关实施强制送医的前提，而对行为或危险存在的判断主要依赖出警民警现场的主观判断。在司法实践中，公安执法民警易将一些居民家庭成员存在争执纠纷、当事人情绪激动的行为等错误判定为存在伤人伤己行为或危险，而认定构成强制送医的前提条件，错误将有关人员送至精神疾病诊疗机构。

如静安法院审理的（2022）沪 0106 行初 495 号原告陶某某诉被告上海市

---

[6] 刘仁文、刘哲：《强制医疗特别程序的问题与对策》，载《河南财经政法大学学报》2014年第 5 期。

公安局嘉定分局南翔派出所不服强制送医一案，2021年6月某天，原告与其父亲发生纠纷报警，被告民警接警至现场后，看到原告陶某某情绪暴躁激动，滔滔不绝训斥其父，原告母亲则躲在室外走廊，但原告并不存在伤人伤己行为或危险。之后，民警先带原告及其父至派出所接受调查，带离期间，原告母亲张某在走道处向派出所民警陈述原告陶某有精神问题，希望被告协助家属将原告送至精神病院治疗。原告与其父亲后至派出所接受完调查返回家中后未再报警。次日上午，被告社区民警及居委人员根据原告母亲的求助，至原告家中，协助其母张某某将强制送至嘉定区精神卫生中心进行诊疗。法院经审理案件后认为，该案中，原告在现场仅出现情绪暴躁激动，但不存在伤人伤己的行为。原告被带至派出所接受调查返回家中后，直至次日被送医前，原告及家属也未再发生争执报警。即该案中，被告执法民警仅凭原告家属告知原告有精神病史，但未严格适用法律准确判断现场情形下，即按照家属意愿同家属将原告强制送医，适用的前提存在明显不当。

同时需要指出的是，实践中突发状况不断，对公安机关出警后对现场情形的判断精确性亦不应过分苛责。如上海市高级人民法院在（2019）沪行申873号再审申请人厉某因与被申请人上海市公安局浦东分局航头派出所、上海市公安局浦东分局公安送医诊断以及行政复议一案中即认为，"公安机关并非精神卫生医疗机构，出警民警亦非专业医生，当事人只要符合《精神卫生法》第二十八条第二款规定的情形，公安机关即可当机处置，将疑似精神障碍患者送医诊断，不能苛责现场民警必须具有十足把握后才能实施送医行为，更不能以医疗诊断来推翻之前的送医诊断行为的合法性"。

（二）在协助送医过程中因处置措施不当转化为强制送医

在实践中，公安机关既有接报警出警后，经现场处置，作为执法主体当场强制将疑似精神障碍患者送医的执法行为，也有在一些情况下，疑似精神障碍患者的近亲属、用人单位等为安全考虑，本着有事找警察的理念，向公安执法民警提出协助其送医的要求，民警考虑到维护周边秩序、防止发生意外等情况，实施了协助患者近亲属、用人单位将病人送至医疗机构的行为。但在此过程中，公安机关应避免"反客为主"，注重协助送医手段的必要性、合理性，防止将协助送医转化为强制送医的情形及执法风险产生。

　　在前述原告陶某某诉被告上海市公安局嘉定分局南翔派出所一案中，被告民警在当日出警后，并未实施强制送医行为。而是根据原告母亲的求助，次日同居委会工作人员至原告家中，协助将原告送至精神卫生机构，但被告执法民警在实施协助送医过程中，先是采取强制手段将原告直接强制从家中带走、强制带至电梯，并将原告强制关押至带有围栏的警用执法囚车内，后再送至医院，最后才由家属出面与医疗机构完成了交接手续。被告执法民警在实施协助送医的整个过程中，均采取了主动行为，且对原告采取了明显的强制措施和手段，从而使协助送医转化为公安强制送医执法行为，并对其在执法中存在的不当行为及产生的执法风险需承担法律后果。

（三）对妨碍公务执法行为的疑似精神障碍患者实施强制送医易产生争议

　　在实践中，通常是疑似精神障碍患者发生伤人伤己行为后，公安执法民警接接报警出警后对患者采取制止措施并强制送医。但在有的案件中，系有的疑似患者与他人先发生口角等冲突，民警处置过程中，疑似患者对民警采取袭警等妨碍公务执法行为，民警根据综合判断，将疑似患者采取强制送医。在该情形下，因强制送医与妨碍执行公务违法行为存在一定的重合，对疑似患者袭警引起的强制送医应结合民警掌握的患者病史、患者言行表现等行为进行更加严格的判定，进而才能实施强制送医行为，以避免出现公安执法民警基于打击报复从而实施强制送医的情况出现。

　　在静安法院审理的（2021）沪0106行初557号原告厉某不服被告上海市公安局浦东分局周家渡派出所强制送医一案中，原告厉某于2021年6月在浦东新区周家渡街道办事处与工作人员发生争执报警，被告民警接警后将原告及街道工作人员带回派出所调解，后厉某经被告民警劝解后离所。当日16时26分许，厉某又返回派出所，在被告的治安窗口吵闹，当民警将厉某带至调解室劝解时，厉某突然挥手打落民警眼镜，被告民警对厉某采取约束措施，并结合查明的厉某曾作为疑似精神患者被强制送医的事实，认定原告系具有危害他人安全危险的疑似精神障碍患者，因经联系厉某亲属，其亲属表示不愿看护，被告遂将厉某强制送医。法院经审理亦认为，"纵观原告在事发当日的行为表现，其先与周家渡街道工作人员争执，后又拒不听从被告民警劝导，甚至对民警使用暴力，被告结合原告曾被公安机关送医行精神障碍诊断的既往史，被告为防止危害后果的发生，及时予以处置，将原告送医诊断的行政行为并无不当"。

四、提升强制送医执法行为规范化水平的对策建议

当前，强制送医执法行为在执司法实践中仍主要存在对危险情形的判定适用法律不准确、执法手段不规范、强制送医程序不明确、与协助送医、强制医疗等行为存在界定不清等问题，因此需完善强制送医执法行为规范化工作机制建设，以实现公安机关在强制送医过程中规范公正文明执法。

（一）执法中需准确判定是否存在伤人伤己行为或危险

在公安强制送医执法过程中，对现场情形是否符合疑似精神障碍患者正在实施伤人伤己行为或可能发生伤人伤己危险是确保公安强制送医执法行为规范准确的首要前提和核心要件，同时也是当前执司法实践中最容易产生执法风险、引起行政争议产生的执法区域。在对是否属于疑似精神障碍患者存在伤人伤己行为或危险的判定中，要结合法律条文本身给定的法律要素，从以下几个重要方面依次进行判定：

1. **是否属于疑似精神障碍患者的判定**

实践中，公安机关并非对所有疑似伤人伤己行为实施者都要强制送医，多数情形下，如常见的打架斗殴、用威胁的语气伤人行为、暴力抗法等均符合伤人伤己行为或危险的外观，但一般违法行为的主体系具有民事行为能力的正常群体，而强制送医的对象则是疑似精神障碍患者。故公安机关在实施强制送医执法中，执法民警应结合行为人的言行举止是否正常，家属、朋友、事发时周边居民对行为人是否属于精神障碍患者的陈述、有无精神病史等关键信息，先对行为人是否属于疑似精神患者情况进行判定。否则，则应依照如《治安管理处罚法》或其他有关行政管理、刑事等方面的法律规定，采取其他法定措施进行处置。

2. **对是否正在实施伤人伤己行为或可能发生伤人伤己危险的判定**

在确定行为实施人属于疑似精神障碍患者后，应进一步结合执法民警至事发现场时患者的言行举止等外在表现，对其是否存在伤人伤己行为或危险

进行判定，如患者在事发时仍在暴力追赶袭击他人、破坏财物、对处警民警抗拒执法或扬言要实施伤害他人或自残自杀的危险等行为，均应符合需被立即依法强制送医的情形。但实践中，有时民警至现场时，局势已经缓和，患者无正在实施的伤人伤己行为，从外观亦不能直接得出其是否还具有伤人伤己危险。在此情形下，应结合患者病史、当日整体行为表现、危险程度，再决定是否实施强制送医执法行为。当然，执法民警对可能发生危险的判定存在较大的主观性，本文认为，在实践中，应以维护社会公共安全为侧重点，对可能发生伤人伤己危险的疑似精神障碍患者，应在保存好执法证据的前提下，宜采取强制送医手段，以避免发生危险，也有利于保护疑似精神障碍患者的健康安全。

如静安法院审理的（2023）沪0106行初83号原告唐某某不服被告上海市公安局嘉定分局马陆派出所不服强制送医一案中，原告因在小区殴打他人被带至派出所后，又在派出所内出现情绪激动、精神异常的情况，后被公安机关实施强制送医。法院经审理认为，"判断强制送医行为是否合法的审查重点应在于原告是否有疑似精神障碍患者的行为表现，是否有伤害自身或危害他人的行为和危险。纵观原告在事发当日的行为表现，其先在小区内主动与他人挑起争端进而引发肢体冲突，存在危害他人安全的过激行为，原告的行为已符合法律规定的送医进行精神障碍诊断的情形，再者被告将其传唤至派出所后又拒不听从被告民警劝导，难以控制情绪言语激动，结合原告曾两次进行精神障碍诊断治疗的既往史，被告为防止危害后果的发生，及时予以处置，将原告送医诊断的行政行为并无不当"。

（二）执法中需规范适用强制送医执法程序

强制送医执法行为虽在性质上不属于行政强制措施，无需依照行政强制法设定的相对严格的行政程序实施强制送医，具有一定的"弱程序性"特征，但并不代表在强制送医执法过程中可随意执法，无须依据任何执法程序，其仍需适用《精神卫生法》《上海市精神卫生条例》等法律和地方性法规中关于强制送医程序细节规定以及应当适用的一般的行政程序原则。本文认为，公安机关在实施强制送医执法行为中，需重点规范适用以下几个方面的程序：

1．制止手段的适当性

公安执法民警在处置突发的疑似精神障碍患者伤人伤己行为或伤人伤己行为危险时，应在确保安全的情况下，积极遵循行政程序中的比例原则，如应先通过劝阻、带离等方式实施送医，在行为人明确不听劝阻的情形下，才可进一步采取必要的强制手段进行制止并送医，避免采取明显过激的执法手段引起执法风险。

此外，公安机关在协助送医的情形下，应避免出现主动的执法行为或手段。在协助送医过程中，执法民警应主要做好维护周边社会秩序和公共安全方面的工作，不应实质参与协助送医。当然，在协助送医过程中，如患者突发伤人伤己行为的突发情况，执法民警仍应及时进行制止，通过强制送医确保安全。

2．与医院交接程序

公安强制送医执法行为的执法结果是将疑似精神障碍患者送至医疗结构进行诊断。因此，公安机关执法人员与医疗机构完成与患者送诊的交接是强制送医必要的程序。特别是在家属未在场的情况下，执法民警要做好交接回执的签收、留存，预防后续执法风险。

3．通知家属程序

《精神卫生法》对公安机关实施强制送医行为后，是否及如何通知家属并未作具体规定。但《上海市精神卫生条例》第三十一条第二款明确规定"……学校或者单位、当地公安机关送诊的，应当以书面形式通知其近亲属。其他单位或者个人发现的，应当向当地公安机关报告"。故公安机关执法民警在实施强制送医执法行为后，应当以书面形式及时通知疑似精神障碍患者的近亲属。

（三）完善强制送医执法行为与治安处罚法、刑法的衔接机制

我国《精神卫生法》第五十三条规定，精神障碍患者违反治安管理处罚法或者触犯刑法的，依照有关法律的规定处理。因精神疾病具有一定的特殊性，对精神障碍患者发生违法犯罪行为，并非一概采取强制送医行为即宣告完结，而需分情形做好与治安处罚法及行罚的衔接适用工作。[7]

---

[7]　参见信春鹰主编：《中华人民共和国精神卫生法释义》，法律出版社2012年版，第146—148页。

1. 与治安管理处罚法的衔接

《治安管理处罚法》第十三条及《公安机关办理行政案件程序规定》第一百五十八条均规定，精神病人在不能辨认或者不能控制自己行为的时候违反治安管理的，不予处罚，但是应当责令其监护人严加看管和治疗。间歇性的精神病人在精神正常的时候违反治安管理的，应当给予处罚。尚未完全丧失辨认或者控制自己行为能力的精神病人有违法行为的，应当予以行政处罚，但可以从轻或者减轻行政处罚。《公安机关办理行政案件程序规定》第八十九条第三款规定，对精神病的鉴定，由有精神病鉴定资格的鉴定机构进行。因此，综合《精神卫生法》和上述法律规章等规定，公安机关在对疑似精神障碍患者实施强制送医的同时，因结合其是否存在其他违法后果的情况、情节，决定是否需对其进行精神鉴定，及后续是否应按照治安管理处罚法的规定进行行政处罚。

2. 与刑法、刑事诉讼法的衔接

《刑法》第十八条第一款规定，精神病人在不能辨认或者不能控制自己行为的时候造成危害结果，经法定程序鉴定确认的，不负刑事责任，但是应当责令他的家属或者监护人严加看管和医疗；在必要的时候，由政府强制医疗。间歇性的精神病人在精神正常的时候犯罪，应当负刑事责任。对此，《刑事诉讼法》在第四章专章规定了依法不负刑事责任的精神病人的强制医疗程序。其中《刑事诉讼法》第二百八十四条规定，对实施暴力行为，危害公共安全或者严重危害公民人身安全，经法定程序鉴定依法不负刑事责任的精神病人，有继续危害社会可能的，可以予以强制医疗。该情形系对上述刑法规定的"在必要的时候，由政府强制医疗"也即强制医疗的范围作了进一步的明确，只有精神病人实施危害公共安全或者严重危害公民人身安全的暴力行为才能进行强制医疗，如实施如损坏公私财物等财产型犯罪，则不属于强制医疗范围，而应由其家属或者监护人严加看管和医疗。因此，公安机关在对疑似精神障碍患者先行强制送医后，如患者实施了超过一般治安处罚管理范畴的严重危害公共安全或者严重危害公民人身安全的暴力行为，公安机关还应通过鉴定程序，决定是否对其按照刑法的规定进行刑事制裁或者实施强制医疗。

法治化营商环境建设下知识产权司法保护的应因研究

——以上海市静安区四大核心功能区建设的实证研究为切入点

陈树森　陈慰苹　张叶航　郑　珂*

习近平总书记在 2020 年 11 月 30 日中央政治局第二十五次集体学习时强调 "知识产权保护工作关系到国家对外开放大局,只有严格保护知识产权,才能优化营商环境、建设更高水平开放型经济新体制"。为推进上海市知识产权高质量发展,全力打造国际知识产权保护高地,上海市政府发布《上海市知识产权保护和运用 "十四五" 规划》,对 "十四五" 期间知识产权保护体系的健全提出了要求和目标,并明确指出要优化知识产权司法保护体系。2023年 4 月,上海市知识产权局确定了第一批上海市知识产权保护示范区建设地区,[①] 静安区作为入选的六个地区之一,确立了 "在静安区 '一轴三带' 发展战略指引下,坚持以高质量发展为引领,着力打造知识产权保护体系更加健全,知识产权全链条保护优势有效发挥,侵权易发多发现象得到有效遏制,知识产权保护能力明显增强的知识产权保护静安模式" 的主要目标,客观上对静安法院在强化知识产权司法保护、提高审判质量和效率等方面提出了更

---

* 陈树森,法学博士,上海市高级人民法院综合处处长。陈慰苹,法学硕士,上海市静安区人民法院商事审判庭副庭长。张叶航,法学硕士,上海市静安区人民法院商事审判庭审判员。郑珂,法学学士,上海市静安区人民法院商事审判庭审判员。本文系 2023 年度上海市依法治市课题结项成果。

① 《关于确定第一批上海市知识产权保护示范区建设地区的通知》,载上海市人民政府官网 https://www.shanghai.gov.cn/gwk/search/content/95d8ccd93f824fd6aefe349c77778fa2,2023年 7 月 20 日访问。

高的要求。法院如何在知识产权司法保护工作中充分发挥审判职能作用、法治主导作用，助力法治化营商环境的建设也成了需要重点关注的问题。

笔者以静安区"十四五"规划的重点即南京西路全球顶级商务商业集聚区、苏河湾世界级滨水中央活动区、市北国际领先的数智产业园区和大宁新时代文创科创产业园区四个核心功能区的发展战略和区内企业结构为切入点，通过实地走访各类市场主体、与各类市场主体代表座谈研讨、向各类市场主体发放调查问卷等形式，展开对四大核心功能区内企业对知识产权司法保护需求的调研。同时，梳理和分析静安法院现阶段知识产权司法保护工作的难点问题，力求将四大核心功能区建设过程中提出的知识产权司法保护需求清单转化为静安法院知识产权司法保护的履职清单，以打造符合静安区四大核心功能区不同定位和需求的针对性、实践性、创新性知识产权司法保护路径为目标，全面推进上海市静安区知识产权司法保护高质量发展。

一、盘点与梳理：四大核心功能区知识产权司法保护需求

静安区在"十四五"规划中绘制了经济社会发展目标任务蓝图，"十四五"期间，静安区将强化南北复合发展轴、南京西路高端服务集聚带、苏河湾滨水商务集聚带和中环两翼创新创意集聚带核心龙头地位，重点打造"三带"上的南京西路、苏河湾、大宁和市北四个核心功能区，引领带动全区整体提升、全面发展。② 经盘点，静安四大核心功能区发展战略不同，招商引资侧重点不一，功能区内企业结构各异，因此，各功能区对知识产权司法保护需求具有差异化及个性化的特点。现将各功能区对知识产权司法保护的需求清单梳理如下：

（一）南京西路核心功能区

南京西路核心功能区的发展目标是持续强化高端服务集聚带核心作用，汇聚高端商务、高端消费和高端服务，坚持高端定位和高品位发展，集聚高能级跨国公司地区总部和功能性机构，致力于打造国际知名品牌进入中国市

---

② 《强化"一轴三带"核心龙头地位！重点打造 4 个核心功能区！未来 5 年，静安这么干→》，载"上海静安"微信公众号 2021 年 1 月 25 日。

场的首选地和中国自主品牌国际化拓展的舞台。因南京西路核心功能区企业结构具有跨国公司多、国际知名品牌多和中华老字号多的特点，该区企业对因国际贸易和外商投资等引发的涉外知识产权纠纷的司法保护，中外企业知识产权同等保护以及包括知名、优质品牌及中华老字号标识在内的商业标识保护的司法保护较为关注。③

（二）苏河湾核心功能区

苏河湾核心功能区的发展目标是推进滨水商务集聚带功能形态双升级，以商贸服务、金融服务、科技创新和专业服务等产业为重点，大力集聚资产管理及金融科技总部，融入上海建设全球资产管理中心布局，集聚世界知名资产管理、财富管理和投资机构，打造资产管理总部高地。因苏河湾核心功能区企业结构具有金融服务企业多和资产管理企业多的特点，该区企业对知识产权价值评估体系的建立、知识产权金融创新的司法保护，特别是知识产权收益权质押（担保）、知识产权保险和知识产权作价入股、投资等的司法制度保障较为关注。

（三）大宁核心功能区

大宁核心功能区的发展目标是坚持文化创意和科技创新双轮驱动，打造新时代文创科创产业示范区，进一步吸引影视、动漫行业高附加值环节，构建国际化影视产业高地，培育完整的电竞产业生态。因大宁核心功能区企业结构具有文创型企业多的特点，该区企业对著作权和相关权利保护，包括影视创作、演艺演出、短视频和网络直播等著作权新业态的司法保护较为关注，同时，对于维权的效率也极为重视。

（四）市北核心功能区

市北核心功能区的发展目标是打造国际领先的数智产业园区，建设上海数字经济的示范园区，构建大数据全产业链的生态闭环，加快数据融合贯通，

---

③ 《上海市高级人民法院关于加强新时代知识产权审判工作为知识产权强市建设提供有力司法服务和保障的意见》，载"上海高院"微信公众号 2022 年 7 月 13 日。

探索数据开放、数据流通和数据交易，全力打造上海市北区块链生态谷和上海静安数字经济先导区。因市北核心功能区企业结构具有数字创新型企业多，中小微企业多的特点，该区企业对人工智能、区块链和数据服务等新兴重点领域知识产权司法保护较为关注，同时，对优化企业合规性管理和提高知识产权保护意识等基础性普法也具有较大的需求。

二、解构与剖析：知识产权司法保护工作难点及原因

通过收集四大核心功能区内企业对法院知识产权司法保护工作的意见建议，结合企业知识产权司法保护需求清单的梳理，现将当前静安法院知识产权司法保护工作的难点解构，并将原因剖析如下。

（一）诉源治理待完善，未实现司法"大"保护工作格局

"大"保护工作格局强调给予权利人全面的保护，其中诉源治理是工作的重点，要求法院在处理涉诉案件过程中，从源头上、本质上化解矛盾，坚持以更高质量的人民司法，回应新时代人民群众对司法的新需要。

1. 企业知识产权保护意识匮乏，源头预防工作仍待加强

经调研，静安法院辖区内中小微企业普遍存在知识产权保护意识匮乏、知识产权认识不足和企业合规经营风险防范意识差的问题。部分企业没有意识到未经许可在公众号上使用他人的图片，或在宣传视频中使用他人歌曲作为背景音乐，将可能构成知识产权侵权，承担一定的法律责任；部分企业疏于对闲置域名的管理，未及时办理域名变更和注销登记手续，导致域名被他人"盗用"，播放盗版影视作品，成为真正侵权人的"替罪羊"。因此，普法宣传工作的展开刻不容缓，但因法院历来的工作重点都是纠纷的后端化解，且审判工作任务繁重，故对于纠纷前端化解工作的开展仍有不到位之处，未能从治好病到治未病，从惩治到预防，全方位、全流程为辖区内企业提供司法服务。

2. 长效合作机制未建立，多元解纷联动待强化

经调研，部分企业存在畏惧进入诉讼程序的心态，无论是作为维权人还是作为侵权人，均认为诉讼或会对企业的商誉造成不良影响，希望能在诉前调解阶段解决纠纷；部分企业认为诉前调解手段单一，且存在诉前调解与诉

讼对接机制未畅通的问题，未能真正发挥调解的源头性治理功能。静安法院曾通过委派市场监督管理局调解，邀请司法局下设人民调解工作室共同参与，运用"多元调解＋司法确认"的多维化解创新模式成功化解了一起"傍名牌"、侵害老字号商标权的纠纷，但该多元解纷联动模式的运行仍有待进一步完善，长效合作机制尚未建立，尚未能充分发挥多元解纷源头治理的功效。同时，调解信息互联互通平台未建立，调解与诉讼的对接通道仍有待畅通。

（二）维权效率待提高，未实现司法"快"保护工作格局

经调研，诉讼时间过长是企业普遍希望法院改善的工作之一。部分文创企业表示，创新的速度就是企业的生命，一旦维权的速度赶不上被侵权的速度，盗版横行，对于企业未来的发展无疑是致命的打击。

时间是隐形的维权成本，权利若无法快速得到保障，将使权利人产生疲于维权、怠于维权的心理，纵容侵权人长时间的侵权行为，不利于知识产权的发展。因此，"快"保护强调提高维权效率、提升审判速度的同时保证审判质量，只有坚定权利人的维权决心，才能切实保障权利人的合法权益。

1. 案多人少专业度高，审理难度大

静安法院自2022年7月1日重新恢复对知识产权纠纷案件的管辖后，案件数量和新类型案件的数量增长速度均较快。静安法院知识产权审判团队人数较少，大部分人员并非知识产权专业毕业，亦无审理知识产权类纠纷案件的审判经验，摸石头过河，边审边学习，审判压力大。同时，因静安区企业结构具有国际一流品牌占比大、老字号品牌占比大和高新技术类企业占比大的特点，在审理涉及上述类型企业的纠纷中，需考虑如品牌影响力、商标知名度和高新技术产品专业性强等因素，案件的复杂程度和案件的审理难度都随之上升。上述因素叠加，最终导致部分案件诉讼审理时间过长的问题。

2. 异地诉讼案件多，线上诉讼未全面普及

静安法院受理的知识产权类纠纷案件中，侵权类纠纷占比超半数，而其中的侵害信息网络传播权纠纷又占据侵权类纠纷的半壁江山。因法律对侵权纠纷、侵害信息网络传播权纠纷管辖的规定，权利人异地诉讼是维权的常态，从立案、审判到执行阶段，权利人需多次往返两地进行维权，时间成本增加，维权效率低下。同时，虽然法院的全流程网上办案正在大力推广的阶段，但

因操作难易度问题和诉讼各阶段衔接问题等，当事人线上诉讼意愿不强。另外，因技术问题、疑难案件证据繁琐问题和当事人下落不明需公告等问题，承办法官对于线上诉讼选择的占比也不高。上述因素一定程度上也影响了诉讼审理时长。

3. 保管证据第三方配合度低，诉讼进程慢

举证难度大和举证时间长是知识产权类纠纷权利人维权过程中普遍遇到的难点问题。侵害知识产权类案件的证据多为第三方平台或行政机关保管，部分行政机关不接受个人自行调取材料，部分第三方平台有严格的材料调取手续，因此，权利人不得不向法院申请调查令或申请由法院前往调取证据，中间任一环节出现差错就不得不重新启动调取流程。证据的保管方出于事不关己和嫌麻烦的心态，往往不愿意配合法院或当事人，客观上也拖延了诉讼程序的进程。同时，对于第三方平台怠于配合的行为缺乏规制手段，对于行政机关缺乏有效的合作机制，也是导致当事人维权效率低下的原因之一。

4. 一边维权一边被侵权，行为保全适用率低

调研过程中，部分老字号企业表示，自己维权的同时，侵权行为也在一直持续，无法第一时间停止侵权人的侵害行为对企业合法权益的伤害极大。依据法律规定，利害关系人因情况紧急，不立即申请保全将会使其合法权益受到难以弥补的损害的，可以在提起诉讼前向法院申请行为保全，第一时间停止侵权人侵害知识产权的行为。但在审判实践中，因诉前行为保全制度的适用条件较为苛刻，申请人的举证责任负担较重，还需额外提供保全担保，同时，法院既要考虑情况的紧急程度和采取措施的必要程度，还需考量权利双方的利益平衡以及公共利益等因素，共同导致行为保全的申请率和适用率均低于其他保全的平均水平，客观上造成"一边维权一边被持续侵权"的情况。诉前行为保全制度未充分发挥其优势，也导致司法"快"保护工作格局未全面实现。

（三）保护力度待加强，未实现司法"严"保护工作格局

经调研，企业普遍反映通过司法保护维权存在维权成本高、赔偿金额未达预期、惩罚性赔偿适用率低的问题。部分外资企业提出，我国对知识产权保护的起步时间晚于欧美国家，保护的力度、强度和广度也未达国际化水平。

"严"保护工作格局的建立是知识产权司法保护的重点工作，只有加大对知识产权侵权行为的惩治力度，才能从根本上遏制侵权行为，否则，若侵权人承担了赔偿责任后仍有获利，相当于变相鼓励了侵权人的侵权行为，不利于吸引资方"走进来"，对我国保护知识产权创新发展和营造国际一流的营商环境均打击巨大。

1. 举证负担重、权利价值认定标准不一，赔偿损失金额过低

法律规定，对于侵害知识产权的，侵权人应当按照权利人的实际损失、侵权人的违法所得或参照许可使用费的标准予以赔偿。但审判实践中，因实际损失或违法所得存在举证难度大、举证成本高和举证程序繁琐等问题，权利人多会选择通过主张法定赔偿的方式来计算损失赔偿额。虽然法律对于法定赔偿的计算标准和需要考虑的因素均有较为详尽的规定，但对于法定赔偿的上下限却规定了较大的金额跨度，因此主审法官对侵权人应当赔偿的损失金额的自由裁量权空间较大。各承办法官对知识产权价值的认识不一致，同时，因我国知识产权市场价值评估体系尚不完善，对于知识产权价值的认定又缺乏统一的裁判标准，极大地考验承办法官自身的专业度和认知水平。另外，出于对打击批量维权"黑产"因素的考虑，特意压低损失赔偿金额。上述因素共同导致裁判结果无法达到所有维权人心理预期的情况，甚至可能出现"赢了官司输了钱"的极端情形，打击权利人的维权积极性。

2. 惩罚性赔偿适用率低，打击不法行为力度不足

知识产权侵权惩罚性赔偿制度是落实知识产权最严格保护政策的重要工具，苛责的重点在于不法行为人的主观过错程度和客观上难以忍受的严重性。我国法律对于惩罚性赔偿的适用规定了严格的适用条件，一方面要求侵权人主观故意，甚至恶意，一方面要求情节严重，因此，权利人申请适用惩罚性赔偿的，需承担较重的举证证明义务，客观上导致了惩罚性赔偿的申请率和适用率低的问题。同时，因惩罚性赔偿的要件标准确定的实操性不强，缺乏清晰的认定标准，案件赔偿金又没有准确的计算依据，法院对适用惩罚性赔偿多持消极、审慎的态度。惩罚性赔偿主要服务于惩罚违法行为和威慑其不再发生的双重目的，惩罚性赔偿制度未能在审判实践中充分发挥其优势，不利于知识产权司法"严"保护工作格局的建设。

（四）协同合作待优化，未实现司法"同"保护工作格局

深化司法机关之间、司法机关与知识产权管理部门之间、司法机关与民间组织之间在知识产权保护工作中的合作，优化协作配合机制，强化协同保护的力度，推动中外企业知识产权同等保护，以期真正实现知识产权司法"同"保护工作格局。

1．裁判尺度相差大，统一的赔偿标准未建立

因各省法院、各区法院对于损害赔偿金额的裁判尺度不一，部分权利人为了获得较高的赔偿金额，不惜采取虚设管辖连接点和增加被告的方式，意图在判赔金额较高的法院提起诉讼。而与此同时，判赔金额高的法院不得不面对案件数量激增、案多人少和审理周期长的老问题。上述情形的主要形成原因在于各法院缺少信息交流的平台及未统一裁判标准。另外，我国正致力于营造国际一流的营商环境，而静安区内外资企业较多，涉外诉讼案件的增加呈必然趋势，如何给予中外企业同等的保护力度，也是法院需要突破的难点工作之一。

2．协同合作机制不完善，信息互通渠道待改进

部分侵权人存在恶意提起行政确权程序，通过向商标局提出撤销连续三年停止使用注册商标的申请，或提出注册商标的无效宣告申请的方式，意图使民事侵权案件维权人的商标权利状态处于不稳定状态，从而达到扰乱审判节奏、长时间侵害他人注册商标权的目的。更有甚者，通过恶意抢注商标，提起民事诉讼，意图切断真正权利人与商标之间的联系，从而达到其非法获利的目的。因知识产权管理部门确权程序时间较长，法院对于恶意诉讼的发现和甄别的难度较大，为防止上述恶意侵权人不法目的的实现，法院与知识产权管理部门需要进一步加强协同合作机制，进一步畅通交流沟通渠道，以促成知识产权"同"保护工作格局的进一步发展。

三、转化与构建：法院履职清单及司法保护路径

通过对现阶段法院知识产权司法保护工作难点的解构和原因剖析，针对共性问题，提出具有普适性的对策。同时，考虑到四大核心功能区的发展目标、企业结构和重点需求差异化等因素，在共性问题项下，针对个性需求，

提出针对性的对策。将企业的需求清单转化为法院的履职清单，以求打造出符合静安区四大核心功能区不同发展战略和需求的针对性、实践性和创新性的知识产权司法保护路径。

（一）完善诉源治理工作，构建"大"保护工作格局

1．加强普法宣传教育，源头遏制矛盾滋生

围绕每年定期开展的知识产权保护月宣传活动，将知识产权普法宣传贯穿在全年的审判延伸工作中，进单位、进企业、进园区、进学校，以宣传知识产权司法保护典型案例、发布知识产权司法保护白皮书、制发涉知识产权纠纷司法建议、通报知识产权审判最新司法政策和开设知识产权司法保护专题讲座等形式，在全社会营造尊重知识产权、尊重创新的良好氛围。提高各市场主体对于知识产权的认知，一方面加强对自有知识产权的保护意识，另一方面建立对侵犯他人知识产权的防范意识，从源头上遏制知识产权纠纷的产生。

考虑到四大核心功能区企业结构和需求的不同，可进行差异化、个性化的普法宣传教育。如针对市北核心功能区中小微企业较多的特点，可着重进行提升企业合规化经营和提高知识产权认知水平等基础性普法宣传；针对大宁核心功能区文创企业较多的特点，可重点开展著作权新业态相关知识的普法宣传。

2．健全多元解纷机制，诉前化解矛盾纠纷

深入贯彻习近平总书记关于"坚持把非诉讼纠纷解决机制挺在前面，从源头上减少诉讼增量"的要求，大力推进多元解纷机制的完善健全，推动人民调解、行政调解和行业调解等参与纠纷化解，形成多元化解纠纷的合力，力争把事实清楚、当事人争议不大的知识产权纠纷化解在诉前。[④] 畅通诉调对接渠道，依托上海法院一站式多元解纷平台，进一步探索如何将前期实践成功的"委派调解＋司法确认"模式形成长效机制，最大限度发挥多元解纷机制在诉源治理方面的积极作用。

---

④ 《湖南高院为湖南打造科技创新高地提供知识产权司法保护》，载湖南省高级人民法院官网 http://hngy.hunancourt.gov.cn/article/detail/2020/12/id/5678759.shtml，2023 年 7 月 25 日访问。

针对四大核心功能区不同的企业结构和特点，可尝试建立不同形式的调解渠道。如针对大宁核心功能区文创型企业较多、著作权侵权纠纷占比大、纠纷易化解和审理难度较小的特点，可尝试在园区内设置法院服务站点，一站式解纷，将矛盾化解在源头；针对南京西路核心功能区外资企业较多、企业影响力较大的特点，法院可尝试与国际调解组织或外商投资企业协会等建立良好的沟通渠道，搭建调解平台，确保涉外知识产权纠纷的处理效果。

（二）提高审判质效，构建"快"保护工作格局

1．推进繁简分流，缩短案件审理周期

积极推进知识产权案件审理的繁简分流，推进商标权、著作权等知识产权纠纷案件的类型化审理，简化办案流程，实现类案专审、简案快办，对于事实清楚、争议不大但是又无法达成调解的类型化案件，引入"要素式"审判方式，缩短庭审时间和文书制作时间；对案件事实、法律关系基本相同的类型化案件，选择有代表性的个案先行审理，作出示范性裁判，带动批量案件快速解决；[5]对企业有重大影响的案件，开设绿色通道快速审理，进一步提升知识产权纠纷解决效率；对于重大、疑难、复杂、新类型案件，进行精细化审理，充分发挥专业法官会议和专家智库的作用，严格把关，最大限度地平衡案件审理的公正与效率。

2．重视人才培养，提升知产审判专业化水平

知识产权案件的审理相较于其他民商事案件而言，专业性更高，技术性更强，对审判人员的业务素质要求更为严格，有鉴于此，静安法院在恢复知识产权案件管辖后，从知识产权审判工作的实际出发，邀请来自多个高校的知名知识产权专家学者，组建静安法院知识产权审判咨询专家库，助推静安法院知识产权审判工作尽快步入正轨、提高知识产权审判的专业化水平、培养知识产权审判高素质人才。同时，静安法院深化院校合作，与上海大学法学院、知产学院签订合作协议书，推动知识产权理论研究与司法实务有机结合。

---

[5] 《江苏省高级人民法院出台关于实行最严格知识产权司法保护为高质量发展提供司法保障的指导意见》，载"中国上海司法智库"微信公众号 2019 年 8 月 29 日。

3．用好全流程网上办案，实现更高水平数字正义

如前述分析，知识产权案件的原告大多来自异地，权利人异地诉讼是维权的常态，全流程网上办案贯穿立案、审判和执行的各个环节，是当事人参与诉讼的新方式和感受公平正义的新途径。打通全流程网上办案立审执环节的衔接堵点，面向当事人推出在线诉讼操作流程指引，积极推广电子送达、网上材料递交和在线诉讼的运用，引导当事人形成在线诉讼的思维和习惯；进一步优化在线诉讼的软硬件技术支持，面对知识产权纠纷中侵权类案件区块链证据占比较高的情况，在全流程办案系统中适时引入区块链证据核验模块，解决审判人员的后顾之忧，通过全流程网上办案便利当事人，节约诉讼成本，实现更高水平的数字正义。

另外，基于市北核心功能区打造国际领先的数智产业园区的发展目标，静安法院可尝试与区内高新数字企业开展合作，进一步优化在线诉讼平台，引入区块链证据核验模块等，为审判工作的开展提供技术支持。

4．完善快速制止侵权的裁判机制，有效阻遏侵权行为

针对诉讼过程中侵权行为持续进行、权利人损失不断扩大的情况，准确把握适用条件，依法积极适用证据保全、财产保全、行为保全和先行判决等措施，通过快速制止侵权的裁判机制，在案件审理过程中先行处理侵权行为，在案件短期内无法审结的情况下，及时制止侵权行为，一方面避免权利人因侵权行为造成难以弥补的损失，另一方面有效防止侵权人因侵权行为进一步获利。

另外，基于苏河湾核心功能区以金融等服务产业为重点，集聚世界知名资产管理、投资机构等战略发展目标，静安法院可尝试与区内金融、投资企业合作，摸索出一套兼具普适性、操作性、专业性和合理性的知识产权价值评估体系，为静安法院财产保全衡量标的物价值、确定侵权赔偿金额等方面提供数据支撑。

（三）加强保护力度，构建"严"保护工作格局

1．合理分配举证责任，切实减轻权利人举证负担

健全知识产权侵权事实查明机制，对侵权诉讼依法适用证据保全等措施。加强诉讼指引，依法出具调查令，鼓励当事人充分利用工商税务部门、第三

方商业平台等方式收集、固定证据。对不予配合调查取证的违法行为，依法予以制裁。合理分配举证责任，对权利人确实无法取得侵权证据的，充分运用举证责任分配、举证妨碍推定和文书提供命令等规则，有效降低权利人的举证负担。⑥

2．正确把握惩罚性赔偿的适用条件，有效提高侵权赔偿数额

引导当事人提供科学合理的经济赔偿证据，充分运用司法审计、市场调查报告和经济分析等手段，精细化确定损害赔偿金额。正确把握惩罚性赔偿构成要件，对情节严重的故意侵权行为，对侵权持续时间长、地域范围广和规模大等侵权行为，依法从高确定惩罚性赔偿的倍数，有效提高侵权赔偿数额；对于恶意侵权、重复侵权、群体侵权和以侵权为业者，积极适用惩罚性赔偿，防止侵权者在经济利益上得到好处。

（四）优化协同合作，构建"同"保护工作格局

1．统一裁判尺度，完善类案同判机制

对于同类案件，在裁判前应当进行类案检索，对类案的裁判结果根据效力层级进行充分识别和论证。对于同类案件的裁判尺度，应当保持本院裁判文书的一致性，在本院审判团队的意见无法达成一致时应当及时报请专业法官会议或审委会进行讨论决定；对于同级法院之间的不同裁判意见应当充分沟通，出现意见分歧时应当及时向共同的上级法院进行请示，从而推动类案同判机制的不断完善，回应人民群众对于公平正义的新期待。对于中外企业同等保护问题，法院可加大涉外案件审理的研习力度，借助静安法院知识产权审判咨询专家库的力量，积极探索世界知识产权组织框架下的全球知识产权治理路径，帮助辖区内企业"走出去"的同时，吸引外资"走进来"，助力静安区打造国际一流的知识产权保护高地。

2．畅通交流渠道，强化跨部门多领域协作

加强司法机关与知识产权行政主管部门的沟通协调，实现信息共享和优势互补。加强司法机关与知识产权行政执法机关的衔接配合，便于行政执法

---

⑥ 《浙江省高级人民法院关于全面加强知识产权司法保护工作的实施意见》，载 http://www.zjsfgkw.gov.cn/art/2021/1/19/art_78_23110.html，2023 年 7 月 28 日访问。

过程中形成的证据材料在司法审判中的充分运用。进一步整合各方资源，合力保护知识创新成果，对于知识产权审判中所发现的事关社会经济文化发展的普遍性问题，及时提出司法建议，促使有关部门或者行业协会堵塞漏洞、健全制度，通过协同保护手段，实现知识产权的依法保护、同等保护。

四、结语

加强知识产权保护，有助于激发创新创造活力、推动产业结构升级、营建良好营商环境和促进社会经济持续发展，于创新驱动发展战略具有重要意义。当前，我国正在向着全面建成社会主义现代化强国的第二个百年奋斗目标迈进，知识产权作为国家发展战略性资源和国际竞争力核心要素作用越发凸显，对知识产权审判工作提出新的更高要求。对于知识产权的重视，不仅仅是一句口号，更要落实到实践中。静安法院未来将继续加强知识产权保护工作，着力提升静安区知识产权司法保护水平，更好地服务保障静安区四大核心功能区建设，积极营造市场化、法治化和国际化的营商环境，推动知识产权保护高质量发展。

行政诉讼中"明显不当"审查标准的
适用困境与纾解

——基于 318 份行政裁判文书的实证分析

胡晓涛　张　耐*

一、现状检视:"明显不当"标准司法适用的样本微窥

相较于应然视角的理论建构,司法实践的实然考察更具直观与针对性。笔者通过北大法宝在"本院认为"部分以"明显不当"为关键词,选择"行政案由",并在"本院认为"部分援引"《中华人民共和国行政诉讼法》第七十条第六项"为条件进行案例检索,共检索出包含上述表述的行政裁判文书 1895 份,经逐一阅读,剔除其中无关的案件,仅保留直接以"明显不当"作为裁判依据的案件,共选取涉及明显不当标准的有效裁判样本 318 份。基于对公开裁判文书中"明显不当"标准适用的样本梳理和定量分析,可以检视出当前行政审判实践中"明显不当"标准的司法适用现状。①

(一)审查范围上存在理论实务分歧

1. 在非裁量行为审查中广泛适用

区别于学理认为"明显不当"标准仅适用于对行政裁量行为的审查,实

---

* 胡晓涛,法学硕士,上海市静安区人民法院行政及执行裁判庭法官助理。张耐,法学硕士,上海市嘉定区人民法院民事审判庭法官助理。本文获第 35 届全国法院系统学术讨论会优秀奖、2023 年上海法院学术讨论会优秀奖。

① 需要说明的是,行政诉讼中的"明显不当"分别见于《行政诉讼法》第七十条的撤销判决和第七十七条的变更判决中,因司法实践中变更判决的适用较为少见,并不具有一定适用规模与考察意义。因此,本文的所探讨的明显不当审查标准仅聚焦于《行政诉讼法》第七十条所规定的作为判决撤销依据的"明显不当"。

务中"明显不当"标准的适用并未遵循行政法理论对于裁量与非裁量行为的划分标准。在 318 件样本案例中，"明显不当"成为裁量类案件裁判理由的案例共 83 件，仅占总案件比例的 26.1%，而适用非裁量类案件裁判理由的案件共 288 件，占总案件比例为 73.9%。实践中"明显不当"标准广泛适用于行政确认、行政登记、行政强制、行政管理、履行法定职责等非裁量类行政行为的审查中。（见表 1）

表 1 "明显不当"标准在非裁量行为中的适用案例

行政行为类型	裁判理由	适用法条②
行政确认	从原、被告提交的证据及本院依职权调取的证据看……应当认定曾某宇在矿上上班时不慎摔伤的事实符合《工伤保险条例》第十四条第一款第一项认定工伤的情形，被告《不予认定工伤决定书》应属于认定事实错误，对原告不予认定为工伤的行为明显不当。③	70（6）
行政登记	被上诉人华坪县人民政府在林权登记过程中，将两户林地宗地边界 GPS 坐标点登记重叠，致使双方不能依据林权证书正常行使林权，林权登记主要证据不足，登记行为明显不当。④	70（6）、89（1）
行政强制	龙门街道办事处在执法过程中，未严格按照行政处罚法、行政强制法等规定行政执法程序，实施拆除行为明显不当，应当承担相应的法律后果。⑤	70（6）
行政管理	原告系涉案先行登记保存的物品的实际权利人，被告区城管局实施的超期先行登记保存行为对其权益已经产生了实际影响，故结合本案的实际情况，被告区城管局超期保存先行登记保存物品没有法律依据、明显不当。⑥	70（6）
履行法定职责	被告在 2020 年 5 月 19 日作出被诉《告知》时并没有对原告投诉的住房公积金的相关情况和法律法规进行告知，也没有按要求全部查清少缴住房公积金情况并按照有关规定处理，属于未全面履行法定职责。故被告作出的被诉行政行为明显不当。⑦	70（6）

---

② 此项法条均为《中华人民共和国行政诉讼法》，为便于查看，表格中直接以阿拉伯数字具体法条编号呈现，例如 70（6）表示《行政诉讼法》第七十条第六款。
③ 详见贵州省大江县人民法院（2019）黔 0521 行初 350 号行政判决书。
④ 详见云南省丽江市中级人民法院（2020）云 07 行终 43 号行政判决书。
⑤ 详见河南省洛阳市中级人民法院（2020）豫 03 行初 22 号行政判决书。
⑥ 详见河南省焦作市解放区人民法院（2020）豫 0802 行初 35 号行政判决书。
⑦ 详见浙江省台州市椒江区人民法院（2020）浙 1002 行初 94 号行政判决书。

2．对裁量内部审查，延伸至"要件裁量"与"程序裁量"

即使进入裁量审查内部，"明显不当"标准的审查范围也存在一定的分歧。司法审查的要素可以分解为行政主体与管辖权、事实和证据、行政程序、适用条件、处理结果几个方面。与之相对应，依据行政机关对法律要件进行判断还是对法律效果作出选择上享有裁量的自由，裁量行为可进一步区分为要件裁量与效果裁量。而程序裁量则包括作出行政行为时间和步骤的选择。因裁量行为所指向的客体是法律后果，学界一般认为"明显不当"行政行为主要是指法律后果的明显不当，即行政行为结果的不当，故而标准应当仅适用于对裁量的实体处理结果即效果裁量领域进行审查。而在司法实践中，"明显不当"的适用不仅存在于"效果裁量"之中，亦被扩展适用于"要件裁量"与"程序裁量"之中。（见表 2）

表 2 "明显不当"标准在不同裁量类型中适用的典型案例

裁量类型	典型案例	法条
要件裁量	目前对于法律意义上的"死亡概念"，我国并未出台相关认定标准。脑死亡和心跳停止哪个属于死亡标准，在医学上也一直存在争议，未形成统一意见。按照《工伤保险条例》的立法本意来看，其重点在于保护劳动者的合法权益，在没有明确法律规定的情况下，应当做出有利于劳动者的解释。据此，被告的不予认定工伤决定明显不当，应予撤销。⑧	70（6）
效果裁量	本案行政处罚所针对的违法行为及其后果全部归责于陈超，并对其个人作出了较重的行政处罚，显然对其个人在违法行为中应当承担的具体责任未予正确认定，处罚幅度和数额畸重，不符合罚当其过的原则。原审法院判决认为被诉处罚决定属于行明显不当情形并无不当。⑨	70（6）
程序裁量	黔西县规划局 2013 年 4 月 15 日又针对涉案房屋作出《责令立即拆除通知书》……而被告时隔两年后，才于 2015 年 3 月 30 日对原告已经修建完毕的房屋作出行政处罚告知，于 2015 年 4 月 8 日作出行政处罚决定，被告的行政行为存在明显不当，违反了程序正当性原则。⑩	70（6）

⑧　详见遂川县人民法院（2015）遂行初字第 6 号。
⑨　详见山东省高级人民法院（2018）鲁行申 538 号行政裁定书。
⑩　详见贵州省毕节市中级人民法院（2016）黔 05 行终 96 号行政判决书。

（二）适用方式上呈现混乱杂糅

样本裁判显示，明显不当标准的司法适用常陷入选择困局，法官在明显不当与其他审查标准的选用上欠缺章法，在适用方式和样态上常出现"张冠李戴""越俎代庖"。

1."明显不当"替代其他标准转换适用

在原告贾某萍与被告龙门石窟世界文化遗产园区管理委员会、龙门石窟世界文化遗产园区龙门石窟街道办事处城乡建设行政管理案中，被告因"在执法过程中，未严格按照行政处罚法、行政强制法等规定行政执法程序"被法院认定为"实施拆除行为明显不当"。就该案而言，未按照执法程序实施拆除行为，明显属于违反"法定程序"的行为，应当直接依据《行政诉讼法》第七十条第三项予以撤销，但法院却以"明显不当"替代了"法定程序"标准。法官在审判中适用了"明显不当"标准作为裁判依据，在裁判理由分别指向了其他审查标准。法院借着"明显不当"的外衣，适用于对其他要件与标准的审查实质上是一种典型的转换适用。

2."明显不当"叠加其他标准混搭适用

在原告魏某等与被告南平市人力资源和社会保障局劳动和社会保障行政管理一案中，法院认为：被告在工伤认定行政程序中，未将医疗机构对江某脑死亡诊断的相关诊疗记录的证据材料予以分析评判，直接以《居民死亡医学证明（推断）书》上记载的临床死亡时间作为认定依据，作出的事实认定缺乏客观性。其作出的《不予认定工伤决定书》，认定事实不清、适用法律错误，作出的行政行为明显不当。[11] 从该案来看，法官对被诉决定书存在的事实认定不清与法律适用错误已进行了充分的论述说理，此时可以直接依据案件事实认定不清、法律适用错误撤销被诉决定书。然而法院在最后的判决部分又突兀地"混搭"加入决定书存在"明显不当"，却并未解释"明显不当"与前述两项标准之间关系。这种裁判上的混搭适用，使得判决主文和裁判理由间欠缺逻辑关联，难免存在滥用之嫌。

---

⑪　参见福建省南平市延平区人民法院（2016）闽 0702 行初 67 号行政判决书。

3. "明显不当"作为兜底条款泛化适用

在原告程某诉被告濮阳市华龙区民政局行政登记纠纷案中，法院认为："被告已尽到审慎义务，原告诉求确认结婚登记行为无效于法无据。但被诉结婚登记行为确因违反《中华人民共和国婚姻法》第五条的规定，明显不当。"该案中，行政机关已尽到审查义务并无过错，行政行为的合法性瑕疵并不能归咎被告，此时单因结果违法而将"明显不当"作为一般违法性的兜底条款进行适用是否适宜恐不无商榷余地。

（三）判定标准上缺乏统一逻辑

通过样本判决的阅读梳理，"明显不当"较为常见的判定标准如表3，可以看到"明显不当"的判断在实践中呈现出多元判断标准的复合，囊括诸多法律原则、精神、目的等非正式法源，但并未明确这些标准得以适用的效力基础和依据。法院在适用这些标准认定行政行为构成"明显不当"时缺乏统一的规范与适用逻辑。

表3 "明显不当"标准的常见判定标准

判定标准	典型案例	法条 [12]
比例原则	被上诉人未提供证据证明上诉人存在从重处罚的情形，故本案不应适用从重处罚，应适用比例原则进行处罚。原审判决认定事实清楚、程序合法，但处罚结果不当。[13]	77（1）
未考虑相关因素	被告在收到人民法院冻结材料后，仍作出被诉的变更登记行为，未考虑存在人民法院要求协助执行的事项，未考虑到其变更登记可能损害了相关利害关系人的利益，其行为属于明显不当。[14]	70（6）
信赖保护原则	行政相对人是基于对行政机关的信赖才签订协议将房屋腾空拆除，因协议违法和无效造成的损失亦应由望城自规分局承担，望城自规分局在再次做出征地补偿行为时减损原告户的权益明显不当。[15]	70（6）

---

[12] 此项法条均为《中华人民共和国行政诉讼法》，为便于查看，表格中直接以阿拉伯数字具体法条编号呈现，例如 70（6）表示《行政诉讼法》第七十条第六款。
[13] 详见海南省海口市中级人民法院（2019）琼 01 行终 121 号行政判决书。
[14] 详见南宁市西乡塘区人民法院（2020）桂 0107 行初 59 号行政判决书。
[15] 详见长沙市铁路运输法院（2020）湘 8601 行初 753 号行政判决书。

续表

判定标准	典型案例	法条
平等原则、程序正当原则	纵观本案邵东县公安局实施行政处罚的过程和结果，虽然总体上并无明显违反《中华人民共和国治安管理处罚法》和《中华人民共和国行政处罚法》的情形，但用平等原则和程序正义标准来衡量，尚存在以下"明显不当"。⑯	70（6）、79
未尽审慎审查义务	被告在婚姻登记时未能查明冒用他人身份信息的事实，未尽到严格审查的义务，存在过错。被告为原告及第三人马某办理结婚登记并颁发结婚证的行政行为，明显不当，应予撤销。⑰	70（6）

二、瓶颈探析："明显不当"审查标准适用偏差的原因探究

结合学理以及司法实践的个案裁判，发现"明显不当"审查标准的理解与适用出现困境。通过归纳适用困境的成因，梳理其中症结所在，可以为该标准的细化完善指明方向。

（一）规范内涵上作为不确定概念带来"实务困惑"

作为一项撤销行政行为的法定标准，行政诉讼中的"明显不当"沿袭于1989年《行政诉讼法》中的"显失公正"。当时的"显失公正"，被严格地限制在"行政处罚"范围内，表现为行政处罚在"量"上的畸轻畸重，违背了过罚相当原则。囿于该项审查标准的适用局限，该标准在司法审查中长期处于虚置状态。为了回应司法实践中的适用不畅，2014年《行政诉讼法》修法时取消了"显失公正"，改用"明显不当"标准入法，但无论是在《行政诉讼法》抑或之后颁行的司法解释、立法说明与释义中，立法者并未就"明显不当"的内涵与外延进行进一步的界定。权威性立场的沉默，导致"明显不当"标准在规范内涵上的模糊与不确定，进而引发司法实践中对于"明显不当"构成的判定内容与审查方式上存在广泛争论。行政裁量行为的"瑕疵"到何种程度，才会构成"明显不当"，作为撤销依据的"明显不当"与变更判决中的"明显不当"涵义是否相同，对其进行审查的内容与方法与其他标准是否

---

⑯ 详见邵阳市中级人民法院（2020）湘05行终66号行政判决书。
⑰ 详见湖北省利川市人民法院(2020)鄂2802行初47号行政判决书。

一致等问题在学界与实务界中难寻统一立场。从而习惯以法条主义立场来审理案件的法官不愿在缺乏具体标准与审查方法的情况下适用该条款。即使适用也往往选择回避"明显不当"的审查路径，转而适用一种转换型审查策略，倾向使用具体化、客观化的外部形式合法性审查标准，寻求标准上的确定性，造成与其他审查标准存在适用上的交叠与混淆，导致适用情形混乱。

（二）审查原则上凸显合法性抑或合理性的"定位摇摆"

自行政诉讼制度设立以来，关于行政行为合法性与合理性的关系，就一直是行政法学理与实务界关注和争论的焦点。1989 年的《行政诉讼法》第五条只规定了合法性审查。经过二十多年的实践，《行政诉讼法》在 2014 年迎来首次大修，修改后第六条仍然保持了修改前第五条规定的"合法性审查"原则，同时在第七十条第六项增列"明显不当"作为撤销被诉行政行为的情形之一，标志着"明显不当"审查标准在行政诉讼领域"规范"上的确立。行政诉讼法在坚持合法性审查原则的基础上，增列了"明显不当"作为审查标准，关于审查原则的争论由此衍生出另一层面的实践困惑，"明显不当"属于合法性判断还是合理性判断？如果是前者，行政裁量就可能脱逸出合法性审查的范围；如果是后者，法院在合法性审查的框架下适用"明显不当"审查合理性是否具有正当性基础？

一直以来，既有的行政审判理念使得法官在审判实践中固守合法性审查原则的边界，法官对于案件的审理着重于职权、事实、程序、法律适用四要件的审查仍是当下行政审判的固有模式。同时，由于合理性原则并未被立法所明确肯认，出于裁判风险的考虑，对于存在合理性问题的行政行为，法官仍然习惯于从合法性审查的视角出发，将既有的审查要件模式套用于合理性问题的论证说理，由此产生了前述裁判案例中的诸多适用乱象。有学者认为，"明显不当"审查标准引入行政诉讼后，探究其属于合法性审查抑或合理性审查并无意义，应当着眼于如何适用这一标准。对此笔者不能苟同，审查原则在行政诉讼审查体系中最为重要的制度功能在于明确司法权对行政权的干预界限，故对"明显不当"的审查原则定位如不予以区分明晰，无疑会模糊审查标准的适用界限，势必难以对该标准的适用范围、认定标准等予以类型化建构，造成实践中的适用乱象。理论与实践的发展脉络亦清晰地表明，对于

"明显不当"的争论从其属性的定性开始，不可避免地上升到行政诉讼中合法性审查和合理性审查的交锋。因此，站在本文的研究视角，明晰"明显不当"标准审查原则定位的更高意旨在于通过审查原则的界分明确司法对行政裁量权进行规制和审查的边界和范围所在，从而厘定法院对于不同类型的裁量行为所进行司法审查的强度、密度与位阶。可以说，审查原则为"明显不当"标准的司法适用提供方法论上的认识价值，决定了审查实践中"明显不当"标准最终的功能定位。换言之，合法性与合理性审查之辩决定了"明显不当"标准司法适用的核心立场与基本要素。

（三）适用逻辑上存在与其他审查标准间"边界模糊"

前已述及，我国行政诉讼法并未就"明显不当"与行政裁量司法审查的对应关系进行明确匹配，而是将其与《行政诉讼法》第七十条的其他五项司法审查标准并列规定。这意味着法院在对一项行政行为进行合法性审查时，不能直接认定行政行为违法继而将其撤销，行政行为合法与否的判定是与司法审查标准逐项比对的结果。这样的合法性评价体系固然便于法官对行政行为的合法性进行全面审查，但这种笼统的立法模式在实践操作中却不可避免地产生了一些问题。一方面，通过穷尽式列举的司法审查标准并未设置兜底条款，且均是针对行政机关的过错而设置。在遇到一般性违法的行政行为，例如非因行政机关所致或与行政机关无涉的一般性违法行为，法官常选择涵摄范围宽泛的"明显不当"作为兜底条款进行泛化适用。另一方面，由于各项标准的各自涵义、相互关系，一直以来都缺少明确的司法解释，没有划清彼此的边界与次序。各个标准之间阡陌纵横，极易与其他标准的适用产生混淆，从而使法官在司法审查中对于各审查标准的选用上也欠缺章法，随意性较大。[18]

不仅如此，同样作为行政裁量审查标准的"滥用职权"与"明显不当"间的关系与区分也一直存有较大争议，两项标准具有高度的类同性，使得法官在两项标准的选取适用上存有替代空间。因"滥用职权"带有对行政机关的主观评价色彩，容易对行政机关形成主观失职的负面评价，从而法官出于

---

[18] 余凌云：《论行政诉讼上的合理性审查》，载《比较法研究》2022 年第 1 期。

审判风险的规避，对于适用"滥用职权"一直避而远之，更愿意选择使用违法性质较为轻微的"明显不当"来替代，导致"滥用职权"标准的司法适用长期处于虚置的尴尬状态，而"明显不当"标准在适用上被不断泛化扩容，相对地掺杂与吸收了一定主观面向的审查内容，造成了审查立场上的混乱。因此，在现有的体系框架之下，理顺各审查标准间的逻辑关系、明晰标准间的界限和适用范围对于在司法审查中合理正确适用"明显不当"审查标准显得尤为必要。

三、制度探索："明显不当"标准审查适用的规则厘定

（一）从模糊到清晰：明确"明显不当"审查标准的功能定位

任何一项法律制度的功能定位都离不开从以下的路径中进行探寻：一是因循法释义学路径，回归立法本意。二是深入法律体系中，寻求体系解释。最后立足制度功能，回应司法政策导向。

从立法本意上来看，事实上在"明显不当"标准入法之初，立法者已对该标准的立法目的予以了阐明，《全国人民代表大会法律委员会关于〈中华人民共和国行政诉讼法修正案（草案）〉修改情况的汇报》阐明了立法修改的考虑因素："这一标准的增加主要原因在于，随着现代行政的不断发展，行政裁量权的领域不断扩大，如果在行政诉讼中还是只强调对行政行为的合法性审查，而忽视对行政行为的合理性审查，就不利于行政争议的实质性解决。"因此，"明显不当"系为对不合理的行政行为予以审查，有效规范行政裁量行为而设置的审查标准。⑲

从体系解释的角度，虽然"明显不当"是对行政裁量的司法审查标准，但不同于那些单独建构裁量司法审查体系的国家，我国行政诉讼法并未将"明显不当"作为行政裁量审查标准进行单独规定，而是与判决类型相匹配，将其与《行政诉讼法》第七十条的其他五项司法审查标准并列规定。这意味着，在当前的立法结构下法官仍然需要在合法性审查的框架下去理解与适用"明显不当"，才符合法律体系的内在规范逻辑。既然将行政裁量纳入合法性

---

⑲ 江必新编著：《行政诉讼法修改资料汇纂》，中国法制出版社 2015 年版，第 234 页。

审查范围，需要对行政裁量的合理性进行判断，传统的合法性审查标准显然不能满足对行政裁量的审查要求，需要进一步丰富合法性审查内涵。围绕这个问题，学界与行政审判实践中众说分坛，其中代表性的便是何海波教授的观点，"合法性审查与合理性审查关系的背后是形式合法与实质合法这两种不同的合法性概念。按照形式合法的概念，合法仅仅是符合法律、法规、规章等制定法所确立的规则。而按照实质合法的观点，除了符合制定法的规定，还要符合行政法原则、行政惯例、公共道德等其他渊源所表达的法律准则"。[20]可见，此种观点是在合法性审查内部进行进一步解释延伸，将合法性审查原则中的"合法性"在广度与深度上作出拓展。基于《行政诉讼法》继续坚持合法性审查原则，未引入合理性审查原则，却在审查标准引入"明显不当"标准的立法背景下，笔者认为这样的阐释立场符合行政诉讼审查体系逻辑自洽的需要，"明显不当"标准应定位于行政诉讼的实质合法性审查标准。

从制度功能的立场，2014年修改的《行政诉讼法》第一条增加了行政诉讼"解决行政争议"的政策功能，就我国行政法治而言，随着法治政府建设进程的日益加快，实质化解行政争议，切实做到案结事了，有效维护当事人的合法权益，已经成为行政诉讼的最终目的。如何实质性解决行政争议？传统以行政行为形式合法性审查为核心的行政诉讼制度尽管解决了合法性问题，却往往难以做到行政纠纷的实质性解决。"明显不当"标准的确立，使得行政行为因实质合法问题而产生的纠纷能在诉讼阶段得以化解，从而使得行政行为更加具有可接受性，自然应因了行政诉讼制度政策目的的调整，无疑对促进行政争议的实质化解决具有不可替代的制度功能。

（二）从分歧到导正：厘清"明显不当"标准的适用范围

1. 拓宽外部适用边界，将羁束行政行为中的裁量内容纳入适用范围

随着现代行政理念的不断发展，行政活动不再局限于传统的监管职责，越来越多地向社会环节的末端延伸，承载了更多的社会治理职能，现代行政理念下行政活动的发展早已远超立法与理论的研究范畴，法律理念与司法实

---

[20] 何海波：《论行政行为"明显不当"》，载《法学研究》2016年第3期。

践应当及时进行自我调整从而适应日益多元的行政活动。传统行政法理论中的羁束与合法、裁量与合理在实践中并不当然构成对应关系，羁束行政行为也会允许行政机关存在合理的裁量空间，进而同样会产生合理、正当与否的问题。因此作为行政行为实质合法性审查标准的"明显不当"，将存在合理、正当问题的羁束行政行为的裁量内容纳入审查范围，既是司法实践的现实需要，亦符合行政诉讼监督行政机关依法行政、实质解决行政争议的立法要义。

2. 厘清内部适用对象，明确不同裁量要素的适用场域

行政裁量过程存在不同的裁量阶段，基于裁量权行使合理性的要求，"明显不当"标准在裁量行为内部的不同裁量要素中应明确不同的适用立场。

（1）事实认定方面。行政机关作出的行政行为所针对的案件事实本身是客观确定的，作为认定案件依据的事实应当建立在证据的调查以及对其认定的基础之上。因此，只有通过明确的证据行政机关才能确定案件的基本事实，"其结果要么是某一事实，要么不是，不会存在选择裁量的余地"。[21]因此对于事实认定环节，只会出现事实认定清楚与否、证据充足与否的问题，在此问题上行政机关应该是没有裁量余地，也无"明显不当"标准的适用空间。

（2）法律适用环节。一般而言，行政机关选择适用法律的过程应当是严谨、准确且排他的。在司法审查中，法院只判断行政机关适用法律的正确性，无需对适用的合理适当与否进行考量。基于以上审查观念，"明显不当"标准的司法适用应当排除法律适用环节。然而，上述观点在近年来受到了越来越多的质疑，其中的焦点在于不确定法律概念的解释适用，相当一部分的学者与法官认为行政机关对不确定法律概念的解释也属于裁量范畴，行政行为的法律适用环节也包含裁量，如果不将这一环节纳入审查范围，难免存在裁量审查缺口之嫌。这样的呼吁就理论上来讲存在一定的合理性，但置于行政诉讼的语境下，"明显不当"标准所强调的不当是裁量的不适当达到了明显的程度，而对于不确定法律概念的解释本身就存在判断的余地和空间，法院非有确切的释法理据，不宜从二次判断的角度去评判行政机关的解释适用。反言之，如果行政机关适用法律的不当已经达到明显的程度，足以法官适用"法律适用错误"来否定行为的合法性，此时再去突破传统法理适用"明显不当"

[21] 王贵松：《行政裁量的构造与审查》，中国人民大学出版社 2016 年版，第 48 页。

难免会有化简成繁之虞。

（3）程序裁量范畴。行政程序是否可以适用"明显不当"标准，笔者认为应当是肯定的。从行政行为的行为结构来看，任何行政行为都是实体内容和程序形式的统一。行政裁量也一样，就其表现形式而言，既包括行为方式、行为内容等方面的裁量，也包括行为程序裁量。[22] 既然实体裁量范畴存在不适当可以适用"明显不当"标准，没有理由将存在瑕疵的程序裁量排除在外。换言之，在实质合法性审查体系下，不仅要求行政行为在实体内容上实质合法，而在程序上亦应当遵循实质合法。在行政行为未有法定程序可供遵循，法定程序标准难以发挥作用之时，经由"明显不当"标准纠正行政行为的程序性瑕疵符合实质合法性的审查立场。在司法审查实践中，"明显不当"可以作为程序裁量的审查标准也已被最高人民法院以公报案例的形式所肯认。[23]

（4）裁量结果部分。裁量行为所指向的客体是法律后果，回溯"明显不当"标准的立法规范生成路径，无论是《行政诉讼法》修法前的"显示公正"还是修法后《行政诉讼法》第七十七条作为变更判决依据的"行政处罚明显不当"，所对应的都是行政行为的处理结果。从行政诉讼法审查体系的功能协调而言，作为撤销依据的"明显不当"自然也应遵循业已形成惯常的适用立场，对于裁量权的规制应集中于对裁量结果的纠偏。

前述探讨表明，"明显不当"审查标准在裁量内部的适用范围主要是"法效果裁量"，同时包括"程序裁定"。

（三）从冲突到和解：界分审查标准间的适用逻辑

行政诉讼制度所设定的司法审查规范应当是相互协调而又逻辑严缜的体系规范。故而"明显不当"标准的司法适用，既应当有独立的审查功能和适用规范，亦应当镶嵌在司法审查的体系之中，与其他审查标准相适应。实务中"明显不当"与其他标准间适用混乱的核心问题即在于不同审查标准间缺乏内在的逻辑连贯，没有统一的适用次序可供遵循。站在审查体系的规范视

---

[22] 参见周佑勇：《行政法原论》，北京大学出版社 2018 年版，第 71 页。

[23] 在最高人民法院指导案例第 88 号"张某文、陶某等诉四川省简阳市人民政府侵犯客运人力三轮车经营权案"中，行政机关因为未告知相对人行政许可期限，被法院认定为在程序上存在明显不当。

角，有必要从行政诉讼审查体系的融贯性与逻辑的严谨性出发，对各项审查标准间的审查范围和适用次序作出明确的合理分工，让审查标准的适用各归其位、各司其职。

笔者认为，《行政诉讼法》第七十条所规定的六项审查标准应当各自具有独立的内涵，在审查体系上相互并列而又连贯有序，共同构成实质合法性审查的体系框架。对于行政行为的司法审查，应当遵循由外层形式合法而向内层实质合法审查逐渐递进、依次深入的审查适用顺序：第一层是最外层的形式合法性审查。如果法官发现被诉行为存在主要证据不足、法律适用错误、违反法定程序或者超越职权，足以据此判决撤销的，法院可以径行适用作出判决，无需再进一步作实质审查检讨是否存在"明显不当"或"滥用职权"。若行政行为不符合前四项审查标准则意味着通过了形式合法性审查，此时审查程序进入实质合法性审查。[24]

对于第二层的实质合法性的审查，亦应当存在适用次序与先后之分。"滥用职权"与"明显不当"都是为了规制行政裁量权的行使，但两者的规范角度不同。前者以"行为"为中心，首先考虑的是行为人出于什么样的意图、实施了什么样的行为，然后再考虑该行为引起了什么样的结果。而后者则以"结果"为中心，行为本身并不是评价直接的对象，行为存在违法性是因该行为在客观上引起了不当的结果。[25]细致考察两种审查立场不难发现，"滥用职权"在客观层面上必然是"明显不当"的行为，由于客观行为不能完全体现行为人的主观意图，故而强调行政机关裁量行为的主观性因素，两项标准区分的实质就在于认定行政机关在裁量决定的过程中是否存在主观故意。为此笔者以为，对于实质合法性的审查应先行判断裁量行为的主观因素，如果没有证据证明裁量行为主观上存在故意或重大过失，则可以排除滥用职权，直接适用"明显不当"标准。如果裁量行为确实存在主观上的故意或重大过失，再继续审查主观因素与不当结果的关联程度与因果关系等是否构成滥用职权。[26]

[24] 余凌云：《论行政诉讼上的合理性审查》，载《比较法研究》2022年第1期。

[25] 喻浩东：《论故意犯的结果归责：反思与重构》，载《比较法学研究》2018年第6期。

[26] 吴猛、程刚：《行政诉讼中"滥用职权"审查标准适用问题研究》，载《法律适用》2021年第8期。

四、标准重塑：过程性行政裁量审查模式的体系建构

作为适用"明显不当"的前提步骤，法官首先需要判定行政行为是否构成"明显不当"。通过前述司法考察发现实践操作中"明显不当"标准缺乏明确的成文法规范和客观的认定标准，在实体审查内容与判定技术上存在漏洞。笔者认为，对"明显不当"标准审查标准的适用困境予以矫正既应当立足于审判实践，对既有审查适用模式予以总结提炼并进行功能调试，亦需要结合"明显不当"实质合法性标准的制度定位，对该标准的规范构造的缺陷予以功能补足和规范细化，唯有此才能有效激活"明显不当"标准的司法适用，实现司法对裁量的有效监督与制约。

与学理层面主张从对结果的严格适法性角度判断行政裁量的适当性，侧重对裁定行为的结果控制的观点不同，笔者认为审查实践中的"明显不当"标准对行政裁量的适当性判断，不应再单独从裁量权行使结果意义上的适法性角度来认定，而需更多地尝试回溯到裁量行为的作出过程，审查行政机关是否考虑了相关因素，给予相对人的程序保障和公平对待，进而判断裁定结果是否与前述因素相当，侧重于以行政法律关系为重心的过程性判断。因为从裁量内在的规范视角，行政裁量行为本身蕴含了行政机关基于裁量基准进行选择判断的过程性特征，行政机关对行政裁量问题的判断是"一次判断"，而司法机关则是"二次判断"。基于尊重行政机关首次判断权的法理要求与人民法院审理案件遵循的司法谦抑理念，在司法审查中法院原则上并不能指挥行政机关作出非 A 即 B 的选择，但却可以要求行政机关在存有选择和判断余地时恪守裁量准则，以此在最大程度上消除行政恣意，经由这一过程所作出的裁量结果便是可以被接受的。故而不同于对行政行为合法性的要素型审查模式，对裁量行为的审查理应遵循一种过程性的适当性审查，[27] 即法院根据行政机关的陈述，对行政机关以何种方式考虑何种事项作出行政行为进行重构，并在此基础上对裁量过程的妥当性进行判断。[28] 虽然这个过程中不可避免地追加了裁判者的价值判断，需要借助规范条文外的原则性标准，但笔者

---

[27]　王贵松：《论行政裁量的司法审查强度》，载《法商研究》2012 年第 4 期。
[28]　王天华：《行政诉讼的构造：日本行政诉讼法研究》，法律出版社 2010 年版。

认为这是"明显不当"司法适用回归正轨的必由之路，亦是纾解当前适用困境最为实际的实践路径。这一审查模式实现了行政裁量司法审查由结果控制转向过程控制，"明显不当"标准规范行政裁量的法效力得以被体系性地扩张延展。

具体而言，"明显不当"标准的审查适用应从宏观与微观两个层面予以体系建构，宏观层面对既有审判实践的有益探索进行总结提炼，通过适用功能性的审查技术从实体层面构架起客观的审查模式。微观层面回溯行政裁量运行过程，通过援引法律原则作为子标准，在价值评价过程中考量裁量理由，识别裁量瑕疵，与"明显不当"相衔接，补足明显不当标准的功能缺陷。

（一）宏观层面：功能性的客观审查模式之实体架构

通过司法判决的观察和学理观点的梳理，可以发现经由裁判实践的发展，"明显不当"标准的司法审查适用已经逐步架构起事实对比的参照型审查和行为规范的适用型审查两种功能性的客观审查模式。

1. 事实对比的参照型审查模式

如何消解"明显不当"标准理解适用上的模糊性，经司法实践的有益探索，基于平等原则而拓展出的"事实对比的参照审查"模式提供了有效的解决方案，并逐渐成为适用"明显不当"标准的一项重要审查技术。这一审查模式无需适用某项具体法律规范，或者解释某个法律概念，而是直接在审查中寻找一个"参照对象"，即一个案件通常要与另一个案情类同的案件相比较，或者同一案件中的不同当事人间相比较，基于类同来确定当下案件中的行政行为明显不当的构成性。例如在"蔡某诉广州市交通委员会、广州市人民政府行政处罚及复议纠纷案"中，[29] 法院认为：在网约车运营模式下，网络平台运营商与司机共同作为不可分割的一方主体而向乘客提供预约运输服务。现广州市交委对蔡某从事网约车服务的事实十分清楚，但其仅对提供服务的司机作出处罚而未对网络平台运营商予以处理，是错误的选择性执法，最终法院依据"明显不当"标准撤销了被诉的行政处罚。该案中法院认为原告蔡某与网约车运营商构成共同的服务提供者，基于类比对案件事实予以考

---

[29] 参见广州铁路运输中级法院（2017）粤 71 行终 786 号行政判决书。

察，在被告对平台运营商不予处罚的参照之下，却对原告予以处罚的行为存在选择性执法，显然存在明显不当。

需要指出的是，事实对比的参照审查中的"平等"并非要求行政机关采取一种机械式的，与日常生活不容有差别待遇的平等，而是要求从实质平等角度，视事实相同或不同而给予相同或不同处理，允许合理差别。针对区别对待的情况，法院在进行审查时也不可盲目"一刀切"，应要求说明予以区别对待的理由，若该理由合理充分，不应认定为明显不当。[30] 当然，这种形式化的审查模式，虽然具有适用上的确定性，但其缺陷同样明显，在没有同案可予以对比的情况下，该项审查技术将无法发挥作用。而且，一旦出现另案不属于同一行政机关作出的情况，法院直接以其他案件作类比，会陷入擅自介入其他案件正当性欠缺的困境。[31]

2. 行为规范的适用型审查模式

司法审查是一项包含行为法依据和裁判法依据双重适用的审查活动。一般而言，行政行为的合法性判断既应当适用裁判法对行政行为要件进行审查，亦要求行政机关在作出行政行为需符合行为法的要求。换言之，衡量一项行为在客观结果上是否存在"明显不当"，自然需要追问致因，追溯至行为条件进行考量。行政机关作出行政行为时如果未按照法律规定的要求行使裁量权，自然也会构成明显不当。而法院适用行为法规定的条件来评判裁量权行使的合理性，在审查方法上即表现为一种"行为规范"的适用型审查。例如，在原告杜某与被告靖远县公安局治安行政处罚一案中，法院认为：被告认定基本事实清楚、证据确实充分、处理程序合法。但本案是因邻里纠纷引发的治安案件，且上诉人是在前往第三人家中要账时，遭到第三人和案外人的殴打。被上诉人在作出本案行政处罚决定时，未充分考虑案件的起因、性质和社会危害程度等因素。被上诉人作出的行政处罚明显不当，应予撤销。[32] 本案中，法院依照《行政处罚法》第五条第一款，认为被告作出处罚时未遵照上述法

---

[30] 史笔、曹晟：《新〈行政诉讼法〉中行政行为"明显不当"的审查与判断》，载《法律适用》2016 年第 8 期。

[31] 周佑勇：《司法审查中的行政行为"明显不当"标准》，载《环球法律评论》2021 年第 3 期。

[32] 参见兰州铁路运输中级法院（2018）甘行终 35 号行政判决书。

律规定从而判定被告的处罚明显不当。显然，该案中法官借助公安机关作出处罚时应遵循的行为法规范"考虑相关因素"，判定在处罚结果的裁量上存在失当，此时的裁判逻辑表现为一种法院对行为法律规范进行适用的审查形态，即首先解释作为大前提的行为法律规范的具体内涵，然后确定案件情节、行为事实与行为法律规范的契合性，最后通过规范法律的适用推导出裁定结果是否存在不当。

此种审查模式的优势在于可以从行为法律规范中直接寻找明显不当构成的判定依据，避免陷入主观判定的困境。但缺陷也同样明显，即当行为法中缺乏明确的法律规范依据，法官仍然需要通过对行为法规范的解释和分析进而掘取行为依据的生成空间，此时对于行为法律规范进行适用的客观审查又转向了主观审查，需要法官通过法律解释技术对裁量结果的公正性进行衡量。

（二）微观层面：援引法律原则作为子标准，通过价值判断过程实现与"明显不当"的有效衔接

前述宏观层面的功能审查模式建构虽为"明显不当"标准的认定提供了标准化的判定模式，但始终存在一定的适用局限，暨在"明显不当"审查标准构成的判定上，仍系遵循着一种形式化的处理技术，容易陷入规则化审查的窠臼。加之裁量自身存在固有的裁量空间，单纯依赖客观的审查技术势必难以实现对裁量权的规范控制。理论与实践的发展表明法律原则中体现出的公序良俗、公平正义等道德理念和价值判断对于规范裁量权的正当行使，实践个案正义具有不可忽视的作用。基于"明显不当"标准实质合法性的审查功能定位，当裁量行为无可资援引的客观审查模式，法院援引比例原则、正当程序原则、信赖保护原则等实质合法所遵循的法律原则作为价值判断依据，进入裁量行为内部识别裁量瑕疵，从而对接至"明显不当"标准，补足了前述审查模式的功能缺陷，为该标准司法适用的体系规范供了最终的出口。

1. 通过比例原则权衡"不当"程度

比例原则是司法审查的帝王条款，是指实施公权力行为的手段与行政的目的，应该存有一定的比例关系，必须选择在侵害公民权利最小的范围内行使，比例原则一般包括适当性、必要性与均衡性三项原则。通说认为，比例

原则应用于制约行政裁量。[33]

比例原则裁量制约功能的实现在于对裁量行为的"不当"程度进行价值权衡。具体而言，比例原则应用于对裁量行为的审查应考虑：裁量事实是否适合于法律的目的，裁量方式是否是多个选择中对相对人最小的侵害，裁量所实现的效果是否超过了所侵害的权利。当然，行政裁量是否符合比例，行政判断是首次判断，司法判断是二次判断。二次判断不是要否弃行政判断，重复行政行为作出的过程，而是在尊重行政判断的前提下，观察行政判断是否逾越其界限，是否对权利造成过度侵扰。因此，比例原则所要求达到的适当性、必要性和均衡性，都只是一个标准或大致的范围，不能苛责行政机关的裁量过程必须达所谓的最强关联、最小损害、最佳手段。[34] 易言之，裁量违反比例原则存在程度差别，譬如手段所造成的损害同所促进的公共利益相比，存在轻度不成比例、中度不成比例或严重不成比例等情形。对裁量行为的审查亦应当区分违反比例原则的不同程度，如果只是轻度违反的情形，一般只构成行政行为"一般不当"，还没有达到"明显不当"的标准，此时司法审查的判断余地应更多地尊重行政判断。[35] 梳理案例发现，审判实践中绝大多数适用比例原则认定"明显不当"的判决对于行政行为的手段与目的间何以失衡，以致违反比例原则达到"明显不当"的程度并未加以阐明，裁判论证多停留在手段失当等简单说理即导出裁量存在明显不当的结论，精细化程度不高。从严格裁判依据角度而言，适用比例原则作为裁判理由必须与作为裁判依据的"明显不当"标准相接轨，从行为要件选择和裁量结果适当性的关联角度强化裁判说理，论证违反比例原则的程度和与裁判规范的关联性，方能更好地发挥比例原则的规范功能。

2. 适用信赖保护原则纠错裁量基准偏差

信赖保护原则是公法的重要原则，是指当相对人对行政行为产生了客观且合理的信赖或预期，行政机关对于此种状态负有保护义务。在行政裁量司法审查中，信赖保护原则最为常见的适用场域是行政机关违反业已形成的裁

㉝ 参见杨登峰：《合理、诚信抑或比例原则：目的正当性归属之辩》，载《中外法学》2021年第4期。

㉞ 高鸿、殷勤：《论明显不当标准对行政裁量权的控制》，载《人民司法》2017年第19期。

㉟ 刘全：《行政判决中比例原则的适用》，载《中国法学》2019年第3期。

量基准或行政惯例且不能说明正当理由。一般而言，裁量基准规范是制定机关为限缩行政机关裁量空间、遏制裁量权滥用而设定的"判断标准"或"操作准则"，是对行政机关行使裁量权所依据的高位阶法律规范的具体化，其以标准化的判断选择方式为下级行政机关在个案中的裁量提供更为明确的指引。虽然行政机关制定的裁量基准一般是内部标准，对这种裁量基准的违反并不必然导致行政违法，但这种处理模式一旦形成，就会给人一种期待，相信并从内心要求行政机关的执法活动遵循既定模式，此时若行政机关无正当理由违反业已形成的裁量基准就会侵害行政相对人预期的信赖保护利益。而行政机关违反自我规制的裁量基准可以较为明显的呈现出行政机关的裁量不在适当的范围之内，法院可以据此认为行政行为存在"明显不当"，对行政机关适用裁量基准出现的偏差予以纠错。需要指出的是，相对人就裁量基准的信赖利益应是具体的、个案的，而非抽象的、普遍的，行政裁量基准并不能对法官判断裁量行为是否存在"明显不当"产生约束力，审查实践中对相对人信赖利益的保护应当保持审慎的态度，区分相对人之于裁量基准的信赖基础，衡量信赖基础与执法效益和个案正义间是否平衡。

3. 确立正当程序原则补足"法定程序"的功能缺陷

《行政诉讼法》第七十条所列举的合法性审查标准中，只有"违反法定程序"具有明确的程序面向，因此，违反法定程序一直是行政行为程序问题的法定审查标准。然而，对于尚未有专门行政程序立法的我国行政执法管理领域而言，单纯通过散见于各部门行政立法、法规中的程序性规定势必难以对行政机关的裁量程序予以有效的规范监督，对行政相对人而言无疑存在程序权益保障之缺口。正当程序原则本身具有权利保障和权力控制的功能。[36] 当行政行为的作出程序无实定法依据，但存在程序瑕疵时，法院便可以借用正当程序原则补足"法定程序"的权利保障漏洞，纠正行政行为的程序性裁量瑕疵。

通过正当程序原则规范裁量程序过程并无争议，需要厘清的是如何理解法定程序标准和正当程序原则间的逻辑适用范畴。笔者认为，作为程序规则

㊱ 蒋红珍：《正当程序原则司法适用的正当性：回归规范立场》，载《中国法学》2019年第3期。

的正当程序原则体现了程序正义最低限度的要求，贯穿于行政机关的各种行政程序之中，是包括行政机关法定程序与非法定程序在内的所有行政程序必须遵循的基本原则。当行政行为有明确的法定程序时，直接引用《行政诉讼法》的法定程序标准进行合法性审查即可，无须再援引正当程序原则。当某个行为所适用的法律规范没有明确规定法定程序时，理论上就为行政机关预留了裁量空间。此时若行政机关的程序裁量失当，违背了正当程序原则，法院对行政行为的审查可以运用"明显不当"进行裁判。当然，如果正当程序已经成为某个行政法律规范中的明确规范，此时可以直接依据正当程序予以裁判，无需再牵强地适用"明显不当"。通过上述论述可知，正当程序的司法适用，首先需要在法律论证中穷尽实定法基础的解释可能性，如此才推导出在无实定法依据的情况下出适用原则的必要合理性，正当程序所要求的最低限度亦应与"明显不当"的"明显"相呼应。

五、结语

诚如美国行政法学者施瓦茨所言：行政裁量是行政权的核心，行政法如果不是控制行政裁量权的法，那它就什么也不是。"明显不当"作为审查行政裁量行为合法性的一项重要工具，对于行政裁量的司法控制，始终有着非常重要的制衡价值。通过本文的阶段性考察，实践中"明显不当"标准的司法适用仍然停留在对合法性审查的补位机制，缺乏更深层次与更加具体的学理支撑，由此产生了诸多不合理适用，使这项审查标准难以发挥应有制度功能。"明显不当"审查标准适用困境的症结在该标准本身的规范构造、功能定位以及审查逻辑上存在缺陷。在此基础上，本文通过宏观与微观两个层面建构，突破原有合法性要素审查模式，构建过程性的行政裁量控制机制，以有效补足"明显不当"标准司法适用的功能缺陷，激活该标准规范行政裁量的法效力，最终实现"明显不当"对裁量权的司法制衡功能的体系性扩张延展。当然，行政裁量的司法控制是一个长期的过程，司法实践一直向前推进从未终止，"明显不当"审查标准的制度功能和适用效果仍需学界与实务不断地检视与实践。

指向与导向：行政指导性案例的
应用现状及优化路径
——以基层实践为视角

沈　烨　向　阳*

自案例指导制度建立以来，最高人民法院（以下简称最高院）陆续发布多批指导性案例，旨在推动裁判尺度统一、促进法律正确实施、确保司法公正。其中，行政指导性案例是行政成文法的有益补充，是审理行政案件的重要参照，在行政法律适用、行政程序运行、明确裁判规则等方面具有重要意义。十余年间，最高院已发布行政类指导性案例 31 件，但在行政审判中引用较少，在裁判文书中参照不多，行政指导性案例的指导效果欠佳。行政指导性案例的应用存在难以落地、水土不服等问题，其案例指导的功能没有得到充分发挥。

一、行政指导性案例指导性不足的实然样态

行政指导性案例的指导性体现在供给端和需求端两方面，供给端表现为案例发布情况，需求端表现为案例应用情况，主要是行政相对人和法官引用和参照的情况。运用科学的统计方法，可以较为具象地描述行政指导性案例的指导性强弱，从而进一步解构其性质特征。

（一）行政指导性案例具有零星发布的特征

行政指导性案例发布数量少，频率低，供给能力明显不足。从发布批次

---

* 沈烨，法学硕士，上海市静安区人民法院审判监督庭副庭长。向阳，法学硕士，上海市静安区人民法院审判监督庭法官助理。本文获第 35 届全国法院系统学术讨论会优秀奖、2023 年上海法院学术讨论会优秀奖。

来看，在已经发布的 37 批次指导性案例中，仅有 15 批次中含有行政指导性案例，年均发布量仅为 3 件。在 15 批次的案例里仅有 2—3 批中行政指导性案例达到 4—6 件，其余批次均为 1—2 件。从发布效果来看，行政指导性案例因零星散点发布导致其集中指导效应尚未显现。随着指导性案例专题发布的趋势日益突出，行政指导性案例亦应加大密集投放的力度，以期取得更大的关注。

与其他类指导性案例的发布数量相比，行政类指导性案例的比例较低。截至 2023 年 5 月，最高院已经发布了 37 批次、共计 211 件指导性案例，其中行政类指导性案例占比仅有 14.7%，这一比例近年来还有持续下降的趋势。[1] 相比之下，刑事指导性案例已有 36 件，占比达 17%，数量已超过行政类仅次于民商事类。从占比略显式微可以看出，行政指导性案例的数量增长速度已经较为落后于其他类型指导性案例，也与当前依法行政、法治政府的建设要求不甚相符。

与行政案件的总量相比，行政指导性案例发布的数量可谓"微乎其微"。近十年来，我国行政案件数量增长迅猛，累计多达数百万件，[2] 同期行政指导性案例的发布总量仅为数十件。从行政指导性案例与行政案件的相对比例可以看出，一方面，行政案件的生效裁判转化为行政指导性案例的速率较慢，仍有丰富的典型案例值得挖掘和培育；另一方面，行政案件数量庞大、情况多变、类型繁复，零星发布的案例难以满足类案指导的需求。

（二）行政指导性案例呈现低频应用的态势

行政指导性案例应用数量少，频率低，指导效果未及预期。通过统计行政指导性案例在裁判文书中的引用和参照情况，[3] 对行政指导性案例的应用情况予以分类梳理。

---

① 据统计，2019 年至 2021 年行政指导性案例总占比分别为 17.9%、17%、15.7%。
② 根据历年《全国法院司法统计公报》显示，2011 年至 2022 年行政案件共计收案 490 余万件。
③ 本文以全国四级法院自 2012 年 1 月 1 日至 2023 年 4 月 30 日于中国裁判文书网上公开的文书为研究范围，以"第××号指导性案例"和"第××号指导案例"为关键词检索，以行政案件为检索条件，获取行政指导性案例在裁判文书中的应用样本。其中，人工剔除了名为指导性案例实为其他案例的情形。

据统计，第 21 号、④39 号、88 号、89 号、90 号、94 号、113 号、114号、136 号、137 号、138 号、139 号、162 号、177 号、178 号、191 号、211号共计 17 件行政指导性案例没有行政相对人予以引用，也没有法官予以引用，其指导性目前在裁判文书中尚未体现，案件类型涉及行政征收、行政许可、行政登记、行政商标争议、行政环境公益诉讼等。其中，第 113 号及其之后的 11 件指导性案例由于是在三年内新发布的，其指导性的发挥还需要时间的检验。

相比上述从未应用的案例，第 5 号、6 号、26 号、38 号、40 号、41 号、59 号、22 号、60 号、69 号、76 号、77 号、91 号、101 号共计 14 件行政指导性案例均有不同程度的引用和参照。（见图 1）从案例类型上看，多集中在行政处罚、行政行为受案范围等方面，属于纠纷频发、争议较大的常见类型。按照其他学者统计的口径，在已被应用的行政指导性案例中引用、参照的频次较低，大部分以数十次计，仅有第 60 号、77 号和 101 号指导性案例应用次数较多，分别达到了 288 次、58 次和 65 次，⑤ 这在海量的行政裁判文书中几乎可以忽略不计。行政指导性案例应当是具有典型性和指导性的生效行政裁判，应当对类似案件具有普遍适用、反复适用的特点，但是行政指导性案例的应用频次不高，指导效果没有充分发挥。

与发布数量相比，行政指导性案例得到应用的比例尚未过半。截至 2023年 4 月，31 件行政指导性案例仅有 14 件在裁判文书中得以应用，整体的应用率仅为 45%，较多案例仍处于"闲置"状态。以 2022 年的统计结果显示，98 件民事指导性案例被应用 66 件，67% 的应用率远远高于行政类。⑥ 行政指导性案例发布的不多，应用的更少，案例的指导性转化速率仍然较为缓慢，多数行政指导性案例发布已久，一直尚未发挥指导作用。研究其未被应用的原因并加以改进，或许可有效"激活"沉睡的行政指导性案例。

---

④ 在中国裁判文书网上有两篇"请示案件答复函"提及第 21 号行政指导性案例，但根据函中的案号查询裁判文书发现，案例并未在正式的文书中提及。

⑤ 马惠芳、余亚宇、毕晓燕：《行政指导性案例效能的检视与完善——以回应和规制裁判过程为参照》，载《审判体系和审判能力现代化与行政法律适用问题研究——全国法院第 32届学术讨论会获奖论文集（下）》。

⑥ 郭叶、孙妹：《最高人民法院指导性案例 2022 年度司法应用报告》，载《中国应用法学》2023 年第 4 期。

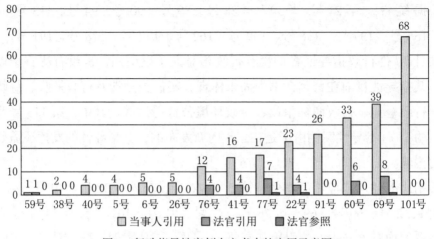

图1　行政指导性案例在文书中的应用示意图

（三）行政案件当事人存在失当引用的问题

行政相对人引用指导性案例的意愿较为强烈，但存在引用不当的问题。为证明案件事实与指导性案例一致，原告（上诉人、再审申请人）常常在起诉、上诉或申诉中引用指导性案例作为论据，或直接将指导性案例作为证据材料予以提交，但由于对指导性案例理解不够准确，导致诉求失据、引用失当、指导失效。

（1）张冠李戴。因行政相对人对案例指导制度不甚了解，故运用其他案例或完全不相类似的指导性案例，达到自己的证明目的。如行政相对人在民事案件中引用第5号行政类指导性案例，用来证明最高院对分公司诉讼主体的认可，其证明目的与该案例的裁判要旨完全无关；[7] 又如，行政相对人混淆了生效裁判和指导性案例的概念，误将最高人民法院作出的生效裁判作为指导性案例加以引用。[8]

（2）貌合神离。行政相对人仅以案件部分形式要件相似而加以引用，却忽略指导性案例的裁判要旨。例如，行政相对人仅以行政主体作出的某项批复属于内部行政行为且已送达为由，即认为案件与第22号指导性案例类似，该行为具有可诉性。实际上，法院在"本院认为"部分已经明确指出，认定

---

[7]　参见（2020）吉24民终1813号吉林省延边朝鲜族自治州中级人民法院民事裁定书。

[8]　参见（2020）粤0391民初1019号广东省深圳前海合作区人民法院民事判决书。

内部行政行为是否外部化，关键在于行为本身的性质，即内部行政行为是否产生外部法律效力，是否对公民、法人或者其他组织的权利义务直接产生影响。⑨

（3）断章取义。行政相对人仅以指导性案例裁判要旨的部分内容作为依据，进而认为指导性案例与本案类似，应当予以参照。实际上，许多指导性案例的参照应用都需要满足一定的条件或前提。例如，行政相对人认为行政主体作出行政行为时没有引用具体法律条文，即应当参照第41号指导性案例，该行政行为属于适用法律错误。但是参照第41号指导性案例的前提除了未引用具体法律条款以外，还须在诉讼中不能证明该具体行政行为符合法律的具体规定，才能视为该具体行政行为适用法律错误。

（四）行政法官存在被动回应和隐性参照的情形

相较于行政相对人一方在案件中引用行政指导性案例较多的情况，案例在行政法官一方则出现"遇冷"现象。

（1）被动回应居多。检索裁判文书可以发现，在"本院认为"部分，法官通常还是以"法律规范—案件事实—结论推导"这一逻辑顺序进行说理，绝大部分不会主动引用某指导性案例用来说明与案件类似。只有行政相对人积极引用行政指导性案例作为论据，法院才会在说理部分予以被动回应。例如，行政相对人认为案件与第60号指导性案例类似，希望法院予以参照适用，法院判决驳回行政相对人的诉讼请求，并在说理部分详细说明了不予参照的理由。⑩

（2）隐性参照为主。当事人引用行政指导性案例时，大多数未得到法院的回应，法院回应的大部分都不予参照；法院引用行政指导性案例时，一般也是为了举例说明案件不相类似的结论。即使案例得到参照，大多数也属于其他学者所述的"隐性参照"，而此种参照情形一则难以统计，二则难以发挥案例对裁判的指导性作用。只能通过比较裁判结果与指导性案例是否一致，间接推断法官是否参照该案例。

⑨ 参见（2018）最高法行申580号中华人民共和国最高人民法院行政裁定书。
⑩ 参见（2017）川0105行初49号成都市青羊区人民法院行政判决书。

二、行政指导性案例指导性不足的成因剖析

行政指导性案例指导性的发挥，受制于多重因素，既有源于案例本身的定位困境，又有案例的功能属性限制，还有来自案例应用过程中的现实阻碍。

（一）定位：遴选、编排、受众及名目缺乏基层视角

行政指导性案例的指导性，主要在于基层参照情况是否普遍，行政法官应用是否自觉，只有在基层得到广泛而普遍的适用，行政指导性案例才具有蓬勃的生命力。有鉴于此，行政指导性案例指导性不足的根本原因在于案例没有从基层中来，故而无法穿透到基层中去，对案例的基础定位有失偏狭，导致大量基层法院法官对指导性案例存在思想认识上的隔膜，在裁判时难以建立起应用的自觉。

1. 遴选导向侧重于特殊案件

一方面，行政指导性案例倾向于选送案情重大特殊、社会影响力大、矛盾激烈程度高、历经多重审级的案件，这对基层法院报送和适用指导性案例的积极性产生了不良影响。另一方面，31件行政指导性案例中，有21件为至少经过二审裁判的案件，其中不少案件还经过高院乃至最高院的申诉、再审程序，一审生效、双方服判息讼的案件反而在行政指导性案例中成为了少数。实际上，行政指导性案例的指导性应当主要体现在基层，所以选送案例的导向不应当仅仅局限于重大特殊案件和多重审级案件，也应当将基层一线的一审生效、常见多发的行政案件纳入指导性案例的考察范围。

2. 编排过程缺乏一线参与

行政指导性案例一般由最高院组织专家审查、汇纂，但是参与编写案例的专家并非裁判该案件的法官，缺乏对案情全面深入的了解，缺乏案例内容的深度挖掘，偏重于对裁判文书的形式剪辑。[11] 由于大量一线法官被排斥在指导性案例的编写过程以外，导致这一司法产品距离审判一线较远，从而得

---

[11] 杨放：《人民法院案例指导制度的实践样态与优化路径研究》，载《重庆行政》2022年第3期。

不到基层法官高频应用。

3．受众面向较为模糊

行政指导性案例应当以适法统一为指导目标，明确裁判规则和裁判尺度，对基层行政法官裁判具有指导性意义。但是现有的行政指导性案例尚有较多面向社会公众的普法案例，其功能仍然属于法制教育和法制宣传，受众面向比较模糊。例如第89号指导性案例"北雁云依案"案情较为特殊，在其他案件中发生的概率较小，可参照性不强，对大多数行政案件不具有普遍指导意义。再比如，第177号指导性案例"非法运输珊瑚、砗磲案"，属于特定领域内针对特定对象的行政处罚，与日常生活中常见、高频的行政处罚案件都不类似，对其他行政案件亦难具有普遍指导意义。

4．名目设置不够醒目

在我国目前的案例指导体系下，存在最高院发布的指导性案例、公报案例以及各种行政执法典型案例，各级高院发布的参考性案例，还有最高人民检察院发布的指导性案例，等等。从案例的名目上看，无法看出各类案例的区别，从法律规定上看，亦未能突出指导性案例的独特功能。首先，当事人对各类案例不了解，引用时较为混乱，把其他案例作为指导性案例予以提交，从而耗费法官大量的甄别、释明的精力。其次，法官面对名目繁多、名称相近的各类案例也存在无所适从的情况，裁判案件时如将不同层级的案例逐一查询检索，既费时费力也不现实。由于其名目不具有区分度，导致法官引用形式十分混乱，例如，有的文书中称"指导案例"，有称"×号指导案例"，有称"指导案例第×号"，缺乏规范性和严肃性，一定程度上影响了指导性案例的权威，也不利于统计和查询。

（二）功能：侧重于举例说明与法律解释

行政指导性案例作为指导各级法院裁判的优质司法产品，应当具有解释法律术语、统一法律适用、明确裁判规则等多元化的功能，但是目前已经发布的若干案例，其功能作用仍然比较局限，大部分仍然属于对行政法及其司法解释的强调和重申，难以发挥"举一反三""触类旁通"的指导效果。

针对指导性案例的类型划分，已有不少专家学者开展过专门研究。有的将其划分为规则创制型、政策宣示型和工作指导型；⑫ 有的划分为造法型、释法型、宣法型；⑬ 等等。笔者根据 31 件行政指导性案例的裁判要旨，分析其功能属性，并将其划分为举例说明型、法律解释型和裁判规则型。

1. 举例说明型案例"射程"限于条文之内

此类指导性案例的发布旨在说明法律条文的含义，其裁判要旨并未超出行政法律条文及其司法解释的"射程"，是通过具体案例对法条进行说明与强调。例如，第 5 号指导性案例以盐业管理为例，针对行政许可和行政处罚的设立规定进行了具体说明，裁判要旨也与相关法律条文几近一致。

表 1　行政指导性案例裁判要旨与法律条文对比表

编号	裁判要旨	法律条文
5	盐业管理的法律、行政法规没有设定工业盐准运证的行政许可，地方性法规或者地方政府规章不能设定工业盐准运证这一新的行政许可。	《中华人民共和国行政许可法》第十六条 ……法规、规章对实施上位法设定的行政许可作出的具体规定，不得增设行政许可；对行政许可条件作出的具体规定，不得增设违反上位法的其他条件。
60	食品经营者在食品标签、食品说明书上特别强调添加、含有一种或多种有价值、有特性的配料、成分，应标示所强调配料、成分的添加量或含量，未标示的，属于违反《中华人民共和国食品安全法》的行为，工商行政管理部门依法对其实施行政处罚的，人民法院应予支持。	《预包装食品标签通则》（GB7718-2011）4.1.4.1 如果在食品标签或食品说明书上特别强调添加了或含有一种或多种有价值、有特性的配料或成分，应标示所强调配料或成分的添加量或在成品中的含量。
191	建筑施工企业违反法律、法规规定将自己承包的工程交由自然人实际施工，该自然人因工伤亡，社会保险行政部门参照《最高人民法院关于审理工伤保险行政案件若干问题的规定》第三条第一款有关规定认定建筑施工企业为承担工伤保险责任单位的，人民法院应予支持。	《最高人民法院关于审理工伤保险行政案件若干问题的规定》第三条　社会保险行政部门认定下列单位为承担工伤保险责任单位的，人民法院应予支持：……（四）用工单位违反法律、法规规定将承包业务转给不具备用工主体资格的组织或者自然人，该组织或者自然人聘用的职工从事承包业务时因工伤亡的，用工单位为承担工伤保险责任的单位。

⑫　陈兴良：《案例指导制度的规范考察》，载《法学评论》2012 年第 3 期。
⑬　资琳：《自指导性案例同质化处理的困境及突破》，载《法学》2017 年第 1 期。

由于该类指导性案例有明确的法律规定作为依据，裁判要旨是对法律条文的强调和重申，指导性案例的裁判精神往往被法律条文的含义所包含。法院在裁判类似案件时，引用抽象的法律条文即可涵摄到具体案情，如果参照特殊的指导性案例，则论证步骤反而增多。再加之行政法律规定庞杂多变，此类指导性案例的一般指导性更加受限。

2. 法律解释型案例适用不具有普遍性

此类指导性案例旨在补充条文列举的具体情形、明确条文的适用范围、解释某一具体术语，从而统一相关条文在各级法院的法律适用。从法律解释的角度上看，此类指导性案例属于对法律条文的论理解释，即按照立法的精神和目的，根据具体案件的逻辑进行解释。（见表2）例如，根据第6号指导性案例的裁判要旨，没收较大数额财产与责令停产停业、吊销营业执照等行政处罚决定，都会对行政相对人的权益产生较大影响，故均应告知当事人听证权利。

此类指导性案例的作用相当于司法解释，成为法律条文的重要补充。参照该类指导性案例似较为容易，只需比较两者的具体情形是否一致，但由于其适用范围较狭窄，仅仅适用于单一条文、个别语词的含义，参照时并不具有普遍性。例如，2021年最新修订的行政处罚法扩大了应当听证的范围，补充和吸纳了没收较大数额财产在内的多项行政处罚行为，第6号指导性案例的功用将从法律解释向举例说明方向转变。

表2　行政指导性案例裁判要旨与法律条文对比表

编号	裁判要旨	法律条文
6	行政机关做出没收较大数额涉案财产的行政处罚决定时，未告知当事人有要求举行听证的权利或者未依法举行听证的，人民法院应当依法认定该行政处罚违反法定程序。	原《中华人民共和国行政处罚法》第四十二条　行政机关作出责令停产停业、吊销许可证或者执照、较大数额罚款等行政处罚决定之前，应当告知当事人有要求举行听证的权利。
40	1.《工伤保险条例》第十四条第一项规定的"因工作原因"，是指职工受伤与其从事本职工作之间存在关联关系。 2.《工伤保险条例》第十四条第一项规定的"工作场所"，是指与职工工作职责相关的场所，有多个工作场所的，还包括工作时间内职工来往于多个工作场所之间的合理区域。	《工伤保险条例》第十四条　职工有下列情形之一的，应当认定为工伤： （一）在工作时间和工作场所内，因工作原因受到事故伤害的； ……

续表

编号	裁判要旨	法律条文
60	所谓"强调"，是指通过名称、色差、字体、字号、图形、排列顺序、文字说明、同一内容反复出现或多个内容都指向同一事物等形式进行着重标识。所谓"有价值、有特性的配料"，是指不同于一般配料的特殊配料，对人体有较高的营养作用，其市场价格、营养成分往往高于其他配料。	《预包装食品标签通则》（GB7718-2011）4.1.4.1 如果在食品标签或食品说明书上特别强调添加了或含有一种或多种有价值、有特性的配料或成分，应标示所强调配料或成分的添加量或在成品中的含量。

3. 裁判规则型案例数量较少未成体系

此类指导性案例旨在回应理论界和实务界的争议，填补法律规定的空白，对于指导行政审判具有普遍指导意义。例如，许多内部行政行为因其跨越内部限制而对外部相对人的权益造成实质影响，此类内部行政行为在法律上又没有明确的定义，故其是否应当接受司法审查引起较大争议。第 22 号指导性案例发布以后，明确了"内部行政行为外部化具有可诉性"这一裁判规则，在理论前沿和司法裁判中均得到普遍认可。

表3　行政指导性案例理论观点与裁判文书对比表

编号	理论研究	司法实践
22	"本指导性案例明确了这种情形下内部行政行为外部化后，对行政相对人权利义务产生了实际影响，行政相对人对批复不服提起诉讼的，人民法院应当受理，从而充分地保护了行政相对人的诉权。"[14]	"本院经审查认为……本案中上诉人对石家庄市住房和城乡建设局作出的《关于对新客站片区棚户区改造项目一期 A、B 地块房屋征收补偿方案的批复》不服并申请撤销，符合该第 22 号指导案例所规定的行政案件受案范围。综上，原审认定事实不清，适用法律错误，依法应予纠正；上诉人的上诉理由成立，本院予以支持。"[15]

---

[14] 石磊：《指导案例 22 号〈魏永高、陈守志诉来安县人民政府收回土地使用权批复案〉的理解与参照——内部行政行为外部化具有可诉性》，载《中国法律评论》2014 年第 1 期。

[15] 参见（2016）冀 01 行终 391 号河北省石家庄市中级人民法院行政裁定书。

编号	理论研究	司法实践
69	"遵循司法成熟性原则，坚持以程序性行为是否对相对人人身、财产权利造成实际损害和影响为判定标准，还应同时强调，只有相对人确实无法通过提起针对相关的实体性行政行为的诉讼获得救济时，其对程序性行政行为提起的诉讼，人民法院才应当受理。"[16]	本院亦注意到上诉人所称的最高人民法院69号指导案例。该案……而本案中……该中止事由终究会因人民法院对已受理的诉讼案件作出生效裁判而消失，届时复议机关依法应恢复审理。故本案所涉复议中止行为并不具有法律上或者事实上的终局性，与上诉人所称指导案例情况并不相同。[17]

此类指导性案例的发布，统一了各地的裁判口径，消弭了许多问题的争议，但是发布的数量不多，且裁判规则的形成需要大量司法实践的检验和试错，所以还没有针对所有类型行政案件形成具有系统性、代表性的裁判规则。

（三）应用："不好用""不会用""不敢用"

在实际应用行政指导性案例的过程中，各级法院和行政法官也遇到了不同程度的困难，影响案例指导性的发挥。

1."不好用"的苦恼：应用的效率和效果不尽如人意

（1）检索比对不便影响应用效率。目前，行政指导性案例的检索主要通过"最高人民法院官网—权威发布—指导性案例"的路径进入查询，所有指导性案例按照时间发布顺序倒叙排列，没有按照案例类型进行分类，也没有提供关键词搜索，准确查找所需指导性案例较为耗时，这使得检索行政指导性案例的方式较为不便，如需便捷查询，还需要使用商用的案例数据库。同样，案例的参照比对也没有较为便捷的方式，目前的法律文书智能辅助系统还无法实现指导性案例的精准推送，法官的目光须在指导性案例与裁判案件之间来回流转，凭借人工检索比对行政指导性案例进行裁判可谓费时费力。

（2）参照结果不佳影响应用效果。行政指导性案例发布的数量过少，类型也较为单一，案例指导的辐射面较为狭窄。行政法官很难在31件行政指导性案例中找到精准指导的类案，参照成功率较低导致法官没有动力去积极查

---

[16] 豆晓红、李兵：《〈王明德诉乐山市人力资源和社会保障局工伤认定案〉的理解与参照——程序性行政行为的可诉性问题》，载《人民司法（案例）》2018年第2期。

[17] 参见（2018）皖行终339号安徽省高级人民法院行政裁定书。

找指导性案例辅助办案。值得注意的是，法官通过检索兄弟法院以及上级法院的生效裁判，可以获得大量类似的判例，参考性和可行性更强。

2.“不会用”的困惑：传统推理论证的方式不易改变

在走访调研的过程中发现，大部分基层行政法官在草拟行政判决书前没有检索行政指导性案例的习惯，普遍都存在不想用的心理。这一心理背后的原因值得深入分析。

长期以来，受制于推理论证的惯性，广大法官更习惯于根据法律规定（大前提）和案件事实（小前提）推导出裁判结果（结论），这种“三段论”式的推理方式也更适合于目前裁判文书的行文与结构。指导性案例的应用则为司法裁判的出炉提供了全新的推理方式，这让许多没有受过此种训练的法官无所适从。

（1）不会判断类案。行政指导性案例指导的是类案裁判，其中有一个重要前提即指导案例与待决案件是否属于类案。在许多裁判文书中，没有对指导性案例与待决案件进行详细比较说明，而是生硬笼统地以“与本案并不类似”或“我国不是判例法国家”之类的表述回绝当事人的参照请求。这是由于对类案没有明确的判断标准，法官为避免说理部分不够严谨，故而不愿将其心证过程充分公开，可是这样反而会引发行政相对人的质疑和上诉。

根据行政指导性案例的体例结构，裁判要点、基本案情和裁判理由三部分被界定为核心要素，尤其是裁判要点更是上述诸要素的核心。正因如此，有观点认为只有裁判要点或争议焦点的类似才是参照指导的核心标准；[18]而亦有观点认为，案情类似才是类案判断的第一位判断，法律适用问题类似居于次要地位。[19]在司法实践中，对案情是否类似的判断，主要涉及行政主体、案由、诉请等基本要素，法官易于与待决案件进行比对判断；对法律适用是否类似的判断，则涉及法律解释、价值衡量、裁判理念等抽象概念，法官不容易精准把握。到底是追求“形似”还是追求“神似”，目前没有明确统一的

---

⑱ 李昌超、詹亮：《行政案例指导制度之困局及其破解——以最高法院公布的 11 个行政指导性案例为分析样本》，载《理论月刊》2018 年第 7 期。

⑲ 马惠芳、余亚宇、毕晓燕：《行政指导性案例效能的检视与完善——以回应和规制裁判过程为参照》，载《审判体系和审判能力现代化与行政法律适用问题研究——全国法院第 32 届学术讨论会获奖论文集（下）》。

判断标准。

（2）不会指导裁判。即使顺利判断是否属于类案，案例在司法裁判中的正确使用仍然是一个棘手难题。运用指导性案例在裁判文书中说理，不是简单地将裁判要点复制摘抄，而是需要严格论证指导性案例适用于待决案件的合法性、正当性和可接受性，解释其裁判要点的抽象法律意义。[20]"案例—事实"型的论证过程与传统"法条—事实"型的论证关系到底是杂糅抑或是择一，在裁判文书的说理中较难把握，而这一点无疑增加了法官说理的难度和负担。面对案例指导说理的挑战，法官往往望而却步。

3."不敢用"的尴尬："应当参照"的法律效果尚不明确

根据最高院发布的《关于案例指导工作的规定》，针对行政指导性案例效力的表述为"应当参照"，然而指导性案例是否属于正式法律渊源尚有争议，导致对其法律效果有不同的理解，最终陷入想用不敢用的尴尬境地。

（1）"应当"的效力。"应当"本意为"必须"，但是在行政指导性案例的语境下，"必须"的意味有所减弱。有人认为，"应当参照"不是"应当依照"，既然是参照，那么该语境下的"应当"一词不宜视为指导性案例被赋予强制拘束力。但有人则认为，行政指导性案例由最高院发布且由最高院审委会讨论通过，虽然没有法律拘束力，但是对法官处理类案时具有事实上的拘束力，此种拘束力来自法律共同体对判决结果的共同认可。[21]由此观之，行政指导性案例的效力客观存在，但因其缺乏强制力导致实践效果并不理想。

（2）"参照"的含义。目前，理论界和实务界对如何参照案例指导案件裁判存在不同的理解。一种观点认为，如果行政指导性案例与待决案件相类似，参照案例即依照案例的判决结果，应当遵循同案同判的原则，作出与指导性案例一致的裁判；[22]另一种观点认为，参照一词强调的是参酌案例的裁判精神，裁判结果可以依照也可以不依照。如果依照应将裁判要点纳入文书说理

⑳　侯晓燕：《指导性案例适用失范的现状、成因及其出路——以指导性案例 24 号的参照情况为分析视角》，载《交大法学》2022 年第 4 期。

㉑　王彬：《案例指导与法律方法》，人民出版社 2018 年版，第 61 页。

㉒　李昌超、詹亮：《行政案例指导制度之困局及其破解——以最高法院公布的 11 个行政指导性案例为分析样本》，载《理论月刊》2018 年第 7 期。

中，如果不依照需要公开不依照的理由。[23] 由于存在上述争议，法官即使参照案例，也多为一种隐性参照，成为裁判文书说理论证中不被人知悉的一环。

三、提升行政指导性案例指导性的应然进路

结合上文对行政指导性案例指导性不足的成因剖析，应当依循指导性案例发挥指导性的路径进行优化提升。在案例产出阶段，通过基层培育、类型梳理和专题发布将行政指导性案例打造为优质的"司法产品"；在案例识别阶段，通过要素判断、机制过滤辅助法官作为"用户"精准发现、识别类案；在案例参照阶段，通过复合说理、考核监督细化参照应用的方法路径，增强类案同判的法律效果。

（一）基层指向：立足"下沉视角"促进案例产出

提升行政指导性案例自上而下的指导性，首先要以自下而上的下沉视角出发，在案例培育、类型梳理和专题发布等方面发掘基层需求，优化案例产出。

1. 源于基层培育案例

行政指导性案例只有来源于基层，才能应用于基层。从案例培育的过程特别是报送、遴选、编排、宣教等方面就应当侧重基层、面向基层以及注重基层的参与。

案例报送遴选过程中，注重在中、基层法院争议较大、案件量较大的行政案件中发掘，特别是被高频应用的案件类型，比如行政处罚、行政诉讼中的受案范围等问题，在此类案件中培育有助于填补法律漏洞、提炼裁判规则、维护公序良俗等具有普遍指导意义的案件。此外，还要注重遴选一审生效的案件，体现出对行政争议实质化解的案例选取导向。

案例编排过程中，要切实促进一、二审法官的参与，参与的方式包括案情的汇报、争议焦点的讨论以及最后的剪辑撰写，把案件审理过程中的细枝

---

[23] 马惠芳、余亚宇、毕晓燕：《行政指导性案例效能的检视与完善——以回应和规制裁判过程为参照》，载《审判体系和审判能力现代化与行政法律适用问题研究——全国法院第 32 届学术讨论会获奖论文集（下）》。

末节全面呈现出来，特别是审判过程中涉及的相关政策法规，以期广大基层法官能够根据具体情况予以参照。

在案例宣教方面，要突出指导性案例与其他案例不同的功能和效力。指导性案例本来处于我国案例指导制度的核心，但是现有的其他案例鱼龙混杂，影响了指导性案例的传播与普及。要在现有的"普法教育"内容中加入"普及案例教育"的要求，特别是向行政相对人普及行政指导性案例的内容和作用，在培养行政机关法治思维的同时培养其案例思维，通过"遵循先例"规范其自由裁量权。这不仅有助于当事人区分行政指导性案例与其他案例，对于行政机关依法行政、行政相对人服判息讼也具有重要意义。

2．重新梳理检索词汇

目前，法官和当事人一般通过标题和关键词检索行政指导性案例，但是从实际效果来看查找不到所需的案例，这是因为标题和关键词的选取不够精细，需要重新梳理检索词汇。

从标题上看，目前发布的行政指导性案例没有实现类型全覆盖，其指导范围也无法覆盖全部行政案件。其中行政处罚、行政诉讼类型的案例达8—10件，行政许可、行政征收、行政公开等类型的案例则仅有1—2件，数量分布较为悬殊。此外，单个类型的内容也较为集中，一般也只涉及其中的某个热点问题，以行政诉讼类型为例，大部分案例涉的都是受案范围问题。

以常规的案件类型对指导性案例进行分类，并不能便于法官进行检索查询，也不能反映案例的精神实质，应当对所有行政指导性案例重新梳理分类，以常规案件类型为基本分类依据，结合裁判要旨的关键要素和案例的主要内容，重新梳理检索关键词，对所有行政指导性案例进行类型化梳理，通过分类梳理既明晰了案例的导向，又便于法官、当事人查询检索。例如，第5号指导性案例的关键词有行政、行政许可、行政处罚、规章参照和盐业管理。行政、行政许可和行政处罚包含的信息量太少，无法体现案例的裁判要旨；而规章参照和盐业管理又太具体，让指导性案例失去了普遍指导意义。结合第5号指导性案例的功能性质，应当加入诸如"重申、强调上位法位阶和效力"作为裁判要旨的概括，删去"盐业管理"这一特殊情形，让法官能够迅速将裁判精神类似的案件与之相联系。

3. 聚焦专题集中发布

指导性案例从最初的无规律发布到后来的专题发布，逐步体现出指导案例集中发布的叠加效应。例如第35批指导性案例均为公民个人信息保护刑事案例，第36批指导性案例均为仲裁司法审查案例，对于明确类案的裁判规则具有重要的指导意义。行政类指导性案例目前没有一次专题发布，仅在以其他专题发布的批次中部分集中展示，例如第24批指导性案例聚焦生态环境保护专题，其中包含两个环境行政公益诉讼案例，主题也未聚焦到行政审判难题，难以引发公众对行政指导性案例的关注。

为解决上述指导性有限的困境，应当借宪法日、法律发布日、行政审判白皮书发布等重大事项的契机，发布行政专题的指导性案例，集中反映行政争议实质性解决、助力法治政府建设等行政领域的重要课题，以普法宣传和案例宣传相结合，扩大行政指导性案例的传播面和影响力。在案例发布的同时，还应当披露案例参照的情况，增强司法机关和社会公众对案例运用的意识。此前，最高人民检察院已经发布过以"实质性化解行政争议，为群众办实事解难题"为主题的指导性案例，案例结合当时"六稳""六保"的中心工作，体现出行政检察案例推动依法行政、促进社会治理的作用。

（二）需求导向：立足"法官视角"赋能案例识别

在案例识别阶段，要充分考虑基层法院行政法官的需求，采用一系列操作性强的方法便利法官进行类案识别。

1. 比对核心要素判断"相似性"

识别待决案件是否与指导性案例相类似，要结合若干关键要素进行比对判断。根据《〈最高人民法院关于案例指导工作的规定〉实施细则》，要判断两者的基本案情和法律适用方面是否类似。《最高人民法院关于统一法律适用加强类案检索的指导意见（试行）》（以下简称《类案检索意见》）规定，类案的标准为基本事实、争议焦点、法律适用问题等方面具有相似性。学者对案例相似的判断主要有以下几种要素组合方式：（1）结合案件关键事实、法律关系、案件争议点和法律问题等要素判断；[24]（2）结合争议焦点、基本案

---

[24] 王利明：《成文法传统中的创新——怎么看案例指导制度》，载《人民法院报》2012年2月20日第2版。

情、关键事实等要素判断；㉕（3）结合基本事实、争议焦点和法律适用的要素进行判断对比。㉖

从上述类案指导的工作意见和学术观点可以看出，判断待决案件与指导性案例类似的要素基本为三大类：一是案件事实（基本案情），主要包括案件涉及的当事人、法律行为及标的物等，但并不要求案件的所有事实均相同或类似，为了提高指导的普适性，应限定在行政主体、行政行为以及案件类型等相似要素是否具有相关性；㉗二是争议焦点，应当通过双方当事人的陈述归纳，着重考察行政行为的合法性、合理性和可诉性问题，与指导性案例中归纳的争点进行比较；三是法律适用问题，应当穷尽检索待决案件可能涉及的法律法规、司法解释以及相关政策，与指导性案例中的相关法条进行比对，并尝试运用指导性案例的裁判要旨进行规则指引、价值衡量，是否能够自圆其说，逻辑自洽，作出是否类似的最终判断。

2. 依托数字平台与会议机制识别过滤

依靠人工比对案件要素从而识别类案，不能保证案例识别的准确性，还需要通过一系列的案例识别过滤机制。

一方面，要充分运用数字化技术健全类案检索和类案推送机制。《类案检索意见》对类案检索和类案推送都提出了要求，还提到了审判案例数据库建设。目前，最高院正在筹备建设人民法院案例库，应当借此契机完成指导性案例、公报案例、典型案例的数字化建设，将其全面嵌入办案平台，行政案件收入系统后自动匹配案件要素，辅助形成类案检索报告，随着法官在办案过程中输入的案件信息越准确，系统匹配指导性案例的精确度越高，成功匹配的案件及案例又会作为数据库里新的案例数据，被之后的案件参考、识别。

另一方面，要充分依托现有会议讨论机制建立对类案识别的把关和监督机制。目前，法院内部的会议讨论机制主要集中在对法律适用、利益衡量等

㉕ 张骐：《再论类似案件的判断与指导性案例的使用——以当代中国法官对指导性案例的使用经验为契口》，载《法制与社会发展》2015 年第 5 期。
㉖ 孙跃：《论类案判断的司法方法——以案例指导与类案检索为背景》，载《法律方法》2021 年第 2 期。
㉗ 谢斐：《从"同案同判"到"类案类判"——评〈案例指导与法律方法〉》，载《浙大法律评论》2021 年第 7 期。

方面，针对参考类案的讨论尚没有形成会议固定议程，可将指导性案例的参照问题纳入考量。如果案件疑难复杂需要上会讨论，这本身就说明依据现有法律法规无法进行适法说理，需要从指导性案例中归纳裁判规则。无论是案件疑难复杂需要参照指导性案例的，还是已识别某指导性案例拟参照的，主审法官均可通过合议庭、专业法官会议、审判委员会逐级汇报讨论，书面提交待决案件与指导性案例类似或不类似的理由，集中优势审判资源把关类案检索报告，通过制度监督确保重大疑难复杂案件得到合理参照。

（三）实践导向：立足"当事人视角"推动案例显性应用

根据《类案检索意见》的规定，检索到的类案为指导性案例的，人民法院应当参照作出裁判。此种参照应为明确引用、充分说理的参照。明确引用可以指引当事人检索相关指导性案例，从而提高对裁判结果的可接受性；充分说理可以回应当事人对于类案参照的理由，有利于实现服判息诉、"胜败皆服"的效果。

1. 结合案例参照复合说理

传统裁判文书论证说理遵循的是从一般到特殊的演绎推理方法，而参照指导性案例的说理应当根据案例的功能属性，结合文书的叙事结构进行复合化说理，从而增强论证的严密性和结果的可接受性。

举例说明型与法律解释型的行政指导性案例，可运用复述式的说理方式予以强化。由于举例说明型与法律解释型旨在解释、说明法律法规及其司法解释，其内涵并未超出法律条文的"射程"和适用范围，所以整个文书说理过程不应当破坏传统演绎推理的逻辑结构。同时，在推理证成后补充是否属于类案、是否参照的说理过程，可以起到辅助论证、增强效果的作用。[28]

裁判规则型的行政指导性案例，可运用嵌入式的说理方式。由于案件没有直接的行政法规作为大前提，此时则需要指导性案例作为依据，从而明确裁判规则。在应用指导性案例前，必须充分开示案件与案例相似的论证过程，特别是比对事实、争点和适法问题的相似性，得出应当参照的判断。将指导

---

[28] 刘树德、刘贝：《司法裁判文书援引指导性案例裁判要点的"叙事"模式》，载《西南政法大学学报》2023年第1期。

性案例中的裁判要点与相关行政法规共同作为大前提，运用案例中的裁判理由涵摄待决案件的事实，最终获得待决案件的充分说服。㉙

2. 将是否回应纳入考核监督

由于"应当参照"的效力不明确，应当参照而未参照的后果亦不明确，只能通过生效判例侧面了解参照的相关后果：如果当事人提交同类指导性案例，原一、二审法院未予回应说理的，应当参照该指导意见发回重审；㉚ 如果当事人引述指导性案例作为控辩理由，虽一审判决未予回应是否参照确有不妥，但因不适用指导性案例，故不影响裁判结果。㉛

由此可见，对同类案例未予说理的法律后果是发回重审，但是不相类似的案例未予回应基本不用承担负面后果。《类案检索意见》并未对是否类似的情况进行分类，根据其文义应理解为无论案例是否类似均应回应是否参照，故针对不相类似的案例没有任何监督措施似觉不妥。根据上述情况，应当将是否回应当事人引述的指导性案例，作为重要指标纳入案件审判质效考核中，特别是因未回应导致行政相对人不服判决上诉的，应当在审判质效考核中予以负面评价。

在上述同类案例的判例中发回重审已是经过一、二审以后的申诉程序，二审对法律适用的监督作用已然失效也是问题。据此，积极发挥二审在法律适用、价值衡量、利益平衡等方面的监督作用，全面审查当事人提交的各类案例，特别是审查一审判决对案例类似性是否做出回应，如一审判决未回应，二审应在说理部分释明，这也应成为二审阶段服判息讼的重要指标。通过上述考核监督措施，对于解决行政案件"上诉率高、申诉率高"的问题也会有所助益。

四、结语

法律的生命在于实施，案例的生命在于应用。行政指导性案例在司法裁判中的指导性不足，从根本上说是由于案例没有从基层中来，没有在基层得

㉙ 雷斌硕：《如何"参照"：指导性案例的适用逻辑》，载《交大法学》2018 年第 1 期。

㉚ 参见（2021）辽民申 5273 号民事裁定书。

㉛ 参见（2018）最高法民终 1178 号民事判决书。

到普遍应用，不具有自下而上的普遍意义，从而难以发挥自上而下的指导性。基层视角的引入，让行政指导性案例在遴选、编排、识别、应用等方面更加契合广大行政案件，让行政法官在回应和参照更加规范有序。切实提升行政指导性案例的指导性，不仅有助于统一行政审判的法律适用和裁判尺度，约束行政法官的自由裁量权，还有利于推动行政机关依法行政，最终促进行政纠纷实质性化解。本文以基层法院为视角，以行政法官在裁判文书中应用指导性案例的情况为研究对象，以期发现行政指导性案例在基层的共性问题，为行政审判一线加强指导性案例的指导作用提供可行的建议与参考。

"四阶七步法"：
提级管辖案件的基层生成机制与效力证成路径
——以中国裁判文书网公布的 183 件案例为切入

沈　烨　向　阳*

　　提级管辖是人民法院对案件管辖权的一种特殊制度安排，主要是指下级人民法院将所管辖的第一审案件转移至上级人民法院审理，从而更好地指导下级裁判。完善案件提级管辖机制，是审判重心下沉背景下特殊案件上移的重要内容，其目的在于将案件与审级精准适配，充分发挥上级法院的诸多优势，实现"提级一件，指导一片"的示范效果。[①]

　　四级法院审级职能定位改革试点工作开展以来，专家学者从不同角度出发，或对提级管辖的历史沿革进行分析梳理，或对实施方案提出完善建议。在改革试点时间届满之际，最高人民法院出台的《指导意见》[②]是对改革试点工作的回顾和总结，为健全完善案件提级管辖机制提供了顶层设计与根本遵循。如何促进最高人民法院《指导意见》在基层充分落地生根，一方面要通过全面梳理改革试点后的提级文书，了解基层法院探索提级管辖的问题与需求；同时，通过依循提级的步骤和顺序，进一步优化细化提级管辖的操作方法。

* 沈烨，法学硕士，上海市静安区人民法院审判监督庭副庭长。向阳，法学硕士，上海市静安区人民法院审判监督庭法官助理。本文获 2023 年上海法院学术讨论会优秀奖。

[①] 何帆、李承运、陈琨：《〈关于加强和规范案件提级管辖和再审提审工作的指导意见〉的理解与适用》，载《人民司法》2023 年第 25 期。

[②] 2023 年 7 月 28 日，最高人民法院印发《关于加强和规范案件提级管辖和再审提审工作的指导意见》，明确了案件提级管辖的适用情形、判断标准、操作程序等，对于加强审级监督体系建设、做深做实新时代能动司法具有重要意义。

一、案件提级管辖机制运行的阶段性检视

考察改革试点以来案件提级管辖机制的运行情况，不仅要参考最高法院公布的官方报告及宏观数据，更要以提级管辖的文书作为样本进行考察，可以了解提级管辖改革试点的阶段性变化。通过中国裁判文书网的查阅检索，笔者检索提级管辖的文书共计 183 篇。③ 根据对上述文书的总结分析，可以梳理出目前提级管辖机制的特点与变化。

（一）提级进度不一：案件数量明显增多但分布不均

据统计，2017 年至 2020 年中国裁判文书网上的提级管辖案件数量共计 222 件，④ 平均每年大约提级 70 件。四级法院审级职能定位改革试点工作启动后，民事案件被提级审理的频率和次数明显增多，更多特殊的案件被发现、被提级，从而得到与审级相适配的审理。根据最高人民法院的中期报告显示，截止到 2022 年 8 月，各高、中级人民法院提级管辖案件同比增长 19.50%。⑤ 结合本文的裁判文书检索情况，改革试点以来一年多的时间，提级管辖的文书就达到了 180 余件，平均一年提级 140 件，提级频次较试点前大为提高。

在提级管辖案件数量增多的同时，案件地域分布不甚均衡。提级管辖的裁判文书来自北京、上海、江苏、辽宁等 16 个省、自治区和直辖市，（见图 1）还没有实现全国各省市全覆盖。部分省市的数量偏多，即使存在关联案件提级管辖的情况，也在一定程度上反映出当地法院推进提级进展明显；部分省市的数量较少甚至为零，虽然可能存在部分提级管辖案件尚未结案以及文书未能上网公开的情况，但仍不能否认其略显滞后的推进力度。从文书的地域分布情况来看，各地提级管辖的推进力度存在差异。

---

③ 笔者于 2023 年 2 月 14 日以全文包含"本案由本院审理"、裁判日期为 2021 年 10 月 1 日至 2022 年 12 月 31 日、文书类型为裁定书作为检索条件，在中国裁判文书网检索出符合上述条件的文书总计 365 篇，扣除民事管辖上诉、民事再审、级别管辖和专属管辖等内容的文书后，涉及民事提级管辖的文书共计 183 篇。

④ 黄存智、吴扬城、黄盈熹：《逆行：审判重心下移背景下推动提级管辖适用的改革路径探析——以 222 篇文书为分析样本》，载《审判体系和审判能力现代化与行政法律适用问题研究——全国法院第 32 届学术讨论会获奖论文集（上）》。

⑤ 周强：《最高人民法院关于四级法院审级职能定位改革试点情况的中期报告》，载 https://www.court.gov.cn/zixun-xiangqing-370831.html，2023 年 6 月 8 日访问。

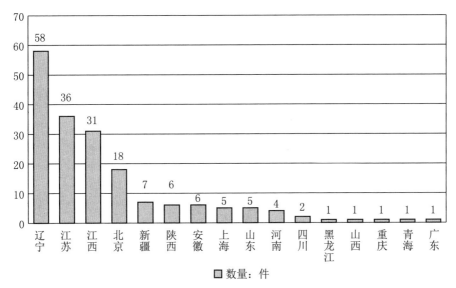

图 1　提级管辖文书地域分布图

（二）提级适用不全：适用情形有所拓展但具有偏在性

改革试点以前，提级管辖的适用较为狭窄，有的法院将提级管辖仅仅作为个案平衡的手段，且与移送管辖、专属管辖相混淆。根据最高人民法院制定的《关于完善四级法院审级职能定位改革试点的实施办法》(以下简称《实施办法》)，提级管辖不仅包含传统意义上疑难复杂的特殊案件，还考虑到重大利益、重大法律分歧以及可能存在地方干预的案件，也一并纳入提级管辖的范围。[6] 拓展提级管辖的适用情形，有利于各级法院明确、全面地适用提级管辖制度，为改革试点进一步探索积累经验。

根据检索统计的结果，大部分文书裁定提级管辖的适用情形[7] 集中在前三种，"重大影响""疑难复杂"和"普遍指导意义"成为文书说理的高频词

---

[6]　贾玉海、戎瑞良、杨冲：《提级管辖的功能阐释与机制完善》，载《人民法院报》2022 年 10 月 20 日。

[7]　根据改革试点的具体规定，提级管辖的适用情形如下：(一) 涉及重大国家利益、社会公共利益，不宜由基层人民法院审理；(二) 在辖区内属于新类型，且案情疑难复杂的；(三) 具有普遍法律适用指导意义的；(四) 上一级人民法院或者其辖区内各基层人民法院之间近三年裁判生效的同类案件存在重大法律适用分歧，截至案件审理时仍未解决的；(五) 由中级人民法院一审更有利于公正审理的。基层法院"下交上"均适用这五种情形，中级法院"下交上"适用第 (三) (四) (五) 种情形。

汇，⑧特别是"案件疑难复杂"与"案件具有普遍指导意义"常常一并作为提级管辖的适用理由。（见图2）上述检索结果也在最高人民法院的中期报告中得到了佐证，改革试点以来23.70%的案件涉及重大国家利益、社会公共利益，33.96%的案件属于在辖区内类型较新、疑难复杂的案件，34.91%的案件具有普遍法律适用指导意义。⑨

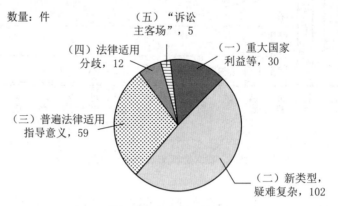

图 2 提级管辖文书适用情形分布图

"存在法律适用分歧"与"诉讼主客场"这两种情形在提级管辖中的适用频率很低，有其主客观原因。由于"存在法律适用分歧"的问题将对辖区内已有生效裁判带来重大挑战，我国法院一般会通过案件请示和汇报制度确保适法统一，故"同类案件存在重大法律适用分歧"的情况比较少见。"诉讼主客场"的问题难以有客观标准，也不便在文书中言明，有的文书一般将其归类至"重大国家利益、社会公共利益"等情形中予以提级管辖。

除此以外，在2023年7月发布的《指导意见》中又新增了一种"具有诉源治理效应"的适用情形，其目的在于进一步做深做实能动司法，促进诉源治理。至此，提级管辖的适用情形达到了六种，然而适用情形偏在的格局要想得到根本扭转，则需要基层法院对较少适用以及新增情形的内涵进一步加深理解。

---

⑧ 因部分裁判文书同时适用多种提级管辖的情形，故在表中分别予以统计各种情形出现的频率。

⑨ 周强：《最高人民法院关于四级法院审级职能定位改革试点情况的中期报告》，载 https://www.court.gov.cn/zixun-xiangqing-370831.html，2023年8月8日访问。

（三）提级标准不明：案件类型相对集中且各地不同

在各地提级管辖的实践操作中，部分地区简单以案件类型作为划分标准，而并未根据案件内容具体判断，故而造成提级管辖案件类型的高度集中。

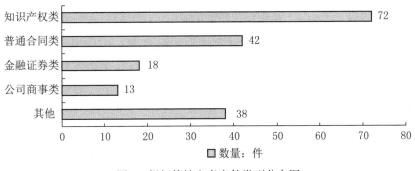

图 3　提级管辖文书案件类型分布图

根据检索结果，提级管辖案件数量最多的是知识产权类、普通合同类、金融证券类、公司商事类。（见图 3）提级管辖案件多涉及新兴领域、专业领域，有些案件在事实认定、证据采用、法律适用等方面疑难复杂问题较多，相关法律规定较为模糊，法学理论和司法实务中往往产生较多争议，案件处理难度较大。但是，由于提级标准的粗疏，有些案件虽为新类型或专业型案件，但案情较为简单，不存在法律适用的难点，也被提级管辖。

此外，各地提级管辖案件的主要类型还各有不同，与当地所处的经济发展阶段相符，体现出提级管辖在各地的判断标准存在差异。一方面，疑难案件数量与经济活跃程度呈现一定的正相关，尤其在北京、上海、江苏等部分地区该特点尤为明显。另一方面，案件类型和适用情形与区域发展所处的阶段紧密相关：金融证券案件、公司股权类案件多在经济较为发达的地区适用提级管辖，反映出相关领域发展比较活跃，亟须较高层级法院细化裁判规则、统一法律适用；处于经济转型地区的提级管辖案件多涉及国有企业转型与改制、企业破产和职工安置等历史遗留问题，一般对当地社会具有较大影响力，由上级法院审慎处理、综合判断较为妥当；经济欠发达地区一般将知产类案件或涉互联网类案件提级管辖，相关案件在当地可能是首次出现，没有在先判例可供参考，需要上提一级集中优势审判资源加强研判。

（四）提级质量不佳：关联案件批量提级且较为同质化

许多地区的提级管辖案件并不是呈单一个案提级的情况，而是出现关联案件批量提级现象，一般具有一方或双方当事人相同、案件事实相似、案号基本相连、适用理由基本一致等显著特点，案件反映的提级特征和法律疑难问题也基本一致。为了确保裁判尺度的统一，上述相似或批量案件均一并得到了提级处理。（见表1）多起关联案件被提级管辖，体现出部分地区法院可能存在片面追求提级数量，机械适用提级管辖机制，不符合提级管辖"审理一案，指导一片"的初衷。

表 1　提级管辖部分案件关联情况表

序号	案由	数量	关联情况
1	租赁合同纠纷	5	因被告破产无力支付多处房屋租金衍生的房屋租赁合同纠纷。
2	民间借贷纠纷	3	因原告预借多人征收补偿款，多人未归还产生纠纷。
3	建设工程施工合同纠纷	6	原被告因地处不同项目的建设工程款未支付产生多起纠纷。
4	侵害作品放映权纠纷	3	多家歌厅未经原告同意，使用其影视作品相同，遂产生纠纷。
5	不正当竞争纠纷	3	多家网络店铺未经原告授权，上架侵权商品，遂产生纠纷。
6	信托合同纠纷	4	多名客户购买银行信托产品遭受损失，遂产生多起诉讼。
7	承揽合同纠纷	2	两原告分别为春晚会场承揽不同项目，因工程款未结算遂成讼。

（五）提级作用不彰：疑难案件亟待指导且久处未决

在对裁判文书的统计梳理中发现，同意提级审理的案件存在大量新颖、疑难、复杂的特殊案件，或具有法律适用意义，或具有诉源治理效应，从案件争议焦点可以看出亟须提级审理的必要性。例如，死者的配偶与子女谁享有"安葬权"等精神利益；[⑩]船舶触碰在建码头导致的损害赔

⑩　参见重庆市第四中级人民法院（2022）渝04民辖18号民事裁定书。

偿；⑪因疫情防控原因导致退票后乘客是否应当支付退票费；⑫知名品牌屡遭仿冒如何认定侵权责任；外籍合伙人能否参照股东知情权的规定行使"合伙人知情权"；装修工人室内死亡是否构成"凶宅"的认定要素；短视频平台主播违约责任如何承担；⑬等等。

但上述案件被提级后久未判决，甚至同类案件继续被作为特殊案件提级。例如北京法院裁定信托案件提级管辖，涉及银行通过 App 销售信托产品如何履行适当性义务的问题，⑭基层法院是 2022 年 5 月立案，上级法院 2022 年 12 月裁定提级，截至 2023 年 8 月仍然不能查询到生效判决，甚至类似的提级裁定还有多件，提级时的影响力和示范效应已然减弱，提级"首案"的指导作用没有得到充分发挥。

二、案件提级管辖机制运行的阻滞性分析

从裁判文书的检索梳理的情况，可分别分析其阻滞提级管辖机制的原因：部分法院提级管辖推进力度以及适用理解不一，是由于思想认知存在偏差导致提级推进受阻，具体而言是缺乏主动性和准确性；案件类型集中和同质化严重，是由于制度规定较为抽象导致提级运行不畅，具体而言是缺乏操作性；疑难复杂和新类型案件久处不决，是由于提级判决的指导性尚未发挥。

（一）思想认知存在偏差导致提级推进受阻

思想认知上的偏差，主要体现在基层法院深入推进提级管辖的原生动力不足，对提级管辖的改革精神理解不够准确。

1．基层法院在发现排摸上缺乏主动性

从提级管辖文书检索情况的显性表象上看，部分地区提级管辖的文书在数量上和类型分布上与其他地区略为失衡。有的法院为了储备本院的典型案例，对适宜提级管辖的案件不愿意提级，改革探索仍未脱离本位主义；有的法院仅仅追求从无到有，在突破首例提级管辖案件以后"偃旗息鼓"，并未进

---

⑪ 参见上海市高级人民法院（2022）沪民辖 202 号民事裁定书。
⑫ 参见沈阳铁路运输法院（2022）辽 71 民辖 1 号民事裁定书。
⑬ 参见新疆维吾尔自治区喀什地区中级人民法院（2022）新 31 民辖 6 号民事裁定书。
⑭ 参见北京金融法院（2022）京 74 民辖 6 号民事裁定书。

行后续深入发现探索；有的上级法院没有主动发现案件的意识，"坐等"下级法院报请，从而阻塞了依职权提级管辖的通道。究其原因，有的法院并未充分认识提级管辖对司法审判的重要作用，缺乏积极发现探索、积极启动提级的主观意识，从而对开展提级管辖工作的动力不足。

2. **基层法院在理解适用上欠缺准确性**

从适用情形偏重于前三种类型可以看出提级管辖的适用存在偏在性，这是由于各基层法院对提级改革的理解不够准确。一方面，对提级管辖的适用理解不够准确。有的法院动辄将"新类型"与"具有普遍法律适用指导意义"两种情形混为一谈，一并作为报请提级管辖的理由，但是根据《实施办法》规定，新类型和普遍指导意义是两种不同的适用情形，而有的法院在裁判文书中并未分别予以说明。有的法院认为疑难复杂案件就必须报请提级，但是从《实施办法》的文件原意上看，疑难复杂的前提是新类型案件，如果是疑难复杂的普通案件则并不符合适用情形。上述情况就反映出有的法院对改革试点的具体内容没有搞懂弄清，对提级管辖的适用具有较大恣意性。

另一方面，对提级管辖的功能理解不够准确。有的法院把提级管辖制度作为矛盾上移的手段，将部分对抗激烈、信访风险较大、审理时间过长等存在上交矛盾倾向的案件报请提级管辖，从而导致程序空转和诉讼资源的浪费，影响了改革实效。矛盾较大的案件应当作为本院的"四类案件"进行重点监管，而不是通过提级管辖转移矛盾，提级管辖聚焦的是特殊案件。这种做法既不符合基层法院重在实质化解纠纷的审级定位，也与提级管辖的精神要旨背道而驰。

（二）制度规定较为抽象导致提级运行不畅

由于改革试点启动时发布的《实施办法》中对提级管辖的适用情形、报请程序都属于原则性的规定，缺乏基层法院这一层面的具体操作细则，导致提级管辖机制实际运行多有不畅。

1. **基层法院提级判断缺乏操作性**

虽然这次《实施办法》已经列举了五种适用情形，但是适用范围比较宽泛，判断标准难以量化，不利于各级法院发现适宜案件从而精准提级管辖。以下从两个方面试举例说明。

（1）涉及"重大国家利益、社会公共利益"的判断。不同地区、不同层级的法院对利益重大性的判断都可能存在差异。例如，有法院在审理一起侵害土地承包经营权案件时认为，该案涉及面广、社会影响力大，故应当根据"涉及重大国家利益、社会公共利益"报请提级。根据文书显示，案涉土地仅5亩有余，牵涉异议农户为8户，占全村农户数约6%，无论是从涉及人数还是金额上难以看出符合提请的标准。[15] 由于文书中并未作详细说明，无法看出该法院对于当地涉重大利益性提级管辖案件的判断标准，对辖区内后续提级工作缺乏参考意义。

（2）涉及案情"疑难复杂"的界定。疑难复杂没有固定的标准和要件，只是一个笼统的概念，所以判断是否属于提级管辖中的疑难复杂案件本身具有一定难度。例如，有法院则是一遇到知识产权类、技术类等专业性较强的案件，就认为属于疑难复杂的新类型案件；再比如有法院审理一起侵害商标权的知识产权案件，从案情来看属于涉嫌抄袭仿冒知名产品包装装潢，此类侵害商标权的纠纷并不算是新类型案件，即使是也难以看出疑难复杂的案件特征。[16] 由于新类型案件一般处于新兴事物发展的初期阶段，案件事实和法律关系是否疑难复杂难以作出判断，下级法院缺乏具体的操作指引必然无所适从。

2．基层法院程序流转缺乏时效性

大量同质化案件被报请提级，会严重影响提级的程序时限，影响当事人权益的实现，最终损害司法公信力。《实施办法》规定"至迟于案件法定审理期限届满三十日前报送"，故报请提级管辖的时限可能长达三到六个月。何时报请提级管辖对审理期限、诉讼程序的影响很大，如果迟延报请提级管辖，会严重影响司法效率和审判质效。

试举一例，如某法院审理一起建设工程施工合同纠纷，该案于2022年1月立案后，9月才报请提级管辖，上级法院10月提级审理，此时基层法院的审理期限已经届满6个月。[17] 虽然报请和审查的时间不计入审理期限、上级

⑮ 参见辽宁省阜新市中级人民法院（2022）辽09民辖11号民事裁定书。
⑯ 参见江西省抚州市中级人民法院（2022）赣10民辖7号民事裁定书。
⑰ 参见辽宁省沈阳市中级人民法院（2022）辽01民辖243号民事裁定书。

法院立案重新计算审限，但是案件长期在下级法院积压，会严重影响诉讼效率，损害人民法院的司法公信力，提级管辖的作用会大打折扣。由于部分案件在立案审查阶段即可识别为适宜提级管辖的案件，但部分案件须经开庭审理才能查明案情，庭后合议、会商案件是否适宜提级还须一定的时间，故报请提级管辖的时机把握有一定操作难度。

（三）指导作用难以发挥导致提级成效受限

目前，对提级管辖的关注大多集中在提级这一环节，对于提级后案件是否发挥指导作用，则没有配套机制进行保障和监督，导致提级管辖的改革效果相对受限。

1. 提级案件调撤结案缺乏裁判导向作用

部分案件属于新类型且疑难复杂，但由上级法院提级管辖后调解或撤诉结案，或难体现提级管辖指导审判的作用。例如，某法院成功调解首例依报请决定提级管辖民商事案件，主审法官积极开展沟通调解工作，促使双方尽快握手言和，取得了较好的政治效果、社会效果和法律效果。[18] 再比如，一租赁合同纠纷被下级法院报请提级管辖，上级法院立案一个多月后原告即申请撤回起诉。从法律规定上来说，整个诉讼程序没有任何问题，但是似难发挥提级管辖的导向作用。[19]

调解作为人民法院定分止争、平息纠纷的重要手段，一直被广泛运用。提级管辖案件被成功调解，纠纷虽然得到实质化解，但是难以体现上级法院对此类案件如何适用法律的指导，无法发挥对辖区内类案裁判的导向作用，此后基层法院再遇到此类案件仍然没有典型判例可以参考，仍然需要报请提级管辖。

2. 提级裁定说理不明缺乏提级的示范效应

虽然提级管辖的文书类型多为裁定书不涉及实体权利的裁判，但是规范、准确的表达有助于下级法院和案件当事人明确案件特征、知悉提级要素、了

---

⑱ 《营口中院成功调解首例依报请决定提级管辖民商事案件》，载 https://m.thepaper.cn/ baijiahao_20532187，2023 年 7 月 10 日访问。
⑲ 参见辽宁省沈阳市中级人民法院（2022）辽 01 民初 1025 号民事裁定书。

解提级导向。

从提级管辖文书的检索样本来看，主要存在以下几种问题：（1）适用理由不充分。有的文书表述十分笼统，如"本案符合……的规定"，没有具体指明适用哪种或哪几种情形；有的文书指明了具体情形没有详细说明理由，仅从裁定书中无法看出该案被提级管辖的特殊之处，对辖区内统一报请尺度、准确定位审级或将带来一定影响；有的文书表述较为随意，在说理部分列举多种情形，无法看出案件事实与适用情形的对应关系。（2）法律依据引用混乱。有的文书仅仅引用民事诉讼法的一般规定并未列出全国人大的授权文件，无法看出改革试点的特征；有的文书直接引用最高人民法院的《实施办法》作为裁定的法律依据，混淆了法律与规定的概念；有的文书直接将某高院或中院的实施细则作为适用依据，缺乏正式的法律依据。

三、基层法院推进提级管辖的优化路径

针对提级管辖机制在思想认识、实践操作和改革成效等方面的阻滞因素，应当以最高人民法院出台的《指导意见》为指引予以攻坚破阻。

图4 "四阶七步法"优化基层报请提级管辖机制示意图

关于可能存在"诉讼主客场"的案件，基层法院报请提级可能存在一定的困难，应当由上级法院主动依职权提级。而关于重大、疑难、复杂等特殊案件，则基层法院一端具有发现、识别、判断的先天优势。由此可见，基层

的排摸发现是案件提级管辖持续具有生命力的关键，应当根据提级管辖的步骤和程序，以"四阶七步法"逐步优化完善基层报请提级管辖机制。（见图4）

（一）发现判断：借助"四类案件"监管及类型化指引增强操作性

提级管辖机制在基层的落地，关键在于及时有效地发现适宜提级的案件。最高人民法院的《指导意见》也明确了提级管辖适用的具体情形，但是落实到实践中仍然需要一系列操作性强的配套机制。

1. 借助"四类案件"监管机制发现提级案件

"四类案件"[20]是基层法院需要加强监管的重点案件，对照最高人民法院关于"四类案件"与提级管辖的指导意见，可发现"四类案件"的监管范围与适宜提级管辖的案件范围存在密切的耦合关系，（见表2）基层法院在识别案件是否属于"四类案件"的同时，可作出适宜报请、不适宜报请以及还须进一步筛查的判断。例如"四类案件"中的"重大、疑难、复杂、敏感"案件就包括涉及国家利益、社会公共利益的情形，与提级管辖适用情形中的"涉及重大国家利益、社会公共利益的"存在包含关系，需要进一步筛查；而"存在激化社会矛盾风险"的案件，就仅属于在本院加强监管的"四类案件"而不宜报请提级管辖。

表2 "四类案件"所涉情形适宜报请提级管辖情况表

"四类案件"所涉情形		提级管辖适用判断
（一）重大、疑难、复杂、敏感的	涉及国家利益、社会公共利益的	待筛查
	对事实认定或者法律适用存在较大争议的	适宜报请
	具有首案效应的新类型案件	待筛查
	具有普遍法律适用指导意义的	适宜报请
	涉及国家安全、外交、民族、宗教等敏感案件	待筛查

---

[20] 2021年11月，最高人民法院印发《关于进一步完善"四类案件"监督管理工作机制的指导意见》。意见指出，"四类案件"是指符合下列情形之一的案件：（一）重大、疑难、复杂、敏感的；（二）涉及群体性纠纷或者引发社会广泛关注，可能影响社会稳定的；（三）与本院或者上级人民法院的类案裁判可能发生冲突的；（四）有关单位或者个人反映法官有违法审判行为的。

"四类案件"所涉情形		提级管辖适用判断
（二）涉及群体性纠纷或者引发社会广泛关注，可能影响社会稳定的	当事人或者被害人人数众多，可能引发群体性事件的	不宜报请
	可能或者已经引发社会广泛关注，存在激化社会矛盾风险的	不宜报请
	具有示范效应、可能引发后续批量诉讼的	适宜报请
	可能对特定行业产业发展、特定群体利益、社会和谐稳定产生较大影响的	适宜报请
（三）与本院或者上级人民法院的类案裁判可能发生冲突的	与本院或者上级人民法院近三年类案生效裁判可能发生冲突的	适宜报请
	与本院正在审理的类案裁判结果可能发生冲突，有必要统一法律适用的	适宜报请
	本院近三年类案生效裁判存在重大法律适用分歧，截至案件审理时仍未解决的	适宜报请

针对上述案件，各级法院应当第一时间组织会商研判，在加强审判监督管理的同时，根据其案情特征、法律关系等因素判断是否适宜提级管辖。随着"四类案件"监管模块在全国各法院办案平台上线，"四类案件"在基层得到更为准确有效的监管，依托这一工作机制可有效发现和判断适宜提级管辖的案件，实现事半功倍的效果。

2. 借助类型化指引判断提级案件

通过"四类案件"监管机制发现提级案件具有较高的效率，但是也仅仅涵盖了一部分适宜提级管辖的案件，且适用情形具有概括性和抽象性，基层法官判断具有一定的难度。为了全面、准确、迅速地发现判断，可将《指导意见》中六大类适用情形进一步细化，列举常见典型的类型，提供易于判断的标准，为基层法官判断提级案件提供操作指引。（见表3）需要指出的是，该指引仅仅代表法官在受理此类案件时从中发现排摸的成功率更高，并不代表必然属于适宜报请提级的情形。

表 3　提级管辖案件适用情形类型化操作指引

提级管辖适用情形	类型化指引
（一）涉及重大国家利益、社会公共利益的	（1）涉及跨境诉讼机制衔接、承认与执行外国法院判决的案件
	（2）涉及区域生态环境和资源保护、食品药品安全、国有财产保护、国有土地使用权出让、英烈权益保护等公益诉讼案件
	（3）涉及"暗刷流量"、反向索赔、职场性骚扰等违背社会主义核心价值观和社会公序良俗的案件
（二）在辖区内属于新类型，且案情疑难复杂的	（1）全国、全省、本市、本区首例案件
	（2）涉及新兴业态、新型经营模式及新型法律关系的案件
	（3）事实复杂难以查明、法律适用存在争议的案件
（三）具有诉源治理效应，有助于形成示范性裁判，推动同类纠纷统一、高效、妥善化解的	（1）涉及疫情防控、"双减"导致合同违约或赔偿责任的案件
	（2）涉及小区管理、业主自治等亟须明确规则的案件
	（3）涉及证券虚假陈述、内幕交易等证券群体性示范案件
	（4）涉及老旧小区加装电梯、新能源充电桩安装的民生案件
	（5）涉及直播带货、人脸识别、大数据"杀熟"等新型案件
（四）具有法律适用指导意义的	（1）合议庭、专业法官会议认为无罪或应判处法定刑以下刑罚，与检察院公诉意见存在较大分歧的案件
	（2）地方政策没有规定，亟须明确裁判规则的案件
	（3）涉及涉外法治、"一带一路"法律适用问题的案件
（五）上一级人民法院或者其辖区内人民法院之间近三年裁判生效的同类案件存在重大法律适用分歧的	（1）可能与近三年最高人民法院公布的指导性案例、上级人民法院发布的案例、本院发布的案例、裁判指引等发生冲突的案件
	（2）与办案辅助系统智能推送的类案存在法律适用冲突的案件
	（3）当事人及其诉讼代理人向法院提交的本地判例存在冲突的案件
（六）由上一级人民法院一审更有利于公正审理的	（1）以区级或县级人大代表、政协委员以及社会公众人物等为被告的案件
	（2）涉及当地重点扶持的产业，当地政府招商引资项目，当地的龙头企业、利税大户等案件
	（3）"三个规定"填报中涉及外部干预、内部过问的案件

各地法院还应当根据各地的经济发展状况、区域立法状况以及相关政策，进一步扩充、细化提级管辖适用情形的操作指引，使之更加符合本地的情况。此外，有学者还认为，中级法院"下交上"与基层法院还有所不同，因为案件一旦提级审理，二审法院就是最高人民法院，所以在审查判断是否提级时应当以更加严格的标准去考虑。[21]

（二）筛查过滤：通过法答网提问和案例库检索提升准确性

通过"四类案件"监管机制和类型化指引可以初步发现判断适宜提级管辖的案件，但是符合上述条件的案件却并不都是最终可以提级的案件，还需要对上述案件进行筛查过滤。

1. 法答网提问寻求适法意见

法答网是最高人民法院为全国法院提供法律政策运用、审判业务咨询答疑和学习交流服务的信息共享平台。自2023年7月法答网正式上线以来，全国法院干警积极上线提问，最高人民法院择优选任全国审判业务专家、资深法官、业务骨干确保答疑质量，对促进法律准确统一适用具有重要意义。[22]由于法答网是适法统一的重要平台，而提级管辖案件适用情形中包括"存在重大法律适用分歧""具有法律适用的指导意义"等表述，因此法答网能否对法律适用难点给出解答判断，应当作为是否适宜提级管辖的重要筛选因素。

在发现判断阶段排摸出的案件，要进一步归纳案件在法律适用上的争议焦点，在法答网上概述问题并附具体内容。如果法答网在规定的时限内给出法律适用方面的解答，从一定程度上就能说明该案在法律适用中不存在较大分歧，也不具备指导意义，不必再通过提级管辖程序由上级法院予以明确和统一。反之，亦然。

2. 案例库检索查找类案裁判

如前所述，当前发布的案例包括指导性案例、参考性案例、典型案例等，这些案例缺乏全面统筹管理和利用，影响了案例的应用率和权威性。近期，

---

[21] 宋朝武：《我国四级法院审级职能定位改革的发展方向》，载《政法论丛》2021年第6期。

[22] 最高人民法院：《统一法律适用 提升办案能力 法答网上线首月专家答疑8530件》，载 https://www.court.gov.cn/zixun/xiangqing/407792.html，2023年8月28日访问。

最高人民法院正在研究部署建立人民法院案例库。通过在案例库中查询、检索类案，统一裁判尺度，防止"同案不同判"。人民法院案例库建设，应当囊括多类型、各层级的典型案例，含有各类案件如何处理的裁判要旨，拟提级管辖的案件可在案例库中查询检索类案，查找有无相关的裁判规则可供参考。

根据提级管辖的适用情形，有关于"辖区内新类型""与其他法院同类案件存在重大分歧""推动同类案件统一化解"等描述，排摸案件时亦偏重于全国首例、本地首例抑或是尚未有案例可以指导的案件。案例库建设后，可通过查找关键词等信息，有效筛查案件有无类似裁判，判断其是否属于首案，对案例新颖性、典型性的判断具有重要的参考意义。

（三）程序流转：严控请示、决定、移送时限确保时效性

基层法院报请提级管辖的流程，可以划分为发现请示期、报请决定期以及移送释明期。根据《指导意见》规定，总的报请时限为法定审限届满三十日或十五日前，故有可能长达三到六个月。如果缺乏进一步细致的时限要求，案件会因程序流转延迟较长时间，既不利于案件指导性的发挥，也会损害司法的公信力。

基层提级的主要阶段在于精准高效的发现适宜提级的案件，故而发现判断期的规定尤为重要。部分案件因案情、标的、当事人等因素较为显著，可在立案及移送审判部门时即可被识别，但不可否认的是，一部分案件需要开庭审理后才能决定是否启动提级程序。有的试点法院认为，开庭审理后报请提级，可能会造成开庭程序无效，浪费审判资源，还会增加当事人的讼累，也于法无据，此种案件不宜再报送改变管辖，如重庆市高级人民法院出台意见规定报请提级管辖的案件应当尚未开庭，且在下级法院审理时间不得超过法定审限的二分之一。不同的是，四川省高级人民法院规定，开庭后经向当事人释明也可报送提级管辖。[23] 通过结合两地的做法，可对提级管辖的发现时限作出原则性规定，一般应当在答辩期满后至第一次开庭前即时请示院领导，以免审限拖延。如果案件开庭后才发现适宜提级的，应当在开庭后七日

㉓ 龙宗智：《审级职能定位改革的主要矛盾及试点建议》，载《中国法律评论》2022 年第 2 期。

内及时向院庭长请示报告。

承办法官书面提交请示材料后，院领导应全面审查案件是否符合提级管辖的适用情形，必要时可会商讨论，作出是否报请提级管辖的决定可限于七日内为宜。院领导批准提级管辖后，应当向上级法院提交报请提级管辖的请示及其相关材料，同时，向当事人充分释明案件管辖的变更情况，上述内容均属程序性事项，亦可限于七日为宜。（见图5）

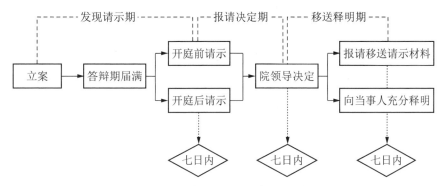

图 5　基层法院报请提级管辖程序流转时限示意图

通过对各阶段时限的把控，以一审民事普通程序为例，拟提级案件在一审法院流转时间由六个月可缩短至三个月以内。

（四）指导示范：运用提级说理和案件裁判发挥指导性

基层法院报请案件提级管辖后，还有对提级管辖更深层次的需求，这也是改革的目的和初衷。一方面，基层法院通过上级法院作出提级管辖的裁定，进一步贯彻统一案件提级的标准，提高基层法院排摸案件的成功率；另一方面，基层法院通过上级法院提级管辖案件的判决，归纳整理裁判规则，以便更好地裁判类案。

1. 规范提级标准的说理提升报请成功率

实践中，有的基层法院掌握不好提级的尺度，报请成功率偏低，对统一提级标准具有强烈的需求。上级法院应当通过规范的文书表达、缜密的释法说理以及充分的法律依据，进一步释明哪些案件在何种情形下才能准许提级审理，让基层法院有的放矢开展提级管辖工作。

一是详细说明适用理由。如上级法院准许提级，应当在裁定书中指明案件属于哪一种或者哪几种适用情形，并结合案情充分说明理由，阐释案件提级管辖的标准和特征。比如一票据追索权纠纷的文书就点明了案件类型的新颖之处，即涉及票据追索规则与破产重整程序妥善衔接、电子票据交易规则与票据法相关规定协调问题，这样就宣示了相关领域在特定地区的指导意义。㉔

二是规范引用办法文件。提级裁定书中应当按照法律效力层级依次列举裁判依据的法律法规。《民事诉讼法》第三十九条是提级管辖的基本依据，应当作为基本条文予以引用列举。全国人大的授权文件是提级管辖改革试点的授权依据，应当作为民事诉讼法的特殊补充条文予以引用列举。最高人民法院出台的《指导意见》及其理解与适用可在说理部分结合案情阐释提级的适用情形。至于各地法院出台的实施细则可在判断提级标准时灵活运用，并在报请提级的请示中充分说明报请理由。

2．加强提级的典型裁判提升适法统一性

从改革成效上说，指导下级法院提级是一方面，示范下级法院后续裁判则是另一重要方面。特殊案件提上去以后，可以发挥示范性裁判的作用，规范下级法院更多类案的裁判；同时，有助于通过司法建议、典型案例，逐步形成一系列成熟的裁判规则。

一是通过特殊案件的提级审判指导下级法院类案裁判。较高层级法院应当充分利用提级审理的优势，集中审判力量加强研判，厘清重点领域久处不决的争议焦点，回应人民群众急愁难盼的民生问题，提炼新兴领域尚无规定的裁判规则，通过高质量的司法判决统一辖区内的裁判尺度，体现司法的规则治理功能。例如，上海市第二中级人民法院针对业主表决票计票规则问题，依职权提级审理了一起案件，对业主大会表决票的送达问题和表决程序进行了充分说理，该案判决后双方均未上诉，以判决的形式支持了业主的自治权，解决了多年来困扰基层社会治理的难题，产生了较好的社会效果。㉕

二是通过典型案例的学习梳理提升下级法院业务水平。据前所述，提级

㉔ 参见上海金融法院（2022）沪74民辖10号民事裁定书。

㉕ 汤啸天：《提级管辖办好具有规则意义和法律适用价值的案件》，载"中国上海司法智库"微信公众号。

管辖的案件一般典型性、新颖性较强，具有很强的指导意义。据统计，在改革试点期间，全国各中级、高级法院累积有 90 件转化为典型案例、3 件转化为参考性案例。㉖ 案例是更高层次的审判，基层法院要善于通过上级法院下发的案件讲评材料，关注报请提级管辖案件的后续判例，并将其纳入专业法官会议讨论类案的参考依据。同时，通过基层法院审判委员会通报定期归纳和整理提级管辖案件的典型案例，并将其制度化、体系化。此外，疑难案件可不再通过反复请示，而是借助案件提级管辖机制，理顺了上下法院之间的业务指导与案件管辖的关系。㉗ 基层法院通过上述一系列举措，充分吸收提级管辖的示范成果，全面指导辖区内类案裁判，进一步提升下级法院的审判质效。

四、结语

最高人民法院《指导意见》出台后，基层法院提级管辖改革工作由探索尝试阶段正式进入落地落实阶段。推动并完善特殊案件"提上来"的提级管辖机制与法院审级精准适配，最终让更多的案件在基层得到实质解决、不再需要提级审理，这不仅是这次审级职能定位改革的目标要求，也是贯彻落实新时代"公正与效率"主题的应有之义，更是推进审判工作现代化的重要抓手。"四阶七步法"以检视基层法院提级管辖的相关文书为基础，以落实最高人民法院《指导意见》为目标，针对性地提升基层法院报请提级管辖的主动性、准确性、操作性、时效性以及指导性，是基层报请提级管辖的运行之道。各基层法院可就健全完善提级管辖这一课题提出更为完备的实施方案，提炼出更多可复制、可推广的改革经验，让案件提级管辖机制真正在基层实践中迸发持久的生命力。

㉖ 《〈最高人民法院关于加强和规范案件提级管辖和再审提审工作的指导意见〉的理解与适用》，载 https://www.court.gov.cn/zixun/xiangqing/408022.html，2023 年 8 月 25 日访问。

㉗ 何帆：《改革案件请示做法的路径》，载《法制资讯》2009 年第 5 期。

人工智能生成内容的著作权否定与司法保护
——基于人工智能技术与诉讼主张责任进行分析

宋高阳　　张钊源*

世界知识产权组织发布的《关于知识产权政策和人工智能问题的议题文件》指出，人工智能可在有限或完全没有人类干预的情况下执行被认为需要人类智能完成的任务。人工智能技术自上世纪产生并经过长期发展，2022 年末以 ChatGPT、Stable Diffusion 为代表的人工智能技术在生成内容的创新性及商业价值上有了革命性进步，引起了社会对于人工智能生成内容（以下简称 AIGC[①]）的广泛关注。

我国高度重视人工智能产业发展，习近平总书记在十九届中央政治局第九次集体学习时指出："加快发展新一代人工智能是我们赢得全球科技竞争主动权的重要战略抓手，是推动我国科技跨越发展、产业优化升级、生产力整体跃升的重要战略资源。"最高人民法院作出的《关于数字经济背景下民生权益司法保护问题的调研报告》中指出，数据权益民事司法保护法律适用存在问题，裁判依据不足，涉数据产权保护、应用等法律法规尚不完备。[②]国家互联网信息办公室制定《生成式人工智能服务管理暂行办法》，专为保障与促进 AIGC 产业发展。

为此，从数字经济背景下民事权益司法保护问题研究来看，AIGC 的法律问题尤需重视。AIGC 非由人类创造的特性导致现行著作权法难以认定其

---

* 宋高阳，法学硕士，上海市静安区人民法院商事审判庭法官助理。张钊源，法学硕士，上海市静安区人民法院商事审判庭法官助理。本文获 2023 年上海法院学术讨论会优秀奖。

① AIGC 为 Artificial Intelligence Generated Content 的简称。

② 最高人民法院民一庭：《关于数字经济背景下民生权益司法保护问题的调研报告》，载《人民法院报》2023 年 8 月 26 日第 4 版。

是否构成作品、是否存在作者，国内国外司法实践中对 AIGC 的认定亦缺乏统一标准。而 AIGC 确实具有作品的外在形式与商业价值，这与著作权法保护体系形成了难以忽视的冲突关系。

本文研究分以下部分：第一，就 AIGC 的技术原理、司法实践、学术讨论进行分析，对 AIGC 的相关问题形成综合的阐述。第二，从著作权的法律理论入手分析 AIGC，明确其是否构成作品、是否拥有作者。第三，从审判实务出发，探索构建涉 AIGC 著作权案件的审理思路模型与认定标准。第四，从民事权益司法保护的视角讨论著作权法能否保护、如何保护、有无必要保护 AIGC。

一、人工智能生成内容的现状分析

（一）技术原理：不可控性与人的参与

AIGC 在外观上确实具备了作品的特征，问题的关键在于其特征是否体现出了创造性活动，即 AIGC 是否达到了独创性的标准。因此必须深入分析 AIGC 所依赖的人工智能技术原理。

例如用户在使用 Stable Diffusion（以下简称 SD）时，只需通过关键词提出对图片的需求，SD 即可自动生成图片。用户在使用 ChatGPT 时，只需通过文字提出需求，ChatGPT 即可自动生成文本。用户在操作中均无法控制或预测其具体生成内容，且生成内容不会重复。另外 SD 也可以基于图片进行图片生成，③ 用户可以上传自己的底稿图片，对该张图片进行深度加工，新生成的图片可以明显与原底稿图片不同，但又保留原底稿图片的核心要素。SD 所依赖的文字-图片神经网络数据库为 LAION 5B，④ ChatGPT 是基于核心程序 RLHF⑤ 运行的。其均是程序员通过大量的操作训练累积而形成的，并使用了巨量人类创作的文本、图片等作为训练材料。人工智能程序均是基于人工神经网络这一基础原理。人工神经网络是由大量简单处理单元经广泛连接

③④　Stability AI LTD. Stable Diffusion 2.0 Release. 2023-4-5. https://stability.ai/blog/stable-diffusion-v2-release.

⑤　OpenAI. (2022-11-30). *ChatGPT: Optimizing Language Models for Dialogue.* 2023-2-25. https://openai.com/blog/chatgpt. RLHF 全称为 Reinforced Learning with Human Feedback。

而组成的人工网络，是对人脑或生物神经网络若干基本特征的抽象和模拟。⑥人工神经网络依托于庞大的数据库，可以表达复杂的逻辑关系和进行自动学习。

人工智能程序基于其原理而具有两个共同特征：一是，程序员、用户均无法安排与预测人工智能生成内容的具体细节。因为人工智能程序运行所依赖的神经网络数据库，是基于程序的大规模自动学习与试错而构建起来的复杂网络，并非人为编辑的数据库，因而其排除了人的意志对人工智能程序运行的安排与预测；二是，人工智能通过学习习得了人类偏好。由于人工智能在构建数据库时受到了大量人类作品中包含的人类群体偏好的作用，使得AIGC具备人类作品外观。

基于AIGC的基本特征，AIGC在运行时可能会涉及他人依法享有的知识产权，但是，他人无法直接在最终生成的内容中，直接区分出二者，这在司法实践中可能会带来关于侵权行为的举证责任的问题。同时，在基于图片生成图片的人工智能程序中，用户输入的图片是用户自己创作的底稿，而人工智能在此基础上进行二次"创作"，则最终的生成内容中将会既包含有用户创作的内容，又包含有人工智能产生的具有创造性外观的内容。

（二）国内外相关法律实践

国内关于人工智能著作权纠纷有两起案例，但这两个案件却有截然不同的判决结果。在北京互联网法院审理的菲林诉百度一案中，⑦判决肯定了AIGC的独创性，认定人工智能程序为创作主体，否定了创作工具说，并认为作品应由自然人创作完成，故AIGC不构成作品；而深圳市南山区人民法院审理的dreamwriter系列案件中，⑧法院持创作工具说，认为人工智能程序的使用者是AIGC的作者，故AIGC构成作品，著作权归属于主创团队。

⑥ 王万良：《人工智能导论》，高等教育出版社2011年版，第174页。

⑦ （2018）京0491民初239号原告北京菲林律师事务所诉被告北京百度网讯科技有限公司侵害署名权、保护作品完整权、信息网络传播权纠纷一案。

⑧ （2019）粤0305民初14010号原告深圳市腾讯计算机系统有限公司诉被告上海盈讯科技有限公司侵害著作权及不正当竞争纠纷一案；（2019）粤0305民初14004—14007号原告深圳市腾讯计算机系统有限公司诉被告上海乾衡信息技术有限公司侵害著作权及不正当竞争纠纷系列案。

参考国外，英国法律明确承认由人工智能生成的作品构成版权法中的作品，作者为在生成作品过程中进行了"必要安排（arrangements necessary）"的人。⑨ 而美国版权局在 2023 年 2 月就一部由人工智能程序"Midjourney"自动生成图画的漫画作品《Zarya of the Dawn》的版权登记申请中明确，漫画中的图画部分是不受版权保护的。⑩

综合国内外司法实践可见，AIGC 是否构成作品有明显争议。

（三）研究现状：创作工具说与创作实体说

学术界针对 AIGC 是否受著作权保护，存在两种主要观点。创作工具说观点认为，AIGC 所体现出的独创性，来源于人工智能程序的使用者或设计者的脑力劳动，因为人工智能程序在本质上是一种工具，所以 AIGC 为使用者或设计者通过人工智能程序这一工具而创造出的作品，受到著作权保护。创作实体说观点认为，AIGC 所体现的独创性，来源于人工智能程序本身，其具有自动独立进行创造的能力。人工智能程序的使用者或设计者在人工智能生成内容的过程中并无法进行干预，因此 AIGC 无法体现出使用者或设计者的脑力劳动。由于 AIGC 并非由人类创造，而著作权仅是赋予人类的权利，因此 AIGC 因没有人类作者而不构成作品。Dreamwriter 案与菲林案的裁判观点、英美等国的法律实践，亦分别对应了这两种观点。

二、人工智能生成内容的著作权评价

（一）人工智能程序无法成为作者

《著作权法》第一条所载"为……鼓励有益于社会主义精神文明、物质文明建设的作品的创作和传播……"表明，我国著作权法采用的是激励论，而能受到激励的必然是人类，而不可能是人工智能程序（以下简称 AI）。《著作权法》第二条亦表明著作权人为公民、法人或者非法人组织。

参考国际国外规定，《伯尔尼公约》中并没有给出"作者身份"的定义，

---

⑨ S.9 (3) Copyright, Design and Patents Act 1988.

⑩ Linda Codega. (2023-2-23). *An AI-Illustrated Comic Has Lost a Key Copyright Case*. 2023-5-30. https://gizmodo.com/zarya-of-the-dawn-midjourney-comic-ai-art-copyright-1850149833.

但各缔约国仍达成共识，即"作者身份"和"作者"应解释为创作此类作品的人。[11] 美国最高法院亦指出，[12] 主张侵权的作者必须证明思想的智力生产的存在，这意味着在创作过程中必须有目的或意图，而 AI 不可能具有创造的"意图"，因为思想是独属于人类的。在《美国法典》第 17 卷第 101 节中将匿名作品定义为没有自然人被认定为作者的作品，这也意味着在美国版权法领域作者必须是人类。并且，在《伯尔尼公约》中规定了著作权保护作者死后的权利继承也暗含了作者只能是人类的表达。因此，在传统著作权法规定中，尽管各国立法不尽相同，但仍然就"创作作品的人是作者"一点达成了共识。

因此，即使 AIGC 能够构成作品，AI 也不具备作者身份。

（二）AIGC 无法构成作品

有人以"猕猴自拍照"不具有著作权为例来类比于 AIGC，以说明 AIGC 不具有著作权。但此类比是不甚恰当的，猕猴自拍照是一个巧合，猕猴拍照的过程中并没有思考、创作的目的，且照片背后不存在任何人类的因素，不符合著作权法激励创作的目的，但 AIGC 不同，其背后存在用户、程序开发者等人，并且 AIGC 生成过程在本质上是在模拟人类的思考过程。因此 AIGC 可能存在人类创作者，故不宜通过简单的逻辑"因 AI 不是作者，故 AIGC 不是作品；因 AIGC 不是作品，故不存在著作权归属和作者身份的问题"，去认定 AIGC 不可能构成作品。这种简单逻辑的判断会造成逻辑循环。[13]

在主要国家中，只有英国对 AIGC 的著作权做出了明确规定。英国《1988 年版权、设计和专利法》第九条第三款规定："计算机创作的文学、戏剧、音乐、艺术作品的著作权归属对其创作作出必要安排的人所有。"英国通过法律拟制，将作出必要安排的人视为作者。

---

[11] Jane C Ginsburg, People Not Machines: Authorship and What it Means in the Berne Convention [2018] 49 (131-135) IIC-International Review of Intellectual Property and Competition Law 132.

[12] 参见美国最高法院在 Feist v. Rural Telephone 案中引用 Burrow-Glides 案的表述。

[13] 王迁：《论人工智能生成的内容在著作权法中的定性》，载《法律科学（西北政法大学学报）》2017 年第 5 期。

1. 具有作品外观的 AIGC

本文讨论的 AIGC 的范围仅限于具备作品外观的客体。如果 AI 根据使用者的指令，生成了一本电话簿，那么即使它是人类制作的，电话簿本身也不会被认定为作品，而讨论其是否属于作品也没有意义。因此，本文讨论的对象应当是假设其是由人类创作时该 AIGC 能够构成作品，即在不考虑产生过程是否具备独创性时，其在表现形式上具备作品外观。如果相关内容是完全由 AI 生成的，那么其应当具有作品外观；如果相关内容是 AI 在人类作者所创作作品的基础上进行加工生成的，若要主张该类 AIGC 构成作品，那么理应从演绎作品的标准去考虑产生相关内容与原作品是否已形成实质性差异。比如语音识别类 AI 将一段语音转换为文字，即使假设该类 AI 性能强大，对人类语法错误、口误能够进行校对和更正，但是生成的文字与其原语音仍然不能形成实质性差异，因此并没有形成新的作品；再如，一款 AI 软件能够根据一幅画作的特点对其进行上色，或者将一幅画作转换为印象派或者抽象派的风格，这种情况下，AIGC 与原人类作品已经形成了实质性差异，故在不考虑创作主体的情况下，其形成了新的"作品"，此类 AIGC 也应当被纳入讨论范围。

2. AIGC 的独创性：作者中心主义与作品中心主义

根据我国《著作权法》第三条的规定，在暂时不考虑创作主体时，AIGC 要构成作品需要满足三个要件：（1）具有独创性，（2）能以一定形式表现，（3）系智力成果。首先，AIGC 必然是被产生出来的，具备可以被他人所认知的外在表现形式。其次，AIGC 作为模仿人类的智力活动所生成的产物，可以理解为智力成果，并且在实践和学术中，均没有对于 AIGC 是否属于智力成果有过多讨论，对于 AIGC 的著作权问题，争议主要聚焦于"独创性"上，因此将 AIGC 认定为智力成果并无不当。[14] 如果 AIGC 具备作品的外观，那么应当去判断其是否具备独创性，若该相关内容不具备独创性，那么即使它有作品的表现形式，亦不能属于作品的范畴，也就不存在作者身份认定和著作权归属的问题。而实际上，在司法实践和理论中对 AIGC 是否构成作品的认定中，主要分歧也来自对独创性的理解和适用。

---

⑭ 孙正樑：《人工智能生成内容的著作权问题探析》，载《清华法学》2019 年第 6 期。

独创性一词来源于英文的"originality"，中文直译为原创性，但其英文本身有两层含义，既表明作品应"起源于"，又表明作品要具备最低限度的创造性，因此在我国著作权法中将表述明确为独创性，通过"独"和"创"二字对应其两个含义。独创性首先意味着劳动成果必须是独立创作、源于本人的，既可以是作者从无到有进行的创作，也可以是在前人已有的智力成果基础上进行二次创作，并与原作形成显著性差异。而对于 AIGC 来讲，"独"的要求是可以满足的，因为 AI 能在高级复杂的编码指令的帮助下，独立且不受他人影响地生成内容。

虽然各国在独创性的理解上一致认为作品必须是作者独立创作，但当今世界对于"最低限度的创造性"的判断标准存在分歧，主要分为作者中心主义和作品中心主义，两者区别主要在于对"最低限度的创造性"的判断侧重点上。作者中心主义采取主观判断标准，即考察作者的创作过程是否体现了最低限度的创造性，这实际意味着这一标准下的独创性要求更高。例如在美国版权法中，美国联邦最高法院就"最低限度的创造性"是应当体现在作者创造过程中还是体现在最终结果的作品外观上，认为"如果一件作品是原创的，它应该建立在思想的创造力上"。[15] 这意味着在创作过程中必须有人类思维的参与，即美国版权法中确立的是独创性的主观判断标准，创造过程必须是创造性的，仅仅具有创造性的外观是不够的。而同样采用作者中心主义的还有德国版权法，在其现行《德国著作权与邻接权法》第二条第二款中规定了作品必须是"个人的智力创作"，强调人类在作品中的创造性投入。而随着作品"浪漫主义"受到"结构主义的抨击"，逐渐发展出与作者中心主义相对的作品中心主义。作品中心主义采用的是独创性客观判断标准，它主要侧重于作品本身，即只要作品客观上（外观看起来）能够与现有的其他作品作出明细区分，便可达到最低限度的创造性的标准，并可以认定为具有独创性。综上，虽然是作者中心主义和作品中心主义在判断独创性上的侧重点不同，但是仍达成了一点共识：认定独创性要以思想表达形式和人格主义要素为判断基础，独创性基础是思想表达具备人格要素。[16]

---

[15] 参见 Feist Publications v. Rural Telephone Service, 499 U.S.340, at 341-344 (1991).

[16] 吴汉东：《人工智能生成作品的著作权法之问》，载《中外法学》2020 年第 3 期。

3. 对创作工具说的批判

目前国内不少学者认为，为了保护人工智能生成物著作权以此促进人工智能产业发展，应当采用作品中心主义，并在这一观点基础上提出了创作工具说。该观点认为 AIGC 具备"独创性"外观，同时 AIGC 并不仅仅是算法的机械性反映，而仍属于在人类指导下完成的作品，人类基于自己的判断和选择设计算法、模板和程序，而后人类再基于一定的价值标准输入不同数据，很大程度上决定了 AI 产出的内容，最后得出的结果属于是人类的思想表达，具备人格要素。一些学者将其形象地类比为"摄影作品"：机器生成作品的过程如同按下快门的瞬间，看似缺乏人类参与，实则人类在镜头机位设置时已付出了颇费匠心的安排。[17] 例如在我国 dreamwriter 案中便采取了创作工具说的观点，该案指出"涉案文章的生成过程主要经历数据服务、触发和写作、智能校验和智能分发四个环节。在上述环节中，数据类型的输入与数据格式的处理、触发条件的设定、文章框架模板的选择和语料的设定、智能校验算法模型的训练等均由主创团队相关人员选择与安排……原告主创团队相关人员的上述选择与安排符合著作权法关于创作的要求……应当将其纳入涉案文章的创作过程……本院认为涉案文章属于我国著作权法所保护的文学作品"。[18]

创作工具说并不合理。在判断传统智力成果是否具备独创性时作者中心主义和作品中心主义均体现了合理性，在司法实践中往往也会得到相同的结论。在 AIGC 广泛出现之前，学者们在讨论两种主义时均默认独创性是人类在作品的直接创作过程中赋予作品的，两种主义只是在这同一大前提下对独创性判断标准的侧重点不同。作品中心主义可以不关注作品中的人格要素来源，提倡不再考察创作过程中人类智力创造性的高度的基础，是在于在 AI 大范围运用之前，作品基本是由人类作者创作的，其一定已经具备了人格要素，所以可以直接从外观进行客观的独创性判断。然而在 AI 广泛应用于文学、艺术等领域后，很难从直觉和理性上去认定，AIGC 是由人类直

---

⑰ 石冠彬：《论智能机器人创作物的著作权保护》，载《东方法学》2018 年第 3 期。

⑱ （2019）粤 0305 民初 14010 号原告深圳市腾讯计算机系统有限公司诉被告上海盈讯科技有限公司侵害著作权及不正当竞争纠纷一案；（2019）粤 0305 民初 14004—14007 号原告深圳市腾讯计算机系统有限公司诉被告上海乾衡信息技术有限公司侵害著作权及不正当竞争纠纷系列案。

接创造且人类对产出结果投入了个性化的智力判断和选择。而部分学者所提出的创作工具说认为作品中心主义是重点考察作品的思想表达外观，不考察人类在作品创作过程中的智力投入，AIGC 只需外观具备"最低限度的创造性"，并且在创作过程中有人类介入，即可认为 AIGC 体现了人类思想的表达，可以具备独创性。而这明显是对作品中心主义内涵和标准的不当延伸和曲解，作品中心主义与作者中心主义根本的不同点在于对作者创作过程的创造性高度要求不同，作品中心主义不关注人类在创作过程中的投入只是代表不考察其智力创造性的高度，但思想内容的表达乃至独创性仍然需要人类作者在直接创作过程中赋予作品，仍要求人类直接创作作品。著作权法实施条例第三条更是明确规定了创作是指直接产生文学、艺术和科学作品的智力活动，因此在当下著作权法体系下，赋予作品独创性仍然是人类的专属权利，只有由人类直接创作所产生的内容才可能具备独创性。在 2021年美国《登向天堂之近路》登记案中，美国版权局版权复审委员会也同样指出："版权法只保护基于人类心智的创作能力而产生的智力劳动成果。美国版权局将不会登记在缺乏人类作者创造性投入的情况下由机器或者纯粹机械过程而生成的内容……《美国版权法实务手册》一直将人类创作定为作品登记的前提。"因此，在当下著作权法体系下人类创作是构成作品的必要条件。

在创作工具说的理论下，人类参与 AI 生成内容的过程类似于人类操作相机按下快门，那么是否可以理解为 AIGC 是人类创作的呢？从人工智能工作原理分析，难以认为 AIGC 是人类直接创作而成的。从自然人角度分析，可能被视为直接创作了 AIGC 的有两类主体：（1）程序开发者，（2）用户。程序开发者只是设计了算法的运行，而设计算法不能视为创作了 AIGC。同理，用户只是输入了指令，而对即将生成的内容并没有任何预见性，与摄影作品不同，摄影师在拍照时，会不断选取角度、光影，并进行取景，对于自己要得到的照片是具有自己的想法，进行了自己的智力判断和选择的，很明显，无论是程序开发者还是用户都不能认为是直接创作了 AIGC，而这一观点在北京菲林诉百度案判决书中也得到了确认。作品的独创性要求作品应系直接来源于作者，仅仅以人类在 AI 的制造、运行中具有贡献这一间接关系，即认为人类创作了 AIGC 是明显不合理的，因为这些贡献与 AIGC

中体现出创造性外观的内容之间没有因果关系。因此，创作实体说更符合 AI 工作的技术原理，但 AIGC 生成过程因非"人类"要素而并不具备独创性。

综上，AIGC 由于不具备独创性而不构成著作权法上的作品，因而不受著作权法的保护。

三、涉人工智能生成内容的司法审判实务

（一）审判中对 AIGC 的认定与评价

审判实务中认定系争作品为 AIGC 因而否定其著作权存在一定困难。AIGC 和人类作品之间并无法从外观直接区分，且即使存在技术手段识别一个作品是否为 AIGC，例如水印等数据特征，这些技术手段也是可以被规避的。如当事人因自己的 AIGC 未经许可而被他人使用，因此提起著作权侵权之诉，则对于该 AIGC 的识别认定将成为关键问题。

1. 法院应推定作品不是 AIGC

当争议内容不属于作品时，法院应依职权审查并作出否定评价。《著作权法》第五条规定了著作权法不适用的对象，即法律法规、官方文件、事实消息、历法公式不被视为作品。这些不被视为作品的对象，都具有明显直观的特征，法院对其依职权审查并无困难。AIGC 亦不属于作品，然而其并不具备与作品进行区分的外观特征，如果法院同样要对其依职权审查，则在客观上是无法做到的。因为法院无法直接通过外观特征来进行判定，进而法院或者要求原告举证证明案涉作品不是 AIGC，或者要求被告举证证明案涉作品是 AIGC，或者依职权启动鉴定程序。对于第一种方式，法院不应要求当事人就消极事实举证；对于第二种方式，法院不应代替被告提出主张；对于第三种方式，法院并无任何初步证据可以认为确有必要发起鉴定，且这样会产生大量不必要的司法成本的增加。综上，认定一个系争作品为 AIGC 因而否定其著作权，仅能在当事人提出主张并举证后，法院予以认定。如无相应主张，则法院应推定系争作品不是 AIGC。

2. 基于当事人主张责任认定 AIGC

就原告举证拥有案涉作品的著作权时，不应过高要求其举证责任。根据

著作权纠纷司法解释第七条的规定，原告只拿出登记、发表作品的依据，也可作为证据证明拥有著作权，且在作品上署名亦应推定署名者为著作权人。在（2020）最高法民再 243 号案件、[19]（2010）民提字第 199 号案件[20]中，最高人民法院均认为在认定原告是否享有著作权时，法院不应向原告要求过高的举证责任，原告享有涉案作品著作权存在高度可能性，在没有相反证据的情况下，应当认定原告享有涉案作品的著作权。原告举证拥有著作权，应适用优势证据规则，由法院对双方当事人提供的证据进行综合权衡后，取其占相当优势者作为定案依据。[21]故而，如果原告因系争作品实为 AIGC 而无法拿出构思过程和脑力劳动的依据，并隐瞒其为 AIGC 的事实，但原告仍能拿出署名发表或登记证书等依据时，仍应认定原告尽到了初步举证责任，法院应当推定案涉作品构成作品，并为原告的作品。

在优势证据规则下，当原告对拥有著作权以及被告有侵权行为尽到初步举证责任后，需要被告予以反证来推翻原告主张，被告或会主张：（1）原告并不拥有著作权；（2）被告并未作出原告所称的具体侵权行为；（3）被告的行为没有过错因而不构成侵权。如被告主张案涉作品为 AIGC，则会构成第一种和第三种的抗辩。前者是案涉作品为 AIGC 因而不受著作权法保护，故被告不存在侵权的客观事实。后者是被告有理由相信案涉作品为 AIGC，因而被告不存在侵犯著作权的主观故意。

（二）涉 AIGC 案件审理思路建议

在著作权侵权纠纷中，如原告并未自认案涉作品实为 AIGC，则只有当被告主张其为 AIGC 后，法院才就案涉作品是否构成 AIGC 进行审查。首先，被告应举证证明其为 AIGC，如果被告是从 AIGC 的内容本身出发来进行证明，则由于 AIGC 与人类作品的外观不可区分性，被告极难尽到举证责任。如果被告是从 AIGC 的来源出发来进行证明，则被告必然是得知了该作品的来源

---

[19] 再审申请人王某与被申请人河南科学技术出版社有限公司、毛某西、河南南方人工艺品有限公司侵害著作权纠纷一案。

[20] 华盖创意（北京）图像技术有限公司诉中国外运重庆有限公司侵犯图片著作权纠纷一案。

[21] 陈发、郑旭：《以优势证据规则析网络环境下著作权人的举证责任》，载《人民司法》2012 年第 6 期。

系人工智能程序，或者是原告以某种方式表明了其为 AIGC，或者是人工智能程序的运营方以某种方式表明了其为 AIGC，此时被告较易尽到举证责任。

当法院认为案涉作品系 AIGC 有高度概然性时，考虑到 AIGC 中允许包含用户的参与创造，应由原告决定是否主张该 AIGC 中包含其参与创造。此时，原告的举证责任便被提升到较高的高度。原告的参与创造或体现在 AIGC 生成之前，或体现在 AIGC 生成之后。在前者的情况下，原告应当举证证明其拥有著作权的一项独立作品，被作为原材料吸收进了 AIGC 中，并

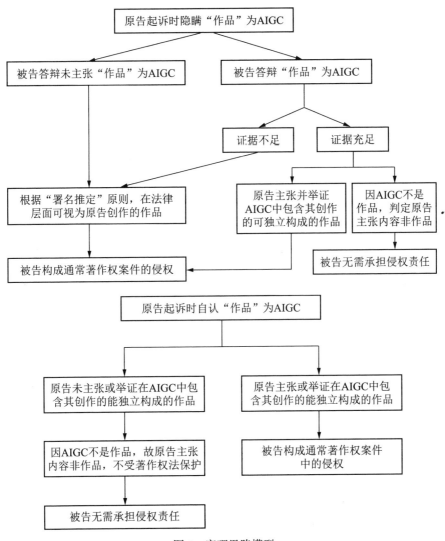

图 1　审理思路模型

且 AIGC 保留了其原材料作品的基本特征。此时，被告对于 AIGC 的侵权行为，自然构成对其中包含的原告的原材料作品的侵权行为。在后者的情况下，原告应当举证证明案涉作品系原告对 AIGC 作品进行了加工变化后形成的独立作品，且这种加工变化体现了原告的创造性脑力劳动。此时，案涉作品的 AIGC 性质被否定，而构成一个使用了 AIGC 作为材料的普通意义上的作品，被告的侵权行为认定与对于通常作品的侵权认定无异。

在原告主张 AIGC 中存在其参与创造的主张中，原告的举证责任将不再是较低要求的初步举证，而是要求排除合理怀疑的充分举证。如果原告未能充分举证证明其尽到参与创造，则法院应驳回原告的诉请。同时，参与创造的程度应当达到构成一个独立作品的最低程度。

北京互联网法院审理的一起"AI 文生图"著作权案，[22] 该案系一起典型的涉 AIGC 著作权纠纷的案例，符合前述的情形。此案中原告系用 SD 程序生成图片，而被告擅自使用该图片，并隐去了原告的署名水印，原告认为被告侵害了其作品署名权及信息网络传播权。此案依据"创作工具说"认定 AIGC 为作品，作者为用户，这是不正确的。

四、对人工智能生成内容的保护

（一）无需特别赋予 AIGC 著作权

有学者认为，通过赋予 AIGC 以著作权法上的保护，一方面能够提高人们利用 AI 创作各种高质量作品的动力，促进更多作品的创作与传播，另一方面有利于促进整个 AI 产业的发展，能够吸引更多的投资，因此有必要对现有著作权法作出突破，将 AIGC 认定为作品并作出著作权归属认定，或者为 AIGC 创设邻接权。但实际上，在实际商业活动中，为 AIGC 提供著作权法保护对于作品的产生和传播并无影响，甚至会不利于整个文化和科学事业的发展。

对于用户来讲，没有必要赋予其著作权。其在使用 AI 产出相应内容时

---

[22] （2023）京 0491 民初 11279 号原告李某锴与被告刘某春侵害作品信息网络传播权纠纷一案。

需要在软件公司处开通账号并支出一定费用，这就类似于从软件公司购买服务。而用户通过 AI 的服务已经得到了对应内容，如果用户还能就其生成内容获得著作权的保护，无疑用户以一个行为获得了双重利益。如果一个买家在画廊购买了一幅画，他也只是获得了画的所有权，却不能享有画的著作权。并且，虽然在法律层面上用户得到的 AIGC 不能构成作品，但是在现实层面上，如果用户取得 AIGC 后径行对该 AIGC 署名，且不披露其真实的产生过程，对外主张这是自己创作的作品时，根据署名推定原则，用户便当然获得该 AIGC 在事实上的"著作权"。因此其实并无必要在现有著作权法下作出理论突破而对 AIGC 提供著作权法保护。

对于程序开发者来讲，赋予其著作权更无必要。AI 科技公司耗费巨额成本、投入大量人力、时间成本得到的 AI 软件，其根本目标是为了营利，而营利的方式并不是获得 AIGC 的著作权后卖出作品，而是将该 AI 软件投入市场后，在全球范围有无数用户开通账户、充值并购买 AI 运算等服务。人工智能才是开发者本身最大的财富和利益所在，美国版权局明确表明 AIGC 不属于作品，AIGC 被排除在作品范围之外并不影响美国的各大科技公司不断投入巨额资金去研发 AI。人工智能程序本身已经受著作权法保护，如果再行赋予程序开发者或所有者以 AIGC 著作权，其会获得双重的利益。并且从鼓励 AI 整体产业发展的角度考虑，将开发者认定为作者会为科技公司带来不必要的法律风险。如前文所介绍的 AI 运行原理，AIGC 是 AI 在运行过程中运用大数据进行深度学习，势必会造成对海量人类作品的读取、使用或者模仿，因此 AIGC 的生成过程是否存在著作权侵权以及软件开发公司是否应当支付对价目前尚无定论。倘若贸然将著作权归属于程序开发者，那么根据权利义务对等，该公司就应当为创作过程的"侵权行为"承担责任，这意味着程序开发者成为无数侵权纠纷的潜在适格被告，因此从激励论视角来看，将著作权赋予程序开发者不会促进作品的产生和传播。

2023 年 8 月 15 日施行的《生成式人工智能服务管理暂行办法》，并未就 AIGC 的著作权作出任何规定，在其第一条中载明的该《管理暂行办法》所依据的法律法规亦不涉及《著作权法》，可见政府就认可 AIGC 的著作权持消极态度。

AIGC 的本质决定了其无法推动整个社会文化和科学事业的实质性发展。

AIGC 并不具备人文价值，人类之所以能够从作品中得到心灵慰藉、感受共鸣或获得灵感，本质上是因为作品是人类在创作过程中投入了自己的情感、思想，而 AIGC 根本上是算法生成的产物，并没有人类的自由意志，读者也无法与作品发生心灵的内在交流，从这一角度，AIGC 很难具有著作权法上的意义。[23]

综上，不需要通过对著作权法作出突破来保护 AIGC。AIGC 一经生成后，应当进入公共的知识领域，[24] 这也符合我国著作权法鼓励创作的立法目的，同时也更有利于推动 AI 产业的发展。

（二）人的参与部分的保护

如果 AIGC 中包含的人的参与部分达到了足够程度的创造性脑力劳动，则该部分应当受到著作权法的保护。对于该程度的最低标准认定，就将 AIGC 作为原材料进行创作的情形，作者仅需创作出不同于 AIGC 且不同点体现出作者创造性脑力劳动的新作品即可；就将作品作为原材料生成的 AIGC，其中作为原材料的作品应当为一个本身可以独立存在的作品，并且其主要特征被保留。这种情形下，即使这种 AIGC 不构成作品，但是他人在未经授权使用该 AIGC 时，也会对其中涉及的人类作品构成侵权。

但这种对人的参与部分的保护仅限于能独立构成的作品。即使户在参与生成 AIGC 的过程中，作出了足够的安排，并能够预见到 AIGC 的主要特征，也并不属于创作的范畴。要求作为原材料的作品具有独立存在性，并非仅仅是基于举证责任而提出的形式要求。由于 AIGC 的特质即为用户无法预测其结果的具体内容，所以用户的"安排"无论如何都不可能具体和预见到 AIGC 的全部细节，用户的安排仅属于概略的要求与描述。因此，用户的安排仅为一种"思想"，且这种思想和以 AIGC 的全部细节所构成的"表达"之间亦不存在直接的因果关系或被预见的可能。即使 AIGC 中包含用户的思想，也无法说 AIGC 中包含用户的作品。

[23] 刘银良：《论人工智能作品的著作权法地位》，载《政治与法律》2020 年第 3 期。
[24] 于雯雯：《再论人工智能生成内容在著作权法上的权益归属》，载《中国社会科学院大学学报》2022 年第 2 期。

五、结语

AIGC 因其生成不受人类的控制干预、却又体现出作品创造性的技术特性，使得国内外司法实践与学术讨论对其是否受著作权保护产生争议。核心争议点可以表述为：如果 AIGC 的作者是人类，则 AIGC 如何体现出人类的创造性活动，进而使 AIGC 构成作品？根据 AIGC 本身不受控制干预的技术特性，以及人类在其生成过程中极为有限的参与，本文得出结论，AIGC 并无法体现人类的创造性活动，或者说其体现的人类创造性活动程度不足以使其构成作品。因此，AIGC 不构成作品，亦不拥有作者。

而由于 AIGC 中人的参与的存在，对于有的 AIGC 中包含、体现并保留了特征的人类作品，该人类作品本身可以独立具有著作权，其本质上与 AIGC 无关。如果包含有人类作品的 AIGC 被擅自适用，或构成对该人类作品的侵权。

由于 AIGC 与人类作品的不可区分的相似性，使得在审判实务中原告可以通过隐瞒其"作品"实际为 AIGC 而主张"作品"的著作权，而被告极难抗辩。对此情况，法院应当尊重当事人的主张责任，推定案涉作品不是 AIGC，此种审理思路符合现实，是最大化保护当事人的利益与最小化减损当事人利益下作的权衡。

对 AIGC 的著作权作否定评价，符合有关法学理论，且利于司法实践。不应贸然地从其作品外观和商业价值出发，赋予其并无必要的法律意义上的著作权。且考虑到认定其著作权所带来的在立法层面的潜在问题，法院更应当审慎与保守地处理该问题。从当事人主张责任的角度出发，由法院居中消极审查，最符合此类纠纷的实际需要。

随着人工智能技术的高速发展，AIGC 会在经济社会生活的方方面面得到深入运用，由其引发的纠纷势必会大量涌现，司法审判应当对 AIGC 的法律问题有所预判、有所准备。鉴于司法审判所体现的法律观点有重要意义，能够对社会认知起到引导作用，法院应当能动地、主动地在司法实践中表明对 AIGC 的法律定性，以引导社会价值判断，消弭潜在纠纷。

"保全损害"并非"损害"：
诉讼成本视域下财产保全损害归责重塑
——围绕公正与效率的展开

王 梓　 王世轩[*]

　　财产保全损害赔偿案件旨在解决因财产保全行为引发的纠纷。从最高人民法院的裁判文书中可以看出，现有司法实践对财产保全损害适用过错责任，并围绕胜诉可能性展开对过错的判断。近年来，财产保全损害赔偿案件的数量和占比均呈明显上升趋势。这是否说明现有的模式未能有效发挥指引作用，从根源上减少错误保全的发生？能否符合"公正与效率"的审判工作现代化精神？如何重塑财产保全损害赔偿的归责原则，使其不仅能够实现公正与效率，并防止程序空转？本文将从司法实践出发，以公正与效率为标准，对财产保全损害赔偿的责任承担进行详细分析，得出结论并提出具体的改善方案。

一、裁判观察：财产保全损害赔偿案件司法现状解读

　　为观察财产保全损害赔偿案件的司法现状，本文选取 2013 年至 2022 年为研究区间，在中国裁判文书网上检索财产保全损害赔偿案件相关法律文书（判决书、裁定书），[①] 观察到以下现象。

---

[*] 王梓，法学硕士，上海市静安区人民法院民事审判庭审判员。王世轩，法学硕士，上海市静安区人民法院民事审判庭法官助理。本文获 2023 年上海法院学术讨论会优秀奖。

[①] 中国裁判文书网 https://wenshu.court.gov.cn/，访问时间：2023 年 9 月 5 日，案由关键词"财产保全损害"。

（一）现状 1：案件量"暴增"，占用大量司法资源

司法资源的投入可以在案件量上得到直观反映，案件量则与裁判文书的数量呈正相关关系。在检索到的近十年数据中，涉财产保全损害赔偿案件文书总量及占比均出现"暴增"：2013—2017 年间，财产保全损害赔偿案件文书总量为 3764 份，占同时期民事案件文书总量的 0.013%；2018—2022 年间，财产保全损害赔偿案件文书总量为 53070 份，占同时期民事案件文书总量的 0.086%。上述两个时期，文书总量增加 13.09 倍，占比增加 5.47 倍。可见，就财产保全损害赔偿案件的占用的司法资源总量抑或比重，均出现了爆炸式的增长。（见图 1）

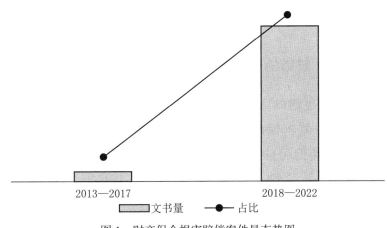

图 1　财产保全损害赔偿案件量态势图

（二）现状 2：过错责任占主导地位

为观察司法实践中财产保全损害赔偿案件的归责原则，本文以最高人民法院裁判的财产保全损害赔偿案件为研究对象，在中国裁判文书网上检索到期间内的相关法律文书（判决书、裁定书）共 151 份，剔除关联性较弱的法律文书 34 份，② 最终选定 117 份法律文书作为研究样本。逐一对样本文书中显示的案情及说理进行梳理，117 份法律文书中，明确将过错的判断作为争

---

② 如与研究对象无关的撤诉裁定、管辖权异议裁定等，并将由最高人民法院二审并再审的案件合并计算。

议焦点的法律文书共 101 份，占比 86.3%。在财产保全损害赔偿案件的审判实践中，过错责任具有绝对主导地位。（见图 2）

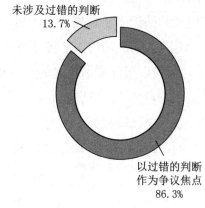

未涉及过错的判断
13.7%

以过错的判断
作为争议焦点
86.3%

图 2 "过错"的占比

（三）现状 3：过错的判断围绕"胜诉可能性"展开

司法实践中就过错的认定基本围绕对"胜诉可能性"的判断展开，对申请人的注意义务要求极低。即基于普通人的标准，若保全申请人能够认识到几乎没有胜诉可能性时，仍然提出保全申请或仍不申请解除保全的，构成过错，反之则不构成过错。具体可以归纳为以下三个步骤：（见图 3）

第一步，对申请保全时的基础事实进行分析。首先，若当事人之间根本不存在法律关系，可以认为申请人存在过错（案例一）。其次，虽当事人之间存在法律关系，但是诉请明显不合理的，可以认为申请人存在过错（案例二）。最后，若当事人之间存在法律关系且较为复杂，需要进行实体审理才能判断诉请能否成立的，一般不认为申请人存在过错（案例三）。

第二步，对保全作出后申请人的行为进行分析。若保全申请人未能及时变更保全范围，或未能及时申请解除保全的，存在过错（案例四），反之则不存在过错（案例五）。

第三步，对其他可能影响过错判断的要素进行审查。一般而言，保全申请人拒绝更换保全财产的，若具备合理理由，不认为具有过错（案例六）。除此之外，在保全作出后，被保全人是否寻求过复议等救济措施，往往是判断申请人是否构成过错的重要考虑因素。被保全人未寻求救济措施的，可以补强对保全申请人无过错的认定（案例七）。

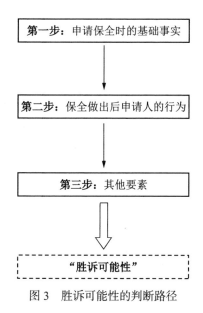

图 3 胜诉可能性的判断路径

（四）小结

综上所述，现有司法实践中财产保全损害赔偿案件的归责模式，是以"胜诉可能性"为判断核心的过错责任，且对保全申请人课以极低的注意义务。仅对现有的模式进行细化完善，已不足以应对案件量及占比双"暴增"的现状，提炼出一套能够节省司法资源、实现司法公正的制度体系，以妥善处理因保全错误而造成的损害显然更具有必要性。

公正是法律的核心价值追求，③ 同时，公正在法律中的第二种含义是效率。④ 能否实现公正与效率，是检验法律规范是否正当合理的重要标准。"效率"是容易被量化观察的一项指标，"公正"则需要进行更深层次的分析。因此，下文将按照效率、公正两项标准，对现有模式进行考察。

---

③ 胡玉鸿：《中国特色社会主义法治道路的历史底蕴——以传统中国的民本、公正、平等、人道理念为例》，载《河北学刊》2022 年第 5 期。

④ ［美］理查德·A.波斯纳：《法律的经济分析》，蒋兆康译，中国大百科权属出版社 1997 年版，第 31 页。

表 1　本文涉及的案例汇总

	案　　号	裁判理由摘录
案例一	（2021）最高法民申 5317 号	"集嘉公司与河渎公司之间没有合同关系。二审法院据此认定集嘉公司对其保全行为具有过错，集嘉公司应对其错误保全行为给河渎公司造成的损失承担赔偿责任，并无不当。"
案例二	（2020）最高法民终 730 号	"宏利达公司主张的投入仅 2000 余万元，却申请保全了鲁泰公司 1.35 亿元的财产。一审判决综合全案情况认定宏利达公司申请财产保全不具有合理性和正当性，并无不当。"
案例三	（2021）最高法民终 848 号	"从原审查明事实看，双方当事人对工程款结算依据及计算方法存在争议，对《建设工程协议书》第六条和《补充协议》第四条的理解及确定结算价款的方式，认识不一致，且都有一定的依据。由于上述问题争议较大，具有一定的复杂性，经一审、二审发回重审及再次二审审理后，才最终确定裁判结果。可见，诸安公司申请保全金额虽然高于最终被判决支持的债权数额，但其在申请保全时尽到了合理注意义务。"
案例四	（2018）最高法民申 3598 号	"申请人在明知错误申请保全的情形下，仍不及时申请解除保全，则是存在故意或重大过失的表现方式，也就是说申请人应及时申请解除保全是该条法律规定的应有之义，否则应承担相应法律责任……华融湖北分公司认为其不具有及时申请解除保全的义务，不能成立。二审判决适用法律并无不当。"
案例五	（2020）最高法民申 7054 号	"民生银行南昌分行申请保全的金额未超过诉讼请求范围，且按照法律规定提供了担保，因诉讼中有色金属公司归还了部分款项，民生银行南昌分行亦及时变更了保全范围，并不存在申请保全以期损害红鹭公司权利的客观行为。"
案例六	（2018）最高法民申 3598 号	"中房公司在案涉财产被查封之后，向一审法院提出财产置换申请，一审法院就此征求七局一公司的意见，七局一公司认为中房公司提供担保的 2-5 号楼存在权利瑕疵，不利于将来判决执行，不宜以该财产置换已经查封的 10 号楼，以及七局一公司在诉讼中变更诉讼请求，均是依法行使诉讼权利的行为，不违反法律规定，不能据此认定其主观上存在过错。"
案例七	（2019）最高法民申 4118 号	"……根据本案查明的事实，四川省成都市中级人民法院裁定保全后，绿旗公司并未申请复议，默认了保全对其权利的限制。同时，绿旗公司没有提供证据证明刘平滥用诉权、恶意保全，其关于刘平向其承担赔偿责任、平安财保四川分公司承担连带赔偿责任的主张，缺乏事实和法律依据，本院不予支持。"

续表

	案　　号	裁判理由摘录
案例八	（2015）民申字第517号	"根据举证责任分配规则，乐业公司诉请千宇公司赔偿因保全错误造成的损失时，应提供证据证明千宇公司申请保全错误、乐业公司遭受损失、乐业公司遭受的损失与千宇公司申请保全错误存在因果关系等事实。"
案例九	（2021）最高法民申1772号	"因申请保全错误致使被申请人遭受损失属于侵权行为的范畴，在法律无特别规定的情况下，应依据《中华人民共和国侵权责任法》的有关规定判断保全申请是否存在错误。该法第六条规定：'行为人因过错侵害他人民事权益，应当承担侵权责任。根据法律规定推定行为人有过错，行为人不能证明自己没有过错的，应当承担侵权责任。'依据该规定，一般侵权行为以过错为归责原则。因申请财产保全错误侵害他人合法权益的，属于一般侵权行为，应当适用过错责任原则。申请人是否承担责任，应当以过错为责任要件。"

二、引发不效率：否定过错责任的直接原因

效率意味着资源的节约和物质财富的积累，是人类社会现代化追求的基本目标之一，成本的控制则直接决定着效率的高低。财产保全损害赔偿案件涉及损害成本与司法成本的双重成本。而归责原则本身会对当事人的行为形成激励，从而影响上述成本的大小。经分析，过错责任会对行为人产生不应有的激励，客观上促进错误保全的产生，使损害成本和司法成本大幅上升，严重偏离效率的要求。

（一）归责原则的效率原理：通过激励减少成本

准确的归纳财产保全损害赔偿涉及的成本，并识别归责原则对行为人的具体影响，才能够对效率进行精准的分析。原因在于，法的作用的对象首先是人们的行为，正是通过对人们的行为的调整进而作用于社会生活或社会关系。[⑤] 而法律规范是通过对人的行为产生激励，从而使成本最小化、社会福利最大化，以达到效率的要求。

---

⑤　舒国滢主编：《法理学导论》，北京大学出版社 2019 年版，第 37—38 页。

1. 保全损害赔偿涉及双重成本

保全损害的成本构成贯穿微观和宏观两个层次。微观视角下的成本围绕损害赔偿展开，涉及损害的预防成本、预期事故损失等，是衡量具体法律规则效率的重要工具。宏观视角下的成本着眼于诉讼行为本身，即处理财产损害赔偿诉讼所需要投入的司法成本。

微观上的"损害成本"具体包括采取预防措施的成本、预期事故造成的损失两部分。[⑥] 为最小化损害成本，应当从减少事故的数量与严重程度、减少由事故产生的社会成本、减少处理事故的管理成本三方面入手。[⑦] 保全损害赔偿的制度安排，也应当围绕降低损害成本展开。

宏观上的"司法成本"本质上是为处理民事诉讼而投入的司法资源成本。理论上，民事诉讼成本可以分为三个方面，第一，制度供给成本。指为保障当事人行使权利以及国家机关行使职权的制度供给。第二，诉讼资源成本。指民事诉讼活动中消耗的人力、物力等各种资源的总和。第三，协调成本。指民事诉讼制度运行中与其他制度进行协调的投入。[⑧] 无论是保全本身，抑或因保全而引发的损害赔偿案件，均会引发诉讼资源成本的产生。而降低诉讼资源成本亦为保全损害赔偿制度安排的目标。

2. 归责原则对行为人的两种激励

激励是激发决策者选择某一方案而可获得利润或可减少的成本，行为人会对激励做出反应。[⑨] 财产损害赔偿案件中，不同的归责原则会产生对行为人产生不同激励，行为人面对不同激励所作出的反应通常有两个方面，即预防水平与活动水平，前者指行为人采取预防措施的程度，后者指行为人从事特定行为的强度。

（1）对行为人预防水平的激励

预防水平是影响损害成本的关键要素。预防水平越高，采取预防的措施

---

⑥ ［美］斯蒂文·萨维尔：《法律的经济分析》，柯华庆译，中国政法大学出版社 2009 年版，第 51 页。

⑦ ［美］盖多·卡拉布雷西：《事故的成本——法律与经济的分析》，毕竞悦等译，北京大学出版社 2008 年版，第 25—26 页。

⑧ 杨婷：《我国民事诉讼成本控制问题探讨》，载《山东社会科学》2021 年第 10 期。

⑨ ［美］约瑟夫·E.斯蒂格利茨、卡尔·E.沃尔什：《经济学（第四版）上册》，黄险峰等译，中国人民大学出版社 1997 年版，第 8—9 页。

的成本就越高，预期事故造成的损失则越少。随着预防水平的升高，损害成本将会出现"先降低后增高"的趋势，其最低点对应的预防水平 x*，即为社会总体有效率的预防水平。为达到该预防水平，法律应当调整行为人的私人收益和成本，从而使之与社会收益和成本一致。⑩（见图 4）

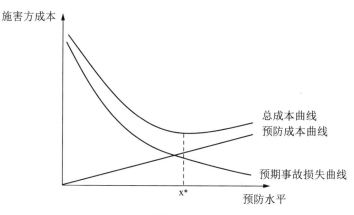

图 4　施害方成本曲线

不同归责方式对预防水平的激励情况不同：（1）若采用无过错责任，施害者需赔偿其因行为造成的全部损失，故施害者的总成本等于损害成本。对应的激励在于，施害者将选择社会最优的谨慎程度 x*，受害者不会受到任何激励，即"单边预防（unilateral precaution）"；（2）若采用过错责任，则仅在施害者存在主观过错时，才需赔偿其因行为造成的损失。所谓过错，指施害者的谨慎程度低于法律规定的标准。对应的激励是，施害者将选择法律规定的谨慎程度，受害者也将会采取相当水平的预防，否则会有损害自担的风险，即"双边预防（bilateral precaution）"。因此，在双边预防的模式下，过错责任比无过错责任可以带来更有效率的预防激励。（见表 2）

表 2　不同归责原则对预防水平的激励情况

	施害方	受害方	预防模式
无过错责任	有	无	单边
过错责任	有	有	双边

⑩　［美］罗伯特·考特、托马斯·尤伦：《法和经济学》，史晋川等译，格致出版社、上海人民出版社 2012 年版，第 192 页。

（2）对行为人活动水平的激励

除预防水平外，活动水平也是影响损害成本的重要因素。在预防水平不变的情况下，行为人从事某一行为的活动水平越高，则损害出现的风险就越高，预期事故损失也会相应提高。[⑪] 如果行为人能够在某一行为中获益，将有动力继续从事该行为，直至不再获益。可见如果行为的后果由其他人承担，活动水平将会增高。因此，就活动水平而言，有效率的责任原则，是使其活动最能影响到事故发生的一方，成为事故成本的最后承担人。[⑫]

在过错责任下，施害方通过满足法定的预防标准来规避责任，因此即使施害方增加活动水平，也不会增加其可能承担的责任。因活动水平增高而增加的风险，将由潜在的受害方承担，即施害方的行为风险外部化。在无过错责任下，施害方将对所有的损害承担责任，因此施害方不仅有动力选择适当的预防水平，也有动力选择适当的活动水平，以控制行为的风险。[⑬]（见表3）

表3　不同归责原则对活动水平的激励情况

	行为后果承担方	对行为人激励
无过错责任	施害方	无
过错责任	受害方	有

鉴于成本纵贯微观和宏观两个维度，而归责原则也会影响行为人的预防水平与活动水平，下文将沿用前文的分析思路，阐述过错责任对效率的具体影响。

（二）微观：过错责任增加损害成本

过错责任原理无法与保全行为的模式相适应，客观上导致了损害成本的增加。

[⑪] ［美］斯蒂文·萨维尔：《法律的经济分析》，柯华庆译，中国政法大学出版社2009年版，第58页。

[⑫] ［美］罗伯特·考特、托马斯·尤伦：《法和经济学》，史晋川等译，格致出版社、上海人民出版社2012年版，第201页。

[⑬] See Steven Shavell, Strict Liability versus Negligence, 9 J. LEAGEL STUD 1 (1980)，转引自［美］罗伯特·考特、托马斯·尤伦：《法和经济学》，史晋川等译，格致出版社、上海人民出版社2012年版，第200页。

1. "过错责任"的适用前提：双边预防

如前所述，在双边预防的模式中，过错责任才能发挥其应有的激励作用。原因在于过错责任对施害方和受害方均产生了有效的预防激励，使双方都有动力避免损害的发生。我国《民法典》的侵权责任编中，可以见到大量的双边预防模式：如医疗损害中，医疗机构通过严格遵守诊疗规范进行事故预防，患者也可通过选择正规医疗机构、接受规范诊疗进行事故预防；⑭ 动物致人损害案件中，动物饲养人可以通过遵守管理规定、采取相应安全措施、尽到管理职责进行事故预防，受害方也可以通过提升注意水平进行安全预防。⑮

2. "过错责任"对保全损害预防的无效激励

保全损害不能做到双边预防，无法满足过错责任的适用前提。现实中，保全被申请人没有任何合法的预防损害的方法。根据法律规定以及现有的司法实践，只要申请人提出的保全申请符合形式要件，即可实现保全，被申请人无权干预；同时，保全申请具有秘密性，被申请人无法预知自己的何种财产在何时会被保全；再者，即使被申请人能够预知，亦无任何恰当的、合法的手段避免损害的发生。实际情况下，被申请人避免保全损害发生的唯一方式，就是将自己名下的所有财产全部转移，但该行为明显为法律所不容许。因此，被申请人只能被动地任由损害发生，缺乏可以减少损害的方式。概言之，过错责任使被申请人有避免损害的动力，但实际中被申请人缺乏可以避免损害的手段，无法达到过错责任原有的效率目标。

在仅能做到单边预防的行为模式中适用过错责任，就会出现这一"落空的激励"：有能力控制损害的申请人缺乏预防损害的动力，而有动力预防损害的被申请人则缺乏相应的能力，损害的发生和损害结果的大小完全处于"失控"状态。与此同时，现有司法实践对保全申请人的注意义务要求极低，进一步拉低了申请人的预防水平。因此，过错责任将会使损害成本出现不合理的增加。

---

⑭ 《中华人民共和国民法典》第一千二百二十二条：患者在诊疗活动中受到损害，有下列情形之一的，推定医疗机构有过错：（一）违反法律、行政法规、规章以及其他有关诊疗规范的规定……

⑮ 《中华人民共和国民法典》第一千二百四十八条：动物园的动物造成他人损害的，动物园应当承担侵权责任；但是，能够证明尽到管理职责的，不承担侵权责任。

（三）宏观：过错责任增加司法成本

财产保全制度本身蕴含着司法资源浪费的风险，过错责任则会促使产生更多的保全错误，将该风险现实化，对司法资源的浪费产生了不当激励。

1．错误保全浪费司法资源

财产保全本质上是一项临时性救济制度，[16] 本身蕴含司法资源浪费的风险。从财产保全是否有效避免未来判决难以执行的角度，可以将实践中的保全分为三种情形：（1）有益保全。若保全申请人的诉请得到支持，且不保全即难以执行判决，则完全实现了保全的制度目的，未造成司法资源的浪费；（2）无益保全。若保全申请人的诉请得到支持，但即使不保全也能顺利执行判决，则未能实现保全的制度目的，该保全实无必要，浪费了一定的司法资源；（3）错误保全，若保全申请人的诉请被驳回，则该保全成为客观上的保全错误，不仅导致在本案中已采取保全措施的资源浪费，还可能引发新的财产保全损害纠纷，需要投入额外的司法成本。（见表4）

表4　保全行为与司法资源的浪费

最终判决结果	如未保全，判决是否无法顺利执行	对保全行为的评价	对司法资源的浪费
支持	是	有益保全	无
支持	否	无益保全	较小（采取保全措施的成本）
驳回	\	错误保全	极大（采取保全措施的成本＋后续纠纷的成本）

需要强调的是，财产保全措施本身有落空的风险，本质上是为避免未来判决的难以执行而作出的权衡，并不意味着财产保全措施理应落空。在司法实践中，更应着眼于采取措施减少错误保全的数量，以避免大量浪费司法资源。

2．"过错责任"对错误保全的不当激励

如前所述，过错责任会使施害人的行为风险外部化，无法对其活动水平

---

⑯　江伟、肖建国主编：《民事诉讼法》，中国人民大学出版社2018年版，第237页。

产生有效的激励。保全申请人仅需要采取极低的注意，就可避免对错误保全产生的损害负责，保全行为的风险将完全由被申请人承担。

因此，低注意义务的过错责任会严重浪费司法资源。原因在于，该模式会同时产生高活动水平与低预防水平两项激励，前者会促使更多的保全申请，后者使申请人疏于对保全必要性及合理性的判断，两者的共同作用会催生更多的错误保全。即使保全申请人需要先行垫付保全费用，但该保全费用仅仅是支付采取保全措施本身的成本，并不包括就保全行为引发的其他成本。结合保全费用本身存在上限，其并不能对保全申请人产生有效的激励，使其充分考虑保全的合理性，故无法避免严重浪费司法资源的后果。

综上所述，以效率的视角看，在财产保全损害赔偿案件中适用过错责任，不仅会不合理地增加损害成本，还会不当地增加司法成本。下文将从公正的角度出发，从更本质的层面检验过错责任是否存在正当性。

三、导致不公正：抛弃过错责任的根本理由

"公正"这一概念的广泛使用，是法制观念深入人心、公平正义被推崇备至的产物，全过程公正亦是中国式法治现代化的要求。[⑰] 在构建财产保全损害归责的相关规范时，"公正"同样是必须被遵循的根本要求。通过分析可以看出，过错责任将财产保全制度"不公正"的风险现实化，加剧保全申请人与被申请人之间实质上的不平等，不仅偏离了财产保全损害赔偿的制度目的，也违背了公正的要求。

（一）民事诉讼中的"公正"：诉讼当事人平等

我国《民事诉讼法》明确规定的诉讼当事人平等原则，是民事诉讼制度公正的具体体现。所谓平等，指人们在法律上应当受到大致相同的法律处遇。[⑱] 而诉讼当事人平等主要指当事人诉讼地位平等，即当事人平等地享有

---

⑰ 罗国强：《"公正"的法哲学之辩——兼论公正对中国式法治现代化的意义》，载《求索》2023 年第 3 期。

⑱ 胡玉鸿：《中国特色社会主义法治道路的历史底蕴——以传统中国的民本、公正、平等、人道理念为例》，载《河北学刊》2022 年第 5 期。

民事诉讼法所给予的诉讼权利，承担民事诉讼法所规定的诉讼义务。⑲ 诉讼当事人平等要求在宏观层面采用使双方获得机会均等的结构，⑳ 即诉讼权利平等不意味着诉讼权利相同，其着眼于方当事人拥有或相同或对等的诉讼权利、依法平等地承担诉讼义务。原、被告权利义务的具体规定由于起诉与被诉的差异而有所不同，但这种差异并不会给双方在诉讼中造成实质上的不平等。㉑ 因此，在财产保全制度中，也应当保障当事人享有对等的诉讼权利。（见图 5）

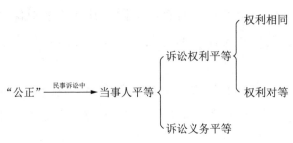

图 5 "公正"对民事诉讼制度的要求

（二）财产保全制度存在"不公正"的风险

财产保全制度天然存在"不公正"的风险。财产保全制度的意义在于保证法院的生效裁判在将来能够得到执行，或者防止造成对方当事人或利害关系人的更大损害，㉒ 其本身为一种带有预备性、强制性的临时措施。㉓ 在实体层面，若法院采取保全措施，则保全申请人的实体权利有了实现的可能，而被申请人的相关权利则遭到限制；在程序层面，客观上诉讼双方的"天平"也出现了改变。㉔

⑲　张卫平：《民事诉讼法》，法律出版社 2023 年版，第 54 页。

⑳　林剑锋：《当事人平等原则解释论功能的再认识》，载《法律科学（西北政法大学学报）》2020 年第 3 期。

㉑　江伟、肖建国主编：《民事诉讼法》，中国人民法学出版社 2018 年版，第 52—53 页。

㉒　毕玉谦主编：《民事诉讼法学》，中国政法大学出版社 2021 年版，第 311 页。《中华人民共和国民事诉讼法》第一百零三条第一款：人民法院对于可能因当事人一方的行为或者其他原因，使判决难以执行或者造成当事人其他损害的案件，根据对方当事人的申请，可以裁定对其财产进行保全、责令其作出一定行为或者禁止其作出一定行为。

㉓　王亚新等：《中国民事诉讼法重点讲义》，高等教育出版社 2021 年版，第 243 页。

㉔　刘哲玮：《论财产保全制度的结构矛盾与消解途径》，载《法学论坛》2015 年第 5 期。

要说明的是，保全制度本身即带有明显的利益选择，即通过适度地牺牲"被申请人的权益"，以"保证判决顺利执行"，维护生效法律文书的权威。因此，从实体权益的角度出发，财产保全本身蕴含着"倾斜保护申请人"的价值取向，存在一定的"不公正"风险。

（三）救济程序未能有效减少"不公正"风险

为缓解财产保全制度天然的风险，均衡保护申请人与被申请人的合法利益，财产保全的救济制度应运而生。广义上对财产保全的救济包括复议、解除保全两项，但无论在制度设计上抑或实际运行中，均未能实现救济目的的初衷。

从制度设计上看，财产保全案件的审查一般贯彻非对审性和秘密性原则，被申请人在保全作出前通常不会被赋予任何程序保障。虽然引入了财产保全复议程序，但复议并不影响保全措施的采取。[25] 而解除保全的申请则完全是在采取保全措施后才可以提出。因此，在申请保全的过程中，被申请人没有任何救济的渠道。

从实际运行的有效性来看，复议与解除保全也未能达到救济的目的。复议不需要出具书面的法律文书、审查的主体仍为作出保全裁定的原审法院，导致当事人无法制约和监督法院的复议审查权，实务中申请复议的成功率极低，复议程序被严重虚置。[26] 就解除保全而言，实践中往往也仅在案件结果终局确定、申请人撤回保全申请、被申请人提供担保等情形下，被申请人才能成功解除保全。即使是在被申请人提供担保而解除保全的情形下，实际上仅仅是对保全物的置换，对担保物采取保全措施同样会造成损失，被申请人并未获得真正的救济。

综上，现有的救济方式均未能有效地减少财产保全制度本身的风险，带有救济的保全制度仍然存在"不公正"的因素。

㉕ 《中华人民共和国民事诉讼法》第一百一十一条：当事人对保全或者先予执行的裁定不服的，可以申请复议一次。复议期间不停止裁定的执行。

㉖ 刘君博：《财产保全救济程序的解释与重构》，载《清华法学》2018 年第 5 期。

（四）过错责任将"不公正"的风险现实化

财产保全损害赔偿作为保障被申请人权益的最后一道防线，不仅未能有效发挥保障被申请人权益、对错误保全进行救济的效果，反而将财产保全中"不公正"的风险现实化。原因在于，财产保全损害赔偿的举证责任均由被申请人承担。现有司法实践中，"因申请财产保全损害责任纠纷"作为"侵权责任纠纷"项下独立的案由，被申请人主张财产保全损害赔偿，应当就损害后果、因果关系、保全错误等要件举证证明（案例八）。在过错责任下，被申请人还应当提出充分的证据证明申请人存在过错。如前所述，对申请人的注意义务标准要求极低意味着被申请人证明过错的难度过高。被申请人承担的举证责任多、证明难度大，实践中获得赔偿的难度较高。

从形式上看，保全申请人与被申请人具有"对等的权利"，即保全申请人有申请保全的权利，被申请人有申请复议、申请解除保全、以及请求损害赔偿的权利。但是在实质上，申请人申请保全仅需要进行形式审查即可通过，而被申请人申请复议程序几乎被虚置、以保全错误为由申请解除保全几乎无法实现、请求损害赔偿需要承担极重的举证责任，且均需要实质审查才得以成立。从实务中极低的复议成功率、极大的损害赔偿失败率也可以看出，看似"对等"的权利却产生了实际上的"不平等"。进一步加剧了财产保全制度的"不公正"倾向。

从被申请人角度看，其不仅无法在保全行为发生时及时保障自己的权益，亦无法在保全措施作出后获得有效的救济，在此前提下，如果财产保全损害赔偿仍以申请人过错为要件，将会把申请人与被申请人之间的不平等状态推到极致。（见图6）

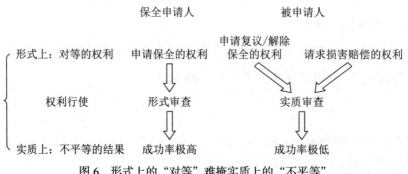

图 6　形式上的"对等"难掩实质上的"不平等"

综上所述，过错责任不仅无法符合效率的要求，增加损害成本并引发司法资源的浪费，同时也无法实现公正的目的，加剧当事人之间实质上的不平等。因此，应当对财产保全损害进行系统的反思，对现有的模式进行重塑，从根源上预防和减少保全错误的发生。

四、重塑的逻辑：保全损害系诉讼成本

过错责任带来的诸多问题，根源在于落入了"损害赔偿"的窠臼。具体而言，适用过错责任的核心理由，在于将保全错误损害赔偿纳入侵权责任体系，从而适用一般侵权的过错原则（案例九）。这一观点不仅成为司法实务界的主流，同时也为学界所认可。[27] 但是，这一思路不仅在结论上无法符合效率与公正的要求，其论证过程也存在极大的漏洞。因此，应当从更本质的角度出发，认清保全损害的诉讼成本属性，以此建立恰当的成本分担标准，并构建相应的规则。

（一）保全损害并非侵权损害

保全行为与侵权行为性质完全不同。保全行为系诉讼行为，此种行为需与法院审判行为相结合，只有在法院的裁判中，或者说"以该裁判的力量"，才能发生特定的诉讼法效果，学理上称之为取效行为，[28] 与侵权法规范的一般生产生活行为存在明显区别。

从原理上看，侵权损害赔偿本质上是损害的转移。对于因社会生活中典型风险所造成的损失，侵权法恪守"享有权益者自担损害"的基本原理，[29] 秉持"让损失停留在原地"的基本观念，即"良好的政策应让损失停留于其

[27] "我们认为，应当将'申请有错误'理解为过错责任原则"，参见江伟、肖建国主编：《民事诉讼法》，中国人民大学出版社 2018 年版，第 250 页；同样支持错责任原则的研究有：肖建国、张宝成：《论民事保全错误损害赔偿责任的归责原则——兼论〈民事诉讼法〉第 105 条与〈侵权责任法〉第 5 条的关系》，载《法律适用》2016 年第 1 期；赵珂：《申请保全错误行为之司法认定——以案例为样本解读〈民事诉讼法〉第 105 条的适用》，载《法律适用》2021 年第 8 期。

[28] ［德］罗森·贝克：《德国民事诉讼法》（上），李大雪译，中国法制出版社 2007 年版，第 431 页。

[29] Deutsch/Ahrens, Deliktsrecht, 5. Aufl. 2009, Rn.1: "Der Inhaber eines Rechtsguts hat den daran entstehenden Schaden selbst zu tragen"，转引自程啸：《侵权责任法》，法律出版社 2021 年版，第 106 页。

所发生之处，除非有特别干预的理由存在"，[30] 旨在于避免因损害转移造成更大的损失。对一般侵权行为采纳过错责任原则，[31] 也是基于"让损失停留在原地"的基本观念。即"若无相关规范，损害不会转移"。

但是，保全损害赔偿的本质是分配制度的风险。保全行为所带来的风险，是为实现民事诉讼目的而附带的制度风险，[32] 并非社会生活中的典型风险，与侵权法的规制对象完全不同，保全损害赔偿也本质上也并非"转移已经发生的损害"。对于保全错误的所造成的损失，并不存在"原地"，其"所发生的之处"并非天然确定，而是由制度本身进行的预先分配。因此，就财产保全损害而言，可以将其归纳为"若无相关规范，损失不会发生"。

从法律规范的属性来看，两者也存在较大区别。侵权法是典型的私法，调整的是平等主体之间的财产关系，法律依据为《民法典》。保全申请人与被保全人确实为平等主体，但是两者均处于民事诉讼中这一背景下，保全损害赔偿的法律依据也并非《民法典》，而是《民事诉讼法》。因此，保全损害赔偿具有一定的公法属性。（见表5）

表5　保全损害赔偿与侵权损害赔偿的差异

		保全损害赔偿	侵权损害赔偿
行为性质		诉讼行为（取效行为）	生产／生活行为
损害	性质	制度风险	生产／生活风险
	发生处	由制度决定	天然确定
	赔偿的本质	分配制度风险	转移损害
法律规范属性		具有公法性质	私法

可见，保全损害赔偿在行为性质、损害性质、损害发生处、赔偿的本质、法律规范属性等方面均与侵权损害赔偿完全不同。可以说，保全损害本质

---

[30]　O. W. Holmes, The Common Law (1881), p. 50: "Sound policy lets losses lie where they fall except where a special reason can be shown for interference"，转引自王泽鉴：《侵权行为》，北京大学出版社 2016 年版，第 11 页。

[31]　《中华人民共和国民法典》第一千一百六十五条第一款：行为人因过错侵害他人民事权益造成损害的，应当承担侵权责任。

[32]　吴英姿：《论保全错误的程序法解释》，载《现代法学》2023 年第 2 期。

上并非损害。因此，保全损害赔偿案件不应适用侵权法，故不能当然套用一般侵权的过错原则。应当准确识别保全损害的本质，以寻找更加恰当的法律适用。

（二）保全损害的诉讼成本属性证成

为进行民事诉讼，当事人需要承担一定的诉讼成本，如案件受理费、公告费、保全费等。诉讼成本同时具备如下核心要素：（1）从本质上看，诉讼成本是为了进行民事诉讼而产生的成本；（2）从发生原因上看，系民事主体的诉讼行为所引发的负担；（3）从承受方看，由一方先行负担，但可以根据案件最终结果进行重新分担。（见图 7）

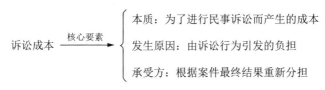

图 7　诉讼成本的核心要素

保全损害具备诉讼成本的核心属性：首先，保全损害本质上是为了进行民事诉讼而产生的成本；其次，保全损害是保全这一诉讼行为引发的负担；最后，保全损害首先由被申请人承受，但保全错误的，申请人应当赔偿被申请人因此遭受的损失。因此，保全损害赔偿属于诉讼成本转移在诉讼法上的体现。[33]

（三）保全损害应由败诉方承担

广义上的诉讼成本分担，包括国家与当事人之间的成本分担、当事人之间的成本分担、市场和社会分担三部分。除非法院在保全过程中存在违法行为，可能引发国家赔偿情形外，保全造成的损害不会涉及在国家与当事人之间分担。涉及财产保全责任保险时，即存在市场和社会分担成本的情形，但此为在当事人之间进行分担后进行的再次分担。因此，核心问题在于当事人之间如何分担因保全造成的损害。

---

[33]　王福华：《论民事司法成本的分担》，载《中国社会科学》2016 年第 1 期。

对诉讼成本是否在当事人之间进行转移，比较法上存在由败诉者负担（发生转移）、当事人各自负担（不发生转移）两种情形。前者以实体权利为中心，旨在平等分配诉讼负担，促使当事人采取理性的诉讼策略，并可以有效制止不适法的请求权，但也由于可能负担的成本增加，合理的权利主张有被压制的风险；后者旨在鼓励人们通过诉讼实现社会政策的制度目的，但会造成滥诉的风险。③

保全错误损害原则上应当由败诉方负担，若存在部分胜诉情形的应当按相应比例负担，如此不仅可以符合效率与公正的要求，还不会抑制合理的保全请求。

1．效率："败诉方承担保全损害"可最小化总成本

由败诉方承担保全损害，可以做到效率最大化，具体而言：第一，有效激励行为人进行损害预防，避免发生不应有的损害；由于被申请人没有预防损害的合法手段，故应当对申请人进行有效的激励。在保全存在客观错误的情况下，保全申请人即对造成的损失负责，损害成本将内部化为保全申请人的个人成本。保全申请人有充分的动力，选择社会最优的谨慎程度与活动水平，以此将损害成本降至最低，损害发生的数量也将降至社会最优水平。第二，节约司法成本，避免司法资源的浪费。错误保全的减少，不仅能够减少其本身造成资源浪费，也有效避免了新的财产保全损害纠纷的产生。第三，有效增加合理保全的比例，促使财产保全制度发挥应有的作用，真正实现财产保全的制度目的。因此，由败诉方负担损害符合效率的要求。

2．公正："败诉方承担保全损害"可促进实质公正

败诉方承担保全损害符合"公正"的要求。原因在于：第一，实现实体公正。以实体权利为标准进行损失分担，避免加重享有实体权利的胜诉方的负担，让不享有实体权利的败诉方负担诉讼成本，符合实体公正的要求。第二，实现实质平等。如前所述，财产保全制度本身蕴含着"倾斜保护申请人"的价值取向，实践中又因为救济程序的虚置加剧了利益失衡。因此在造成损害时，更应强调对被申请人的利益的保护。以实体权利为标准进行损失分摊，可以实现对被申请人的充分救济。第三，避免出现"被申请人对申请人的行

---

③ 王福华：《论民事司法成本的分担》，载《中国社会科学》2016 年第 1 期。

为负责"的极端不公正。在保全申请人诉请未获支持的案件中，申请人系主动发起诉讼，被申请人被动应诉已经付出了相应成本，若再让被申请人承担申请保全错误的损失，违背基本的公正要求。因此，由败诉方负担损害符合公正的要求。

3."败诉方承担保全损害"不会抑制合理的保全请求

有观点认为，败诉方承担保全错误损害的模式，会导致当事人在诉讼前或诉讼中不敢申请财产保全，与财产保全制度保障将来生效判决顺利执行，进而保护申请人合法利益之立法初衷相去甚远。[35] 本文认为，这一观点缺乏理论依据和实践理由。

首先，保全损害并非诉讼成本的主要内容。保全申请人为诉讼支出的成本，主要包括案件受理费、公告费、保全费等诉讼费用，还包括证人出庭费用、律师费等，一旦诉讼请求未能得到支持，上述费用均需要保全申请人自行承担，这都是申请人需要承担的诉讼风险。在上述诉讼成本均未能压制申请人进行诉讼的情况下，如何断言保全的预期损失会使当事人"不敢申请财产保全"？

其次，即使申请人败诉，也并不必然承担保全损害。因为被申请人仍然需要就损害后果、因果关系等要件举证证明。换言之，对被申请人主张损害赔偿的请求，仍然需要实质审查。即在败诉方承担保全损害的模式下，财产保全的"天平"仍然倾向于申请人，并未违背财产保全制度保障判决顺利执行的初衷。

退一步讲，如果申请人预期保全损害可能达到一定金额，不仅远超其他诉讼成本，还对是否申请保全产生了实质影响，那么则更应当由申请人审慎作出决定，而非放任该保全错误损害的发生。这正是败诉方承担损害模式有效减少错误保全、节约司法成本、维护实质公平之处。

（四）保全损害的"本案处理"模式引入

财产保全损害的现有处理模式为"另案处理"，即被申请人主张损害赔偿

㉟ 李喜莲：《财产保全"申请有错误"的司法考量因素》，载《法律科学（西北政法大学学报）》2018 年第 2 期。

的，应当在原法律关系之外另行向法院提起侵权诉讼。在案由上，"因申请财产保全损害责任纠纷"也是作为"侵权责任纠纷"项下的独立案由。在败诉方承担保全损害的模式下，引入"本案处理"模式，可以更高效地解决财产保全损害赔偿的问题，进一步减少司法成本。

"另案处理"模式存在一定的缺陷。首先，从纵向的逻辑关系上说，保全损害赔偿案件并非新的诉讼事件，此类案件由前案中的保全行为引发，形式上是一个新的纠纷，但本质上是前案诉讼的延续。[36] 其次，从横向比较看，专为解决前案中的程序行为引发的纠纷而单独设立的案由，除"因申请财产保全损害责任纠纷"之外几乎不存在。最后，从保全制度旨在保障本案判决的顺利执行，但其本身又可能引发新的诉讼，难免有引发程序空转的嫌疑。可以通过在案件中一并处理保全损害，以缓解现有模式存在的问题，即引入"本案处理"模式。在败诉方承担损害的框架下，保全损害赔偿无须就过错进行查明及论证，仅需查明损害的大小及因果关系，复杂程度明显降低，使在本案中一并处理保全损害具备了操作上的可能性。

"本案处理"模式的具体规则如下：第一，在采取了财产保全措施的案件中，应当由法官释明，将财产保全损害作为争议焦点进行审理，查明财产损失的大小及因果关系，并在最终的裁判文书中明确具体的损害承担。第二，因解除保全的时点不确定，保全损害的大小无法明确，但可以明确计算方式的（如对银行账户的冻结），可以参照迟延给付利息的判项行文，写明保全损害计算的具体方式即可。第三，由被申请人对财产损失大小、因果关系承担证明责任。第四，如果被申请人不同意在本案中一并处理，或争议较大可能导致诉讼拖延、损害大小在解保后才能确定、不宜在本案中一并处理的，告知当事人另案起诉，以尊重当事人的处分权并保障本案的正常处理。第五，赋予当事人就损害处理结果提起上诉的权利。由此做到案结事了，实质性化解当事人之间的纠纷，进一步减少司法资源的浪费并避免程序空转的现象发生。（见图8）

综上所述，保全损害并非侵权损害，本质上是一种诉讼成本，应当由败诉方承担。败诉方承担保全损害成本的模式，不仅更符合效率与公正的标准，

---

[36] 吴英姿：《论保全错误的程序法解释》，载《现代法学》2023年第2期。

引入"本案处理"模式 ——具体规则—→
1. 纳入本案争议焦点
2. 在裁判文书中对损害作出处理
3. 被申请人就损失情况、因果关系承担证明责任
4. 不宜一并处理的，另案起诉
5. 当事人有权提起上诉

图 8 "本案处理"模式的规则设计

同时也不会抑制当事人提出合理的保全申请。而且，该模式也为在本案中一并处理保全损害提供了可操作性，"本案处理"模式的引入，可以有效解决程序空转的问题，进一步减少司法资源的浪费。

五、结语

财产保全、财产保全救济、保全错误损害赔偿三者共同构成财产保全制度体系。保全错误损害赔偿应当发挥弥补保全错误损失、抑制错误保全产生的作用，保障财产保全的正常进行。但是，现有司法实践中的过错责任，会对错误保全产生不当的激励，增加损害成本并引发司法资源的浪费，不能符合效率的要求；同时，过错责任还会使财产保全的制度风险现实化，加剧当事人之间实质上的不平等，也与公正背道而驰。故未能符合"公正与效率"的审判工作现代化精神。

为了发挥保全错误损害赔偿应有的功能，应当认识到财产保全损害的诉讼成本属性，并确立"败诉方承担损害"的损失分担模式。达到从根源上减少错误保全的发生、降低损害成本并节约司法资源、促进当事人实质平等的目的。而引入保全损害的"本案处理"模式，也可有效避免程序空转的发生，真正做到"案结事了"，最终实现公正和效率的法治目标。

数字时代提升司法质效的模式选择

——以在线庭审的推广及适用场景具化为视角

陈　玲　乔续宁[*]

一、问题的提出及研究方式的确定

在线纠纷解决机制可以让接近正义不再依赖于单一物理空间和面对面的环境，迈向跨越物理、数字双重空间的立体可视，从而改变纠纷解决的逻辑和路径。① 智慧法院的建设强调在线解决纠纷，《人民法院在线诉讼规则》（以下简称《在线诉讼规则》）、《人民法院在线调解规则》《人民法院在线运行规则》先后出台，使各类在线司法活动实现有规可依，形成"中国特色、世界领先"互联网新司法模式。② 从司法实务来说，审判作为诉讼的关键环节，是立案的目的及执行的依据。而庭审则是审判的核心环节，发挥着事实查明和法律适用的功能。"诉讼爆炸"时代，在线庭审的推出是否能够分流传统线下庭审，缓解各级法院尤其是基层法院"案多人少"的矛盾与压力？作为新时代"枫桥经验"生动实践的诉源治理，同时也是人民法院参与构建基层社会治理新格局的重要方式，在线庭审能否助推繁简分流、诉源治理，提升司法供给？如何发挥在线庭审的工具价值以实现技术提升审判质效的最终目的？

---

* 陈玲，法学硕士，上海市静安区人民法院民事审判庭法官助理。乔续宁，法学硕士，上海市静安区人民法院民事审判庭审判员。本文获 2023 年上海法院系统学术讨论会鼓励奖。

① 郑维炜：《以智慧法院完善在线纠纷解决机制》，载《中国社会科学报》2023 年 6 月 7 日第 6 版。

② 参见刘峥等：《〈人民法院在线诉讼规则〉的理解与适用》，载《人民司法（应用）》2021 年第 19 期。

上海法院依托信息技术发展优势，具有丰富智慧法院建设的实践经验，依托于智慧法院建设的在线庭审数据也具有一定分析意义。2020 年以来，上海市大力开展庭审记录方式改革（以下简称庭改），[③] 持续全面推进全流程网上办案体系建设，[④] 统一网上办案流程规则，积极推进在线庭审、异步诉讼、电子送达、庭改等在线诉讼工作，并于 2022 年实现网上立案率 89.5%，随机分案率 91.2%，在线庭审适用率 58.6%，电子送达适用率 59.1%，新收案件实现 100% 电子档案单轨制归档，[⑤] 智慧法院建设取得显著效果。本文以上海法院 2020 年在线庭审 [⑥] 数据为起点进行样本分析，试图通过数据分析、对比分析的研究方式，从司法实践中找出上述问题的答案，并结合质效管理视角，找出推广在线庭审具体化场景，以最大化其工具价值。

二、实践审视：在线庭审的司法样本与数据对比

（一）初观其貌：适用情况及智慧法院其他项目对比分析

1. 适用率整体呈增长状态（疫情后小幅回落），在线诉调适用明显不足

通过梳理上海法院 2020 年至 2023 年 6 月各类庭审完成情况（见表 1），在线诉讼整体呈增长状态，可见在线诉讼模式已被逐步接受。然诉调案件事实相对简单，双方争议不大，但从数据上看，在线诉调数量及比率均远不及在线庭审，在线庭审的作用并未在简单案件中充分发挥。异步庭审起步虽晚，但发展迅猛，呈逐年递增态势，2023 年上半年该项数据便接近 2022 年全年数据。相较而言，在线庭审率连续两年增长后，于 2023 年上半年小幅回落。

---

③ 《2021 年上海市高级人民法院工作报告》，载 https://www.hshfy.sh.cn/shfy/web/xxnr.jsp?pa=aaWQ9MjAyMDU2NDEmeGg9MSZsbWRtPWxtNTgzz，2023 年 7 月 15 日访问。

④ 《2022 年上海市高级人民法院工作报告》，载 https://www.hshfy.sh.cn/shfy/web/xxnr.jsp?pa=aaWQ9MTAyMDI3NzM1NCZ4aD0xJmxtxtZG09bG01ODMPdcssz&zd=，2023 年 7 月 15 日访问。

⑤ 《2023 年上海市高级人民法院工作报告》，载 https://www.hshfy.sh.cn/shfy/web/xxnr.jsp?pa=aaWQ9MTAyMDI4OTIwOSZ4aD0xJmxtxtZG09bG01ODMPdcssz&zd=，2023 年 7 月 15 日访问。

⑥ 在线庭审包括同步、非同步两种方式，本文所称在线庭审仅指以同步方式进行的在线庭审活动，以非同步方式进行的在线庭审活动称为异步庭审。

受疫情影响，线下庭审难以有效开展期间，异步庭审、在线庭审有效助力实现"诉讼服务不打烊"，但在后疫情时代，在线庭审脱离了特殊时期的适用场景，如何在常态化案件审理中发挥工具价值值得研究。

表 1　上海法院在线诉调、在线庭审、异步庭审完成情况

时间	诉调数	在线诉调数	在线诉调率	庭审数	在线庭审数	在线庭审率	异步庭审数	异步庭审率
2020 年	123643	189	0.15%	498856	32575	6.53%	—	—
2021 年	136658	607	0.44%	580422	68082	11.73%	4851	0.84%
2022 年	14014	122	0.87%	639474	210071	32.85%	152342	23.82%
2023 年（1—6 月）	117433	5999	5.11%	437240	101979	23.32%	145454	33.27%

2. 在线庭审适用率远低于网上立案率、电子送达成功率

与网上立案率、电子送达成功率进行对比（见图 1），在线庭审适用率远低于前两项数据。根据笔者对于部分法官的访谈得知，在线庭审对于技术条件、适用人群具有一定要求，部分当事人限于自身网络熟练度，无法根据在线庭审操作流程指引顺利登录，亦无法顺利完成后续举、质证环节，后文将对此进行深入分析。

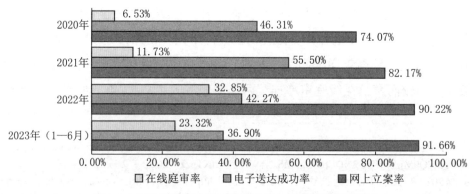

图 1　上海法院网上立案、电子送达、在线庭审数据对比

（二）管中窥豹：J 区法院在线庭审的深度分析

全市各法院是在线庭审的具体适用者，在线庭审的其他细节数据以及深度分析仍需立足某一具体适用法院，并结合案件审理、结案情况进行递进分

析，考虑到这一情况，笔者进一步缩小研究范围，以 J 区法院的在线庭审数据进行深度分析。

1. 在线庭审适用全局分析

（1）适用场次超全市平均水平，但仍远低于其他智慧法院项目

2020 年至 2023 年 6 月，上海法院平均完成在线庭审 16508 次，J 区法院该期间完成在线庭审 23774 次，远超全市平均水平，庭审数据较多，对于研究在线庭审的实践情况具有较高样本价值。

但与网上立案、电子卷宗、电子送达等其他智慧法院建设成果相比，J 区法院在线庭审整体适用率仍然偏低。2020 年至 2023 年 6 月，J 区法院网上立案率 85.38%，电子卷宗覆盖率 99.62%，电子送达成功率 43.61%，而该期间在线庭审率仅为 12.9%。J 区法院在线庭审的适用情况与全市情况一致，受制于技术及使用人群的限制，传统庭审仍是当前审判实践的主流选择。

（2）在线庭审数量整体增长，但远落后于庭改庭审数据

通过分析 J 区法院 2020 年至 2023 年 6 月期间在线庭审数月度数据（见图 2），并与庭改庭审数据进行对比（见表 2），可以看出该期间在线庭审适用情况整体增长，但月度波动较大，分别于 2020 年 3 月、2021 年 5 月、2021 年 11 月、2022 年 3 月、2022 年 7 月、2023 年 3 月出现峰值。在线庭审率连续两年增长，在 2022 年出现激增后，2023 年上半年有所回落，而庭改庭审率不仅保持持续增长态势，2023 年上半年庭改庭审数量更是超过 2022 年全年数据。与全市情况一致，在线庭审的适用情况与疫情的影响具有关联性，

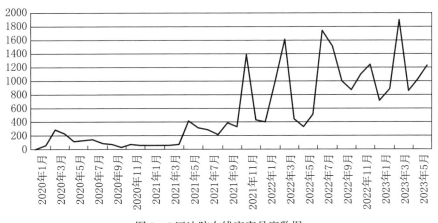

图 2 J 区法院在线庭审月度数据

表2 J区法院在线庭审、庭改庭审情况

时间	庭审数	在线庭审数	在线庭审适用率	庭改庭审数	庭改庭审适用率
2020 年	55785	1320	2.37%	1337	2.40%
2021 年	53245	4035	7.58%	12196	22.91%
2022 年	45241	11805	26.09%	14849	32.82%
2023 年（1—6 月）	30018	6614	22.03%	15719	52.37%

相较而言，技术相对成熟、操作较为简便的庭改庭审在后疫情时代更受法官青睐。

2. 在线庭审适用场景分析

（1）主要适用于民事一审案件，功能价值未能在简单案件中充分发挥

分析 J 区法院 2020 年至 2023 年 6 月在线庭审的适用案件类型（见表3），民事一审案件为适用在线庭审的绝对主力军，这与在线诉讼规则对在线庭审适用范围的规定相一致，在线庭审后续的改革也应当立足民事案件主战场，根据民事一审案件的特征、举证、质证环节完善设置相应的操作流程。

表3 J区法院不同类型案件在线庭审适用情况

案件类型		庭审数		在线庭审数		在线庭审率	
刑事		4917		1245		25.32%	
民事	一审		187381		21887		11.68%
	审判监督		18		2		11.11%
	第三人撤销之诉	189475	6	21912	—	11.56%	—
	特别程序		2058		23		1.12%
	人格权保护禁令		5		—		—
行政		2871		607		21.14%	
赔偿		34		10		29.41%	
强制清算与破产		12		—		—	
执行		—		—		—	

进一步聚焦于该期间在线开庭民事一审案件的适用程序（见表4），可以看出不同程序在线庭审数及适用率并不一致。其中，小额诉讼程序的在线庭审数量及适用率均为最低。简易程序在线庭审数十分突出，分别为小额诉讼程序、普通程序的8倍、2.7倍，但适用率却不及普通程序。一如全市在线诉调适用情况，在线庭审的功能价值及优势仍未在小额诉讼程序等简单案件中得到充分发挥。

表4　J区法院不同民事一审程序在线庭审适用情况

适用程序	庭审数	在线庭审数	在线庭审率
小额诉讼程序	28871	1934	6.7%
简易程序	131244	15789	12.03%
普通程序 （含小额诉讼、简易转普通程序）	23743	5869	24.72%

（2）合同类纠纷较适合采用在线庭审，金融类纠纷占比超六成

该期间，J区法院适用在线庭审的21912件民事案件中，合同类纠纷占比高达78.86%。其中金融借款合同纠纷10214件、信用卡纠纷1764件、融资租赁合同纠纷1549件，该三类金融类纠纷合计占比高达61.73%（见图3）。一方主体为金融类公司的案件，如上述三类金融类纠纷案件，在案证据已日趋电子化，电子证据与在线庭审具有同质性，方便进行举、质证，事实调查相对容易，也决定了在金融类纠纷案件审理中，更加适合安排、推广在线庭审。

经在裁判文书网上搜索，全国存在95件适用区块链技术的金融借款类案件，[⑦]相对简便地完成了证据审查及事实查明过程，区块链技术在电子数据审查上具有优势，上链后的电子数据可以通过哈希值验证等方式审查真实性，[⑧]但目前的在线庭审技术中并未对此采纳，如加入这一模块应当可以加速金融类案件的审理效率，这也为下文提出在线庭审的优化适用提供实践支撑。

---

⑦　参见（2022）鄂0106民初17673号，当事人举证《个人消费贷款合同》等（该合同使用了"至信链"区块链存证服务，并提供该存证平台的备案和资质），法院通过"至信链"区块链存证平台对《个人消费贷款合同》进行了技术核验，核验通过，依法予以确认真实性。

⑧　陈玲：《技治主义视域下民事诉讼中大数据证据的适用与规范》，载《上海法学研究》集刊2023年第6卷。

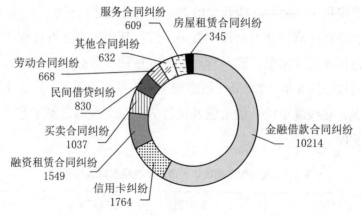

图 3　J 区法院适用在线庭审案件案由分布情况

3. 在线庭审适用效率分析

（1）民事在线庭审案件调撤、裁驳率略高于判决率

截至 2023 年 7 月 14 日，J 区法院 2020 年至 2023 年 6 月适用在线庭审的民事案件中，已审结 21450 件。其中判决结案 9387 件，占比 43.76%；调解结案 2724 件、撤诉（含按撤诉处理、裁定撤诉）结案 6264 件、裁定驳回起诉 2903 件，调撤、裁驳案件合计占比 55.45%；移送其他法院管辖等其他结案方式审结 172 件。调撤、裁驳率略高于判决率。在线庭审更多适用于调撤、裁驳案件，原因在于此类案件对于证据采信的要求并不高，且事实相对简单，当事人矛盾争议不大，庭审秩序相对可控，可以最大程度发挥在线庭审打破时空限制、便民利民的优势。

（2）在线庭审并未明显缩短案件审理周期

统计在线庭审、非在线庭审平均审理天数（见图 4），可以看出在线庭审并未明显缩短审理周期。当事人从"面对面"转换为"屏到屏"，可能增加案件当庭调解难度。而对于复杂案件，由于事实难以查明、庭审秩序难以把控，适用在线庭审模式反而可能造成案件审理效率的降低、审理周期的延长。

（3）在线庭审覆盖庭前、庭审全流程，庭审适用场次略高

截至 2023 年 7 月 14 日，J 区法院 2023 年 1—6 月适用在线庭审且以判决方式审结案件 3200 件。为进一步了解在线庭审的适用效率，笔者选取其中 600 件案件作为样本进行逐一统计分析。

上述样本案件中，329 件案件适用一次在线庭审，177 件案件适用二次在

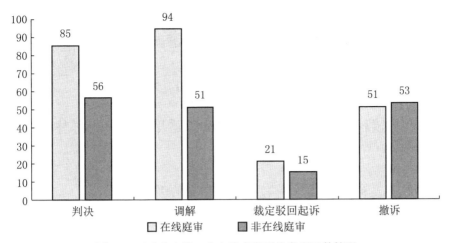

图 4　J区法院在线、非在线庭审平均审理天数情况

线庭审，62件案件适用三次在线庭审，25件案件适用四次在线庭审，6件案件适用五次在线庭审，另有1件案件适用九次在线庭审。可见大部分案件审理过程中，仅适用一次在线庭审。而结合法庭用途（见图5），按照在线庭审适用的审理阶段进行区分，庭审程序适用在线庭审的场次略高于庭前程序，占比57.34%；庭前程序中证据交换适用场次最多。

经分析，适用在线庭审完成的庭审程序多安排为最后一次开庭，且多数已经过线下证据交换、调查等庭前程序。适用在线庭审完成的证据交换多安排为第一次开庭，但一庭率较低，多因提出新证据、追加或变更当事人而需再次开庭。从整体庭审结构来看，在线庭审覆盖庭前和庭审全流程，能够满足不同场景要求。在法庭调查阶段尤其是证据交换中，在线庭审因其自身网

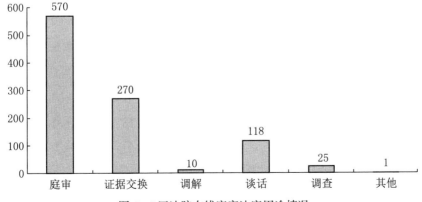

图 5　J区法院在线庭审法庭用途情况

络虚拟性等特点导致适用受限；而在法庭辩论阶段，在线庭审则可发挥节省当事人往来时间成本、提升诉讼效率、突破时空限制等功能价值。

三、庖丁解牛：在线庭审适用受限的原因剖析

（一）基础不实：技术条件制约推广适用面，参与群体具有个体差异

1. 技术基础条件不完善，网络故障影响庭审进程

国家统计局 2022 年数据统计显示，固定互联网宽带接入用户 58965 万户，比上年末增加 5386 万户，其中 100M 速率及以上的宽带接入用户 55380 万户，增加 5513 万户；互联网普及率为 75.6%，其中农村地区互联网普及率为 61.9%。[⑨] 上述数据表明，目前我国仍存在不同地区网络发展水平不均衡的现象，特别是农村地区不具备全面推行在线庭审的基础，在线庭审的推广仍受限于基础技术条件。而基础技术条件不完善、网络环境不稳定直接影响着审判活动的效率。庭审中，或限于法院网络技术条件，或因当事人所处的网络环境不稳定，在线庭审常常出现视频画面卡顿、连接中断等法官与当事人沟通不畅的情况，严重影响庭审效率；部分案件还会出现庭审结束后无法形成签名二维码、因视频文件"丢帧"导致无法判断相关当事人的真实表达、庭审音视频文件无法打开等情况，此时法官还需要通过另行刻录法庭监控录像等方式对庭审情况予以固定，或另行组织庭审对相关事实予以查明，如此一来，法官、当事人难免产生徒劳无功的感受，在线庭审并未明显提升审判效率。

2. 在线用户网络能力差异大，数据弱势群体难以有效参与

在线庭审依赖于人工操作，参加在线庭审的当事人必须掌握在线诉讼技术，能够顺利进入电子法庭、使用举证程序。国家统计局数据显示：2022 年全年全国总人口为 141175 万人，其中 60 周岁以上人口约 28004 万人，占据全国总人口的 19.8%，其中 65 周岁以上人口约 20978 万元，占据全国总人口

---

⑨ 《中华人民共和国 2022 年国民经济和社会发展统计公报》，载 http://www.stats.gov.cn/xxgk/sjfb/zxfb2020/202302/t20230228_1919001.html，2023 年 7 月 15 日访问。

的 14.9%；互联网上网人数 10.67 亿人，其中手机上网人数 10.65 亿人。[⑩] 伴随着老龄化大潮的来临，目前我国 60 周岁以上的人口已近 20%，仍有约 5 亿人不上网，这些被互联网时代抛下的人统称为数据弱势群体。因无法及时有效获取、理解和利用网络数据，导致资源匮乏、能力不足、被边缘化乃至正当权利受损。基于对现代信息技术的陌生，法院工作人员引导此类当事人寻找在线庭审登录端口、完成人脸识别认证较为困难，继而使得庭审难以推进。加之庭审活动均安排在工作日，数据弱势群体亦难以寻求家中年轻人的帮助。因此实践中，即使是简单案件，若一方当事人属于老年人等数据弱势群体，法官便不会轻易选择在线庭审。

（二）动力不足：适用线上缺乏内在积极性，技术优化难以持续推进

1. 质效指标欠缺在线评价，在线庭审沦为鸡肋工具

自 2018 年最高人民法院下发《关于开展案件质量评估工作的指导意见（试行）》以来，全国法院开始进行案件质效评估与案件指标管理。质量评估体系应当以组织战略为基础进行设计，即先识别组织的使命和目标，再将被管理者个人的行为与组织的使命和目标联系起来，通过强化有利于达成组织目标的行为，使被管理者在最大程度上表现出那些期望的行为并且达成预期的结果。[⑪] 目前法院的评估指标偏向传统，即主要是结案数、调撤率、收结案比、法定审限内结案率、平均审理时间指数、上诉案件平均流转周期等传统考察因素，并通过法各庭室内勤制作的工作报表予以反映。工作报表是法院工作成果体检表，工作复盘及下一步工作设计均依赖于工作报表的数据结果，但工作报表不反映在线数据。在线庭审作为法院工作的指标考量主要是统计各庭室在线次数并公示，这种指标管理，一定程度可以满足短期的在线开庭要求，但不具备可持续性，只能成为各庭室为完成公示任务不得不为的短期冲刺。这种评价方式，指标缺乏针对性，作用只能浮于表面，无法反

---

⑩ 《中华人民共和国 2022 年国民经济和社会发展统计公报》，载 http://www.stats.gov.cn/xxgk/sjfb/zxfb2020/202302/t20230228_1919001.html，2023 年 7 月 15 日访问。

⑪ ［美］赫尔曼·阿吉斯：《绩效管理》，刘昕译，中国人民大学出版社 2013 年版，第 16 页。

向激发在线开庭的推广和适用，也无法形成经验总结反馈在线系统的优化和升级。

2. 使用主体存在抗拒心理，技术漏洞难以及时解决

通过访谈得知，J区法院干警普遍对在线庭审存在抗拒心理，根本在于其"不好用"，使用过程中经常出现卡顿、当事人突然掉线等技术因素，虽然院里关于智慧法院项目成立过专门的技术微信群，方便干警及时反馈问题，但答复并不及时，且多治标不治本，在线庭审的使用并未根据使用者的需求进行技术优化，而是停留在开发初期阶段，用户体验感并不理想，主要表现在证据交换的推进过程存在很多困难，庭审秩序难以维持，这一点在下文将详细论述。在线庭审依托于互联网技术，是一项创新性的工具，只要是工具，便需要根据用户体验不断优化，在线庭审目前来说难以在使用者和开发者之间形成良性对话，用户反馈和问题难以在技术端得以解决，无论是干警还是当事人，除非必不得以，都在规避这一工具的使用，这也是在线庭审难以推广适用的一大根源。

（三）效果不佳：虚拟空间弱化庭审把控度，证据交换存在推进阻滞

1. 对质压力存在变相削弱，庭审秩序存在失范可能

质证是庭审程序必不可少的组成部分，是查明案件事实的重要基础。传统庭审中，质证主体在这种面对面的质证活动中所享有的权利被称为"眼球对眼球的权利"。[12] 在线庭审中，"面对面"转换为"屏对屏"，质证过程双方未直接接触，削弱了双方当事人之间的对质压力，也在一定程度上减弱了直接言辞原则的适用效果。此外，除经区块链存证技术认证、审查的电子数据外，包括上文提及的电子化书证以及其他电子化证据材料均可能存在难以审查的问题，质证主体难以通过远程视频的方式有效辨别证据材料的真实性，难以有效质证，进而导致案件基本事实难以查明。

相较于传统庭审，当事人在线参加诉讼更加便利，节省了时间、经济等

---

[12] 参见易延友：《"眼球对眼球的权利"——对质权制度比较研究》，载《比较法研究》2010年第1期。

成本，但是却降低了庭审的亲历性，当事人很难保持对庭审的敬畏感，法庭纪律也难以维系。传统庭审中，法庭有国徽、审判席、双方分席而座，法庭的设置本身需要庄严性，庭审程序先宣布庭审纪律并经当事人起立等司法仪式，当事人参加诉讼的亲历性、实践性也容易使人心生敬畏，从而更加信服于法庭及法官的权威，促使当事人遵守法庭纪律，法官审理案件更加得心应手。当诉讼参与人出现违反法庭纪律的行为时，法官可以随时处理，拒不配合的，还可以安排法警以维持秩序，线下庭审对于违反法庭纪律的处罚也可以立即产生效果，可以对当事人产生更多的规制。而在在线庭审中，网络空间削弱了法庭的肃穆感、仪式性，通过远程视频的方式参加庭审活动，当事人亲历性、体验感降低的同时，松懈心理也随之产生，且在线庭审只有一方镜头，由于角度和技术原因，当事人的全部行为、是否与外界存在互动、是否受到外界影响，均无法及时发现，更遑论对此进行规制。因此，法官对在线庭审秩序、法庭纪律的维护、控制能力相对变弱，庭审随意性大大增加。司法实践中，当事人拒不上线、超时上线、着装随意、环境嘈杂、旁听人员任意发言、庭审过程中随意走动、随意下线、庭审结束后拒绝签字而径行退出庭审等情况时有发生。

此外，在线庭审中当事人"拒不到庭""中途退庭"及其法律后果难以认定。传统庭审中，出入法庭的认定较为客观，《中华人民共和国民事诉讼法》第一百四十六条、第一百四十七条⑬的适用标准也较为统一。但于在线庭审而言，《在线诉讼规则》第二十五条第二款⑭虽然对在线庭审中"拒不到庭""中途退庭"进行了规定，但该条规定较为原则化，基于在线庭审"法庭"的网络虚拟化，当事人系因设备故障还是有意为之导致"拒不到庭""中

⑬ 《中华人民共和国民事诉讼法》第一百四十六条：原告经传票传唤，无正当理由拒不到庭的，或者未经法庭许可中途退庭的，可以按撤诉处理；被告反诉的，可以缺席判决。第一百四十七条：被告经传票传唤，无正当理由拒不到庭的，或者未经法庭许可中途退庭的，可以缺席判决。
⑭ 《在线诉讼规则》第二十五条：出庭人员参加在线庭审应当尊重司法礼仪，遵守法庭纪律。人民法院根据在线庭审的特点，适用《中华人民共和国人民法院法庭规则》相关规定。除确属网络故障、设备损坏、电力中断或者不可抗力等原因外，当事人无正当理由不参加在线庭审，视为"拒不到庭"；在庭审中擅自退出，经提示、警告后仍不改正的，视为"中途退庭"，分别按照相关法律和司法解释的规定处理。

途退庭"难以掌握，进而导致按撤诉处理、缺席审理的适用易生争议，法官也难以据此把控庭审，维持庭审进程。

2. 证据真实性尚存客观争议，证人作证存在干扰风险

证据的真实性包括形式真实性和内容真实性，形式真实性要求证据本身真实，相关签字为本人所签，而内容真实性则针对证据所载内容是否属实，能否与其他证据相互印证。传统庭审中，双方在庭审现场直接面对面进行举证、质证，当事人可以查阅原件，对书证外在形式进行识别，并作出即刻回应，一定程度上可以降低证据造假或当事人虚假陈述的概率。在线庭审中，当事人将书证扫描或拍照后上传至诉讼平台，证据以电子化形式呈现，而对电子化书证的真实性审核就成为了重点。《在线诉讼规则》第十二条、第十三条⑮虽明确了电子化材料视同原件的效力及审核规则，但实践中，或由于电子化材料的易编辑性，或由于电子数据的虚拟性所产生的"距离感"，又或出于诉讼策略的考虑，当事人往往难以直接认可对方的电子化书证，甚至会出现当事人以视频卡顿等作为借口突然下线，随后再进行质证的情况，增加了当事人虚假陈述的风险。在线庭审依托于区块链技术进行存证，虽然可以保证证据上链之后具有真实性，但证据本身在电子化之前是否真实却无法辨别，因此对于并非来源于网络环境的证据类型（如金融借款合同中的合同等形成于网络平台，可以直接连接区块链技术进行审查，反而更容易在线审查真实性），很难单纯从电子材料区审查三性问题。

证人在线出庭时，作证的场所由实体法庭变更为虚拟法庭，证人与法官分属不同物理空间，法官无法完全掌握证人的作证环境，亦无法确保证人与当事人是否分属不同空间、证人是否旁听庭审或通过电话等其他方式了解庭

---

⑮ 《在线诉讼规则》第十二条：当事人提交的电子化材料，经人民法院审核通过后，可以直接在诉讼中使用。诉讼中存在下列情形之一的，人民法院应当要求当事人提供原件、原物：（一）对方当事人认为电子化材料与原件、原物不一致，并提出合理理由和依据的；（二）电子化材料呈现不完整、内容不清晰、格式不规范的；（三）人民法院卷宗、档案管理相关规定要求提供原件、原物的；（四）人民法院认为有必要提交原件、原物的。第十三条：当事人提交的电子化材料，符合下列情形之一的，人民法院可以认定符合原件、原物形式要求：（一）对方当事人对电子化材料与原件、原物的一致性未提出异议的；（二）电子化材料形成过程已经过公证机构公证的；（三）电子化材料已在之前诉讼中提交并经人民法院确认的；（四）电子化材料已通过在线或者线下方式与原件、原物比对一致的；（五）有其他证据证明电子化材料与原件、原物一致的。

审内容、证人是否受他人干扰，削弱了法官引导、控制证人诉讼行为和作证环境的能力。在传统庭审中，证人出庭作证前往往在庭审外等候，物理空间的隔离保证了证人陈述的独立性。《在线诉讼规则》虽规定人民法院应通过指定在线出庭场所、设置在线作证室等方式，保证以在线方式出庭的证人不旁听案件审理、不受他人干扰，[16] 但该方式仍有赖于相应配套设施、场所的完备设置，实践上操作难度较大。

四、优化路径：推广在线诉讼的总体思路与具体设计

（一）总体思路：改革质效指标管理，强调多方推进合力

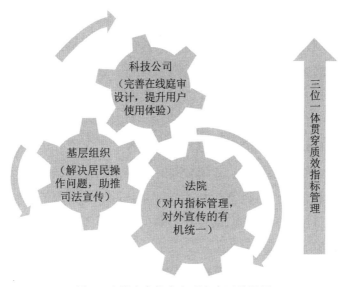

图 6　在线庭审推广宏观方案思维导图

1. 突出一个重点：将在线适用率纳入质效指标体系

在线庭审依托互联网技术能够实现便民利民，提升审判质效，应当纳入质效指标体系，具体就是纳入法院各庭室的工作报表进行考评，将在线适用的组织目标与个人绩效目标实现统一。在线适用的指标管理需要量化，并在

---

⑯ 《在线诉讼规则》第二十六条：证人通过在线方式出庭的，人民法院应当通过指定在线出庭场所、设置在线作证室等方式，保证其不旁听案件审理和不受他人干扰。当事人对证人在线出庭提出异议且有合理理由的，或者人民法院认为确有必要的，应当要求证人线下出庭作证。

数据上方便抓取，长期内在技术上无法实现数据生成、共享的指标暂时不予采纳。也即，应当将组织目标量化为各项评价指标，浸润式地将自身属性、目标的实现融合于指标体系当中，并建立可视化的质效评价结果公示平台，实现预设指标与客观结果之间的差距纠偏。[17] 在线庭审的指标可细化为适用案件类型、适用次数、适用环节等，以可视化的数据作为指标落实的依据，绑定干警个人的业绩绩效，反向助推在线庭审的推广和完善。

2. 强调两个层面：法院工作对内管理及对外宣传的有机统一

在线庭审的使用对象是法院干警和当事人，强化内部管理是推广在线诉讼适用的基础，而做好在线庭审的指导和宣传工作，才能真正发挥其工具价值，将提高司法效率的目标落到实处。对于法院干警来说，尚可以通过加强内部技术培训的方式掌握在线技术，在线庭审的推广掣肘根源在于外部主体，即当事人，特别是信息弱势群体，这类群体无法通过短信发送的在线诉讼操作守则完成在线庭审的登录和庭审的有效推进，庭审现场尚需法官指导，导致审理进程缓慢。法院的法宣工作、司法下乡等司法为民工作应当增加在线庭审等智慧法院项目的介绍和操作讲解，并及时解答和反馈居民在在线庭审等智慧法院项目使用中的问题，将详细的操作守则等留存居委会，方便居民有所需求时及时获得求帮助。如果说将在线庭审的适用纳入质效管理是封闭的评价体系，那么对外进行宣传和指导就是法院工作开放的评价体系，相比而言，对外宣传虽难开展，但却更能搜集问题，对于在线庭审的技术完善和体验提升具有更加深远的意义。

3. 形成三股合力：法院、科技公司与基层组织的三位一体

从长期来看，智能化信息技术在司法场景中的应用，需要充分依托社会力量的实质参与，打造多方协同的良好生态。[18] 推广在线诉讼也需要充分激发法院、基层组织及科技公司三大主体的参与热情，法院和基层组织发动在线使用人员反馈问题，而科技公司作为软件开发方则总结用户需求不断提升用户体验。于法院而言，如上文所述，通过质效管理和对外宣传做好干警和

---

[17] 霍丽君：《人民法庭审判质效评价体系的构建》，载《人民司法》2022 年第 31 期。

[18] 刘艳红：《人工智能技术在智慧法院建设中实践运用与前景展望》，载《比较法研究》2022 年第 1 期。

当事人的培训指导工作，但法院的力量是有限的，至多可以约束干警，当事人和技术端仍需基层组织和科技公司的助力。内部评价就好比产品本身符合了 ISO 质量管理体系的标准，外部评价就是一个公共产品的市场反馈，在某种程度上决定着是否产销对路，可以通过第三方的方式，避免内部感知与外部严重脱节。^⑲在线庭审最终是为了方便群众，提升质效，需要当事人对其适用性及问题作出反馈，才能产销对路，扩大市场。对于基层组织来说，需要配合法院做好居民对于在线系统的使用既有利于诉源治理，也是当代枫桥经验的客观要求。基层组织除了在法院司法下乡这类法宣活动时予以配合和支持外，自身也可以改革社工团队设置，在社工的工作范畴中加入信息技术辅助环节，定期进行数字宣传，并专设联络员，解决居民在线问题，并针对弱势群体特别是不掌握基本计算机水平的当事人，加强在线诉讼方面的法律援助，避免产生数字鸿沟。^⑳智慧法院信息系统建设和运维的大量具体工作依赖于社会化外包服务，在线司法活动的很多环节与合作单位高度关联，因此合作单位也是影响在线司法活动流程和效果的重要因素。^㉑具体负责在线庭审及智慧法院建设项目的技术人员亦应当定期反馈居民和法院干警在使用在线庭审中汇集的问题，并听取使用者的意见完善系统配置，简化操作流程，契合用户需求，最大化提升在线庭审的使用体验。科技公司和基层组织，也应当通过指标管理的评价方式，将在线诉讼的适用和推广纳入考评体系，激励相关工作人员落实工作，创新服务。

（二）具体设计：明确类型化适用场景，简化操作使用流程

1. 明确一个原则：在线庭审适用于证据简单、事实清楚案件

在线庭审目前受限于证据原件审查、证人作证干扰、庭审秩序失范等，因此应当明确适用于事实清楚、证据简单的案件，这也与《在线诉讼规则》

---

⑲ 参见徐芙蓉：《案件质量评估机制精细化路径研究》，载《广西政法管理干部学院学报》2021 年第 2 期。

⑳ 参见黄国栋：《比较法视野下智慧法院建设的中国经验、实践困境与路径优化》，载《法律适用》2023 年第 3 期。

㉑ 许建峰、孙福辉、张娴：《〈人民法院在线运行规则〉理解与适用》，载《人民司法》2022年第 10 期。

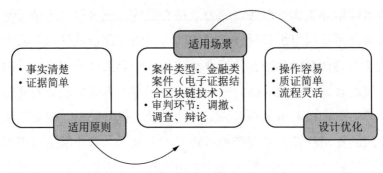

图7　在线庭审推广微观设计思维导图

的精神相契合。在线庭审能够打破双方当事人参与诉讼的时空障碍，让随时随地参与诉讼成为可能，这种便捷化的诉讼参与模式，很难对举、质证及庭审规范提出过高要求，因此在简单案件或批量案件中更能发挥作用。而复杂的案件，证据繁多、事实复杂，对于证据审查及事实认定具有较高要求，通过线下庭审更能提高效率。同时，实践中大量诉调案件及小额诉讼程序等简单案件，在线庭审适用率较低，故应将此类案件列入重点推广范围。

2. 具化两类场景：金融类案件及调撤、调查、辩论阶段适用在线庭审

（1）适用案件场景：金融类案件

通过分析 J 区法院的具体数据得知，金融借款合同纠纷、融资租赁合同纠纷、信用卡纠纷在线庭审适用率更高。第一，金融类纠纷双方主体多为公司，抑或熟悉网络操作的当事人，该类主体具有在线庭审操作优势；第二，金融类案件更多依托于金融软件或网络操作平台（例如信用卡有网上银行、金融借款有网络借款 App 等），证据形式上更加偏向于电子证据，具有证据交换优势；第三，金融类案件依托于金融软件或平台，具有相对清晰的操作规则，进而审理的民事法律关系事实较为确定和简单，具有事实审理优势。因此，该类案件应当更多适用在线庭审，而与该类案件具有相似特征的案件，适合适用在线庭审以最大化审理效率。

（2）适用环节场景：调撤案件及环节性调查、辩论阶段

结合在线庭审现状，可以确定金融类案件适合作为在线庭审推广适用的典型案件场景，但不等同于其他案件不能或不宜适用在线庭审。根据数据可知，对于撤诉、调解、裁定驳回起诉这类案件，不需要进行深入实体审查，在线庭审不失为提高司法效率的工具，可以减少当事人往返法成本，于法官而言也同样便利；此外，大量事实简单的诉调案件，也应当推广适用在线，这一点也是目前实践中的短板问题，在未来需引起重视。对于其他相对复杂的案件，应当将审理流程模块化，对于庭前程序中固定诉请、事实调查及谈话环节，以及庭审程序中的法庭辩论环节，均可采用在线庭审，这也与 J 区法院当前在线庭审司法实践相一致。如房屋租赁合同纠纷中，可通过在线调查告知解除合同案件中当事人及时返还房屋以防止损失扩大；建设工程合同纠纷中，可通过在线谈话明确鉴定内容；业主知情权纠纷中，可通过在线调查固定诉辩意见。通过环节性的调查、谈话，固定基本事实，节省了当事人往返成本之余，也为下一步的审理铺垫基础，是法官实际办案过程中提升司法质效的智慧结晶和经验总结。

3. 实现三个简便：操作容易、质证简单、流程灵活

（1）操作上借鉴异步庭审，主打容易上手

就操作难易程度来说，异步庭审操作简便，对此可以进行借鉴。在线诉讼规则某些规定过于保守，对当事人身份需多次确认，但实践中并不需要。在线庭审完全可以通过人脸识别的方式验证身份、完成登录，庭审结束后直接采集各方预留签名，无需再次签名。审理过程中最小化当事人的网络要求，保持在线状态。对于当事人主动退出庭审的操作予以智能监督（一般主动退出需要关闭对话框，不同于被迫下线，可考虑通过算法设置予以智能监督），如属于中途主动退庭则提示法官，以便进行相应处理。在线庭审页面设置为一半画面、一半笔录模式，提高语音识别的准确性，方便后续查阅、文书写作工作。

（2）庭审中纳入区块链认证技术，强调便利质证

举、质证及音字转换也应放置于同一页面，以便各方及时查看证据内容及庭审笔录，或是直接参考异步庭审，在程序设计上，可以拖拽证据内容直接展现在笔录识别中，以聊天记录的方式反映在笔录之中。而在具体的质证流程中，应当引入区块链技术，对于上链内容直接验证其真实性，这与当前审判实践中金融借款类案件的审理现状一致，现全国法院已通过"至信链"区块链存证平台等验证上链证据的真实性，可在庭审中加入该选项，证据真实性无法确认时可予确认，便利庭审的质证流程。

（3）流程上主张灵活适用，倡导言辞集中、简约

对于金融类案件适用场景，从最大化司法效率的角度出发，应当考虑简化在线庭审流程，将事实理由陈述、答辩、辩论、最后陈述环节进行合并、统一发表，对于未尽意见，引导当事人书面方式递交。通过这种方式，对于金融类案件，可将在线庭审的审理重点放在举、质证环节，从而最大化庭审效率。此外，对于庭审方式的革新亦要注意限度，不能采取直接省略庭审这种过激的方式，省略庭审是对传统诉讼原则的颠覆，甚至无法确保能够真正查明案件事实。㉒

五、结语

法院改革的宗旨始终是坚持"司法为民"，而司法为民的标志就是提高司法审判效益。㉓在线庭审作为智慧法院建设的重头项目，迫切需要进行产品优化升级并借助多方合力激发产品使用动力，以实现信息多跑路、群众少跑腿，最大化其工具价值，提高司法质效。具体而言，动力激发离不开法院、基层组织及科技公司三位一体贯彻在线质效指标管理，形成用户需求与设计反馈的良性循环；产品优化则应明确适用场景及适用环节，强调操作简便。智慧法院的未来取决于在线系统的优化升级，在线系统的发展有赖于产品的更新换代。本文关于在线庭审的优化思路只是抛砖引玉，笔者期待更精巧的设计、更大胆的创新，以促进在线庭审在后疫情时代迸发出更蓬勃的生命力。

㉒ 左卫民：《后疫情时代的在线诉讼：路向何方》，载《现代法学》2021年第6期。

㉓ 江必新：《以改革促进审判制度的完善——兼论法院改革之初心、问题与路径》，载《中国应用法学》2020年第1期。

精确化、透彻化、层次化、充分化：论民事裁判文书说理规则的重塑

程　明[*]

"正义是从裁判中发生的"，裁判文书是法院审判管理工作的成果展现，是反映全部诉讼活动、实现定纷止争、体现司法水平的重要载体。2018年6月，最高人民法院出台《关于加强和规范裁判文书释法说理的指导意见》，其中第三条明确要求"围绕证据审查判断、事实认定、法律适用进行说理，反映推理过程"，这也明确了民事裁判文书说理的总体思路。

一、实证分析——民事裁判文书说理现状的数据透视

通过C2J智能办案辅助系统抽取2016年至2020年期间180份已生效民事判决书作为样本。首先，统计样本的总体说理情况，并得出判定民事裁判文书说理是否充分的四个标准。其次，划归九大类案由对样本进行分类剖析。最后，以说理内容、篇幅及方式进行差异化分析。通过上述递进式实证分析，可勾勒出目前民事裁判文书说理现状的大致轮廓，而该四个标准亦是本文之逻辑起点。

（一）四边形说理方式的层次化分析

通过逐一浏览文书样本，特别是对样本中裁判说理部分的阅读并通过对比，发现经过归纳争议焦点、证据说理、事实认定、法律适用这四个方面的说理，就基本能达到说理充分的程度。

* 程明，法学硕士，上海市静安区人民法院办公室二级主任科员。本文获中国法学会审判理论研究会2022年征文二等奖。

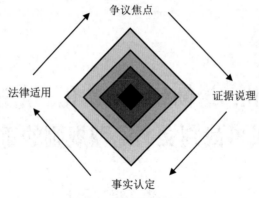

图 1　四边形说理方式

笔者将说理程度分为以下三个层次：

（1）说理充分：[①] 一是全面、精确概括各方当事人的主张和事实理由，归纳案件争议焦点；二是载明法院证据认证过程，对各方当事人提供的证据作全面回应；三是在采信证据的基础上，运用证据规则、逻辑推理、日常生活经验法则等方法对证据进行综合分析，推断出案件事实；四是对定案裁断所适用的法律和适用该法律的理由进行充分说明。

（2）部分说理：四个标准未达标数为一个。

（3）说理缺失：四个标准未达标数为两个。

根据以上评判标准，通过对样本的分析统计，说理充分的占到43.9%，部分说理的占比为38.3%，说理缺失的比例为17.8%。

被归于部分说理或说理缺失的民事判决书，大多数是由于未对诉辩各方提供的证据作出全面准确地回应，如对一方的意见或证据以笼统的语句一笔带过，未具体说明采纳或不采纳的理由。但是上述情况在采用新民事诉讼文书写作格式后有所好转，特别在证据说理部分，大多数新格式判决书均明确采用了举证、质证、认证的证据说理过程，使得说理更为明晰和透彻。另外少部分则是未点明案件争议焦点，此种文书写作习惯多以法条为开头，后陈述本案具体情况进行嵌入式司法审查。

[①]　参见《浙江省高级人民法院关于加强裁判文书说理工作的若干意见》第三条至第六条，载找法网 http://china.findlaw.cn/info/minshang/minfa/minfafagui/sifajieshi/62507.html，2022年2月13日访问。

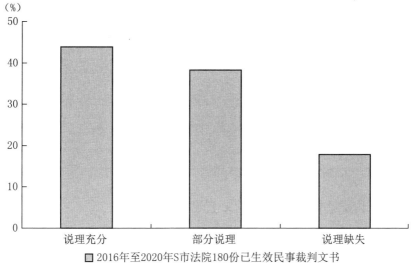

图 2　样本文书总体说理情况统计

（二）样本文书民事诉讼案由的类别化分析

考虑到不同民事案由对统计数据会产生影响，笔者按照上海法院智能审判管理系统中的民事案由划分了以下几类案件类型，并根据上文提到的说理评判标准，对图 2 中的 180 份数据样本再次进行分析。目前 S 市法院审判管理系统中区分为以下九类案由（除非诉程序及特殊诉讼程序案件）：人格权纠纷；婚姻、家庭继承纠纷；物权纠纷；合同、准合同纠纷；知识产权与竞争纠纷；劳动争议、人事争议；海商海事纠纷；与公司、证券、保险、票据有关的民事纠纷；侵权责任纠纷。以上每种案由随机抽取 20 份生效判决书进行细化分析，具体见表 1。

表 1　九类案由样本文书说理情况的统计

序列	案　由	说理充分	部分说理	说理缺失	说理充分比例
1	人格权纠纷	6	12	2	30%
2	婚姻、家庭继承纠纷	8	8	4	40%
3	物权纠纷	7	9	4	35%
4	合同、准合同纠纷	9	6	5	45%
5	知识产权与竞争纠纷	12	5	3	60%

续表

序列	案　由	说理充分	部分说理	说理缺失	说理充分比例
6	劳动争议、人事争议	7	8	5	35%
7	海商海事纠纷	11	6	3	55%
8	与公司、证券、保险、票据有关的民事纠纷	10	6	4	50%
9	侵权责任纠纷	9	9	2	45%

（三）样本文书说理程度的差异化分析

1．说理篇幅

知识产权与竞争纠纷、海商海事纠纷说理篇幅最高。究其原因，知识产权案件在证据收集与事实认定方面就存在难度大、数量多的特点，从中还涉及技术调查与鉴定，我国目前也在努力构建专家证人、技术鉴定、专业陪审员、技术咨询专家、技术调查官"五位一体"的技术事实认定体系。[②] 故法官在处理这类案件时相对较之其他纠纷的案件会更为注重说理深度。而海商海事案件很大一部分为涉外案件或造成了重大人身和财产损失的案件，社会影响较大，因此审判人员在对待此类案件时往往会投入更多的精力。

2．说理内容

以上文提及的四边形的后两部分，事实认定与法律适用为例，前者包括证据举证、质证、认证说理，后者包括法律原则、规则的适用说理。民间借贷案件因 80% 以上均为公告案件，故事实说理占裁判文书字数的比重较小；劳动争议案件因审判要素较为固定，其在事实说理笔墨亦较之其他案由占比较小；合同类纠纷法律适用说理比重较大，如涉及预约合同、违约责任的认定等。

3．说理方法

样本文书说理大多数采用了演绎推理方法，大前提为直接引用成文法的法律规则，少部分文书参考了中、高院的审判指导性文件、研讨会议精神等

[②] 游倬锐：《比较法视野下我国知识产权案件技术事实认定之检视——兼论我国知识产权案件技术调查官制度》，载《法制与社会》2018 年第 2 期。

相关内容，还有一些文书适用了法律原则、生活经验法则与交易习惯。其中，援用法律原则说理最多的是股东权纠纷；援用行业惯例说理最多的是合同纠纷；援用公序良俗说理最多的是婚姻家事纠纷。③

二、溯本追源——当前民事裁判文书说理薄弱的原因探究

对民事裁判文书说理较薄弱之现状进行原因剖析，有助于更深入地理解我国司法实践现状的症结，也有助于更准确地界定裁判文书说理在断案裁判、定分止争中所起的重要作用。

（一）不愿说理

部分法官不愿说理。目前，裁判文书缺乏合理的考评及激励机制。一方面，近年来法院案件增长率持续保持高位，案多人少的矛盾逐渐凸显，如何有效地去除存案、提高同期结案率成为最为紧急的任务，并逐渐形成案件数量指标至上的倾向，强调"量"必会下降"质"。另一方面，在基层法官因案件数量处于超负荷或者超负荷边缘的状态下，缺少时间及条件，亦缺乏动力办出精品案件、撰写优秀裁判文书。④如何进一步完善法官及司法辅助人员的绩效考评制度亦是值得研究的课题。

（二）不敢说理

一些法官不敢说理。因为"司法公信赢弱决定了心证难以公开，考量因素多元决定了行文表述顾虑重重"。⑤导致主审法官难以把握说理最佳切入点和开示度，裁判文书说理于是陷入"欲说还休"的困境，害怕说理多了被当事人、社会公众、新闻媒体抓到漏洞，被追究司法及行政责任，故多有求稳心态，多采用安全程度较高的说理方式和语段运用，不敢过多凸显法官自己对案件证据认证、事实认定、法律适用等方面的自由心证过程。另一方面，一些具有重大影响、案情复杂的案件需撰写书面报告，上报审判委员会或审

③ 夏克勤：《民事裁判文书说理实证调查——基于 900 篇民事裁判文书的分析》，载《中国应用法学》2018 年第 2 期。
④ 刘娟：《裁判文书说理匮乏的成因研究》，载《江苏法制报》2017 年 4 月 18 日第 C 版。
⑤ 黄野松：《法律文书说理的路径选择》，载《人民司法》2014 年第 5 期。

判监督部门进行内部审阅评定，这种内部报告与外部裁判文书的牵制也使得法官在说理论证上有些踌躇。

（三）不会说理

某些法官不会说理。部分法官或因个体理论水平和实践经验以及受限于传统法学思维与专业术语，无法做到事理、情理、法理的融会贯通。而新型案件的不断涌现，也为裁判文书说理带来了新的挑战，法官无法形成内心准确坚定的自由心证，致使裁判文书缺乏清晰的逻辑推理线路，大众理解能力和接纳程度较低。

三、价值考量——强化民事裁判文书说理的法理与实践需求

强化民事裁判文书说理，其背后有着深厚的理论背景与实践需求，这不仅彰显在法律内在逻辑推理之要求上，更体现在司法公正、公平、公开的法律价值本源之中。

（一）法理价值：推理层级与争议焦点的内在要求

1. 推理层级牵引说理高度攀升

法律推理与一般逻辑推理最显著的区别在于法律推理必须限定在法律规范的范围内，整个推理过程必须依法进行。裁判文书说理部分便是法律推理的再现，从原因到结论，从事实到法律再到裁断的终极体现。

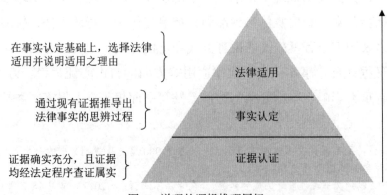

图3　说理的逻辑推理层级

2．争议焦点推动说理强度提升

《人民法院民事裁判文书制作规范》中第七条写明："对有争议的证据，应当写明争议的证据名称及人民法院对争议证据认定的意见和理由；对有争议的事实，应当写明事实认定意见和理由。"第十条写明："认定的事实，应当重点围绕当事人争议的事实展开。"可见，民事裁判文书明确要求针对争议进行列举证据及事实认定，首选要求法官区分有争议证据、事实与无争议证据、事实，然后再对有争议的证据和事实写明结果、认定理由等整个过程，这有助于进一步加深民事裁判文书的说理强度。

（二）实践价值：司法公开与司法公正的外在需求

1．司法公开倒逼说理质量提高

时任最高人民法院院长周强在《深化司法公开，促进司法公正》的报告中指出，"要通过推动裁判文书上网，形成倒逼机制，提高文书质量，加强裁判说理"。周强院长的意见代表了大部分业内人士的意见，他们认为以"公开"促"说理"，即通过生效裁判文书上网促进裁判文书说理质量的提升，形成相应的"倒逼"机制，也是司法公开倒逼司法公正的具体方法之一。而作为裁判文书中最重要的说理部分无疑成为法律文书质量得以提高的关键。

2．感受公正催化说理力度加强

一方当事人的证据及意见为何不被采纳、法院为何不调查取证、其主张的事实为何不被认定，往往是当事人不服判决的症结所在。"让人民群众在每一个司法案件中感受到公平正义"的要求催化裁判文书说理的深度、广度、强度不断得到强化，只有让当事人了解证据举证、质证、认证的过程，理解证据采信与不采信、法律适用与不适用的理由，才能使当事人从裁判文书的字里行间中，在事实、证据、法律之间合乎逻辑的论证中，在案件裁判理由精确具体的阐述中，真真切切地感受到程序正义与实体正义。

四、民事裁判文书说理宏观原则与微观规则的双层重塑

微观规则的具体架构需以宏观原则为基础与指导，否则，规则将如无源之水，难以塑造。在筛选与分流的选择中、在法理与情理的相融中、在法律明文与推理适用的博弈中，民事裁判文书说理规则才能如鱼得水，具体铺设

开来。

（一）民事裁判文书说理原则的宏观指引

1. 筛选与分流——繁案精审与简案快审的相浸

不少专家提出，我国裁判文书说理应根据审判方式、诉讼程序、案件类型等繁简分流，从而使法官能够集中精力制作疑难复杂案件的裁判文书，做到简案快审，繁案精审。⑥ 对于案情简单、证据充分的民事案件，裁判说理可以简单化或者不具体展开，如双方无争议案件、民事速裁程序案件等可以探索采取格式化文书。对于适用普通程序民事案件，裁判文书说理部分需具体充分，尤其是对复杂案件、重大影响案件、对相同类型案件具有指导意义的案件等要充分说理。

2. 法理与情理——专业阐述与大众理解的相润

"法安天下，德润人心。"法官在裁判文书说理时，一方面要坚持运用法律人的思维逻辑与推理模式，在案件事实中依法引用法律法规，适当引入专业法律名词；另一方面也要注意司法的社会职能，对裁判说理的大众理解程度与社会接受效果进行预估，灵活运用通俗易懂的语言进行说理。如无锡胚胎案二审判决书将情理引入判决书，裁判结果符合社会情理，语言通俗易懂，大众接受度高，达到了很好的说理效果。⑦ 相比刑事裁判文书，民事裁判文书更易具备嵌入情理的切口，如对证据真实性、合法性、关联性等专业法律名词的解释说明中，对具体法条适用的说明理由上，均可以尝试采用较为通俗易通、平实准确的语句予以替换。

3. 引用与决断——说理依据与裁判依据的相离

南京市玄武区人民法院的一份判决书，为了解决刑民交叉问题上的法律

---

⑥ 李少平：《新时代裁判文书释法说理改革的功能定位及重点聚焦》，载中国法院网 https://www.chinacourt.org/article/detail/2018/06/id/3335885.shtml，2022 年 2 月 13 日访问。

⑦ 如在胚胎的归属上，二审法院写明，"二是情感。白发人送黑发人，乃人生至悲之事，更何况暮年丧独子、独女！沈某、刘某意外死亡，其父母承欢膝下、纵享天伦之乐不再，'失独'之痛，非常人所能体味。而沈某、刘某遗留下来的胚胎，则成为双方家族血脉的唯一载体，承载着爱死寄托、精神危机、情感抚慰等人格利益。涉案胚胎由双方父母监管和处置，既合乎人伦，亦可适度减轻其丧子丧女之痛楚"。详见（2014）锡民终字第01235 号民事判决书。

空白，法官指名道姓引用了多名学者的观点，该份判决书曾经引起一时轰动。学术观点的引入，确实有利于增强判决的说理性，但引入也具有一定的风险性，因为尚未定论的学术观点的真理性还有待司法实践的检验，就算是主流观点也无法保证其正确性，不少学术观点尚在研讨阶段，与司法实践领域的实际状况也许尚有一定程度的认知差距。所以笔者认为，目前学术观点可以作为说理依据，但不能作为裁判依据，还是要根据法律法规及司法解释断案裁判。

4．比附与推理——法律明文与类比适用的相融

类推适用乃基于"相类似之案件、相同之处理"之法理，成为法律漏洞的补充方法之一。但即便如此，在严格奉行成文主义，对法官造法不予承认的我国，法官仍不可避免地需要对成文法的漏洞进行填补，以完结个案的裁判程序。而其中一种填补的方法即类推适用，我国司法类推适用实践多见于私法领域。如某劳动合同案件中，因劳动者为协议保留社会关系人员，与新用人单位形成劳动争议并要求经济补偿金，双方是否属于劳动关系？此处可参考《最高人民法院关于审理劳动争议案件适用法律问题的解释（一）》第三十二条的规定，[8]协保人员与该法条涉及的人员均是社会历史变革中产生的，故虽法条中未明文规定该类人员，但根据以上司法解释的精神，法官参照予以适用，最终认定该劳动者与新用人单位属于劳动关系，应适用《劳动合同法》中关于经济补偿金的规定。

（二）民事裁判文书说理规则的微观铺设

依上文提及的说理充分的四个标准进行铺设，分别是争议焦点归纳精确化、证据说理透彻化、事实认定说理层次化、法律适用说理充分化。

1．争议焦点归纳精确化
（1）争议焦点的整理进程 [9]

法官应根据原、被告双方的诉辩主张及其基础规范，及时归纳案件的焦

---

[8] 《最高人民法院关于审理劳动争议案件适用法律问题的解释（一）》第三十二条规定：企业停薪留职人员、未达到法定退休年龄的内退人员、下岗待岗人员以及企业经营性停产放长假的人员，因与新的用人单位发生用工争议，依法向人民法院提起诉讼的，人民法院应当按劳动关系处理。

[9] 邹碧华:《要件审判九步法》，法律出版社 2010 年版，第 123—125 页。

点，并围绕争议焦点进行审理。争议焦点的整理一般按照以下几个步骤进行：一是固定争议焦点，及时组织当事人确认争点并记录在案；二是围绕争议焦点审理，宣布案件争议焦点，要求当事人按照争议焦点进行举证、质证、法庭辩论；三是分割构成要件，整理争议焦点系把具体案件中的繁杂证据、事实进行化繁为简，从而得出基本要素的过程。固定争议焦点与围绕争议焦点审理均在撰写裁判文书之前，裁判文书对争议焦点的归纳是以文字形式对其再次进行书面确认，起到总起作用，从而使得裁判文书的说理更具内在逻辑性和整体性。

（2）争议焦点的归纳方法

A. 总分结构法

运用总分语段进行争议焦点归纳是比较常用的方式。如高某、梅某与北京某科技有限公司生命权纠纷一案，[⑩]高大某、梅某系受害人高某的父母，高某与其玩伴在 S 市某路某弄附近玩耍，四人各解锁一辆虽已上锁但机械锁具密码未打乱的共享单车，一同在道路上骑行。受害人高某骑行的共享单车与案外人某汽车租赁公司员工王某驾驶的大客车发生碰撞，致高某倒地遭受碾压，后经抢救无效于当日死亡。法官在"本院认为"部分总起写道："本案的争议焦点在于，事发时不满 12 周岁的受害人高某通过非 App 程序获取密码

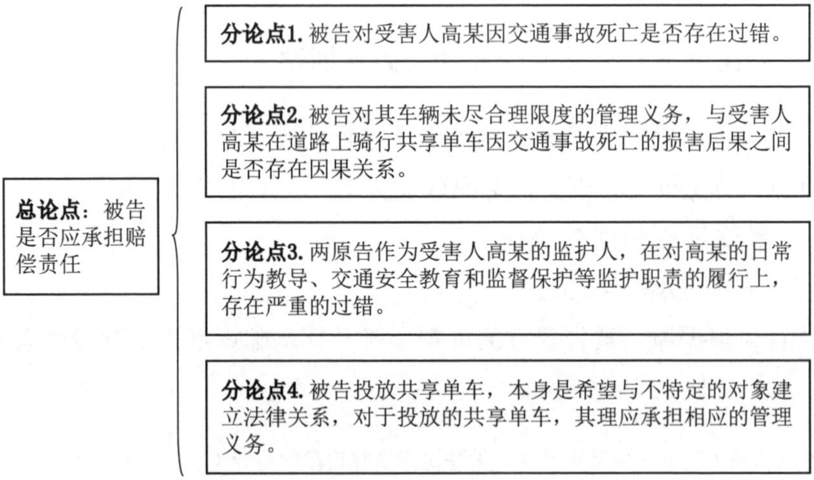

总论点：被告是否应承担赔偿责任

分论点1. 被告对受害人高某因交通事故死亡是否存在过错。

分论点2. 被告对其车辆未尽合理限度的管理义务，与受害人高某在道路上骑行共享单车因交通事故死亡的损害后果之间是否存在因果关系。

分论点3. 两原告作为受害人高某的监护人，在对高某的日常行为教导、交通安全教育和监督保护等监护职责的履行上，存在严重的过错。

分论点4. 被告投放共享单车，本身是希望与不特定的对象建立法律关系，对于投放的共享单车，其理应承担相应的管理义务。

图 4　总分结构法

⑩　详见（2018）沪 0106 民初 7266 号民事判决书。

的方式解锁被告投放在公共场所的共享单车，在骑行过程中发生交通事故导致死亡，被告作为共享单车的经营者，是否应对受害人高某因交通事故死亡的损害后果承担相应的侵权赔偿责任。"而后法官从四个方面针对争议焦点进行了详细阐述。

B. 构成要件分割法

构成要件分割法更像是抽取争议焦点中的基本要素，从案件事实中概括出基础规范的构成要件，有利于解决争点整理中笼统化和不准确的问题。如周某诉某连接器公司生命权、健身权、身体权纠纷一案，[⑪] 周某与朋友到被告公司经营的 VR 游戏体验馆体验 VR 游戏，在游戏时摔倒受伤。周某认为，

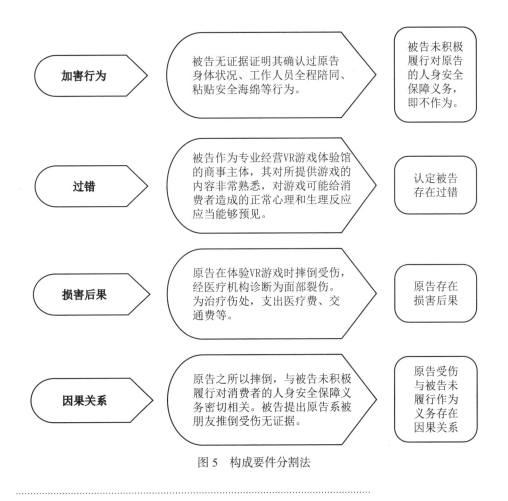

图 5　构成要件分割法

⑪　详见（2019）沪 01 民终 7689 号民事判决书。

虚拟游戏中的刺激内容会使体验者不由自主地做出非常规的危险动作进而摔伤，当体验者在体验时，游戏经营者应在现场安排工作人员进行告知、指导，或者是让体验者完全坐在椅子上并系上安全带，但被告未履行上述安全保障义务。被告则辩称已履行安全保障义务，如张贴安全须知、工作人员全程陪同、粘贴3厘米厚防撞海绵等措施，且周某系被其朋友推倒受伤。法官在进行争点整理时采用分割构成要件的方法进行了争点整理，最终对原告周某的诉请予以了支持。

2. 证据说理透彻化

法官对证据真伪、证据与案情有无关联性、证据能否形成证据锁链等问题的分析是一个层次化的、递进式的思辨过程，应当予以公开。裁判文书对证据的认定，应结合各方当事人举证、质证情况及当事人当庭陈述，围绕证据三性即真实性、合法性、关联性进行全面且准确的审查认定，阐明证据与否采纳的理由。[12]

（1）举证"精"

举证是诉辩双方向法庭出示证据以支持己方主张的环节。举证的"精"在于法官对诉辩各方证据进行筛选和列举。虽然新民事诉讼裁判文书格式摈弃了旧版民事判决书中的"庭审中，原告（被告）提出如下证据"的证据举证与质证部分，但实践中很多法官还是挑选出对定案裁断有实质性影响的重要证据进行分析认证。在此处提及证据可以与之后的"本院认为"部分相互对应，较符合一般人的阅读习惯，也使得证据说理过程更为完整。

如原告某股权投资（上海）有限公司诉被告邱某不予支付解除劳动合同经济补偿金等劳动合同一案中，[13]原告提出其是由于被告连续旷工三天属严重违反公司规章制度才作出解除劳动关系的决定。故本案的争议焦点为公司以旷工为由解除劳动关系的行为是否合法有据。庭审中，原告提供员工刷卡记录，证明被告2017年10月16、17、18日无考勤记录、无故旷工的事实；被告对该证据真实性不认可，称考勤表未经被告确认。该证据系用人单位的解除依据，属于其是否应支付经济补偿金的关键性证据。由于被告不认可该证

⑫ 魏涛：《释法说理话文风》，载《人民法院报》2018年9月4日第2版。
⑬ 详见（2018）沪0106民初1731号民事判决书。

据的真实性且原告无补强证据，另外原告也未提供旷工三天即可解除劳动关系的规章制度，即解除依据，故原告要求不予支付被告解除劳动关系经济补偿金的诉请，法院最终未予支持。

（2）质证"动"

质证系诉辩双方就对方当事人所提证据的真伪、证明效力、证明力所提出认可或异议的表述。在过去的民事裁判文书中，人民法院对该阶段的表述，多数采用"证明目的不认可""真实性不认可"等静态语句。

在此阶段，可具体区分无争议证据与有争议证据，采用不同的质证方式。对无异议的证据可继续留用静态表述的方式。对有争议特别是对定案裁断有实质性影响的关键证据，可详尽写明有异议部分及异议理由。在表述其质证环节时，应用此一方、彼一方彼此并列的语段将双方当事人的意见动态地表述出来。如在原告朱某与被告上海某国际旅游（集团）有限公司劳动合同纠纷一案中，[14] 审理中原告提供了 2009 年 5 月和 8 月的工资单，其中 5 月工资单显示工资为 1788 元，8 月工资单显示工资为 1406 元。原告以此证明由于岗位变动，其岗位工资自 2009 年 8 月起被扣发；被告对工资单真实性认可，但对证明目的不认可，其称原告自 2009 年 8 月起工作调动，根据上海某局规定的"易岗易薪"原则，其岗位工资相应调整，并非扣发其工资。被告提供了上海某局多份文件，证明原告的工资调整系根据上海某局的规定按其工作岗位的调动而调整。本案中，被告对原告主张及证据提供了反驳证据，即是动态化质证的表现。

（3）认证"透"

认证即法院对证据进行审查，结合质证意见后，对证据作出是否采纳的最终意见。证据认证是证据说理最重要的部分，写明采纳或不采纳证据的理由，让当事人了解"输在何处"是当事人是否能服判息诉的关键。

A. 法定证据分列法

按照《民事诉讼法》第六十六条规定，[15] 根据法定证据种类认证。如原告

---

⑭　详见（2018）沪 0106 民初 1478 号民事判决书。

⑮　《民事诉讼法》第六十六条：证据包括：（一）当事人陈述；（二）书证；（三）物证；
　　（四）视听资料；（五）电子数据；（六）证人证言；（七）鉴定意见；（八）勘验笔录。证据必须查证属实，才能作为认定事实的依据。

李某与被告上海某运营公司，上海某物业公司违反安全保障义务责任纠纷一案中，李某在距离地铁入口卷帘门几米处（大圆柱的里侧）滑倒，被诊断为颈部外伤（颈椎5—6椎间盘突出，颈椎6—7椎体滑脱，颈椎小关节错位），李某认为两被告在事发地未设置围栏和防滑垫，相关警示标志不明显，两被告未尽到安全保障义务，应对原告的损失承担全部责任。法官根据法定证据顺序进行证据认证。⑯

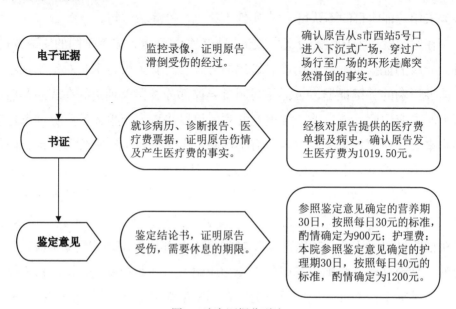

图6 法定证据分列法

B. 主客观证据分列法

即按照先客观证据后主观证据或者先主观证据后客观证据的顺序进行证据认证。如在微波公司与新益公司名誉权纠纷一案中，法官在证据认证部分主要采用主观与客观证据分别认证的方式。⑰（见图7）

C. 区分争议焦点证据认证

即以案件争议焦点分别进行证据认证。该方法与上文争议焦点归纳法类似，只是将证据相对应地嵌入争议焦点的论证之中，故该处不再赘述。

如何进行证据说理本无定法，在法律文书格式化规范化的共性下，只要

---

⑯ 详见（2018）沪0107民初7434号民事判决书。

⑰ 详见（2017）沪01民终10067号民事判决书。

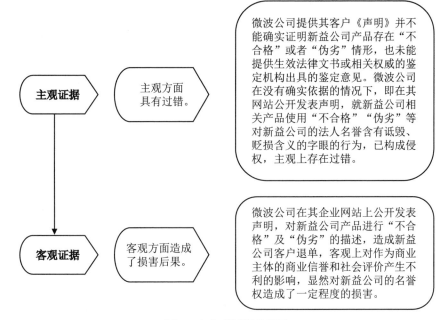

图 7　主客观证据分列法

证据说理遵循符合逻辑、条理清晰、诉辩对等的原则，也应保留法官对证据说理逻辑推理方式及行文习惯的个性。在共性与个性的相得益彰中，民事裁判文书的证据说理才能更合理更合逻辑，司法智慧之光才能更为闪亮。

3．事实认定说理层次化

事实认定需根据当事人提出的证据及陈述推导得出，该过程应结合举证、质证、法庭调查、法庭辩论等阶段，着重对有争议事实进行释法说理。法律事实的认定需要综合运用多种方法，比较常见的方法有运用证据规则认定（论证证据三性）、运用逻辑推理认定（包括演绎推理、类比推理等）以及运用日常生活经验法则。

（1）证据规则认定法

证据规则涵盖于整个案件过程，包括庭审及裁判文书的制作，具体到文书制作中，证据规则认定主要围绕证据三性即真实性、合法性、关联性展开。双方当事人均认可且对定案裁断有影响的证据可写入民事裁判文书之"本院经审理查明以下事实"中，而后在"本院认为"部分可直接加以引用；而对当事人有异议的证据，若对证据三性中的某一性不认可，则法官可对比其他证据，断定是否能形成证明某一事实的证据链，以此来推断案件事实。

（2）逻辑推理认定法

逻辑推理有多种方法：一是演绎推理。演绎推理是目前最常用到的推理方式，即大前提—小前提—结论的三段论推理，套用到具体案件中的形式一般为：引用法律条文（大前提）—嵌入案件事实（小前提）—定论裁断（结论）。二是归纳推理，此种推理方式在判例法国家较为常用，其过程表现为小前提—结论—大前提，从个案形成规则，再到普遍适用。我国虽然不是判例法国家，但现在每年最高人民法院发行的指导案例依然成为各基层法院法官裁判很好的参考文献。三是类比推理，类比推理其实是得出小前提的推理方式，即 A 事物和 B 事物的共同点，A 事物若有明确的处理方式，则可套用在 B 事物的处理中。比如上文说理原则第四点比附与推理中提到的协保人员类推即属于此类。四是辩证推理。如在某案件中，既可适用法律规则 A，又可适用法律规则 B，但 A 和 B 存在内容冲突。采用辩证推理方式决定具体适用的法律规则时，法官一般会综合运用公序良俗、公平正义等因素作为价值评判的标准，排除彼规则而确定本案应适用此规则，最后依此规则对案件加以裁判。[18]

（3）日常生活经验推定法

法律无法穷尽规定，故法官积极运用日常经验进行事实认定是对法律的有效补充。如上文的机动车交通事故责任纠纷案件中，[19] 司机莫某将车停在非机动车道后，允许乘客张某从左车门下车，导致驾驶电动车的黄某撞上车门而死亡。这起案件中，法官在认定莫某、张某各自过错大小的问题上，认为莫某作为机动车驾驶人，较之于其他车内人员具有更大的注意义务，应当确保车辆行驶和停靠状态下均符合安全规范，且在停车位置及同乘人下车时机的选择上驾驶人具有更大的控制能力，故最终确定司机莫某承担 70% 的责任，乘客张某承担 30% 的责任。

4. 法律适用说理充分化

法律适用说理是法官对裁判所依据的法律规范以及适用该法律规范的理

⑱ 刘婷：《论我国民事诉讼中的法律推理——以裁判文书说理为考察基础》，复旦大学硕士学位论文 2010 年。

⑲ 详见（2016）沪 02 民终 5000 号民事判决书。

由进行的说理，包括针对法律条文具体内涵的说理、法律规范竞和或者冲突是如何选择的说理等。[20]

如罗某诉某铁路局铁路旅客运输合同纠纷一案二审中，[21]上诉人罗某认为一审法院法律适用错误，认为该案情形不属于《铁路法》第十四条和原《合同法》第二百九十四条的情形。上诉人并非无票乘车，而是出站时发现车票遗失，不属于无票乘车和持失效票乘车的情形，且在实名制语境下还有其他证明足以宣誓购票人权利，所以苛求乘客必须保管好纸质车票强人所难，被上诉人应退还补票费，一审法院适用法律错误。二审法院针对上诉人的意见，着重从两方面对法律适用进行了深度解读：一是现行铁路运输的实名制仍局限于购票阶段，进入候车室及之后的铁路承运期间，都尚未达到上诉人所期待的人、票、证高度合一的严格实名制；二是法律制定时的情况在现实中并未发生根本变化，实名制购票并没有影响铁路旅客应当持有效客票承运这一规则；三是上诉人将无票承运中的无票解读为没有购买车票是对法律规定的不恰当限缩解释。法律规定的无票对于与持有效客票乘运而言，是一种现实状态，法律并未涉及无票是因为没有购买车票还是其他原因。该案中，法官从实名制语境下相关法律规定是否仍然适用、法律相关名词的内涵进行了充分解释，真正做到了释法明理，论证翔实，说理透彻。

五、结语

强调民事裁判文书说理之目的系通过阐明裁判结果的形成过程和理由，提高司法裁判的大众接受性，实现法理、事理、情理、文理的有机统一。以争议焦点归纳精确化、证据说理透彻化、事实认定说理层次化、法律适用说理充分化为架构，不断加强民事裁判文书说理之强度、深度、高度，才能使人民群众对裁判结果看得懂、能理解、愿接受，真正实现服判息诉，从每一份具体的裁判文书中感受到公平正义。

---

[20] 《最高人民法院关于加强和规范裁判文书释法说理的指导意见》第七条，载最高人民法院网 http://www.court.gov.cn/fabu-xiangqing-101552.html，2022 年 2 月 13 日访问。

[21] 详见（2016）沪 71 民终 9 号民事判决书。

检视与回归：裁判文书适用法律原则之证成路径探析

应尔凯[*]

"法律一经制定，便已落后于时代。"

自德沃金对哈特的实证主义提出批评以来，法律原则问题就成为当代法律理论争论的核心问题之一，这一方面直接关系到法律规范内在的基本类别与结构，另一方面涉及"法律是什么"这一法学理论的终极命题，因此一直是学界争论的热点。

有学者否定法律原则的存在，认为其在规范上"要么无吸引力要么是多余的"：如果法律原则指示的结果不同于道德原则和法律规则所指示的，那么它们在规范上无吸引力；如果法律原则指示的是法律规则和道德原则所指示的同一结果，那么它们在规范上是多余的。[①] 按照此观点，法律原则既无存在的必要，也无存在的逻辑可能。当然，大多数学者承认法律原则的存在，只是在法律原则和法律规则之间具体差异是什么这一问题上存在分歧。有学者认为，存在法律原则，但法律原则与法律规则之间仅存在程度性差异，主要表现为一般化的程度不同：法律原则的一般化程度较高，而法律规则相对较低。[②] 也有学者认为，两者差异不仅是程度上的，更是逻辑上的，如美国学者德沃金认为只有承认法律既包括法律规则也包括法律原则，才能解释我

---

* 应尔凯，法学硕士，上海市静安区人民法院民事审判庭法官助理。本文获中国法学会审判理论研究会 2022 年征文二等奖。

① ［美］拉里·亚历山大、肯尼思·克雷斯：《反对法律原则》，载安德雷·马默主编：《法律与解释：法哲学论文集》，张卓明、徐宗立等译，法律出版社 2006 年版，第 382 页。

② ［英］约瑟夫·拉兹：《法律体系的概念》，吴玉章译，中国法制出版社 2003 年版，第 202 页。

们对于法律的特别尊敬；法律规则和法律原则的区别是逻辑上的区别，这必然导致法律原则具有法律规则所没有的深度——分量和重要性。③德国学者阿列克西在批判的基础上发展了这种观点，④并进一步认为，原则与规则具有不同的初显性特征。⑤而且，规则是确定性命令，属于现实应然；原则是最佳化命令，属于理想应然。⑥

我国法学理论界普遍认可法律原则存在的必要性，一方面基于法律原则是抽象而非具体的，另一方面也基于法律原则具有立法准则的功能，这也是一般法律规则所缺乏的方面。⑦司法实务界亦承认法律原则可作为裁判依据，⑧并在具体案件中得以适用。基于此，本文并非旨在探讨法律原则的存在、归属及功能问题，而仅针对司法实务界在裁判文书中运用法律原则作为裁判依据时存在的一些普遍性问题作探究，以期对法律原则的适用及其在裁判文书中的证成路径作出有益探索。

一、钩玄提要：成文法局限性之克服及法律原则的适用困境

（一）成文法局限性之克服

现代法治要求裁判者负有依法裁判的义务，即根据既定的法律规范对纠纷作出裁判。法律规则的特点在于其确定了行为模式和法律后果，裁判者首先会选择适用法律规则作为裁判的大前提，通过演绎推理等方式，作出相应

③ 参见［美］罗纳德·德沃金：《认真对待权利》，信春鹰、吴玉章译，上海三联书店2008年版，第41—53页。
④ ［德］罗伯特·阿列克西：《法·理性·商谈：法哲学研究》，朱光、雷磊译，中国法制出版社2011年版，第199页。
⑤ 初显性特征是指起初具有可行性，但可因为其他阻却事由而不实行。阿列克西认为，原则因为分量的特性而具有明显的初步性。规则虽然具有确定性，但在原则为规则创设例外的情形下，规则的例外是不可数的，因此规则在此时也就具有了初显性特征。
⑥ ［德］罗伯特·阿列克西：《法·理性·商谈：法哲学研究》，朱光、雷磊译，中国法制出版社2011年版，第183—184、192—193、195—199页。
⑦ 参见徐国栋：《民法基本原则解释——成文法局限性之克服》，中国政法大学出版社2001年版，第38—42页。
⑧ 《最高人民法院关于加强和规范裁判文书释法说理的指导意见》（法发〔2018〕10号）第七条指出，民事案件没有明确的法律规定作为裁判直接依据的，裁判者应当首先寻找最相类似的法律规定作出裁判；如果没有最相类似的法律规定，裁判者可以依据习惯、法律原则、立法目的等作出裁判，并合理运用法律方法对裁判依据进行充分论证和说理。

的裁判。然而，受囿于时代的局限性和立法技术的限制，部分案件无法被既定的法律规则所涵盖，谓之"成文法之局限性"。

所谓成文法的局限性，是指法律在取得其积极价值的同时不可避免地要付出的代价，导致不能完善地实现其目的。一般认为，成文法的局限性概括为以下几点：[9] 其一，不合目的性，因法律的普遍性特征使得法律只注意其适用对象的一般性而忽视其特殊性，在获得一般正义的同时丧失了个别正义；其二，不周延性，因立法者不可能遇见一切可能发生的情况，致法律制定后仍存在很多盲区；其三，模糊性，因语言作为法律的载体，本身存在局限性，故要求立法者精确法律用语的内涵和外延在技术上是不可行的，可能造成立法意图与法律文字表现的背离；其四，滞后性，因社会生活时刻都处于变化之中，这必然导致法律无法对未来发生的和当下正在发生、尚未定型的情形作出规制。

以上几点是成文法内部存在的局限，笔者将其归纳为成文法"欲而不能"的局限性，即虽然法律想调整某种社会关系，却因为语词、立法技术等客观原因而无法调整。除此之外，笔者认为成文法还存在"能而不欲"的局限，即本该保护某种价值，却因为效率、安定等原因牺牲了个别正义，产生法律价值选择的二律背反问题。为解决成文法的局限性，历史上曾出现过三种解决途径：绝对的严格规则主义，绝对的自由裁量主义，以及严格规则与自由裁量相结合的方式。绝对的严格规则主义过于僵化、过分依赖成文法；绝对的自由裁量主义极易导致法律的不安定性；现在世界各国通行严格规则与自由裁量相结合的方式，法律原则的适用也是基于这种方式而言。

（二）法律原则的适用困境

在法律原则的适用方式上，目前理论界和司法实务界普遍认可的法律原则适用条件为：穷尽法律规则、为了实现个案正义、适用法律原则有更强理由。[10] 首先，法律原则必须在穷尽法律规则的前提下才可适用。从法的确定

⑨ 参见徐国栋：《民法基本原则解释——成文法局限性之克服》，中国政法大学出版社2001年版，第176页。
⑩ 参见舒国滢：《法律原则适用的困境——方法论视角的四个追问》，载《法律论证与法学方法》，山东人民出版社2005年版，第191页。

性角度讲，若不分情境一律选择优先适用法律原则，无疑扩张了裁判者的自由裁量权，使判决结果变得不可预见。故裁判者应尽可能全面彻底地寻找个案裁判所应适用的法律规则，在出现无法律规则可以适用的情况下，法律原则才可以作为弥补"规则漏洞"的手段发生作用。其次，法律原则的适用目的只能是为了实现个案正义，只有在适用法律规则可能导致个案极端不公正后果的情形下，裁判者才可选择将法律原则作为适用的标准。最后，适用法律原则必须有更强的理由，因判断法律规则是否极端违背公正，难度很大，所以适用法律原则必须提出比适用法律规则更强的理由。

该适用方案确认了法律规则在适用顺序上的优先性，有利于保护成文法的确定性、提高法律后果的可预见性。然而，在具体适用方法上，笔者认为该方案存在一定程度的缺陷。首先，按照该方案，法律原则的适用必须"穷尽规则"，却未对法律规则存在漏洞和适用法律规则将明显导致个案不公的情形作出区分。其次，按照该方案的整体逻辑来看，其允许为了实现个案正义直接适用法律原则，但要求适用法律原则有更强理由，然而，何谓个案正义、何谓更强理由，均需经过价值判断，实践中很难有确定的判断标准。

二、实证检视：裁判文书适用法律原则的现状

为更深入了解法律原则在裁判文书中的适用情况，笔者检索了中国裁判文书网 2021 年度全国法院 63 份"夫妻一方起诉配偶的婚外情对象要求返还赠与财产"类案件的一审判决作为分析样本，[11] 探究公序良俗原则在此类案件中的适用情况。该 63 份判决中，驳回原告诉讼请求的判决为 9 份，支持赠与行为部分有效的判决为 4 份，认定赠与行为全部无效的判决为 50 份，该 50 份判决中，以违反公序良俗原则为由认定赠与行为全部无效的判决为 21 份，以行为系无权处分且未发生善意取得的判决为 10 份，以行为违反公序良俗原则且行为系无权处分为由进行合并说理，认定赠与行为全部无效的判决为 19 份。

---

[11] 检索条件："赠与合同""公序良俗""不正当男女关系""夫妻关系存续期间"；法院层级：基层法院；裁判年份：2021；访问时间：2022 年 2 月 11 日。

表1 "夫妻一方起诉配偶的婚外情对象要求返还赠与财产"类案件裁判结果及主要理由

判决结果	主要理由	判决数量
驳回原告诉讼请求	未证明赠与关系	7
	受赠人善意取得	1
	赠与人家事代理	1
认定部分赠与行为有效	部分行为系无权处分，但受赠人善意取得	1
	部分财产系个人财产，有权处分	3
认定赠与行为全部无效	违反公序良俗原则，行为无效	21
	无权处分，未发生善意取得	10
	无权处分，且违反公序良俗	19

（一）法律原则适用情形宽泛化

法律的可预见性要求裁判者在法律的选择上应优先考虑确定的法律规则，然而，实践中不乏法律原则适用情形宽泛化的情况，主要表现为不区分情形即对法律原则加以适用。

正如前文所述，法律原则用于克服成文法局限性，主要体现在两方面：一是克服法律规则的不周延性，弥补法律规则的漏洞；二是对适用法律规则可能的导致个案极度不公平予以个案调整。法律原则在具体发挥这两方面作用的时候，其适用条件应区别对待。遗憾的是，很多裁判者在适用法律原则时，并未对适用情形进行分析，忽视了对法律原则适用条件的考量。在一些无法律规则明确规定、需要弥补法律规则漏洞的情形下，适用法律原则无可厚非，但在存在具体法律规则、需用法律原则调整个案正义的情况下，出现大量在事实清楚、争议不大、具有明确具体可适用的法律规则的案件中，跳过对法律规则的适用，直接适用法律原则，频繁地将法律原则作为裁判的唯一依据，如裁判文书中将婚外情行为与赠与行为杂糅在一起进行评价，很多时候只要涉及婚外情行为，就一律因违反公序良俗原则认定赠与行为无效，而未对赠与财产性质以及赠与行为本身进行法律上的评价，存在"向一般条款逃逸"之嫌。

在"夫妻一方起诉配偶的婚外情对象要求返还赠与财产"的63份判决样

本中，以行为系无权处分且以违反公序良俗原则为由进行补强论证，认定赠与行为全部无效的判决为 19 份，虽然裁判者引用法律原则增强案件的说理性并无不可，但如果一个案件有明确、具体可适用的法律规则，却同时将法律原则作为裁判依据，也从一个侧面反映裁判文书说理论证逻辑稍显混乱，很多裁判者对适用法律原则的时机把握不甚准确，甚至把法律原则当作法律规则加以直接适用，而此时的法律原则对于个案所起的作用微乎其微。

（二）裁判文书论证说理简单化

通过对上述判决书样本的考察，笔者发现适用法律原则作为裁判依据的理由论述部分普遍较简单：或未从个案的实际情况出发，一律突兀地适用法律原则判决赠与行为无效；或缺乏基础性的论证推理，未阐明适用法律原则的理由；或直接将法律原则和法律规则并用，法律原则起到补强裁判理由的作用，却未对适用法律规则的论证过程予以阐述。

由于法律原则具有抽象性，当裁判者将其适用于个案时，需要将其具体化，结合案件事实，在裁判文书中从具体层面上进行精细推导和说理。若仅将法律原则当作一个简单的裁判理由，缺乏论证说理，往往难以让当事人信服。当存在具体法律规则的情况下，若直接适用抽象的法律原则，而未将未适用既定法律规则的原因予以论述，有损裁判文书的可接受性，也存在滥用和扩大法律原则适用范围之嫌。裁判文书承载的不仅是强制执行力，更承载了对某一特定行为的法律评价。若裁判文书只是粗糙地援引法律原则，欠缺具体化过程，将导致法院裁判的说服力不强，也不利于更好地指引人们规范、约束自身行为、提升司法公信力。

（三）法律原则内涵理解差异化

高度抽象性和概括性是法律原则的属性之一，而对法律原则的理解往往融入了裁判者自身价值观、知识体系、社会阅历等的影响，故不同裁判者对法律原则的内涵、适用对象、适用条件等方面的理解存在偏差。

以上文"夫妻一方起诉配偶的婚外情对象要求返还赠与财产"类案件为例，此类案件裁判观点存在差异，系由于不同判决选择适用的法律不同导致，即便适用法律原则，不同判决对公序良俗原则的判断标准和评价结果亦存在个体理解差异。类似的案情，有判决选择适用公序良俗原则，也有判决选择适用无权处分等其他法律规则，这亦表明实践中对公序良俗原则的理解和认识存在差异。实践中也出现凡是婚内向他人赠与财产（如向"网红"打赏），一律适用公序良俗原则予以说理论证的情形。

当然，关于法律原则的内涵究竟包含什么以及如何认定，很难有也不应该有统一的标准，而应结合时代发展、社会文化习俗等因素综合判断。裁判者也无法具体界定法律原则的内涵，而只能在具体个案中通过裁判文书予以系统论证，一案一议。通过原则适用之论证程序的完善，使裁判结果变回无限接近确定与客观，现实法律亦会无限接近理想中的完美。[12]

三、追本溯源：裁判文书适用法律原则之具体化路径的一般规则

笔者认为，裁判文书中适用法律原则，其论证路径首先需明确适用法律原则的目的及功能，即判断属于以下哪种情形，系填补规则漏洞，抑或调整个案正义。

（一）弥补规则漏洞情形

就弥补规则漏洞而言，前提需为穷尽法律规则。至于何谓"穷尽"，笔者认为，裁判者在审理案件过程中应尽可能全面彻底地寻找个案裁判所适用的法律规则，若存在可适用的法律规则，一般宜直接适用该法律规则，因法律规则比法律原则更确定、更具有针对性，更利于裁判者作出裁判，只有在穷尽其解释、习惯法等仍不能解决适用问题时，才能真正断言法律规则具有漏洞，从而适用法律原则加以填补。

如，在"祭奠权"类案件中（如"严某英与史某宝一般人格权纠纷案"），原告诉请被告返还骨灰，安葬于特定墓穴并赔偿精神损害，因此类案件涉及骨灰的法律属性、祭奠权的性质认定、损害的认定等问题，在现有法律规则中确实难以找到可以援引的依据，在不得已的情况下裁判者才适用法律原则。

---

[12] 参见彭诚信：《从法律原则到个案规范——阿列克西原则理论的民法应用》，载《法学研究》2014年第4期。

（二）调整个案正义情形

调整个案正义，即存在可以适用的法律规则，但适用该规则会导致个案明显不公，只有这样才可能适用法律原则，这也是司法实践中出现的需要适用法律原则的绝大部分情形。处理法律规则和法律原则的冲突，关键是判断个案中"孰优孰劣"的问题，笔者认为宜将两者放到同一平台上，才可在两者之间进行综合判断。

首先，探究法律规则背后支持该规则的原则，再根据个案情况，将该原则与规则所冲突的原则之间进行权衡。因此，这个方案的关键在于原则之间的权衡。在此问题上，有学者认为原则间的关系可以借助优先性条件来构建：在具体案件中，存在两个相互冲突的原则 P1 和 P2，适用不同的原则会导出两个内容上相互矛盾的结论，此时有赖于通过法益衡量，在该具体案件中加上优先条件 C，若在 C 条件下原则 P1 优先，那么原则 P2 必须退让。[13]

然而，法律原则的比较具有很大的不确定性。笔者认为，虽然我们无法将所有原则进行排序，但可以通过衡量法益的方法比较出孰优孰劣：

第一，如果相互冲突的法益中，有一种法益明显具有价值优越性，那么，就应该保护这种法益，相应地适用体现这种法益的法律原则。如，人的生命、健康、尊严的位阶高于财产性法益。

第二，如果无法比较法益的位阶，应结合个案，具体分析让步的法益受侵害的程度，使法律原则的适用达到最优化。

以新冠肺炎疫情防控措施为例，政府为了保障公民的健康，防止新冠肺炎疫情传播和扩散，对密切接触者采取强制检测、隔离等措施（R），该规定背后支持的原则为保护公民的健康（P1），但与保护公民人身自由的原则（P2）相冲突。因此，需要比较 P1 和 P2 之间适用哪个原则才能达到最优化。

假设政府实施措施 R，一方面，R 所要实现的目的是防止病毒传播和保障公民的健康，是合理、合法的。问题是，该措施对于防止新冠肺炎疫情是否适

[13] 林来梵、张卓明：《论法律原则的司法适用——从规范性法学方法论角度的一个分析》，载《中国法学》2006 年第 2 期。

当？根据目前的科学技术水平可知，新冠肺炎传播途径广、速度快、潜伏期相对可预测（14 天以内，例外情况下 20 余日）、病情比普通流感严重。因此，采取强制检测、隔离和治疗的措施能有效防止新冠肺炎疫情的扩散，即 R 对 P1 的贡献率非常大。另一方面，实施规定 R 无疑会限制密切接触者的人身自由，不利于 P2 的实现，但对人身自由的损害相对较小（隔离期较短，保障通信、室内娱乐的自由，对人身自由的限制程度较有限，针对不同人群设置不同的隔离、观察措施，从结果而言，亦可有效避免病毒传播的风险）。

可见，彼时若实施规则 R，其对 P1 的促进作用远远大于对 P2 的损害，在这种情况下适用规则 R 是合适的。当然，两者价值衡量亦需随着疫情对健康的影响程度而适时调整，这就意味着依据一定的法律原则证成由该原则所支持的措施时，需考虑这些措施对相关法律原则的干涉程度，不能为了实现一个法律原则的最佳化而牺牲另一个法律原则。

由此可见，当应用到具体某个案件中时，如果法律规则与法律原则之间存在冲突，在例外情形下适用原则时，适用原则的例外情形必须承担该情形下的论证义务，⑭ 通过在裁判文书中进行充分的说理和论证来阐述原则的适用原因和过程。《九民纪要》第三十一条关于违反规章的合同效力认定规则也体现了对裁判文书充分说理的要求，法院在认定规章是否涉及公序良俗时，要在考察规范对象基础上，兼顾监管强度、交易安全保护以及社会影响等方面进行慎重考量，并在裁判文书中进行充分说理。⑮ 具体而言，裁判者需说明个案中法律规则与法律原则的冲突、个案中适用法律原则的更强理由，以及相应法律原则的判断标准等，阐明法律规则、法律原则的查明过程，找到个案案情与法律原则的契合点，对法律规则背后的原则以及为调整个案公平拟适用的原则两者从价值判断、个案平衡等方面作一系列详细的论证，避免法律原则的适用从法律层面变成道德层面。

⑭ 参见林来梵、张卓明：《论法律原则的司法适用》，载《中国法学》2006 年第 2 期。

⑮ 最高人民法院印发《全国法院民商事审判工作会议纪要》第三十一条：违反规章一般情况下不影响合同效力，但该规章的内容涉及金融安全、市场秩序、国家宏观政策等公序良俗的，应当认定合同无效。人民法院在认定规章是否涉及公序良俗时，要在考察规范对象基础上，兼顾监管强度、交易安全保护以及社会影响等方面进行慎重考量，并在裁判文书中进行充分说理。

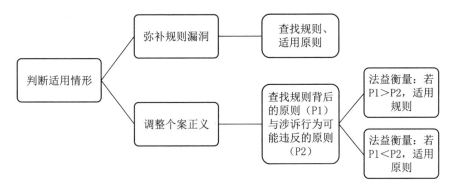

图 1　裁判文书适用法律规则、法律原则的证成路径

四、返璞归真：裁判文书适用法律原则的证成路径示例——以公序良俗原则为例

回归到本文的案例样本，笔者以"夫妻一方起诉配偶的婚外情对象要求返还赠与财产"类案件为例，运用本文所涉的法律原则论证方法，探讨法律原则在此类案件裁判文书中的适用和证成路径。

首先，阐明法律原则的适用前提，系弥补规则漏洞，抑或调整个案正义。不难发现，婚姻关系主体一方在婚姻关系存续期间将财产赠与案外人，此类行为在《民法典》合同编赠与合同相关章节有明确规定，因此不属于弥补规则漏洞的情形，原则上应适用法律规则的规定，即若赠与人有权处分该赠与财产，一般应认定赠与行为有效；若赠与人赠与的系夫妻共同财产且不属于家事代理范畴，那么适用无权处分规则。只有在极端情况下，才需要适用法律原则调整个案正义。

其次，若裁判者经过庭审，产生了适用法律规则可能导致个案极度不公的心证，那么需要结合个案，在裁判文书中具体论述法律原则的适用情况。此时，赠与合同背后隐含的意思自治原则，与社会善良风俗所映射的公序良俗原则相冲突。处理这两个法律原则的冲突，无法一概而论，宜将赠与行为通过其动机和目的、赠与财产的性质、受赠人是否善意无过错等体现出来的整体性质作为审查对象，针对具体个案予以分析、论证。

若赠与人赠与的财产系个人财产，根据《民法典》第六百五十七条的规定，赠与合同是赠与人将自己的财产无偿给予受赠人，受赠人表示接受赠与的合同，故赠与合同系双方法律行为，蕴含了赠与人和受赠人双方的意思表示。若赠与人赠与的财产系个人财产，其赠与目的是为了对受赠人的悉心照料及日常陪伴予以感谢，而受赠人对赠与财产的接受动机亦出于善意，笔者认为此类行为一般宜认定为有效。实践中，有不少裁判观点认为婚外情本身违反社会道德风尚，遂将赠与行为认定为无效。值得注意的是，若此类赠与行为出发点是为了感谢对方的照顾，且受赠人对此予以认可的，那么宜认定赠与人对自己所有财产的处分行为有效。反之，若赠与人赠与财物的目的是为了建立、巩固、维系婚外情关系，或赠与人虽纯粹表示感谢，但受赠人接受财产的目的是为了维系婚外情关系，那么基于此类目的与公序良俗原则的价值理念严重相悖，属于"以性换取财产或以财产换取性"，[16]而性交易属于严重侵害人身尊严的行为，违背法律所包含的伦理道德原则，[17]故此类赠与行为宜适用法律原则，认定为无效。实践中，存在受赠人善意、不知情（即"被小三"）的情况，笔者认为，若赠与人赠与的动机系为了维持婚外情关系，此时该行为宜适用公序良俗原则，认定为无效。值得注意的是，在认定受赠人是否善意、不知情时，需结合个案具体情况，综合审查受赠人是否确实在了解赠与人的婚姻状况方面以及接受赠与财产动机方面均善意且无过错，在裁判文书中予以详细论证和说明。

若赠与的财产属于夫妻共同财产，根据法律规定，夫妻关系存续期间，财产不分份额共同共有，因此，原则上，若赠与行为未经赠与人配偶授权或追认，则赠与人系无权处分，适用无权处分的认定规则及法律后果。此时需判断受赠人是否可适用善意取得规则，可结合赠与财产的价值、财产所有权转移是否发生变动公示、受赠人是否善意（详见前文判断规则，此处不再赘述）、是否支付对价等方面，综合予以判断。显然，在这种情况下适用法律规则。值得注意的是，对夫妻共同财产的处分，亦可能涉及家事代理的范畴，在这种情况下，可结合赠与财产的标的额大小、赠与的动机与目的，综合认定，若属于家事代理范畴，那么根据现有法律规则，此类行为应为有效。

---

[16] 彭诚信：《从法律原则到个案规范——阿列克西原则理论的民法应用》，载《法学研究》2014年第4期。

[17] 参见金锦萍：《当赠与（遗赠）遭遇婚外同居的时候：公序良俗与制度协调》，载《北大法律评论》2004年第1期。

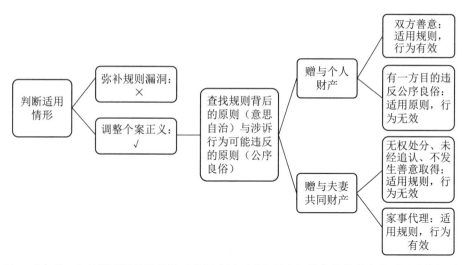

图 2 "夫妻一方起诉配偶的婚外情对象要求返还赠与财产"类案件裁判文书适用法律规则、
法律原则的证成路径

技治主义视域下民事诉讼中大数据证据的适用与规范

——基于 289 份民事判决书的实证分析

陈 玲[*]

一、问题的提出及研究思路的确定

技治主义强调科技及专家两个基本构成要素，主张通过科技支撑走向快捷、精准和高效的科技治理道路。[①] 而技治主义证据观主要强调科技专家及其专业知识在证据认定中的作用，承认技术律令压缩法官自由心证空间的合理性。[②] 随着我国信息化建设的浪潮，大数据技术已经日益融入当前的司法实践，智慧公安、智慧检察和智慧法院都是技术支撑司法运行，技术破解司法难题的典型范例，技治主义正在全面影响我国司法发展。大数据应用浅而言之就是在数学、统计及计算机科学等基础理论的支撑下对数据进行利用分析，价值在于有效信息的挖掘是在海量数据中完成的。[③] 大数据分析方法让人们看到了瞬间大批量处理非结构化信息的可能性，同时大数据分析方法能够弥补人类对庞大数据分析理解上的不足，为事实认定者提供基于

---

[*] 陈玲，法学硕士，上海市静安区人民法院民事审判庭法官助理。本文获第四届"2023 世界人工智能大会法治青年论坛"征文三等奖。

[①] 参见崔天：《社会治理中的技治主义：现实困境、逻辑转换与重塑路径》，载《自然辩证法研究》2022 年第 8 期。

[②] 马明亮、王士博：《论大数据证据的证明力规则》，载《证据科学》2021 年第 6 期。

[③] ［英］维克托·迈尔·舍恩伯格、肯尼思·库克耶：《大数据时代：生活、工作与思维的大变革》，周涛译，浙江人民出版社 2012 年版，第 77 页。

数据的"数据经验"或者"特殊经验"。④ 大数据证据依托大数据技术，凭借机器理性和数据经验，能够在一定程度上进行事实还原，为法官查清案件事实带来便利，是技治主义在司法审判环节的典型运用。所谓大数据证据，立法上并无具体规定，学界关于大数据证据的定义则百家争鸣，各有见地。综合学者对于大数据证据的定义，大数据证据实际上就是运用算法对海量数据进行筛选、分析、运算得出的结论，一般以大数据报告的形式呈交法庭。大数据证据的诞生是技术进步对于现代社会信息爆炸、案件复杂的积极回应，算法对于海量数据的处理得以在概率上无限接近事实，大数据证据的核心或审查要点应当立足无限大的数据库以及具有普遍适用性的算法。数据本身在不被篡改的前提下天然具有客观性，叠加算法具有适用性的条件，原则上只要数据够大，大数据证据就能通过数据清洗的方式筛选关联数据进行分析运算，进而可以无限接近于案件的真实情况。从这一视角看大数据证据，其与民事诉讼领域的"高度盖然性"采信标准具有天然的契合性。民事诉讼证据形式的演变过程反映出实物证据在信息量上不断增长及关联性属性上不断增强的趋势，从物证、书证到视听资料，从电子数据到大数据，大数据证据的魅力在于最终实现了证据属性在客观性和关联性两大属性上结合的最高标准，从而彻底在证明力上超越了主观性言词证据，发展大数据证据逐渐成为司法审判的大势所趋。虽然大数据证据理论上具有无可比拟的适用价值，但司法实践中的实际运用现状如何？大数据证据的证明力如何？大数据证据如何进行举证、质证？如何对大数据证据进行证据审查？如何充分释放大数据证据的价值，规范并推进大数据证据的适用？

　　带着这些疑问，秉持从实践中来到实践中去的原则，本文从大数据证据的司法实践出发，通过中国裁判文书网的案例搜索以期一窥大数据证据的适用现状，并通过数据的对比研究、个案分析的形式展示大数据证据的司法适用，在此基数上挖掘和总结大数据证据适用中的问题，结合文献研究、理论分析等方法，提炼实践经验，针对大数据证据的适用瓶颈提出发展及规范建议。

----

④　周蔚：《大数据在事实认定中作用机制分析》，载《中国政法大学学报》2015 年第 6 期。

二、样本分析：大数据证据应用的实践审视

（一）全局概览：大数据证据运用的时空初貌

1. 样本整理：裁判文书的基本情况

笔者在中国裁判文书网以"大数据证据"作为关键词搜索民事一审法律文书，仅搜索到两篇，即（2020）京 0491 民初 9009 号民事判决书及（2020）京 0491 民初 14012 号民事判决书，上述两则案件均为中国财政经济出版社与镇江金山财经信息科技有限公司侵害作品信息网络传播权纠纷，案件事实基本一致，"本院认为"部分也基本一致，该两案中，被告将会员访问记录数据库、网站访问日志等网络数据定义为大数据证据并提交法庭，以期证明侵权行为造成的损失或获利微小。对此，法官回应为"被告提交的上述证据均为自行制作，相关数据库中的数据可以进行修改，且被告自述涉案图书下载详情处显示的'下载次数'可通过技术措施人为修改，因此对被告提交的证据不予采信"。

虽然该份文书中直接出现了大数据证据这一关键词，但对该两篇文书进行进一步分析，发现该两篇文书上所谓的大数据证据只是将网页数据进行打印并呈现法庭，数据本身不满足"大"的定义，且不涉及对数据的二次算法加工，没有算法筛洗海量数据这一关键特征，该份证据属于电子数据，与真正的大数据证据相差甚远。

考虑到仅以大数据证据作为关键词搜索民事判决书，案例数量过少，无法进行实证分析，笔者根据理论界对大数据证据的界定，基于大数据证据"数据""算法"的两大特征，并以此为叠加关键词进行民事判决书的二次搜索，本次搜索共得民事判决书 289 份。根据该 289 份判决书，民事领域，最早出现"数据""算法"的判决书在 2015 年，[⑤] 该案中，数据使用、算法验证仍是脱离的状态，该案中数据是作为载体，算法的使用则是通过庭审勘验的方式进行侵权行为的重演以验证侵权行为是否得以成立，该案并未将算法作用于数据从而形成新的结论，不属于大数据证据的运用案例，但是该案是目前可以搜索到的第一例同时具备"数据＋算法"特征的案件，其中的专家辅

---

⑤ 参见（2015）浦民三（知）初字第 143 号民事判决书。

助人制度、庭审勘验重现的质证方法、数据证据的举证形式，仍给数据类证据的举证、大数据证据的审查提供了初步经验。

结合大数据证据对于数据和算法的处理关系：将算法作为数据的筛选、加工方式，笔者对该 289 份文书逐一阅读并对比分析，最终筛选出符合大数据证据定义的 32 篇文书，以下将对大数据证据使用的情况进行进一步分析。此外，大数据证据不能脱离数据时代对数据类证据的举证、质证模式而单独存在，该 289 份文书中有 95 篇金融借款合同纠纷民事判决书，案件证据审查过程中适用区块链技术进行了电子化借款合同的审核，电子化借款合同与大数据证据的基础数据库均属于电子证据，区块链技术在电子证据的审查上具有技术优势，因此下文也将对该 95 篇文书进行分析，以为后文提出大数据证据的规范建议铺垫基础。

2. 数据透视：大数据证据适用的时空脉络及场景分布

通过筛选得出的 32 份文书，2016 年 1 篇、2019 年 6 篇、2020 年 7 篇、2021 年 6 篇、2022 年 12 篇，大数据证据适用近两年发展势头迅猛，呈翻倍趋势。（见图 1）结合 2016 年至 2022 年全国民事案件的裁判数量，2016 年为 3416670 件，2019 年为 4990955 件，2020 年为 4640758 件，2021 年为 3551874 件，2022 年为 1938890 件，在强调溯源治理的环境下，民事判决总量在逐渐下降，在这一背景下，应用大数据证据的文书却逆势翻倍增长，一方面体现

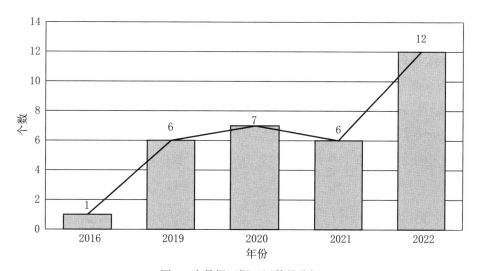

图 1　大数据证据运用数量分析

了大数据证据逐渐在司法实践中成为趋势，发展势头迅猛，另一方面则体现了大数据证据在复杂案件中具有较大的适用价值。⑥

从地域上，该32份民事判决书中，北京有24篇，其中北京海淀区人民法院4篇，其余均为北京互联网法院；杭州有6篇，其中3篇为杭州余杭区法院、3篇为杭州互联网法院。大数据证据的适用离不开数据基础，一般使用大数据证据的主体多拥有能够记录数据的平台或系统，因此涉互联网行业的案件中更有使用大数据证据的条件。上述数据显示，仅北京、杭州两地就占据了大数据证据司法实践运用的94%，一方面直接归因于互联网法院的建立，另一方面也与该两地网络类公司云集、互联网产业发达的现实情况密不可分。（见图2）

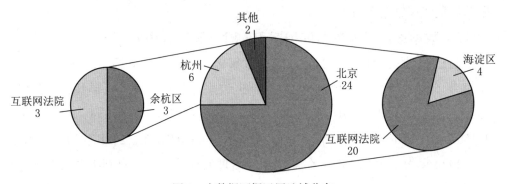

图2　大数据证据运用地域分布

从大数据证据的具体适用上，案由为不正当竞争纠纷的文书有7篇，侵害作品署名权、侵害作品网络传播权纠纷的文书有18篇，两类案由占据75%。侵权类案由中，大数据证据主要用于证明是否构成侵权行为以及侵权行为的实际损失；不正当竞争纠纷中用于证明不良竞争行为的发生。（见图3）

此外，在搜索大数据证据的过程中，笔者发现全国存在95件适用区块链技术的金融借款类案件，相对简便地完成了证据审查及事实查明过程，区块链技术在电子数据审查上具有优势，上链后的电子数据可以通过哈希值验证等方

---

⑥ 民事案件具有典型的二八特征，即大部分案件属于简单案件，强调溯源治理的当下，充分发挥法官的能动性，可以调撤结案，一般需要进行判决的，多为复杂的20%案件，大数据证据在判决类案件中占据的比例增长巨大，说明了其在复杂案件的举证中具有独特的价值与优势。

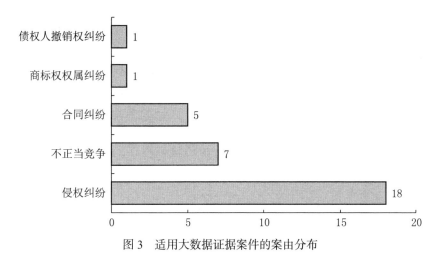

图 3 适用大数据证据案件的案由分布

式审查真实性，而大数据证据的基础在于数据的真实性、完整性的审查，区块链技术在这方面的审查优势对于大数据证据的数据审查也同样适用，可以对此进行参考并为后文提出大数据证据的优化适用建议提供实践支撑。（见表 1）

表 1 武汉、深圳两地区块链技术验证电子数据流程

案号	法院	证据审查方式
（2022）鄂 0106 民初 17673 号等 66 个案件	武汉市武昌区人民法院	举证：《个人消费贷款合同》等（该合同使用了"至信链"区块链存证服务，并提供该存证平台的备案和资质） 审查：法院通过"至信链"区块链存证平台对《个人消费贷款合同》进行了技术核验，核验通过，依法予以确认真实性
（2022）粤 0304 民初 38464 号等 29 个案件	广东省深圳市福田区人民法院	举证：同武昌区法院 审查：深圳法院金融类案智审系统自动对上述合同、人脸识别图像进行了技术核验（再次计算原告提交的电子数据文件哈希值并与"至信链"上的哈希值比对），核验通过，依法予以确认真实性

（二）管中窥豹：大数据证据运用的个案分析

1. 公证手段进行大数据证据举证：爱奇艺公司与飞流公司、七牛公司不正当竞争纠纷一案 [⑦]

爱奇艺公司通过计算机统计分析访问者信息制定经营策略及决定广告收

---

⑦ 参见（2018）苏 04 民初 51 号民事判决书。

费。飞流公司经营"飞流网"网站，注册会员付费后飞流公司通过技术手段刷单，并通过"柠檬"挂机软件，以付费方式唆使他人安装，通过该软件模拟浏览器访问原告网站的视频内容，实现短时间内大量制造该视频的虚假访问量。七牛公司主要从事云计算业务研发和运营，为飞流公司提供云服务及技术支持，包括提供子域名等方式进行掩护。飞流公司的非法刷量行为导致服务器负担在短时间内剧增，相关视频访问量急速提高，爱奇艺公司无法采集真实的视频访问数据，故爱奇艺公司诉至法院要求两被告停止不正当竞争行为并赔偿损失。该案中，为了证明飞流公司的刷单行为，爱奇艺公司提交（2017）沪徐证经字第 14602 号公证书，证明自爱奇艺网站提取的所涉访问日志，包含视频播放记录中的访问者 IP、时间、视频 ID、前链（浏览器访问当前网页的前一个所访问的网页网址）、当前页、用户 cookie 和 UA 信息等，该份证据取材于爱奇艺公司自有数据库，通过数据筛查确认了访问来源中包含注册在被告七牛公司名下的四个子域名，且存在播放量激增的事实。爱奇艺公司又通过（2017）沪东证经字第 36824 号公证书，使用符合插件信息检索特征的所有设备的 DFP（device finger print，设备指纹）或 UA（user agent，用户代理，该特殊字符串头使得服务器能够识别客户使用的操作系统及版本、cpu 类型、浏览器及版本、浏览器渲染引擎、浏览器语言、浏览器插件等）进行检测进而提取飞流公司的访问数据以说明飞流公司非法刷量访问的日志数量达 278275797 次、涉及视频数量达 80001 部 / 集。本案中对于上述两份公证书的真实性均予以认可，上述两份公证书都是通过算法筛查的模式在数据库中进行筛选，进而清洗出符合本案待证目的数据材料加以形成大数据报告，是典型的大数据证据运用的结果，也正是通过该两份公证书，确认了飞流公司的刷单行为，为后续法院支持损害赔偿奠定了基础。

该案中飞流公司的质证意见、法院的证据审查模式均能够为大数据证据的审查与规范提供很好的借鉴。飞流公司在质证中提出的"该证据所涉信息源于原告自己的服务器或系统，未经第三方见证，相关播放数据也是经过原告的反作弊系统过滤后所显示的数据，不排除原告对数据进行了操作处理""检测的方式不具有唯一性，无法确认就是被告飞流公司的访问数据"均是从数据库的科学性以及算法匹配性上提出质疑。法院回应称："第一……从浏览器插件信息这一特征结合日常生活经验，可以推定该 2.7 亿余次访问信息同源；第二，前述插件信息均可在飞流公司认可的其柠檬挂机软件的 cef. pak 文件中找到……第三，本院当庭在该 2.7 亿余次以及前述（2017）沪徐证经字第 14602 号公证书所涉及的访问日志中随机抽查……被告飞流公司以法庭电脑进行演示欲提出反证……第四……网络用户可以通过飞流网付费实现定向访问爱奇艺网相关视频的操作；第五……涉案四个子域名的用户的七牛云账户下登记有飞流网的域名。综上，原告对其所提交证据中涉及的计算机指令、取证步骤等问题均当庭予以解释并向法庭和对方当事人提交了详细书面意见，亦对其主张的飞流公司刷量行为访问数据中的插件信息、UA 信息与柠檬挂机软件中的相应信息的一致性进行了当庭演示、随机抽检核实，二被告对相关客观事实并无异议；在本院充分听取各方当事人意见后所另行确定的举证期内，被告飞流公司未能就其柠檬挂机软件在对应时期所使用的插件信息、UA 信息等提出相反证据……可以认定原告所主张的刷量行为均系由被告飞流公司通过柠檬挂机软件实施。"本案中关于大数据证据的审核，结合当事人陈述、情理推论、随机抽查、当庭演示、没有反证等方式进行了综合认定，最终采信了该大数据证据。

2. 公证 + 鉴定手段进行大数据证据举证：许某泉、杭州阿里妈妈软件服务有限公司网络服务合同纠纷[8]

阿里公司系统判令许某泉淘宝账户流量异常，故冻结淘宝账户佣金，许某泉起诉要求阿里公司解除冻结。本案中，阿里公司提交公证书证明许某泉的淘宝联盟账户 2019 年 11 月对应的推广数据大部分是没有后续意义的无效引流，存在流量异常现象的事实；提交司法鉴定意见书附检材，同时申请鉴定人及专家辅助人出庭陈述意见，证明许某泉账户推广流量后续出现"null"即"用户点击推广链接但未实际到达页面"比例超过 60% 属于明显异常现象，只有"某种技术手段对用户普遍的浏览行为进行干预"才能解释的事实。

该案中，虽然许某泉对于上述大数据证据均不认可，但受制于个人能力以及技术知识的匮乏，其并未提出有效的质证意见，该案的证据审查主要靠法院认定。关于该案大数据证据的认定，法院围绕算法逻辑及大数据证据适用性问题进行了充分阐述："1. 不能仅凭大数据专业分析报告进行司法审查。

---

⑧　参见（2020）浙 0192 民初 3081 号民事判决书。

因大数据分析具有很强的专业技术性，如果对逻辑演算过程不进行司法审查，就会出现以专业技术分析代替司法判断的现象，司法权威就会受到挑战，但要对逻辑演算过程进行司法审查，法律判断也不能代替专业技术判断，否则会直接影响到司法公正。如果仅凭大数据专业分析报告，难以证实大数据逻辑演算过程的真实性和合法性，也就难以判定大数据分析结果的合法性和合约性，难以判定案涉行为构成流量异常违规行为。2. 专家证人的陈述意见具有相当合理性……3. 大数据分析是遏制扰乱网络交易秩序的有效手段……没有大数据分析，淘客的推广模式就会存在算法上的障碍，淘客也就无法开展商业活动。淘客因大数据获利，而在海量的推广交易中，平台借以维护正常交易秩序、制裁违规推广行为的手段也只能借助大数据分析……"法院在审理案件的过程中，一方面认可大数据证据的作用及优势，另一方面强调大数据证据必须结合专家证人意见等其他佐证方式综合采信，最终认定许某泉存在流量异常的违规推广行为，阿里妈妈公司有权采取冻结其相应佣金收入的措施，据此驳回了许某泉的诉请。法官在审理该案时没有完全依赖于技术判断的结果，又将法律判断限定在合理范围内，做到技术审查依赖专业人员及其他证据，法律判断依靠内心确信。上述案例很好地确认了司法实践中进行大数据证据举证质证的模式，并强调了大数据证据质证必须围绕算法逻辑为核心，对于大数据证据的广泛适用具有较好的参考意义。

3. 两则案例在大数据证据适用上的对比分析

首先，就程序适用上，第一则案例适用普通程序，2018 年 3 月 16 日立案，最终 2019 年 3 月 26 日方行判决，可见法院的证据审查和事实认定工作进行得相当困难；第二则案例适用简易程序，2020 年 6 月 8 日立案，2021 年 1 月 5 日结案，耗时较短。其次，举证方式来说，第一则案例是综合了多分公证书进行大数据证据的举证，举证过程相对复杂；第二则案例举证相对简单，大数据证据就是一份公证书及一份司法鉴定意见书，并引入专家证人的方式围绕算法逻辑进行阐述。最后，就质证环节来说，两则案例都没有仅凭大数据证据本身便予以采信，而是综合了其他证据作证，综合评判后予以采信，其中第一则案例综合了庭审勘验、当事人陈述、情理推论等进行了大数据证据的认定；第二则案例则通过鉴定的方式，结合评判鉴定人员、专家辅助人陈述并结合情理推断进行综合认定。

正如第二则案例中，法院在"本院认为"部分阐述的一样，依托算法进行大数据分析是目前数据产业、互联网经济的常规操作，各方的网络操作行为也是通过数据的形式存储在系统服务器中，随着数据经济、互联网产业的深度发展，该类案件会持续增多，大数据证据的适用具有天然的数据基础。此外，大数据证据的适用是通过科学方式查清案件事实，要遵循技术认定与法律认定区分清楚的原则，法律判断不能取代技术判断，大数据证据的质证核心综合两则案件来看始终是算法的适用性，这类技术可以引入专业人员进行判断，并结合庭审勘验、重演、反证等方式予以综合认定。目前，我国民事领域中大数据证据的适用率不高，全网判决数量较少，完全符合大数据证据定义的案例更少，一个重要原因在于大数据证据的适用缺乏必要的规范、举证复杂且质证起来需要技术支撑，法院对于大数据证据的审查和认定操作困难，并未形成统一流程。

三、抽丝剥茧：大数据证据的适用困境

（一）证据定义不统一，种类归属惹争议

1. 定义混乱，证据名称张冠李戴

大数据证据的定义大多围绕大数据证据的类型及本质特征进行阐述，均有其合理性，但也不乏一些过于泛泛的定义，将网络信息搜集报告等并不具备大数据证据实质要素的证据类型纳入大数据证据的范畴，忽视了大数据证据对于数据库之大以及算法适用性的本质要求。实践中，很多当事人举证冠以"大数据证据"之名，提交的却只是一些网络日志、访问痕迹等电子数据，证据名称上存在张冠李戴、适用混乱的情况。大数据证据是大数据集、算法及大数据报告三位一体的有机整体，所谓的大数据证据必须具有数据及算法对于数据的二次加工这一核心要素，而不能随意将网络数据定义为大数据证据。

2. 归类存疑，无法简单进行学理分类

就学理分类来说，大数据证据与法定证据种类存在冲突，学界对于大数据证据的归属充满争议，将其纳入电子数据、鉴定意见作为特殊书证，将其单独划分为一种新类型证据形式的主张均有支持者，甚至也有学者认为

法定分类不具有周延性，大数据证据的分类应该聚焦学理分类即属于实物证据还是言辞证据。[9] 数据价值的释放需要在实践中总结经验，当前民事诉讼活动仍是遵循法定证据分类进行相应庭审示证及质证，大数据证据能否归类为法定证据种类是其是否具有合法性的重要判断标准，而将大数据证据嵌入法定证据种类也是现阶段最现实的选择。法定证据确认的准则在于，每一种证据在其收集和认定的方法上均有区别于其他证据形态的特质。[10] 如果完全依照这一准则，其实难以将大数据证据归类为现有的任意一种法定证据种类，在现实条件完备的未来，大数据证据单独作为一种证据种类或许更为合适。

（二）举证阻滞难操作，信息安全存隐患

1. 弱势取证能力带来获取难度

大数据的提取、算法的设置均需要专业知识，而大数据证据的基础，也就是海量数据本身在获取上也存在难度，这些都造成个人作为主体时，在利用大数据证据上存在能力障碍。就个人来说，获取大数据的渠道有限，单纯的网络信息搜索的方式过于庞杂，无关信息量巨大，个人对于大数据的搜集无法保证"量大"完整且具有关联性，失去了这两个关键前提，大数据证据的准确性便失去了保证。退一步说，即使个人能够解决基础数据的问题，如何编写算法并保证算法的适用性，即保证该算法对于同类事实的普遍适用性，仍然超出大部分人的能力。大数据证据的举证对于普通人来说并非易事，由个人举证既无法带来理想的举证结果，也存在事实上的不公平，而大数据证据的举证难度也会客观上造成其使用率的降低，不利于大数据证据的发展。

2. 差异取证主体带来"证据偏在"

政府数据开放、政企间与企业间数据共享和数据交易是我国数据流通的

---

⑨ 元轶：《大数据证据二元实物证据属性及客观校验标准》，载《山西大学学报（哲学社会科学版）》2021年第5期。

⑩ 刘显鹏：《电子证据认定规则研究——以三大诉讼法研究为背景》，中国社会科学出版社2016年版，第25页。

最主要模式。⑪ 政府及企业等集合体在数据资源使用上具有天然优势，当诉辩双方存在人力物力上的不平等时，强势方更容易获取证据进而取得诉讼胜利，大数据证据对于信息使用的要求，叠加专业门槛条件进一步加大了这种"证据偏在"现象出现的可能性。个人作为使用大数据证据能力较弱的一方，诉讼过程中很难做到双方完全意义上的平等，更有甚者利用这种不平等可能带来权力的异化，信息强势者可以控制、隐藏数据导致个人在案件裁判过程中的数据使用不能，这与当前司法公正公开、透明便民的原则存在明显冲突。

3. 海量数据使用带来权利侵犯

我国民事证据规则规定的不具备证据合法性的情形主要是侵害他人权益、违反法律规定及公序良俗取得证据，大数据证据在合法性问题上集中表现在大数据证据的搜集是否侵犯他人隐私权及商业主体的商业秘密。数据区别于传统生产要素具有信息承载的典型特征，大数据证据对海量数据的搜集及分析不可避免涉及数据的传输及使用，即使考虑到数据获取的合规性问题，数据的使用者为了保证数据的完整性，必然将数据的获取作为第一需求，大面积的数据搜索及使用几乎无可避免地导致会侵犯到个人隐私及商业秘密。对于数据使用带来的权利侵犯只能立法先行、监管强化，因此如何定义数据资产、如何规范数据的合法搜集及使用是大数据证据规模化应用面临的重要法律课题。

（三）证据审核烦琐复杂，算法质证专业性过高

大数据证据的质证，是通过法定程序，认定其是否具备证据资格，是否可以予以采信，也就是学者们所称的证据能力或证据的采纳标准。具体而言，证据能力对应的是证据的关联性和合法性，证明力对应的是证据的真实性和关联性。⑫ 从大数据技术本身来看，其主要问题是技术运算和分析结论的可靠性具有或然性，在一定程度上导致大数据证据与司法证明不易兼容。⑬ 大

---

⑪ 中国信息通信研究院：《大数据白皮书（2021）》，载 http://www.caict.ac.cn/kxyj/qwfb/bps/202112/t20211220_394300.htm，2023 年 3 月 26 日访问。

⑫ 王新平：《民事诉讼证据运用与实务技巧》，中国民主法制出版社 2017 年版，第 46 页。

⑬ 李育林、马静华：《困境与解锁：大数据证明的运用机理及其路径优化》，载《中国政法大学学报》2023 年第 2 期。

数据证据包括大数据搜集、算法设置及大数据报告三个要素，最终呈现法庭的实物有基础数据库及大数据报告两样，解决大数据证据的三性问题其实最根本是解决数据库真实性及算法适用性两个问题，在此基础上排除掉分析结论的或然性，得出确定性的答案，进而证明大数据证据的证明力。信息弱势当事人对于大数据证据的质证大多是简单的一句不认可，受制于自身的技术能力，很难提出针对性的抗辩意见，大数据证据的真实性及适用性还是靠法院进行认定。

1. 基础数据过大，人力难以穷尽质证

大数据证据的原始数据量大庞杂，可能存在大量无用信息导致的相关性不高，数据篡改、删除导致的真实性不明，数据使用带来的权利侵犯也会导致合法性待证的问题。数据是网络虚拟空间的客观存在，不以人的意志为转移，但数据本身又很容易被人力篡改和删除，具有不稳定性，质证数据的真实性及关联性就是强调与案件事实相关的数据存在且未被修改，质证数据的合法性就是证明数据的动态搜集过程中没有侵犯他人权利。如基础数据库存在真实性不明、合法性待证、关联性不强的问题，大数据报告本身的说服力便无从谈起，大数据证据也不应被法庭采纳。考虑到大数据证据的数据库所含信息数量巨大，算法的出现也是因为海量数据的处理已经超过了人力的极限，想要通过法庭对抗的方式，要求另一方当事人在有限的庭审实践中去质证基础数据的三性问题，在实践中不具备操作上的可能性。

2. 算法的合法及普遍适用性难以认定

算法是人为编辑的一套数据筛选、分析的程序，实质上是一套方法论而不是客观证据材料，因此对于算法的质证不能生搬硬套真实性、合法性及关联性，而应该将重点集中于算法对于数据的筛查是否具有选取歧视等不合法性以及算法是否具有普遍适用性，即作用于类似事实是否可以得出同一结论。

（1）算法合法性的审查不便操作

对于非计算机专业人士来说，普通人对于大数据证据的理解可能只限于理解数据库及大数据报告两个要素，即可以审视数据库本身及书面的大数据报告，可以看到大数据证据的首尾两头，但对于数据如何得出结论这一中间环节，也就是大数据证据科学性的关键一环，即如何进行海量数据处理得出结论的方法论缺乏了解，也很难看到这个过程，这就是大数据算法特有的"黑箱"性质，也带来了算法质证的困难。对于算法合法性的质证主要应关注算法对于筛选适格数据进行分析时确定的标准是否存在权利侵犯、歧视等不可接受的因素，但算法的专业性过高，一般人难以认知和了解，叠加算法的"黑箱"问题，这种算法合法性的审查操作难度较大。

（2）算法适用性证明尚存障碍

在算法控制不变的前提下，大数据集与大数据报告具有高度稳定的对应关系。根据算法得出的客观结果，是一种对事实的呈现，并不含有规范或价值判断。因此，只要算法具有适用性，对数据库分析而出的结果，即大数据报告即具有说服力。解决算法适用性就是解决"黑箱"问题，使得算法可视、可验。对于如何解决"黑箱"问题，实践中也有两个争议问题，其一是算法是否应当公开，其二是在公开的情况下，是否穷尽验证以及在算法不公开的情况下如何验证。算法的不公开是原则，公开才是例外。⑭算法本身属于人类智慧的产物，具有财产权益的特征，在科技领域，算法一般不公开，有的甚至需要签署相应保密协议。公开算法可能带来侵犯个体知识产权、商业秘密泄露、引起抄袭等恶行竞争问题，影响算法行业的发展，而在信息化社会的建设中，有些算法与国家集体利益直接相关，强行公开有危及公共安全的隐患。退一步说，即使算法公开，普通个人因为专业限制，几乎也无法理解算法的复杂性。公开算法之后，人力相比算法，无法在短暂的庭审时间内完成海量数据的运算。考虑到上述因素，算法公开并不能很好的解决算法的质证问题。算法具有很强的主观性，直接体现算法设计人的价值判断，当算法在公开质证时如确定算法不可取或算法不当价值判断带来现实世界客观负面影响时，算法设计人是否需要追责，如何在不影响设计者主观积极性、保障算法发展基础上进行追责，也是算法公开需要着重考虑的因素。换一个角度，算法如不公开，如何解决"黑箱"问题，如何确保算法具有普遍适用性进而保证大数据报告结论的合理性，这又对庭审质证提出了新挑战。

---

⑭ 徐凤：《人工智能算法黑箱的法律规制：以智能投顾为例展开》，载《东方法学》2019年第6期。

四、冰解的破：大数据证据规范适用之路径解构

（一）加强数据建设，严格数据监管

1. 数据资产化运营，促进数据流通

目前大数据证据基本都是在网络类公司以及涉及网络合同的场景下，此类案件中所设公司或场景具有记录数据的网络系统，一般大数据证据的举证所采数据库都是一方当事人系统自动记录的数据，因此搜索到的适用大数据证据的判例多为互联网法院的案子。大数据证据以数据为基础，数据是制约大数据证据发展的第一道关卡，让大数据证据跳出网络类公司的固有场景走入寻常民事案件，就必须实现数据的自由流通与使用。数据是与土地、劳动力、资本、技术并称的五大生产要素之一，是一种基础、战略性资源。[15] 大数据证据的适用前提是数据资源的充分流通使用，需明确数据的人格权益和财产权益双重属性，并在法律框架下进行数据搜集、使用、流通、标价、买卖，也就是进行数据的资产化运营，这样民众、机构接触数据的通道才能打开，大数据证据的适用才能具有广阔的基础。全球疫情加速了数字化转型进程，数字存储与计算领域的产业发展前景持续向好，[16]2021 年上半年我国大数据平台市场规模达 54.2 亿元，同比增长 43.5%，[17]2021 年全年数据库市场规模预计达 305.78 亿元，同比增长 26.93%。[18] 不断推进数据建设已经成为全球共识，对于数据建设的重视不能松懈，不远的将来，数据作为生产要素，自由流通和使用必将成为现实，大数据证据的应用基础也将随之夯实。

---

[15] 中共中央、国务院《关于构建更加完善的要素市场化配置体制机制的意见》，提出推进土地要素市场化配置、引导劳动力要素合理畅通有序流动、推进资本要素市场化配置、加快发展技术要素市场、加快培育数据要素市场，数据已成为五大生产要素之一。

[16] 中国信息通信研究院《大数据白皮书（2022）》，载 http://www.caict.ac.cn/kxyj/qwfb/bps/202301/t20230104_413644.htm，2023 年 3 月 26 日访问。

[17] 工业和信息化部《"十四五"软件和信息技术服务业发展规划》，载 https://www.miit.gov.cn/jgsj/ghs/zlygh/art/2022/art_f43c068acfb14f15b8daf4238945deb0.html，2023 年 3 月 26 日访问。

[18] 工业和信息化部《"十四五"信息化和工业化深度融合发展规划》，载 https://www.miit.gov.cn/jgsj/ghs/zlygh/art/2022/art_21ab63dacb6a49b4b6072498abf3ecfc.html，2023 年 3 月 26 日访问。

2．普及数据类机构设置，落实机构监管工作

数据机构的设置主要包括数据运营机构、数据交易机构、数据鉴定机构、数据自律行业组织、数据监管机构。数据运营机构主要是提供数据资源及算法设计的公司，由于数据资源具有信息承载的特质且对于科技水平具有一定要求，这类机构应当具有相应设立资质。数据交易机构是指数据交易所这类方便数据公司进行数据交易的场所，推动数据的合理化市场定价与大量交易。[19] 数据交易机构运行的基础是数据的估值定价，只有国家掌握的数据最为充分，所以数据交易机构应以政府为主导进行数据的基础估值，并在引入溢价机制的基础上根据交易双方的供需调节数据价值。当数据社会进行到一定程度后，则需进一步思考数据金融化推广数据交易。数据鉴定机构产生于数据运营机构，采取资质管理的模式，对其设立条件进行规范，目前已有的司法鉴定机构也可以增辟数据鉴定的业务范围，通过当事人申请、法院摇号的方式进行司法领域的大数据证据鉴定服务，出具相应的大数据报告。数据行业自律组织及数据监管机构均是用于规范各类数据市场主体的运营，机构监管的模式分为常设式和抽查式两种，各涉数据使用机构均需就数据的获取方式及数据运营使用、管理模式进行备案，算法设计机构则对算法的历史有效性及失效情境进行备案。备案制度能够督促各机构在数据获取使用过程中的合规性，减少权利侵犯的隐患，也方便在产生纠纷时作为证据样本，更加能够方便国家对于数据和算法的统一管理。在常设式的备案制度之外，监管层也应对数据机构采取突击抽查，不定时抽查数据及算法的使用及管理情况，是否存在资质欠缺、备案遗漏、管理不当、交易违规、使用侵权等各种违法情况，对于抽查出问题的机构应严肃处理，形成市场警戒。

（二）重视立法保障，守卫数据安全

1．推进数据立法，加强算法问责

大数据证据立足于数据使用的宏观大环境，但目前数据建设仍在发展阶

⑲ 据中国通信研究院统计，国内目前已设立不少数据交易机构，但经营方向并不稳定，交易量低且数据估值交易及资产化管理、金融化运作的目的并未实现。

段，相关立法尚不完善。2021年《"十四五"大数据产业发展规划》出台，2022年《要素市场化配置综合改革试点总体方案》《关于加快建设全国统一大市场的意见》《关于构建数据基础制度更好发挥数据要素作用的意见》先后出台，但效力层级较低，法律规范偏少。目前关于数据合规使用的立法主要集中在《数据安全法》《个人信息保护法》及《网络安全法》上，民事诉讼领域关于大数据证据依然存在大片的立法空白，现有的"三驾马车"远不能满足实践的需要，我国数据立法仍处于初步阶段，正是由于立法的滞后性，实践中大数据证据的举证、质证、审查困难，大数据证据的推广适用缺乏法律土壤。上文已经提及，应当建立各类数据机构，促进数据资产的流通及使用，那么相应的法律规范体系应当先于实践初步涉及，以指导实践中数据使用的行为。大数据证据归根到底是算法对海量数据的机器使用，数据是一切的基础，应加快通过行政法规、部门规章等进行数据规范使用，细化相应操作规则，严格限制高风险大数据技术等使用，详细列明数据使用的禁止性规定，为产业、技术的发展提供颗粒化的清晰合规指引，引导数据价值的全面释放。

算法质证领域，最难以解决的是"黑箱"问题。国家网信办、工信部、公安部、国家市场监督管理总局联合发布《互联网信息服务算法推荐管理规定》，该规定于2022年3月1日起施行，但主要用于解决例如算法滥用、算法歧视、"大数据杀熟"、诱导沉迷等负面问题，算法的规制尚处于起步阶段，对于算法作用于举证以及算法"黑箱"问题等，当前的立法并无涉及。关于解决算法"黑箱"问题，美国参议员罗恩·怀登、参议员科里·布克、纽约州众议员伊维特·克拉克于2022年2月提出的《2022年算法问责法》或能为我国建设算法事后问责机制提供新思路，其中规定了给个人隐私和安全带来高风险的算法、带来歧视性后果的算法、可能影响个人作出决定权的算法、涉及相当数量个人信息的算法和系统性监控大型场所的算法加强监管，并将算法划分成自由使用、限制使用、禁止使用等不同的等级，防止算法黑箱所带来负面影响。[20]我国也应当学习其他国家在此方面的先进经验，立足我国信息化建设的大环境，针对算法违法适用进行问责，出台相应法律规范，对

⑳　参见班艺源：《庭审中大数据证据运用的控辩失衡与调和路径——以快播公司传播淫秽物品牟利案为例》，载《北京警察学院学报》（录用定稿）2023年。

于算法适用过程中的违法信息摄取、适用进行惩处，并对相关涉及人员落实责任。

2. 规范数据管理，构建分类分级保护制度

数据承载信息价值，对于商业经营、个人隐私、国家管理均具有重大意义，数据在储存管理时应遵循分级的原则，以精细化的管理铸造数据的安全系统。数据分类，就是在进行数据管理时根据数据的来源、基础性、用途、重要性等不同进行差异化存储，进行数据资产交易时既方便调取，归集数据时亦能保证完整和准确性，是推动数据治理、保障数据安全的有效方式；数据分级则是通过数据风险评估的方式，对于涉及隐私、公共安全等可能侵犯到他人权利或社会稳定的数据特别标识，进行此类数据的限制使用与重点规制，确需使用进行数据授权与保密，进而防范潜在风险。[21] 在数据分类分级管理制度的基础上，对于评估得出的高风险数据，在使用时还要进行数据脱敏。[22] 值得注意的是，数据脱敏技术可以进行反向技术复原，因此关于这方面的技术也应纳入监管。

（三）确定证据归属，设计审查模式

1. 初步归入鉴定意见范畴，后续可考虑单独归类

关于大数据证据的归类，理论界争议较大，立法也缺乏明文规定。当前司法现状下，大数据证据不宜单列为一种证据种类，将其归类为已有法定证据种类先行适用是符合经济原则的便宜之举。大数据证据其实同鉴定意见既有冲突又有统一，两者都需要一定的专业门槛，都是需要借助专业知识对特定材料进行分析判断从而得出结果，两者的使用都是通过基础材料的二次发挥形成结论，并以鉴定报告、大数据报告这种书面报告的方式递交法庭审阅。两者之间也存在显而易见的区别。首先，鉴定意见的指向对象是物质性材料；而大数据报告的指向对象则是海量数据。其次，鉴定意见是通过科学仪器辅之鉴定人员的经验、专业进行判断，鉴定意见作为证据类型的本质特征

㉑ 《上海市数据条例》第四十一条、第八十条亦规定了数据分级分类管理，并在数据分类分级管理的基础上确立了数据交易和归集，有待实践的使用和检验。

㉒ 数据脱敏是通过技术手段实现数据匿名，通过替换、截取、加密、掩码等方式实现数据的隐私保护。

就在于鉴定人填补法庭所不具备的专业知识；大数据证据则由专业人员"授权"特定算法进行数据清洗、分析而得出的结论，只要算法模型选择确定，无论何人去操作，得出的结果均具有一致性。最后，鉴定意见全部依赖于人力，具有典型的个性化，而法庭对于鉴定意见的采纳需要经过当事人质证及鉴定人出庭接受问询而不能通过当庭复现的方式检验其准确性；而大数据证据是依据机器算法得出的实质判断，算法得出的结果只要在数据库和算法不变的前提即具有天然的稳定性与可复性，不会因算法使用人的不同而出现不同的结果，这与鉴定意见依赖鉴定人专业知识、学术观点具有本质的不同。可以说，鉴定意见的科学性、真实性和权威性，在很大程度上不取决于鉴定意见本身，而依赖于鉴定人的主体属性、鉴定过程和判断能力。[23] 基于上述不同，刘品新教授总结到，大数据证据在很大程度上是由机器算法给出实质判断——不同于以往专家借助仪器设备作出判断，这对于以由专家作出判断的司法鉴定体制是一个过于超前的突破。[24] 即便考虑到上述大数据证据与鉴定意见的本质不同，将大数据证据权且归类为鉴定意见仍是当前民事诉讼活动的最佳选择。其一，大数据证据的数据库为人力搜集，算法亦是人为设计，并非完全意义上的机器活动，两者具有形式上的亲缘性和可比性，将其归类为鉴定意见具有一定合理性。其二，将大数据证据归类为鉴定意见之列，可以切实解决当事人的举证不能及主体能力强弱导致的"证据偏在"问题。其三，通过对鉴定机构的鉴定程序进行规范可以解决大数据证据在举证时可能涉及的权利侵犯问题。其四，将大数据证据归类为鉴定意见后，可以在鉴定意见审查判断规则的通行基础上，增加大数据证据的特殊审查规则以确定大数据证据的证据能力，在实践中操作阻力最小。鉴定意见可以进行鉴定人员出庭，结合专家辅助人制度可以在庭审中形成对抗，鉴定人员和专家辅助人对于大数据证据的解释可以更加便利的为当事人及法官答疑解惑，增加大数据证据的接受度。当然，我们不能忽视大数据证据与鉴定意见的客观区别，目前将大数据证据归类为鉴定意见只是一种方便实践积累经验且经济节约的权宜之计。当学术界关于大数据证据的研究越益深入，司法实践的经验越益

---

[23] 陈瑞华：《鉴定意见的审查判断问题》，载《中国司法鉴定》2011 年第 5 期。

[24] 刘品新：《论大数据证据》，载《环球法律评论》2019 年第 1 期。

丰富之后，仍应将大数据证据单独作为一种证据种类。

2. 设置审查流程，引入区块链技术

考虑到大数据证据的适用具有高度技术性，而很多当事人并不具备相应的举证能力，故而对于有需要的当事人可以允许其就此申请司法鉴定，由鉴定机构搜索数据样本，匹配算法，并呈交法庭大数据报告。即使经司法鉴定的大数据报告也不当然具有说服力，区别于其他类型的鉴定意见，大数据证据需要验证算法的适用性和准确性，因此鉴定人员的出庭应当成为义务而不是视当事人的选择可以不出庭。鉴定人员出庭主要用于说明数据选取是否存在不当或歧视、算法的设计逻辑如何，解释算法设计的适用性，并在法庭的主持下进行"黑箱"测试，重演数据输出的过程，进行算法复现，以验证其科学性和准确性。此外，如有当事人对于鉴定意见持有相反意见，亦可申请专家辅助人出庭，与鉴定人员当庭对抗，质疑算法逻辑或直接依据专家经验提出反证并予以当庭演示是否得以成立，如专家辅助人的反证成立，则大数据证据不予采纳。

此外，大数据证据依赖于数据基础，数据本身属于作为电子证据，对其质证可以使用区块链技术，保证数据上链后的真实性，从而一定程序减轻数据库质证的难度。将区块链与其他各类数据安全流通技术相结合，能够为数据溯源、交易存证、数据侵权举证等数据市场化等问题提供可行的解决方案，实现数据流通全流程可验证、可追溯、可审计，并为进一步建设高效、高安全和高流动性的数据要素市场打下基础。[25] 目前金融借款合同中，原告为证明借款行为发生提交经"至信链"区块链存证的借款合同，并提交了区块链存证平台的备案和资质，法院进行现场核验或通过法院区块链证据核验平台自动核验，核验通过则证据采信，极大简化了事实查明过程。[26] 根据上述司法实践分析可知，大数据证据在互联网产业类经济纠纷中适用较多，这类公司均有平台能够记录网络数据，这类案件完全可以参照金融类案件审理，网络数据直接上链并借助区块链技术进行证据审查，可以有效解决大数据证据

㉕ 中国信息通信研究院《大数据白皮书（2022）》，载 http://www.caict.ac.cn/kxyj/qwfb/bps/202301/t20230104_413644.htm，2023 年 3 月 26 日访问。
㉖ 参见（2022）粤 0304 民初 13137 号。

的数据库质证问题。

（四）构建质证规则，强调算法论证

1. 确认质证思路，首先解决基础数据库问题

随着大数据证据的广泛应用，根据其自身所特有的技术性和专业性，应从大数据证据之"规则有无""证明程度"和"非法排除"三个维度建立完备的证据规则体系，厚植大数据证据合法性的土壤。[27] 大数据证据的广泛应用离不开外部数据基础设施的建设，我国目前已经形成并正在深化各类数据机构的设立和发展，数据资源的使用和流通将越来越便利，大数据证据的证据规则体系构建应根植于我国正在加大数据建设的外部环境。在这一背景下，在权且将大数据证据作为鉴定意见的前提之下，只要鉴定机构有所需求，可以直接与数据机构联系进行关联数据的打包使用，并以数据监管和区块链技术运用解决数据库质证问题，将大数据证据的质证重点落脚于算法的质证上。

2. 核心围绕算法检测，着重算法适用性问题

（1）算法不公开为原则，算法完全公开为例外

虽然对于法庭调查来说，完全公开算法对于双方最为公平，也最利于案件事实查明，但是算法作为具有财产价值的智慧产物，公开算法对于算法设计者来说存在利益损失，且算法自身的复杂性也导致即使算法公开，缺乏专业知识的个人也无法理解与质证，因此在实践中建议采取算法不公开的质证原则，并以算法公开为例外，即只有在算法不公开可能危害公共安全时才进行算法公开。此外，在算法公开的情形下，也无需穷尽算法的全部验证才能认可算法的适用性，只要算法的逻辑可以自洽，通过算法进行数个个例输入能够得出与大数据报告的统一结论，也就是限定数量的验证能够得出正确结果时，算法的适用性便可以认可，这与实践中大数据证据的质证逻辑亦相符合。当然，如果当事人在庭审中能够提出已证明正确性的其他算法且该算法结果与大数据报告结论矛盾或当事人在输入数据进行算法验证时得出完全错误的结论时，大数据报告可直接不予采纳。

---

[27] 徐惠、李晓东：《大数据证据之证据属性证成研究》，载《中国人民公安大学学报（社会科学版）》2020年第1期。

（2）算法不公开时遵循两步走质证方式

算法不公开时，解决算法适用的方式分为循序渐进的两种，第一种方法是公布算法的历史准确性。正如学者所言，大数据技术的复杂性决定了算法公开对于一般的非专业人士的事实认定者而言毫无意义，考虑算法历史有效性，由算法设计者公布其所依据算法的历史准确率是解决大数据证据可靠性困境的关键。[28] 对于算法历史有效性的界定不能依赖于鉴定机构的阐述，而应当通过数据基础设施建设中的监管机构的设置来予以保障，由算法设计者向数据监管机构对特定算法进行算法备案，并由监管机构定期向社会公示历史有效性的结果，当庭审中采用的算法符合历史有效性时则根据当事人对于大数据证据的认可程度决定是否进行更进一步的算法质证。第二种是在当事人对算法的适用性依然存疑时，更进一步的算法适用性质证就是进行"黑箱"测试，即在庭审中通过输入数据得出结论的方式验证算法的稳健性。稳健性即可靠性，是指用于生成证据的装置之运行特征，只有当一个装置反复应用后给出了同样的读数或图像，这样的装置才是可靠的。[29] 值得注意的是，"黑箱"测试应当贯穿于大数据证据质证的全过程中，并结合鉴定人出庭及专家辅助人出庭制度具体使用。进行"黑箱"测试时，由鉴定人员先行输入数据展示算法运算的过程，并解释算法适用性的理由，当专家辅助人或当事人自身能够通过反例运算得出不一样的结果，打破算法的稳健性，或是提出方便穷尽验证或是完全可以确定正确的其他算法进而输入数据后得出完全不同的结果时，算法当然不具有适用性。专家辅助人制度在算法质证中的应用也应推广适用，实践中大数据证据的审查环节处处可见专家辅助人的身影，专家辅助人出庭能够加深法官对于大数据证据的理解与接受度，可视之为算法稳健性质证的补强规则，这也是技治主义证据观的体现。

五、结语

自 2014 年政府工作报告首次提及大数据以来，大数据便迅速从一个新兴

---

[28] 郑飞、马国洋：《大数据证据适用的三重困境及出路》，载《重庆大学学报（社会科学版）》2022 年第 3 期。

[29] ［美］特伦斯·安德森等：《证据分析》（第 2 版），张保生等译，中国人民大学出版社2018 年版，第 86 页。

概念开始融入社会生活的方方面面，"十四五"规划更是全面布局大数据发展，而大数据证据就是大数据在司法领域应用的重要体现。司法实践中，大数据的适用无法与其话题热度相匹配，实际适用率不高且存在证据定义不统一、证据种类存疑、举证、质证困难等多处适用瓶颈。面对实践中大数据证据适用的多种问题，本文建议从数据建设、数据监管上加大力量，推进立法保障，并将大数据证据归类为鉴定意见进而设置出数据质证为基础、算法质证为核心的证据审核规则以回应大数据证据的适用困境。其中，关于数据的审核，可以凭借数据监管、区块链技术验证数据真实性，而关于算法审核则必须辅之庭审勘验、专家辅助人出庭、反证操作等制度综合评定算法是否具有普遍适用性。不可忽视的是，随着我国信息化建设的发展，大量的证据形式将转而以电子数据的形式而存在，大数据证据以海量为数据为基础，能够凭借算法实现数据的瞬间筛选、分析，对于民事案件的事实查明具有深远的价值，妥善适用大数据证据，规范大数据证据的审核认定流程，是技治主义证据观的体现，也是符合时代潮流的必然选择，必将全面赋能大数据证据的司法应用，开启数据司法新篇章。

区块链在"同案同判"目标建设中的辅助应用与路径探索

刘　婷　葛　钒[*]

2021 年 10 月 18 日，习近平总书记在主持中共中央政治局第三十四次集体学习时强调，要建设数字中国、智慧社会，打造具有国际竞争力的数字产业集群，推动互联网与大数据、人工智能、城镇化融合。[①] 与此同时，我国司法审判领域也开展了"区块链＋司法"模式探索，打造智慧法院。区块链技术在司法领域极具应用价值，其去中心化、共识机制、分布式记账、智能合约等技术特点和难以篡改的特性，已在司法存证领域率先研发并有配套立法，于 2019 年开始被广泛应用。2021 年 12 月 1 日，《最高人民法院关于统一法律适用工作的实施办法》正式施行，对促进"同案同判"的类案件检索制度提出了进一步强化要求；最高人民法院于 2022 年 5 月 23 日发布《关于加强区块链司法应用工作的意见》，要求大力推进区块链技术与多元解纷、诉讼服务、审判执行、司法管理等工作的深度融合，并提出了新的要求，探索区块链司法应用场景的延伸。基于此，本文旨在对区块链技术更多应用场景的创新探索，充分挖掘该技术在实现"同案同判"目标方面的辅助应用功能，提升同类案件裁判权的科技应用水平，推动信息技术与法治建设融合促进，依靠科技创新驱动长江三角洲地区智慧法院建设。

---

[*] 刘婷，法学硕士，上海市静安区人民法院金融审判庭审判员。葛钒，法律硕士，上海市静安区人民法院金融审判庭法官助理。本文获"推动长三角一体化发展司法理论与实践"征文二等奖。

[①] 参见共产党员网中共中央政治局集体学习栏目，载 https://www.12371.cn/2021/10/19/ARTI1634637557010218.shtml，2022 年 5 月 11 日访问。

一、区块链司法应用新领域：辅助实现"同案同判"目标

区块链技术近年来在司法领域的应用，尤其是智慧法院的建设，是一个不断探索和推进的过程。从 2015 年开始，围绕区块链技术的法律研究开始进入人们的视野，截至 2022 年 8 月 21 日，某文献检索平台上发表的期刊论文仅数年就达到了 1601 篇，其中涉及司法领域的论文占 26.48%，然仅有 4.48%（19 篇）涉及区块链技术在审判中的应用研究，而"同案同判"的区块链技术应用研究则只有 1 篇。[②] 可以说区块链技术在立案信息流转应用、调解与审判流程衔接应用、审判与执行衔接联动等司法领域均已试水，但区块链技术在司法审判领域的研究与应用仍然较浅，尚属拥有无限可能的蓝海。

同案同判是司法所欲追求的重要目标，是历年来的司法顶层部署绕不开的话题。2015 年 7 月，"智慧法院"概念应运而生，各地高院顺应其"现代科技应用与司法审判活动深度结合"的本质，在最高人民法院《关于申报司法大数据专项工作任务的通知》部署下，为抓住解决同案不同判现象的新希望，牵头在当地建立了大数据平台。通过审判信息资源库，加大对司法大数据的研究力度，加快案件关联信息的实时汇聚；2017 年，《最高人民法院司法责任制实施意见（试行）》明确规定了"类案及关联案件检索"机制，成为司法责任制改革的重大举措；2018 年至 2021 年间最高人民法院逐年陆续出台《关于进一步全面落实司法责任制的实施意见》《关于建立法律适用分歧解决机制的实施办法》《关于统一法律适用加强类案检索的指导意见》《关于统一法律适用工作的实施办法》，作为确立类案检索制度出台的一系列文件，均是为了统一裁判尺度，达成同案同判。[③] 司法改革的顶层设计者也开始在司法各领域中全面推进区块链等信息技术的深度应用，以实现在类案裁判中统一法律的标准和尺度的目标。

---

② 数据来源：https://www.cnki.net/，2022 年 8 月 21 日访问。
③ 参见孙海波：《类案检索在何种意义上有助于同案同判？》，载《清华法学》2021 年第 15 期。

二、区块链技术在"同案同判"中的应用基石与优势

（一）"同案同判"目标实现的现有路径类型

纵览当前辅助实现路径，指导性案例和人工智能类案推送这两种技术手段，是司法追求"同案同判"这一重要目标得以实现的有力方式。

1. 传统人工筛选下的指导性案例制度

《最高人民法院关于案例指导工作的规定》确定了"同案同判"的裁判原则，从裁判中抽取争议点的解决方法，并将其凝练为具体的规则，置于案件的首部，以指导今后审理的同类案件。[④] 在审理同类或类似案件时，如果缺乏背离指导性案例裁判规则的充足依据，法官将可能面对双重约束——来自上级法院的审判监督和本院的审判管理。[⑤] 当然，除指导性案例制度外，公报案例、各层次精品案例评选也对"同案同判"起到了一定积极作用。

2. 现代人工智能技术下的类案检索制度

办案平台内嵌的"类案检索"模块、法官智能辅助办案系统、中国裁判文书网或是"法信"等平台都是较为常见的人工智能检索工具，其提供了海量的检索文书辅助法官判断决策。2018年1月，最高人民法院正式启用"类案智能推送系统"，将大量同类案件裁判文书的内容要素进行拆分、提取、整合，再结合一定的算法规则，将眼前待决案件相关或相似的案件，通过司法审判大数据系统自动推送给裁判人员，以智能、自动化的方式将同类简易案件加以解决。

3. 现有路径的"优"与"缺"

（1）指导性案例制度的优与缺

优：最高人民法院发布的指导性案例具有相当高的权威性和指导性，其裁判要点在裁判文书中可直接成为参考适用、统一裁判尺度的类案论证内容。而诸如公报案例、精品案例也具有一定的参考意义。

----

④ 《最高人民法院关于案例指导工作的规定》第七条：最高人民法院发布的指导性案例，各级人民法院审判类似案例时应当参照。

⑤ 参见胡云腾等：《〈关于案例指导工作的规定〉的理解与适用》，载《人民司法》2011年第3期。

缺：从目前的实践应用来看，指导性案例数量少，范围窄，指导性效果不强，大多需要人工筛选，费时费力，其选取的案例基本都是典型案例，且发布周期较长，对于新类型案例的裁判思路，一般无法从指导性案例中获取。⑥

（2）类案检索制度的优与缺

优：人工智能下的类案检索系统响应迅速，操作便捷，在检索效率、检索范围、检索精确度等方面无疑都有所提升，相对法官人工检索传统方式，其通过人工智能加载，可以快速、高效地预测和解决大量同类型案件。

缺：法官进行类案检索时，往往会搜索到海量"同（类）案"，很难从搜索结果中快速获得最贴近待决案件、符合当下裁判要旨的先决判例。而且司法本质上是一种类推思维活动，智能的技术手段很难甚至无法化解价值判断问题。再者，类案检索库的素材收集深度和广度都不够，生效裁判案例是法官主动提交上传的，并不是完整的样本库，法官们其实最期待智能检索系统能够提供对于疑难案件的裁判帮助，但目前的类案检索库系统还停留在应用简单或者常规案件中。⑦

（二）区块链在"同案同判"中的技术理论基石

区块链技术的内在特征为司法审判改革提供了重要契机，智慧法院的探索、互联网法院的建立使司法更加信息化、智能化、现代化，区块链其内在的技术特征成为进一步辅助同案同判实现的技术理论基石。

1. 分布式记账模式、去中心化的通讯模式保障案件要素同步更新不易丢失，搭建完整裁判文书库

在区块链技术中，大量共同记账的主体作为节点，构建成区块链网络，在这个网络中任何加入的服务器都可以成为一个节点，每个节点将一段时间内收到的数据和代码，存放在带有时间戳的区块中，同时在全网其他所有节点上均会同步这个新加入的数据代码，以确保区块链网络数据在整个区段的

---

⑥ 参见周翠：《民事指导性案例：质与量的考察》，载《清华法学》2016年第4期。

⑦ 参见左卫民：《从通用化走向专门化：反思中国司法人工智能的运用》，载《法学论坛》2020年第2期。

一致性，从而使整个区间得到有效保障。⑧ 而在司法裁判领域，当一份判决上链后，其案件焦点、核心裁判规则经哈希后提取保存，在节点中同步储存在区块中，其他节点也可通过调取相同节点获取该份上链文书。区块链技术多节点共建的优势使每一份上链的文书源源不断地汇入区块链平台中，形成完整的文本库，提高了后续对比、推送同类文书的准确性，为实现同（类）案"同判"打下更为完整的裁判文书库基础。

2．区块链不易被篡改的特性保障司法数据稳定

在区块链中对一个数据进行一系列的操作，其操作在每个时间点都会被记录下来，进行连续、永久、完整地保存。⑨ 尽管单个节点的数据能被成功修改，但该改动行为并不会得到全网的直接认可，只有所有节点中的数据被修改后，才能最终实现数据篡改，或者在全网节点掌握超过 51% 的情况下才能实现。这就保证电子法律数据、既往生效判决录入司法大数据库后，电子司法数据不会被轻易撤回或恶意篡改，保障了司法公信力。

3．时间戳按序推送同类文书，时间脉络式呈现裁判思路演化

区块链实际上是层层嵌套而成的时间戳，每一项数据都有时间标记，形成无法篡改和伪造的资料库，时间戳凸显了区块链的关键技术特征。当一份裁判文书上链时自动形成的时间戳，既可实现不被篡改也可使法官在寻找同（类）案件相同判决时获取最新、最符合当下法律、社会背景的裁判思路，也可帮助法官在研判案件裁判思路时脉络式梳理背后法理的演变历程，进而判断是否适用先决判决抑或重新编写符合当下法律逻辑的裁判文书。

4．智能合约的应用简化案件要素的提取，分类导入裁判指引快速生成同类裁判文书

区块链作为基础技术将交易的整体记录纳入共识系统，与共识相匹配，可以自动执行智能合约条款。现今逐步推广应用的智能合约，一般为了降低代码翻译误差，通常会要求合约条款清晰、具体、可执行。这一应用特征可便捷实现"同案"的识别，也便于更贴近"同案"裁判规则的推送。当法官将待决案件输入区块链节点后经对比自动匹配文书库中的素材，当满足合约

---

⑧　参见何蒲：《区块链技术与应用的前瞻综述》，载《计算机科学》2017 年第 4 期。
⑨　参见陈秀惠：《为什么区块链的去中心化很重要》，载《计算机与网络》2018 年第 21 期。

规定的条件时，智能合约就会被自动执行，按照符合条件的样本层级排列推送供法官选择。

5. 哈希值计算在区块链数据存储与验证中的运用，实现更为精准推送同类案件

区块链上存储的是用共识算法计算出的数据信息的哈希值，具有唯一性与可识别性。通过对比眼前案件要素和争议焦点的哈希值，可以准确、快速地在数据库中找到相同哈希值的"同案"，将"同案不同判"的案件排除在外，实现同（类）案件判决结果相一致。同时部分案件中存在涉及不宜公开的内容，而哈希的存在可以将涉密或涉隐私等内容予以隐藏，以再次哈希所得哈希值参加数据库对比，更能合法、合理保护涉案当事人的权益。

（三）区块链技术与指导性案例、类案检索在实现"同案同判"实效方面的对比

1. "同案同判"既有实现路径与区块链实现路径之共通

我国已有多种方式保障"同案同判"目标的达成，正如前述，我国已构建指导性案例制度及类案检索制度落地和运用。无论是指导性案例制度、人工智能下的类案检索还是区块链技术的应用，其基础还是遵循先例。以案例或技术手段辅助审判人员高效、稳定地判断相同案件要素的裁判方向，减少传统单一法律检索的人力，将办案精力更多倾向于疑难复杂案件。

2. 区块链在"同案同判"目标实现中更具天然技术优势

（1）区块链分布式记账模式及不可篡改的特性保障裁判文书库更完整呈现

区块链强调众多参与主体的参与性，每一位法官都可以将自己的案例按照协议规范存入区块链节点上并记账发布，完善法律文书库完整性的问题，让参与的所有主体都能共享案例。[10] 当相关文书签发完成后自动上链，一旦符合生效条件即刻上传区块链节点，既无需人力参与，也因其一旦上链即无法被篡改保障了司法稳定及公信力。

---

⑩ 参见田海鑫：《区块链技术和理念在同案同判中的应用》，载《人民法院报》2019年11月14日第2版。

（2）区块链时间戳辅助法官寻找"先例"的时间足迹

区块链中的关键技术——时间戳，满足文书库中按时间脉络呈现"同案"生效文书，也可实现该类案件裁判思路的演变脉络呈现，辅助法官掌握案件法律背景及法理逻辑。同时，时间戳的存在也方便了文书验真，一旦上链文书发生修改即刻在时间戳上得以体现。

（3）区块链智能合约将权威统一裁判案例、共识算法案例、法律条文推送给法官

海量同类文书的搜索结果使优先层级筛选工作耗费大量精力。这样的问题在区块链下的智能合约应用就能得以很好地解决。当法官获得与待决案件最贴切的样本推送，要将先决文书中的裁判分析导入待决案件中时，区块链通过技术设计分层级实现不同方式的"先例"或条文推送。

权威统一裁判案例推送：当存在既定指导性案例时将率先引入相关裁判要旨，指导性案例作为具有较高权威性的裁判要旨，若法官拒不适用时将会被区块链的共识机制所拒绝，避免不同判的裁判结果。同理，公报案例、精品案例也可以推送法官予以优先参考适用。

共识算法案例推送：在区块链上链裁判库中，将经共识算法基础上形成的绝大多数统一判决优先推送给法官，待法官进行个案价值判断。

法律条文推送：在区块链上链裁判库中，在识别同（类）案基础上将先例（含指导性案例、共识算法案例）中的最密切法律条文优先推送法官，待法官个人价值判断。

表1　指导性案例、类案检索、区块链实现"同案同判"路径对比

	检索方式	响应速度	便捷性	可靠性	案例衍生指导
指导性案例	人工检索	耗费时间较长	案例数量有限，发布具有周期性	最高人民法院发布，可靠性强	针对某类型案件，延伸启示较少
类案检索	智能检索	快但庞杂	海量文书，需人工筛选，工作量大	可撤回修改	针对搜索案例提供先例或法律，无延伸指导
区块链	智能推送	快且精准	通过哈希、智能合约比对，推送结果与待决案件相近	一经即上链不可篡改，可靠性强	智能合约、时间戳的运用可梳理裁判要旨脉络

三、区块链在同案同判具体路径探索的实证分析

在理顺"同案同判"适用的基本技术特点后，最重要的仍然是"同案同判"目标建设的实现路径设计问题。当下在司法领域区块链技术在裁判阶段的试点应用还较少，在区块链"同案同判"辅助应用系统的开发更是在理论探索阶段，笔者通过具体案件的实证分析阐述区块链在实现"同案同判"目标建设中的可行性路径。

（一）基于案例库寻找"同（类）案"先例——同（类）案识别

区块链进行同（类）案识别，主要依靠将待决案件的核心要素哈希后进入案例库进行匹配识别相近的既存哈希值，这与人工智能下的类案检索较为相似，但在识别后的案例呈现存在差异。区块链较为核心的时间戳技术特征实现案例识别后通过寻找"先例"的时间足迹，按层级优先顺位排列输出。

在裁判模块，首先基于区块链框架创建区块链平台，其中包括所有法院节点。其次针对相关案件的裁判进行收集，形成一个足够大的案例库。然后通过区块链技术（如通过智能合约）自动提取相关案件核心要素，如合同具体约定、责任承担等各个节点及争议焦点，将所述案件信息写入区块链平台中，转换为哈希值。当案件遇到部分不宜公开的内容则不宜在区块链上呈现，可将该不宜公开内容先行转化为哈希码替换写入节点。此时通过区块链的共识机制及智能合约进行识别匹配与待决案件哈希值相近的"先例"哈希值，一旦达成共识，将最接近的案件发送给法院节点以供参考。[11] 待决案件在案例库中可能匹配到海量同（类）案例，此时区块链优于类案检索的技术特征在此体现，区块链的时间戳核心技术特征实现检索中寻找"先例"的时间顺位，输出结果按时间脉络排序呈现。

（二）"先例"优先推送制度设计

1．权威性统一裁判、案例优先推送

（1）具体逻辑分析：最高人民法院发布的指导案例和生效案例裁判，具

---

[11] 参见《一种基于区块链的类案同判方法、设备及介质》专利申请书，申请人山东爱城市网信息技术有限公司，申请号 201911348810.5。

有相当高的权威性和指导意义，其裁判要点可直接成为类案论证内容，直接参照适用。而《关于统一法律适用工作的实施办法》更是明确规定"九类案件"，[12] 特别是对"四类案件"监督管理中，上述裁判结果影响较大的司法公信案件，审判人员应当优先适用推送案件。[13] 而公报案例和精品案例亦可作为数量较少的指导性案例、生效类案裁判的补充，起到参照适用的作用。对于上述指导性案例和生效类案的裁判，可在进入案例库采用技术标注参考

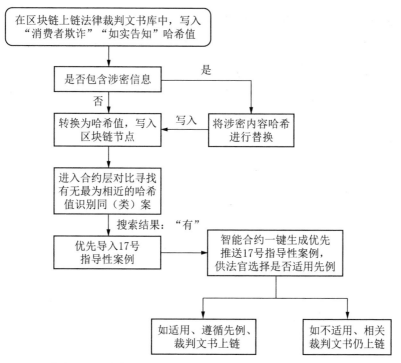

图1　存在指导性案例的区块链技术支持路径（以上述买卖合同为实例）

---

[12] 《统一法律适用工作实施办法》第六条：办理案件具有下列情形之一的，承办法官应当进行类案检索：（一）拟提交审委会、专业法官会议讨论的；（二）缺乏明确裁判规则或者尚未形成统一裁判规则的；（三）重大、疑难、复杂、敏感的；（四）涉及群体性纠纷或者引发社会广泛关注，可能影响社会稳定的；（五）与最高人民法院的类案裁判可能发生冲突的；（六）有关单位或者个人反映法官有违法审判行为的；（七）最高人民检察院抗诉的；（八）审理过程中公诉机关、当事人及其辩护人、诉讼代理人提交指导性案例或者最高人民法院生效类案裁判支持其主张的；（九）院庭长根据审判监督管理权限要求进行类案检索的。

[13] 《关于进一步完善"四类案件"监督管理工作机制的指导意见》第二条中"四类案件"，即前引"九类案件"的第三、四、六种情形。

"判例"，在处理同一类（类）案件时，法官应持统一的裁判尺度进行判别。

（2）具体案例展示：在某买卖合同中，车辆经销商在未如实告知消费者新购车辆存在外观瑕疵的情况下，将保险杠拆装喷涂处理完毕，超出正常维修及质量检测范围。消费者据此主张返还购车款的惩罚性赔偿责任，并以3倍的价格对车辆进行赔偿。

（3）案例应用分析：以上述买卖合同纠纷为例，关于经销商未如实对消费者履行告知义务是否构成欺诈的，存在最高人民法院第17号指导性案例。那么在同（类）待决案件在区块链中输入核心要素进行"先例"检索时，第17号指导性案例将在推送结果中排于优先位供法官适用于裁判文书中。

2. 共识算法案例优先推送

（1）具体逻辑分析：司法实践中，除却小部分存在指导性案例等裁判尺度已统一、按相关规定在案件审理过程中法官必须参照适用的案件外，大部分案件都可归化为某一具体类型案件，属于同（类）案，此时更多是区块链的共识算法发挥先例推送作用。区块链的共识算法在待决案件信息进入区块链节点后匹配相近案例后运行，经匹配达成共识后将符合条件的同（类）案"先例"推送给法官，供法官判断是否适用所推送先决判例。

（2）具体案例展示：以金融借款合同纠纷为例，在某银行"惠民贷"业务诉违约借款人承担违约责任类案件中，银行设置了基础利率和放款优惠利率两种不同利率，当借款人发生逾期，合同最终利率将以基础利率为准，并以此为基础计算逾期利率。在该类型案件中虽为相同合同文本，但对于逾期利率的计算方式出现了两种不同的判决结果。一种判决是按照合同约定，逾期利率按照基础利率上浮计算，另一种则是因为网签合同无法证明银行完成合同交付，法官遂作出有利于借款人的解释，按照放款利率上浮计算借款人违约成本。

（3）案例应用分析：在上述类似案件中，区块链技术可通过共识算法优先推送"先例"，尤其是在部分批量性案件中的先例推送，以避免同案不同判的情况出现。以上述合同为例，通过收集相关借款合同判决加入法院区块链节点作为判决"先例"，再将待决案件的借款合同内容，如利率、违约责任、签署方式等要素转化为哈希值写入区块链平台，或是引入的智能合约直接提取转换为哈希值，再通过区块链技术对比最为接近的先例推送。通过匹配获

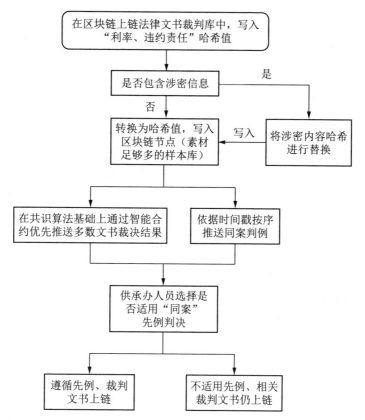

图2　共识算法判决推送相关区块链技术支持路径具体示例（以上述金融借款纠纷为实例）

取该类型案件的先决判例，避免相同合同、条款文本产生不同适用选择的结果，也可实现批量性案件中存在先决判决的"同案"快速"同判"。

3. 最密切法律条文的优先推送

（1）具体逻辑分析：实现同案同判，实质是案件裁判结果的统一。除却足够庞大的裁判案例库外，更为重要的是全部现行有效的法律法规、司法解释及裁判要旨并行推送。当区块链算法推送指导性案例、同（类）案先例判决时，可实现并行推送待决案件最密切法律条文，供法官在现行法律规定的框架下判断对同案是否遵循先例"同判"。新类型案件在案例库中不一定存在先决判例，同时在判例不够多的案件中，裁判观点及裁判尺度仍有小概率出现差错，此时通过对照推送的裁判要旨、条文等法律库，也可帮助法官对待判案件作出认定。

（2）具体案例展示：保险公司根据最新保险市场需求精算推出的某隔离

险种（新型冠状病毒肺炎疫情期间各保险公司推出的因疫情被隔离而触发保险赔付的新型险种），在发生实际保险事故后是否应予以赔付，尚不存在先决案例，因此无法从样本库中搜索到生效判决。

（3）案例应用分析：在上述保险合同案件中案例库中若无法提供生效样本的，此时并行推送的法律条文即发挥作用，结合法官输入的关键词按照"裁判要旨→现行法律法规→司法解释→行业规范"的顺位向其推送相应险种的裁判指导及最密切的法律条文，以类似案件的裁判思路及尺度辅助法官作出最终判决，并以最终生效的判决作为该新类型案件的先例判决，依据区块链分布式记账技术在上链后供节点上所有法官参考适用。

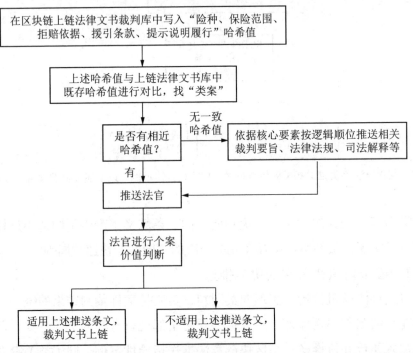

图3　法律条文推送相关区块链技术支持路径具体示例（以上述"隔离险"保险合同为实例）

上述三种"判例"优先推送制度的设计在区块链案例推送中起到平行参考的作用，除了必须遵循指导性案例裁判要旨统一裁判尺度外，虽然存在同（类）案件的"先例"，但并不意味着法官只能机械适用，区块链在提供案件裁判思路的同时，也将法律条文的演进脉络并行地呈现出来，辅助法官判断待决案件是否参照先决案例。

（三）在区块链同案同判辅助应用中的法官个案价值判断

1. 遵循"先例"为区块链同案同判辅助应用中的基本原则

指导性案例、最高人民法院生效案裁判推送遵循：根据前述《统一法律适用工作的实施办法》，对于待决案件，当区块链识别到存在指导性案例、最高人民法院生效类案裁判时，法官应当优先参照适用。法官在进行个案价值判断时，若对于虽存相似之处但确有充分理由说明不宜参考指导性案例时，或案件构成要件实然不同时，才能选择不参考适用的指导性案例或生效类案裁判。对于应当参照而未参照的裁判，将会在案件二审或再审中被依法纠正。

共识算法案例推送遵循：前述一系列落实指导性案例运用、加强类案检索工作指导文件的最终目的都是为了统一裁判尺度，实现同案同判，也是维护司法公信力的基本要求。法官在进行个案价值判断时，应遵循共识算法的先例推送，保障裁判尺度在辖区内的统一适用。

最密切法律条文推送的遵循：在法官对先决案裁判尺度存疑或案例库无"先例"的情况下，通过并行呈现的法律条文库，在解读法律、司法解释中寻找或归纳解决同（类）案件统一的裁判要旨，明确待决案件的裁判方向。

2. 法官因个案价值判断选择不适用区块链推送"先例"

区块链在"同案同判"目标构建建设中起到辅助应用的角色，并非排斥法官对个案进行价值评判。法官在经价值判断后也会做出不适用区块链推送"先例"的选择。

（1）案情相同，但当事人举证程度不尽相同

"以事实为依据"，证据作为"法庭之王"，完整的证据链是法官作出最后裁量的事实依据，对于同一事实的举证程度不一致自然导致判决结果的不尽相同。

（2）对法律法规或裁判规则的理解不尽相同

法理语言其表述都会带有一定的概括性和抽象性。这种模糊性的表述会导致法官在适用相关条款时产生歧义，有时在同一部门法中会出现同词不同意的现象。不同的语境下对法律语言有不同的理解，从而使适用法律在法官的自由心证下出现一定的偏差。

（3）法律的变迁与法律规范之间的冲突

在同一位阶或是不同位阶的类案中，都会出现类案规则不一致的情况，这种情况下要实现统一裁判尺度，就会变得愈发困难。⑭ 法官在适用法律上的选择不同，也终会导致最终指向的结果不同。

（4）对案件事实把握或对法律条文理解失当

法官在价值判断后作出不同判决的，当然也存在案件办理过程中对于关键案件事实的疏漏、法律条文的选择适用和把握上有所欠缺所导致的同案不同判情况。

3.区块链"同案同判"辅助功能对法官个案价值判断的检验——司法责任制的落实

《统一法律适用工作实施办法》确立了类案全面强制检索机制，实质是为确保类案裁判标准和法律适用的统一，而区块链辅助系统的设计，通过对法官个案价值判断的检验，成为落实司法责任制的有效途径。

（1）区块链辅助系统对举证程度不一情况的检验记录

同（类）案件的裁判走向可能因当事人举证能力的不一而导致裁判结果不一。虽案情类似，但输入节点的证据材料因客观原因而不一致，区块链据此推送的案例可能也不是同（类）案的先例判决。此时，针对同（类）案发生不同判情况，经区块链辅助系统的检验，法官将不因不同判而承担责任。

（2）区块链辅助系统对法律条文理解不同情况的检验记录

每个法官对于法律条文都可能产生不同的解读理解，而区块链的法律条文库将辅助法官搜寻对于存疑问题的权威解读。当因法律理解不同导致同案不同判发生，区块链将检验法官价值判断的过程，若存在权威、统一司法解释或指导意见而法官未予适用时，法官将承担错案责任；若尚不存权威解释时，该理解分歧将作为待研究方向予以记录，成为日后审判指导法律适用的研究基础，不轻易与法官司法责任挂钩。

（3）区块链辅助系统对法律变迁引起冲突情况的检验记录

社会经济背景、价值观念的变化会带来法律法规的修订或是不同位阶法

---

⑭ 参见孙海波：《类案检索在何种意义上有助于同案同判？》，载《清华法学》2021年第15期。

律之间的冲突。经区块链辅助系统检验，当法官进行个案价值判断后，因对存在冲突争议法律的不同适用而导致不同判的，属于法律尚存争议问题，需针对争议法律条文予以进一步研究，不轻易与法官司法责任直接挂钩。

（4）区块链辅助系统对事实疏漏或理解失当情况的检验记录

司法实践中确存在因法官未适用区块链推送"先例"或法律条文，而对案件事实或法律条文援引的失当导致的错判，此时经区块链辅助系统检验将直接与法官司法责任挂钩，承担错案责任。

（四）区块链同案同判辅助应用的区域试点探索

区块链应用对技术支持的要求相对较高，司法实践中要加以运用尚需分批、有序试点，加以完善后逐步推广。区块链有公有链、联盟链和私有链之分类，可分别运用于不同应用场景。区块链同案同判辅助的应用试点以若干主体共同参与并管理的联盟链为宜，而长三角一体化发展建设正是区块链辅助应用试点的绝佳契机，其较高的经济水平和社会发展程度为区块链应用提供了扎实的基础，较高的区域开放合作程度为区块链研究和实践搭建了融合的平台。当前，上海市第一中级人民法院、苏州市中级人民法院、杭州互联网法院、合肥市中级人民法院已围绕电子存证合力打造长三角司法区块链联盟，为区块链进一步更广泛的应用前景提供成熟的载体，以满足长三角一体化发展对司法的新需求。区块链技术在同案同判辅助应用亦可以借鉴现有电子存证实践经验，率先在长三角地区探索联盟链区域试点，优先推广区域性同案同判目标实现。

四、区块链技术下"同案同判"目标建设的配套完善

（一）区块链与"同案同判"融合的技术准备

要实现"同案同判"，需要在同一区块链中纳入各层级、各地区法院，逐步完成构建的最高人民法院"司法链"，但"司法链"目前主要作用于司法存证领域。要在司法更多领域推动区块链技术的应用，区块链技术的可接受度是需要充分考虑的，特别应充分考虑科技应用水平相对落后的地区。因对计算机对性能和运算能力有极高的要求，随着区块链数据的不断增加，将不断

增加计算机存储和读写的负担，这就要求各地法院在硬件设备上有更高的投入。因此，可以在科技程度较为靠前的地区先行展开区块链技术在"同案同判"的裁判领域应用的试点工作，充分开发应用场景，待技术成熟、运行可行简便后加以推广覆盖。

（二）培养具有区块链思维与司法背景的复合型人才准备

区块链本身作为专业性极强的综合性系统，是一门跨学科、跨领域的技术应用，如果没有具备一定区块链知识素养的人才的支持和推动，其产业的发展进程将会受到很大的制约。同时，智能化手段的辅助仅能停留在工具层面，技术的发展并不能以替代法官实质判断为目标，更为重要的实质判断仍均需由法官进行，对于是否可以适用推送的"同案同判"素材样本或是裁判规则的决定权还在有着深厚法学功底的法官手中。因此，培养具有区块链思维与司法背景的复合型人才也是当下亟须快速推进的准备工作。

（三）打破数据壁垒，实现跨部门互联互通的交互准备

司法数据不单单由法院一方产生，单次司法活动可能涉及多次的横向与纵向流通，包括上下级流转、跨机构流转、诉讼参加人间流转等。现在各个数据系统之间的壁垒重重，也即数据孤岛现象比较严重，对我们司法信息化的进程产生了滞后的影响。[15] 在一个案件中可能因司法数据无有效联动产生"同案不同判"的情况，尤其是对程序性正义存在较大影响，对裁判结果产生实质性的影响。因此，要推动区块链技术在司法领域的应用，须在司法机关主导、社会协同、多方参与的协同发展思维下，搭建司法内部共享链，建立常态化的信息交换与共享机制，形成数据存储的多方可查、中立可信空间，[16] 鼓励在我国科技发展规模较高的如长三角等地区率先探索"区块链＋司法"跨部门数据互联互通，以有条件接入推动区块链司法应用良性发展。

---

⑮ 参见赵龙、刘艳红：《司法大数据一体化共享的实践探微——以破除"数据孤岛"为切入点的逻辑证成》，载《安徽大学学报（哲学社会科学版）》2019 年第 6 期。

⑯ 参见李鑫、刘沛琪：《区块链司法应用：动因、路径及方法论》，载《湖湘法学评论》2021 年第 2 期。

（四）落成区块链技术的合法合规路径设计的法律融合准备

当下"区块链＋司法"正在加速建设，而对于区块链技术的司法认定规制尚未完备，各类规章制度都处于亟待补全的阶段。除了加速试点工作外，急需根据司法程序与诉讼规则、证据规则的要求，完善关于司法区块链的相关技术标准、安全规范和认证审核制度，确保区块链服务供应商遵守标准、实现合规的有效路径。从理念、原则到具体制度实现区块链技术与司法的衔接，避免冲突与不自洽，从技术＋制度＋司法机构共同推进区块链的司法建设。

五、结语

"同案同判"是追求现代法治、司法自我认同的重要途径，而现代科技的加入为"同案同判"的最终实现加上了飞翔的翅膀。区块链技术所蕴含的特性在"同案同判"中具有充分展现的可能性，以遵循既有裁判为基础，凭借分布式记账技术所搭建的完整裁判文书库，在共识机制、智能合约、哈希值、时间戳等技术特征辅助加成下，精准识别"同（类）案"，梳理裁判思路，优先推送"同判"结果。区块链同案同判辅助系统可以有效为司法审判人员减负，为落成智慧法院在裁判领域的一体化建设带来更大的跨越。同时亦是对法官个案价值判断的再检验，进一步借助智慧科技的力量科学落实司法责任制。

解构与续造：要素式裁判文书的优化路径探索

梁诗园　王荟杰*

党的二十大报告提出"基本实现国家治理体系和治理能力现代化，全过程人民民主制度更加健全，基本建成法治国家、法治政府、法治社会"的发展目标。审判体系和审判能力现代化作为国家治理体系和治理能力现代化的重要组成部分，是全面依法治国的重要内容。学习贯彻党的二十大精神，人民法院应切实发挥审判职能作用，勇于创新发展、优化审判管理，提升司法质量、效率和公信力，推动人民法院高质量发展。

近年来，民事诉讼案件数量持续快速增长，为回应人民群众对司法更加公正高效权威、诉讼更加普惠快捷多元的期待，人民法院向民事诉讼繁简分流改革发起挑战。如何"轻重分离、快慢分道"，是当前各级法院亟须思考和解决的问题。裁判文书繁简分流改革作为繁简分流改革的重要配套性改革措施，直指司法实践中法院裁判文书"当繁不繁，当简不简，繁简不分"问题。[①] 而妥善准确适用要素式裁判文书有利于解决上述问题，使法官的裁判思维和文书写作方式回归"结构简洁、要点突出，当简则简，繁简区分"的风格。

一、样态扫描——要素式裁判文书的使用现状分析

多地区法院对于要素式审判方式进行了尝试和探索，颁布了要素式审判

---

* 梁诗园，法律硕士，上海市静安区人民法院商事审判庭审判员。王荟杰，法律硕士，上海市静安区人民法院商事审判庭法官助理。本文获中国法学会审判理论研究会 2022 年征文优秀奖。

① 许好明：《裁判文书繁简分流改革研究——以简化文书改革为侧重》，载《社会科学动态》2019 年第 4 期。

方式指引并制作了要素式裁判文书样式。据笔者统计，全国共计有130家法院实际制作了要素式裁判文书，经过分析各地要素式审判方式指引，比对各地的要素式裁判文书的样式和结构，发现目前要素式裁判文书存在以下问题。

（一）适用范围上限制过多

要素式裁判文书的使用前提是要素式审判方式，各地法院虽然对要素式审判方式进行了尝试，但都人为加以限制，导致要素式审判方式和要素式裁判文书仅能在极其狭小的范围内适用。

1. 适用程序简易化

要素式审判模式及要素式文书的适用与审理程序并不存在必然的对应关系，然而在多地的司法适用中被人为设置了仅能适用于简易程序、小额诉讼程序的限制。如山东省高级人民法院出台的《关于印发要素式审判方式指引（试行）的通知》中载明"适用要素式审判方式审理的案件应适用简易程序，在立案之日起一个月内审结，最长不超过三个月"。

2. 适用案由集中化

各地法院对于要素式审判模式的适用呈现出同类化趋势，适用案由大都集中在劳动争议纠纷、机动车交通事故责任纠纷、追索物业费纠纷、信用卡纠纷等几类。各地法院大多选取上述几类案件适用要素式审判，限制了要素式审判的发挥空间。

3. 适用条件严格化

多地法院要求要素式审判和文书的适用必须同时满足双方权利义务关系明确、争议不大、标的不大的条件，压缩了要素式审判的适用范围。如河南省信阳市商城县人民法院出台的《速裁案件要素式审判若干规定（试行）》中将适用类型限定为"20万元以下的买卖合同纠纷；20万元以下的民间借贷纠纷"。

（二）篇幅内容上盲目简化

2016年最高人民法院《民事诉讼文书样式》提供的要素式判决书样式要求中，事实理由部分只需要保留"查明的事实"和"原告的诉请"两个部分，其他部分是否写入判决书，允许由法官根据个案"自选"。笔者随机选取了八家法院所作出的要素式判决书作为样本，对行文结构和内容进行了梳理，发现要素式裁判文书的写作存在以下问题。

表1　八家法院要素式判决书样式统计表

样本法院	文书结构及内容
H省S县法院	（1）首部；（2）要素列举（本案相关情况：……双方争议为第×项：第××项，其他事项双方无争议。一、……；二、……）；（3）本院认为及判决主文；（4）尾部。
S省Q市J市法院	（1）首部；（2）双方诉辩意见；（3）要素列举＋证据认定（根据双方填写的审判要素表/经法院审查认定，本案涉及以下要素事实：1.……2.……以上事项中，双方当事人对第××项无异议，本院予以确认并在案佐证。对第××项有异议：原被告举证质证，本院认定如下：1.……2.……）；（4）本院认为及判决主文；（5）尾部。
H省X市中级法院	（1）首部；（2）双方诉辩意见；（3）查明的事实（根据举质证情况，本院确认如下事实：一、无争议的事实：1.……2.……二、有争议的事实：1.……原告认为……，被告认为……）；（4）本院认为及判决主文；（5）尾部。
J省H市X区法院	（1）首部；（2）原告诉请、事实和理由；（3）查明的事实（无争议要素、争议要素列举）；（4）对争议要素的认定（本院结合庭审中原被告举证、质证，对上述争议要素认定为：……）；（5）判决主文；（6）尾部。
B市H区法院	（1）首部；（2）双方诉辩意见；（3）查明的事实（事项1√；事项2：有□无√……需要说明的其他事项：无。以上事项中，双方有争议的事项为……，其他事项双方无争议）；（4）本案认为及判决主文；（5）尾部。
S市P区法院	（1）首部；（2）查明的事实（事项1……事项2……原告的诉请……）；（3）本院认为及判决主文；（4）尾部。
S省J市法院	（1）首部；（2）双方诉辩意见；（3）查明的事实（根据双方填写的审判要素表，本案涉及以下要素事实：一……二……以上事项中，双方当事人对第××项无异议，本院予以确认并在案佐证。对第××项有异议……）；（4）本院认为及判决主文；（5）尾部。
J省S市X区	（1）首部；（2）争议要素认定；（3）判决主文；（4）尾部。

1. 程序性事项不完整，无法还原案件动态审理过程

作为诉讼程序的记录，裁判文书首部应当完整呈现案件进行全过程，如传统文书首部所要求载明的案件移送情况、简易/普通程序适用情况、被告管辖权异议的提出及法院处理情况等。上述内容的缺失容易导致当事人对于

审理程序性事项的疑惑、引起当事人对法院审判公开的质疑。如 H 省 S 县法院公布的要素式文书模板中将程序性告知内容以"上列原告 ×× 与被告 ×× 离婚纠纷一案，现已审理终结"一句带过。

2. 被告答辩意见缺失，抗辩权的行使被忽视

要素式审判模式及由其形成的要素式文书最核心的特征应当是对诉辩双方争议要素的限缩、提取和认证。一些文书仅列明原告诉请及事实理由，但简化或省略了被告答辩意见，难以在形式上体现诉辩双方权利义务的对等，也使得争议要素的限缩和提取过程无法在文书中予以体现，降低了要素式文书的可接受性。如 J 省 S 市 X 区法院裁判文书在原告诉请之后省略被告的答辩意见，直接归纳双方有争议和无争议要素。

3. 论证说理过分简化，有损裁判文书的可接受性

裁判文书说理的水平，反映了一个国家法治文明状态，也是衡量一个国家的法治文明程度的重要标志。[2] 然而有一些要素式判决书完全省略文书说理，直接得出判决结果。如 J 省 S 市 X 区法院某判决书载明："本院对上述争议要素认定为：被告欠付的工资款为……元，应当支付的经济补偿金为……元。依照……判决如下……"

（三）行文结构上逻辑失序

一味追求简化的另一后果，即放弃了法律文书"结构严谨、论证充分"的要求，裁判文书结构的逻辑性被忽略或抛弃。具体来说：

1. 将原告诉请放置在事实查明部分的最后，叙事顺序颠倒

原告的诉请是法院审理活动的起点，事实查明也应围绕原告的诉请展开。而将原告诉请作为本院查明事实的一部分，并放置于所列举的查明事实最后，有违当事人一般理解顺序和法院审理逻辑。如 S 市 P 区法院的民事判决书的书写方式为："本院查明事实如下：一、劳动关系及薪酬拖欠情况：……二、仲裁情况：……三、原告诉讼请求：……"

2. 事实查明部分混列有争议和无争议要素，线索条理不清

将有争议和无争议要素混杂列举在一起，导致"矛盾不突出，条理不清

---

② 沈志先：《裁判文书制作》，法律出版社 2010 年版，第 136 页。

楚"。如S省J市法院公布的要素式文书模板载明："本案涉及以下要素事实：一……二……以上事项中，双方当事人对第××项无异议，本院予以确认并在案佐证。对第××项有异议……"

3．在事实查明部分之后列举有争议的事实，逻辑关系混乱

法院经审理查明部分针对的是法官依职权认定的事实结果，注重事实的客观性。[3] 双方对事实存在争议是事实查明的逻辑前提而非结论，所以在事实查明之后再列举双方有争议的事实，存在逻辑悖论。

二、成因检视——要素式裁判文书的适用环境解析

笔者认为，造成这些问题的根本原因在于现有的要素式裁判文书未能展现要素式审判的全貌，导致两者之间出现严重的割裂感。以下从裁判文书的形式规范功能、程序规制功能、规范指引功能三个角度详细阐述。

（一）要素式裁判文书的形式规范功能被限制

1．要素式裁判文书的定义不准确

2016年8月，最高人民法院颁布《民事诉讼文书样式》，将要素式裁判文书放置在简易程序中的小额诉讼一节，与令状式判决书、表格式判决书并列。对要素式裁判文书进行了定义，[4] 各地法院对要素式裁判文书的规范，也基本沿用了这一定义。但这一定义未能点明与要素式审判方法一体两面的关系，以及围绕"要素"撰写的本质特点，导致要素式裁判文书被广泛定义为一种文书简化制作方式，而不是一种具有形式规范意义的文书样式。

2．要素式裁判文书的形式规范没有明确

《民事诉讼文书样式》对于要素式文书的行文结构，仅提供了以劳动争

---

[3] 宋立群：《强化裁判文书说理方式探究——以裁判文书的内容与结构改革为视角》，载《法制与社会》2016年第24期。

[4] 沈德咏主编：《民事诉讼文书样式》，人民法院出版社2016年版，第350页。要素式民事裁判文书是指对于能够概括出固定要素的案件，在撰写裁判文书时不再分开陈述当事人诉辩意见、本院查明、本院认为部分，而是围绕着争议的特定要素，陈述当事人诉辩意见、相关证据以及法院认定的理由和依据的法律文书。

议为例的判决书样式，指出其他裁判文书可以参考本文书样式进行撰写。在制作体例上，仅提到对于无争议事实用一句话概括，不再分开陈述原、被告和法院三方意见。在具体写作方法上，指出要素式文书采用"夹叙夹议"的写作方法。而《人民法院民事裁判文书制作规范》中没有对要素式文书作出单独规定。现有规定只有笼统、模糊的写作指引，尚未形成标准的格式规范。

（二）要素式裁判文书的程序规制功能被低估

1．要素式裁判文书与要素式审判脱节

"民事诉讼文书样式本质上不仅仅只是文书写作格式规范的功能，更重要的是规范性的民事诉讼案件程序规制功能，进而可以理解为是民事诉讼案件审理思路的规范指引功能，还可以理解为是民事诉讼程序法的法律思维模式构架功能。"[⑤] 要素式裁判文书不仅是法官办案的简化工具，更是一种民事诉讼程序的规则指引方法——以要素式审判为指引。然而各地法院的实践着重强调裁判文书的简化，未能形成从立案到审理再到判决的审判全流程要素化思路。

2．对要素式审判方法的理解不到位

将要素式审判模式固化理解为按照固定的、流程化的类案要素进行事实调查，使得法官在案件审理过程中被"束住了手脚"、无法体现个案特性的结论，从而造成要素式审判的适用范围限制在简案快审中，无法达到"难案简审"的理想状态。

3．缺少相关配套措施和制度安排

首先，对于要素式表格填写上缺乏相应的约束性规范和指引，如在事人不配合填写要素式表格、要素式表格的填写内容与当庭陈述存在前后矛盾和不一致的情况下应当如何处理，缺少合理的制度安排。其次，不对要素式庭审中"法庭调查"和"法庭辩论"进行有机结合、交叉进行，将难以实现审理程序的优化配置，导致庭审程序冗长复杂又难以查清案件事实和争议焦点、裁判文书制作的繁琐复杂。

---

⑤ 杨凯：《论民事诉讼文书样式实例评注研究的引领功用》，载《中国法学》2018 年第 2 期。

（三）要素式裁判文书的规则指引功能被忽视

1．将文书简化错误理解为裁判说理的简化

完备的要素式裁判文书的论证体系和内部结构对于发挥法律文书对司法行为、实体处理的规范指引作用至关重要。一些法官错误地将文书形式上的简化理解为裁判说理的简化，导致裁判文书中完全省略了说理部分，忽略了裁判文书的规则指引功能。

2．将规范指引功能让位于效率价值功能

多地法院对于要素式文书的功能定位归纳为提升审判效率、简化办案程序、实现简案快审及纠纷快速解决等效率价值功能。要素式庭审和要素式文书制作如一味强调纠纷的解决，未能对庭审和文书的规范指引作用和给予充分重视，将使得要素式审判和要素式文书的效果大打折扣。

3．未能形成裁判说理的规范性构架和程式

《民事诉讼文书样式》指出要素式文书应采用"夹叙夹议"的写作方法，与传统裁判文书的写作方法之间存在显著差别。当前各地法院的尝试，均未能形成裁判说理的规范性构架和程式，导致要素式审判的审理思路上缺少规范指引，未能引导法官养成判决说理充分的办案习惯、形成说理透彻的文书风格。

三、体系重塑——要素式裁判文书的样式系统构建

目前，各地法院尚未形成科学、规范的要素式裁判文书样式和制作指引，有必要构建科学化、规范化、体系化的要素式裁判文书样式。探讨这一命题，首先需要明确要素式裁判文书是要素式审判的书面体现，构建要素式裁判文书样式必须回归要素式审判。

（一）精进与融合：整合要素式审判及思维方式

"法律适用的重心不在最终的涵摄，而在于就案件事实的个别部分，判断其是否符合构成要件中的各个要素。从这个意义来说，裁判就是解析案件事实要素，并与法律要件进行涵摄的过程，这是要素式审判的逻辑起源。"⑥

---

⑥　王潇：《法治中国建设背景下要素式审判新路径——以人工智能为辅助》，载上海市法学会编：《上海法学研究（2021年第5卷）》，上海人民出版社2022年版。

1．体现两造对立原则

民事诉讼的发生以两造对立为基础，在双方当事人提出不同主张的情况下，要素式审判要求法官组织当事人围绕争议要素展开调查辩论，为法庭提供法官最关心的案件信息，探明事实真相，厘清法律关系，进而实现公正裁判。

2．体现当事人自认效力

一方当事人承认对方当事人主张的案件事实后，将免去主张方当事人对此事实的证明责任，法院直接将该事实作为裁判的依据，无须对该事实进行调查、核实。要素式审判往往要求庭前组织当事人填写要素表，当事人填写要素表的行为具有"当事人自认"的法律效力，人民法院原则上应当予以确认，并在要素式裁判文书中予以列明，无法定情形不能否定自认的效力。

3．体现争点归纳过程

要素式裁判文书是基于要素式审判方法而产生的裁判文书，要素式审判要求通过比对双方当事人在要素表中填写的内容，整理归纳出双方争点范围的过程，并在裁判文书中予以体现。仅在裁判文书的格式上按照事实要素分段撰写，或为挂上"要素"之名而创设的"要素式调解书"，这些恐怕只是照猫画虎式的"创新"运用。

4．体现法官心证公开

"法官心证是指在裁判过程中就诉讼请求的判别、争点的确定、证据的采纳、待证事实的判断、法律的适用等一系列问题进行探究、判断所获得的临时性和结论性认知。"[7] 整理归纳出双方争点范围的过程，是对案件争点事实心证公开的表现形式，要素式裁判文书即说理过程则是基于对争点事实结果的心证公开。

（二）连接与规制：构建以"要素"为基点的程序规制体系

在要素式审判模式下，"要素"贯穿程序环节，并构建起各环节之间的有效链接，从而形成一个从体系化的程序规制网络。"审判的对象笼统地说是案件本身，但具体地说则是构成案件的各个要素，不仅包括案件事实要素、证

---

⑦ 毕玉谦：《论庭审过程中法官的心证公开》，载《法律适用》2017 年第 7 期。

据要素、法律要素，也包括程序要素。"⑧

1. 程序要素先行——保障诉讼权利，维护程序正义

《人民法院民事裁判文书制作规范》第一条规定的文书由标题、正文（首部、事实及理由、裁判依据、裁判主文、尾部）、落款构成。这不仅是对文书的形式结构做出的规定，还体现民事诉讼案件的程序性要求。要素式审理模式下，程序被作为一项重要的"要素"纳入要素式审判体系，一方面发挥衔接各实体审理环节、引导诉讼进程的作用，另一方面发挥程序性事项梳理与释明的作用，鲜明体现管辖争议处理、诉讼程序转换及审判人员情况、回避申请及处理结果、开庭及到庭人员情况等程序事项，使裁判结果以一种"更加被理解"的形式呈现出来，增强文书的可接受性，消除当事人的程序顾虑。

在此基础上，基于要件审判九步法理论，完整的审理模式还需要包含以下程序环节：固定权利请求、识别请求权基础、识别抗辩权基础、基础规范构成要件分析、诉讼主张检索、争点整理、要件事实证明、事实认定、要件归入并作出判决。

2. 事实要素提炼——固定权利请求，定位审判方向

从法律关系入手，通过分解当事人的请求权构成要件及法律效果，在总结审判实践经验的基础上，概括、提炼出法律事实要素，并将这些法律事实要素按照案件审理逻辑顺序进行整理。

3. 事实要素填写——识别请求权与抗辩权基础

当事人填写要素表或通过法官按照要素问询的方式，明确当事人主张的请求权、抗辩权和要素事实，当事人通过检查填写的要素表或者核对笔录的方式对要素事实进行修正或酌情补充。要素表一经签字确认，将发生两种法律效果：固定了当事人主张的请求权基础和抗辩权基础，发生当事人自认的法律效果。

4. 事实要素与法律要素的首次比对形成"要件事实"——分析基础规范构成要件及诉讼主张的完整性

在找到权利请求基础规范和对立规范后，应当将基础规范中的法律要素

---

⑧ 参见杨凯：《论民事诉讼文书样式实例评注研究的引领功用》，载《中国法学》2018年第2期。

进行分解，并与要素表中的事实要素进行比对。比对后得出具体案件审理的"要件事实"，该"要件事实"在后续审理活动中应备受重视，因为其涉及当事人权利边界、法律关系证成、构成要件匹配、举证责任分配、诉讼时效起算等重要内容。

5. 争点要素整理——归纳有争议与无争议要素，突出审判重点

无争议要素在裁判文书中应当简要描述，无需记载相应举质证情况，亦无需详细铺陈论证；有争议的要素，应当集中论述原、被告以及法官三方的意见。两者的"区别对待"，将裁判文书的论述中心限缩在争点上，使要素式文书详略得当，行文结构更加合理。

6. 证据要素的回归——助力要件事实证明、完成事实认定

要件事实证明的过程中，一方面依据构成要件对证据进行过滤，排除缺乏关联性的证据。另一方面对证据的内容、证明力作出判断，并据此确认要件事实。如通过层层步骤拿到的要件事实仍存在竭尽证明资源、用尽证明方法后仍无法得到证据层面认证支撑的可能，案件事实仍处于真伪不明状态，则要借助证据规制进行举证责任分配。

7. 事实要素与法律要素的再次比对——法律归入，得出判决结果

将要件事实与法律要素事再次进行对应，以此来完成要件事实的法律归入，并根据归入的结果作出适用或不适用该法律条文裁判的过程。法律归入的完成需要满足以下要求：事实要素是经过证据要素认定，并符合规范的程序要素，得出的结论与法律规范框架下的法律要素相契合。法律归入的过程，也是整合事实要素、证据要素、程序要素、法律要素的过程。

由此，从事实要素出发，将要素式的思维模式融入审判程序全过程，以"要素"实现对审判程序全流程的程序规制，才能在构建以"要素"为基点的程序化规制体系的前提下，完成各个要素和程序的有效衔接，以"要素"规制程序，实现从"要素"到"要件"到"结果"的跨越。

（三）凝练与提升：引领释法规范、说理充分的文书话语体系养成

最高人民法院《关于加强和规范裁判文书释法说理的指导意见》规定，适用简易程序审理的案件，可以简化释法说理。然而简化说理，并不等同于全部简化说理，更不等同于不说理。要素式裁判文书在论证说理方面应"简约"而不"简单"。

1．更加突出案件争议焦点

准确归纳案件的争议焦点，是判决书说理的轴心和关键，而要素式裁判文书的优势恰恰是对争议焦点的精准把握。通过归纳要素、整理争议要素、限缩争点的三个环节，完成争议焦点的提取。在文书说理部分，无争议要素可用一句话概括描述，有争议要素则要求法官采用"夹叙夹议"的方式进行论证，以达到避免使用堆叠事实的方法代替论证说理的效果。

2．更加契合三段论的推理方法

裁判文书的说理论证广泛使用三段论的推理方法，即大前提（权利基础规范）—小前提（查明的事实）—结论（裁判结果）。传统裁判文书将事实查明与本院认为部分人为割裂，导致本院认为中事实（小前提）论证部分的缺失。而要素式裁判文书"夹叙夹议"的行文方式，不严格区分法律适用和事实查明，三段论的推理过程可以在文书中完整展现，使说理论证更加充分有效。

3．更加层次分明详略得当

与传统民事裁判文书相比，要素式裁判文书排除与案件争议焦点无关的事实，减少重复陈述事实，简化无争议要素的论证，将主要篇幅留给争议焦点的论证，主次分明，详略得当。

四、路径优化——要素式裁判文书的制作方案改良

（一）撰写思路优化——以争点整理为思维导向

近年来各地法院在法律统一适用方面进行了各种规范和尝试，如上海市高级人民法院归纳总结的类案办案指南，针对一类纠纷的常见争点提取和处理进行指导。可以尝试将办案指南与要素式审判结合起来，"要素式"更应当成为一种常态化的思维，在各类案件审理中都应具有"争点整理"的要素式审判思维，法官从错综复杂的案件事实中"抽丝剥茧"，逐步排除无关事实、限缩争议焦点，有针对性地在法律文书中加以论证，从而真正使要素式文书达到优化资源配置，节约司法成本的功能。

（二）撰写模式优化——与要素式审判有效衔接

从立案之初即将起诉状与要素表结合起来，可制定要素式起诉状模板，并指导原告填写。向被告送达起诉状副本时，同时送达要素式答辩状模板。在全流程网上办案的背景下，还可以借助人民法院在线服务系统发放和回收要素表，如以在线异步诉讼方式发放和回收要素表，利用碎片化的时间完成要素表的填写和回收。同时应注重合理优化审理前置程序，庭前通过要素表的比对完成对有争议和无争议要素的固定，开庭时，着重完成争议要素的限缩整理和证据认定，整理出案件审理的最终争点。

（三）撰写方法优化——以要素式思维体现动态程序规制过程

以要素式为核心的文书动态写作方法强调文书写作的起点并非必然发生在庭审结束甚至合议庭评议结束以后，而是应当贯穿审理程序的全过程。从立案时的要素式表格填写到书记员送达诉讼材料、到法官助理主持证据交换、再到法官主持要素式庭审，每个环节围绕不同要素，构成对当下诉讼程序的程序规制并形成文书的对应部位。如根据立案环节的当事人身份信息和要素式表格填写可以归纳出裁判文书首部的当事人基本情况及诉讼请求、事实理由的固定和梳理；证据交换后可以对应完成裁判文书中争议事实及理由的写作；要素式庭审后则可以对应写作裁判文书中的"事实及证据认定"部分。动态的裁判文书写作方法将要素与各程序阶段紧密对应，以"要素"构成对程序的规制，以程序的依次开展整合各类型的"要素"，合理引导法官审理活动，构建要素式审理思路。

（四）行文结构优化——实现逻辑严谨、繁简分明

"某种意义上说，只要确立了法律文书的格式，就会在形式上对法官撰写产生一定强制性，这其中既包括对法律文书按照固定格式进行填充的部分，也包括对具体的事实和法律问题进行说理的部分，而后者是裁判文书中最为关键的部分。"⑨

---

⑨ 李敏：《争点归纳是裁判说理的关键——访中国政法大学教授、博士生导师王涌》，载《中国审判》2015 年第 19 期。

第一，结构完整，程序完备。文书首部详细写明程序性告知事项如案件移送信息、审理程序及转换、合议审理／独任审理、管辖权异议申请及处理情况等，以完整呈现案件审理流程，确保当事人以程序违法提出上诉的权利。

第二，诉辩清晰，争点明确。在裁判文书中，以被告答辩意见回应原告诉请意见，清晰呈现双方对于事实要素的争议。在提炼总结的基础上，将事实要素的争议"穿梭"至法律规定，明确固定双方的法律争议，避免资料汇集填充的书写倾向。

第三，区分列举，逻辑通顺。遵循"便于通常理解"的原则，按照"原告诉请意见—被告辩称意见—无争议的事实—有争议的事实及证据认证＋裁判理由—裁判结果"的逻辑思维层次放置裁判文书的各个模块，使其符合一般阅读和理解顺序。区分列举有争议要素和无争议要素，做到层次鲜明，详略得当。

第四，有所侧重，说理充分。对于双方无争议的事实，可以简化说理，但仍应附裁判依据。对于有争议的事实要素，应在文书中突出争议要素的说理，遵循司法三段论规则、层层递进的推理方式，展现出庭审程序和裁判结论的过程，从而使当事人体会到法律的程序正义和实体正义。

血亲复仇司法处断的历史镜鉴

王荟杰　邱玉强*

一、问题的提出

《国语》有云：赋事行刑，必问于遗训。当今中国的法治建设亦需要发掘本土的有益资源，正如苏力先生所指出："中国法治之路必须注重利用中国本土的资源，注重中国法律文化的传统和实际。"①捡拾时间带给我们的标签，历史留给我们的不仅仅只是潜意识里约定俗成的习惯、规则和内心里行为导向，还有属于那个时代的经验教训以及由此而阐发的现代反思。

"血亲复仇"因家国文化、儒家"仁孝"思想等文化认同，在中国有着深厚的历史文化土壤。这一传统法文化的误区，对当今社会民众的法治思维、情感、价值理念仍有深远影响，如在"于欢案"中，被害人的"辱母情节"在公众朴素的正义观的调和下冲淡了于欢杀人行为的恶劣危害性，使得被法律评价为违法的行为获得了社会情感意义上的"合法性"外衣；又如在"张扣扣"案件中，张扣扣为母报仇的行为因与中国传统法文化中的"孝道"及侠义风气相契合，也引发了一波舆论对张扣扣处置死刑的质疑和讨论。血亲复仇案件背后隐含的法与情之间的矛盾关系，自古以来即是司法实践中的处断难题，特别是在当今的法治建设进程中，传统的法律观念和现代的法律理念发生冲突和碰撞时，如何在司法案件中平衡两者之间的关系，做到"以法为据、以情感人"，实现最佳的法律效果、政治效果、社会效果，是当代司法

* 王荟杰，法律硕士，上海市静安区人民法院商事审判庭法官助理；邱玉强，清华大学法学院博士后流动站研究人员。本文获上海市法学会承办的"传承中华优秀传统法律文化"征文优秀奖。
① 苏力：《法治及其本土资源》，北京大学出版社 2015 年版，第 6 页。

裁判者必须承担的责任。

本文结合我国传统法文化中相关"血亲复仇"案例的介绍，分析其中的理据及成因，进而以现代法治建设进程中发生的典型案例为视角，以中国传统法文化中的"血亲复仇"的误区导向为镜鉴，探究融情入法的考量因素并对具体实施路径进行初步探索，如有赞同则不胜欣喜。

二、抗法复仇的历史案件及其司法处断

面对汗牛充栋的史料，人们总能感觉到似乎是有谁在向我们诉说，中国法律史学是有血有肉有灵魂的，"她不像法理学那样纯粹的哲学论证，更不像其他部门法学那样具有直接的现时功用。但她是生动有趣、妙趣横生的，中国法律史学是描述性的、客观性的、整合互动性的、客观评价性的、有血有肉有生命力的法律史学"。[2] 细心研读史料，"从司法意义上看，法律发现在不同的语境下又有不同的含义"，[3] 透过中国古代的司法案例，不难发现血亲复仇在司法实践中乃常有存在的。

"汉赵君安女娥，酒泉人。父为同县李寿所杀。娥兄弟三人，皆欲报仇，不幸俱死。寿窃喜。置酒自贺。娥闻而感愤，隐刃以候之。历十余年，遇于都亭，刺杀之。诣县自首，县长尹嘉义之，欲与俱亡，娥不肯。会赦、得免。郡表其闾，同郡庞子夏慕其名，娶为妇，生子堉，仕晋。"

汉朝赵君安的女儿赵娥，在得知父亲被同县的李寿害后，且三位兄弟父仇未报却先行离世的情况下，一名柔弱女子独挑报杀父之仇的重任，时刻藏刀刃在身上，隐忍吞声十多年，终于在路亭寻得机会，一举将李寿刺死。而后又主动到县衙里去自首，县衙里的司法官员不禁为赵娥的精神所动容，甘愿辞官而不愿将其治罪，并规劝赵娥逃跑，而赵娥并不肯逃跑，巧逢皇恩大赦的机会赵娥竟得免了罪，而后结婚生子过上了正常的生活。

后人明代吕坤评价道："十余年耻共戴天，娥也不亦孝乎；都亭能杀父仇，娥也不亦勇乎；既杀愿甘受刑，娥也不亦公乎。此丈夫行而出于女身，今之人而古人心者也，可不敬乎。"[4]

---

[2] 祖伟：《中国法律史学科体系结构的几个问题》，载《辽宁大学学报（哲学社会科学版）》2003 年第 2 期。

[3] 付子堂、文正邦：《法理学高阶》，高等教育出版社 2008 年版，第 331 页。

[4] 徐景荣主编：《中华孝德文选·古代卷》，西泠印社出版社 2014 年版，第 85 页。

透过此，人们往往会同情赵娥的身世遭遇，并为案件处理与故事的圆满结局感到欣慰。但我们又不得不思考的是，赵娥血亲复仇的行径该如何评价呢？如果本案"会赦、得免"是一个悄然因素，那么正常的结果又会是怎样？为此，我们可以向同类案件中寻找答案。

"卫孝女，绛州夏人，字无忌。父为乡人卫长则所杀，无忌甫六岁，无兄弟，母改嫁。逮长，志报父仇。会从父大延客，长则在坐，无忌抵以甓，杀之。诣吏称父冤已报，请就刑。巡察使褚遂良以闻，太宗免其罪，给驿徒雍州，赐田宅。州县以礼嫁之。"⑤

"贾孝女，濮州鄄城人。年十五，父为族人玄基所杀。孝女弟强仁尚幼，孝女不肯嫁，躬抚育之。强仁能自树立，教伺玄基杀之，取其心告父墓。强仁诣县言状，有司论死。孝女诣阙请代弟死，高宗闵叹，诏并免之，内徙洛阳。"⑥

一则系主动杀人，一则系教唆蓄谋杀人，但目的却都具有同一性，即"志报父仇"，而且最后司法处理结果也都是得以免刑。前案卫无忌的父亲被同乡的卫长杀害，那时卫无忌只有六岁，又无兄弟，母亲已经改嫁，年少女子从小立誓要替父报仇。正逢养父宴请宾客，杀父仇人卫长也在场，卫无忌伺机将其杀死，主动向官吏交代父仇已报，甘愿受刑。司法官员褚遂良听说此案后，上报皇帝，皇帝为之感叹，将其免罪。后案贾孝女十五岁时，家父被族人玄基杀害，贾孝女甘愿不嫁人，躲避仇家并自己抚育年幼的弟弟贾强仁长大，贾强仁长大后贾孝女教唆他杀死玄基，果然贾强仁挖出了杀父仇人玄基的心在父亲墓坟前祭奠。贾强仁向官府投案，司法官员判定贾强仁死罪，贾孝女向官府请求甘愿代替弟弟受刑罚，皇帝为此深感怜悯，颁布诏令免去了他们的死罪。像这样为因血亲复仇，而蓄谋杀人，虽被囚系，终以赦宥，得宽刑戮的案例历史上并不罕见，笔者不再一一赘述，以表格形式再列举两

⑤ （宋）欧阳修、（宋）宋祁撰：《新唐书》（第 4 册），陈焕良、文华点校，岳麓书社 1997 年版，第 3640 页。
⑥ （宋）欧阳修、（宋）宋祁撰：《新唐书》（第 4 册），陈焕良、文华点校，岳麓书社 1997 年版，第 3641 页。

例，分析其中理据：

表1

朝代	主人公	案件起因	案件经过	审判处理结果	出处
东汉	缑玉（女）	为父亲报仇杀了人	外黄县县令欲处死缑玉。申屠蟠向县令进言规劝	重新审判定罪，缑氏女子得以减免死罪	《后汉书·申屠蟠传》
隋	孝女王舜（王子春之女）	子春与从兄长忻不协，长忻与其妻同谋杀子春	舜时年七岁，抚育二妹，阴有复仇之心，后姊妹各持刀逾墙而入，杀长忻夫妻	诣县请罪，姊妹争为谋首，州县不能决。高祖闻而嘉叹，特原其罪	《隋书·列女传》

不难看出血亲复仇的观念并不为古人鄙弃，司法实践中也有所认同，更有甚者世人特作《秦女休行》收录于《乐府诗集》为这种血亲复仇的行径歌功颂德。儒家的经典早就有"父之仇弗与共戴天，兄弟之仇不反兵，交游之仇不同国"[⑦] 的告诫，甚至公然鼓励有限度条件的血亲复仇，即"不复仇，非子也"，"父不受诛，子复仇，可也；父受诛，子复仇，推刃之道也"。[⑧] 由此可知，如果血亲是被冤枉处死的，子嗣甚至可以不顾良法善治而去复仇，看来血亲复仇的观念在古人的心目中早已形成。

三、血亲复仇现象的原因分析

每一种社会现象的反复出现必定有其深度原因，否则必将成为无源之水，无本之木。血亲复仇为古人行使权利救济行动的首选也必定有其深层次的历史原因，既然当今社会的法治建设要走出血亲复仇的传统法文化的误区，那么我们不能片面地一刀切，只认为血亲复仇在当今不可取，要彻底剔除，而是更有必要总结血亲复仇的背后支撑，从根本上使之在现代法治社会上杜绝。有学者认为"统治阶层天理评价与儒家思想主导地位的终极价值评判使复仇行为做出并传播了复仇观念，同时民间风俗也有接受了主导的观念，这样情理在复仇传播与影响中体现出了一定融合性。具体表现为帝王旌表、正史传

---

⑦ 《礼记·曲礼上》。
⑧ 《公羊传·定公四年》。

载、戏剧文学这样的方面"。⑨ 的确，儒家思想在中国古代占据了统治地位，甚至法律也成为儒学伦理的附庸，⑩ 儒家思想对血亲复仇的鼓励使得血亲复仇的行径得以迎合古代人们的情理表达；历代官方司法审判对血亲复仇案件的包容姑息甚至对为复仇行凶的人鼓励嘉奖使社会公众增强了血亲复仇正确性的内心确信；加辅之帝王旌表、正史传载、艺术文学作品等公众舆论作用，使得血亲复仇在古代历久弥新。此外，笔者认为除了这些原因外，还有以下三个方面因素的影响：

（一）家法因素的情感导向

中国传统法律文化重集体轻个人，⑪ 古代社会上的个人往往与其家族是荣辱与共的，一人取得功名则是整个家族里的荣耀，而一人违反法律，则被认为家教不严，甚至整个家族受牵连。"由原始社会的氏族过渡到古代社会的宗族，再过渡到古代社会的家族，中国古代社会虽经几次蜕变，但家族组织的基本形式却保存了下来……古代国家在法律上维护宗法家庭制度。"⑫ 家法是其维系于发展的重要纽带，家法有辅助国法实行的作用，甚至家法竟有超越国法的存在，例如《武陵熊氏四修族谱》记载："家乘原同国法，家法章足国宪。况国法远，家法近，家法森严，自有以助国法所不及。"⑬ 的确，家法更贴近人们的实际生活，家法也更能得到人们的心理认同。家法强调家长利益的绝对维护，家长自然就是整个家族的主心骨。当家长利益受到侵犯，维护家长利益就变成每个家庭成员的义务。在"门户不患衰而患无志"的家法感召下，当家族门户中的血亲被杀害，家族成员立誓报仇自然也就成了行为导向。

（二）国家律法的妥协

对于血亲复仇的行径曾有律法上的肯定，例如东汉时期的《轻侮法》就

⑨ 参见秦双星：《情理法视阈下中国古代复仇现象研究》，黑龙江大学硕士学位论文2009年。

⑩ 参见张文显：《法哲学通论》，辽宁人民出版社2009年版，第19页。

⑪ 参见孙光妍：《传统法律文化与法治现代化的对接路径》，载《学术研究》2006年第4期。

⑫ 刘笃才、祖伟：《民间规约与中国古代法律秩序》，社会科学文献出版社2014年版，第13页。

⑬ 费成康：《中国的家法族规》，上海社会科学院出版社1998年版，第188—189页。

曾规定，儿子因父亲被轻侮而杀死轻侮者，可以减死宽宥。这虽使得血亲复仇获得了法律和道义上的根据，但曹金华先生研究表明"其对社会秩序的稳定、豪强势力的发展和东汉政权的巩固都起到了极大的消极作用"。⑭历朝历代自然也不乏限制与禁止血亲复仇律令规定，有学者认为"法律禁止并不表明国家从根本上否定复仇行为；禁止只是策略性的、权宜性的，因为复仇行为所奉行的精神原则与中国封建王朝所奉行的精神原则从根本上讲是一致的"。⑮从前文血亲复仇的案例中可以看出，官府在司法上对血亲复仇行为有一定的容忍与让步。不仅是在司法上，同时也在立法上，古代官方对血亲复仇的行为还是有一定的妥协。为此辑录整理了一些中国古代关于血亲复仇方面的立法，并作以评述。

表2

朝代	有关血亲复仇方面的官方立法规定	评 述	出处
西周	"禁杀戮，下士二人、史一人、徒十有二人。""凡盗贼军乡邑及家人，杀之无罪。凡报仇雠者，书于士，杀之无罪。"	一方面规定禁止杀戮，另一方面规定杀人无罪，实际上两者间并不矛盾，因为杀人无罪的前提系"盗贼军乡邑及家人"或"报仇雠者"，如此看来当时官方是允许有条件的血亲复仇。	《周礼·秋官》司寇第五
	"调人，下士二人、史二人、徒十人。""调人掌司万民之难而谐和之。凡过而杀伤人者，以民成之。鸟兽亦如之。凡和难、父之仇辟诸海外，兄弟之仇辟诸千里之外，从父兄弟之仇不同国。君之仇眡父，师长之仇，眡兄弟，主友之仇，眡从父兄弟。弗辟，则与之瑞节而以执之。凡杀人有反杀者，使邦国交仇之。凡杀人而义者，不同国，令勿仇，仇之则死。凡有斗怒者，成之，不可成者，则书之。先动者，诛之。"	既然当时社会允许血亲复仇，但同时不能无限度放纵血亲复仇事态的无限蔓延，所以官方特设"调人"一职"掌司万民之难而谐和之"，即负责调解民众之间的争端，使得血亲复仇纠纷尽早化解。	《周礼·地官》司徒第二

⑭ 曹金华：《〈轻侮法〉与东汉的血亲复仇风》，载《扬州师范学院学报（社会科学版）》1992年第3期。

⑮ 范忠信、郑定、詹学农：《情理法与中国人》，北京大学出版社2011年版，第116页。

朝代	有关血亲复仇方面的官方立法规定	评　述	出处
三国魏	"贼斗杀人，已劾而亡，许依古义，听子弟追杀之。会赦及过误相杀，不得报雠，所以止杀害也。"	这样的规定表面上看着像是国家完全允许鼓励血亲复仇，实则不尽然，虽然在故意杀人的情形下允许被害者的亲属复仇，但又禁止对过失杀人以及故意杀人后遇有国家赦免时的复仇。从另一方面看，国家将血亲复仇作为司法的一个补充，鼓励被害人家属为国家扭送负案在逃杀人犯。	《晋书·刑法志》
南北朝	"若报仇者，告于法而自杀之，不坐。"	此规定亦表明报仇行为不予追究，但前提是"告于法而自杀之"。	《北周律》
唐	私和罪："诸祖父母、父母及夫为人所杀，私和者，流二千里；期亲，徒二年半；大功以下，递减一等。受财重者，各准盗论。虽不私和，知杀期以上亲，经三十日不告者，各减二等。"	和解是解决纠纷的有效途径，但遇上血亲复仇后，似乎发生了奇妙的化学反应，被评定为犯罪行径。国家虽然不明面地鼓励复仇，有时甚至明确禁止复仇，但却把解决血亲复仇的和解之路彻底堵死，不得不说这又增加了人们实施血亲复仇的可能性。	《唐律·贼盗律》
元	"诸人殴死其父，子殴之死者，不坐，仍于杀父者之家，征烧埋银五十两。"	由此规定可知，血亲复仇不仅不负刑事责任，而且仇家还要赔付罚款五十两银子作为丧葬费。该规定不仅满足了人们血亲复仇的欲望，而且还提供了经济物质保障。	《元史·刑法志》
明	"凡父母祖父母为人所杀子孙擅自杀死行凶者，杖六十；其实时杀死者，勿论。"	这一规定实际上是允许人们血亲复仇的，因为其处罚结果最重也就是忍受六十下板子（笔者认为"杖六十"并非完全能致人死地，因为古代存在买通杖罚执行官吏，或者官吏手下留情的情形），如果是仇人正在行凶而实时将其杀死则不受处罚。这种规定与当今社会的正当防卫理论是否相同暂且不论，在古代社会情理法的作用下，多数人宁可忍受六十下杖板也不愿使家族蒙羞，自己背负不孝的骂名。	《大明律·刑律·斗殴》

　　关于血亲复仇方面的立法各朝各代还有很多，由于笔者能力有限无法全部列举，但通过以上举例分析足以说明中国古代立法上对血亲复仇并不是一味地禁止，也从未彻底地否定，历代律典也都或多或少对血亲复仇做出了妥协与让步。

（三）自力救济的弥合

纵观这些历史上的司法案件，笔者不禁产生一个疑问，即为什么这些案件的主人公甘愿铤而走险去实施血亲复仇的行为而不诉诸官府，借助法律手段来还家仇以公正处理，是那些案件的主人公不够冷静吗？在前文中列举的血亲复仇案例中，无论是赵娥、王舜，还是卫无忌、贾孝女，他们实施复仇行动都历时较长，甚至达十多年之久，笔者认为在这么长的时间中足以让人对复仇问题有新的反思，而他们不去寻找证据线索，借助官府司法审判将仇人绳之以法，却用以牙还牙、以暴制暴的方式实施复仇行为，将其简单地归结为他们一时冲动，不够冷静起了杀念，恐怕不妥。难道是官府对民间引起复仇的纠纷置之不理吗？恐怕也不是。古语有云："法行于世，则贫贱者不敢怨富贵，富贵者不敢陵贫贱，愚弱者不敢冀智勇，智勇者不敢鄙愚弱。"[16] 无论是古今中外，法都是有定分止争的作用的。法律自然是不会放任纠纷发生而不管的，当血亲被害，人们选择自力救济也并不意味着国家公力救济对此不加过问。例如：

> "北魏孙男玉，其夫为灵寿县民所杀。男玉追执仇人，欲自杀之，其弟劝阻，男玉泣曰：'妇人以夫为天，当亲自复雪，奈何假手于人。'遂以杖殴杀之。有司论死，北魏主诏曰：男玉重节轻身，以义犯法，缘情定罪，理在可原，其特恕之。男玉于夫仇，誓不共戴，亲自复雪，不肯假手于人，以义犯法，虽死无恨，岂望君之特赦哉，若稍存希冀，便失杀仇本意，且开徼幸尝试之门，吾恐魏主亦不恕之也。"[17]

北魏女子孙男玉，当丈夫被害后，欲为丈夫报仇，把仇人捉住后，宁可要亲自动手将其杀死也不听旁人规劝将之送往官府。因为在孙男玉心中丈夫系其至亲，有仇应当亲自去报而不愿假借他人之手。随后，孙男玉亲自将杀害丈夫的仇人用木杖击死。显然孙男玉的这种想法与行为已经触犯了王法，

---

⑯ 《尹文子·大道上》。
⑰ 《魏书·列女传》。

司法官员将其判定了死罪。可见，国家的公力救济也是要干预个人的自力救济的。原本孙男玉也没有杀人后逍遥法外的想法，不过幸好君主知道此事的原委后，特地下了一道诏书，认为孙男玉重义而犯王法是情有可原的，将她赦免。无论是先前依照王法判定死罪，还是后来君王特下诏令赦免，都是国家公力对个人自力救济的评价。历史上还有徐元庆替父报仇案等，其行为选择亦同于孙男玉。

血亲复仇，作为自力救济的选择公然无视了国家公力救济，破坏了国家对使用暴力、特别是剥夺生命权的垄断地位。人们作出这样的选择也并非前无古人后无来者，历史上这样的案件频频出现，首先从每一个案件主人公的心理上讲，自力救济相较于公力救济更能满足人们手刃仇家的想法。其次在现代社会，"以解决社会纠纷为例子，法的介入会产生两种诉讼成本：一是公共成本，包括国家维持司法体系之运转的费用。二是私人成本，包括诉讼当事人支付的诉讼费、律师费、出庭应诉所消耗的时间和费用，以及诉讼久拖不决所带来的消极损失。单讨论私人成本，当公民有着因为诉讼费用过高而放弃通过法律途径去解决纠纷的意识，法就是无用的奢侈品，无人问津"，⑱这种问题在古代社会就更加突出了，例如在《聊斋志异·商三官》中，商三官悲惨结局的主要原因就是其两兄为父冤讼不得直，负屈归。举家悲愤，于是商三官走上了血亲复仇之路。古人本身就有厌讼、恶讼的理念，加之司法官员与普通百姓之间地位的严重不平等性，甚至有些司法官员的腐败直接导致人们寻求公力救济的徒然无功，因此人们也更倾向于自力救济。

四、融情入法的司法考量因素

以古为鉴，可明得失。复仇的文化心理在今天仍以"杀人偿命""因果报应"的形式广泛影响着社会大众。因此，血亲复仇虽然与现代法治相悖，但是这并不妨碍其通过创造性转化为当代所借鉴。故前述研究的目的，并不是单一地否定传统文化，而是希望以此为当代中国的法治建设提供启示。当今社会改革转型期，情、法冲突案件大量涌现，为司法审判带来困境和挑战，在司法层面妥善处理情法冲突，关乎社会稳定和法治环境建设。"法大于情"

---

⑱ 邱玉强：《民间规约中的"佛教规约"功能与限度研究》，载《研究生法学》2015 年第 5 期。

是法治国家建设的基本遵循，但并不意味着"法不容情"，融情入法是应对当代法治建设进程中情法冲突的解决方案。在法律规定之外，结合个案实际将特定的法律规定以外的因素纳入司法审判的考量，对人民群众的朴素的正义观予以回应，才能真正做到"司法有力量、有是非、有担当、有温度"。

（一）社会治理因素

个案审判结果代表着主流司法裁判观点对某种行为或价值的态度，从而对社会公众的行为产生导向性。从经济学角度出发来考量个案司法裁判，必然要衡量如若宽宥相关法外情节所带来的个案审理的不确定性导致的司法资源消耗和社会治理效果之间的关系，以求以最小的治理成本换取最大的社会效益。以"张扣扣"案件为例，如果将复仇因素纳入该案判决结果的考量因素，对案件裁量结果进行基于复仇因素的关怀宽宥，将会从社会导向层面诱发大量私力救济、复仇案件的发生，从而对社会治理成本带来巨大挑战。故该案判决中并未将复仇作为考量因素，进而从量刑上做出从轻处罚的措施。

表3

法	情
张扣扣故意剥夺他人生命，构成故意杀人罪。故意焚烧他人车辆，构成故意损害财物罪。	1. 张扣扣蓄意报复杀害王家三人，手段残忍危害性大，虽系事出有因，属于初犯且具有自首情节，但这些情节还不足以从量刑上对其从轻处罚。 2. 被害人已经为当年的行为付出代价，受到法律制裁，但张扣扣心怀怨恨，加上工作、生活的不如意，便选择在除夕之日蓄意报复王家，杀害王家三人，手段极其残忍恶劣。

（二）传统道德因素

如若在判决书中明确将道德因素作为判决结果的考量因素，则易导致双方当事人以道德文化传统为说辞的无休止的辩驳和法官的自由裁量权限的无边界化，使得判决结果处于一种与法官个人道德认同感和抗辩双方修辞术紧密关联的不确定状态，因此司法实践中对于将道德传统作为裁判因素的纳入审判的衡量持较为严谨的态度。但"若某一情理不仅与社会整体秩序相容，甚至是维系整体的重要价值，那么这样的情理便具有了现实合理性"。[19]

⑲ 张杰：《中国传统情理法的法理重识与现代转化——以〈驳案新编〉为切入点》，载《北方法学》2020年第4期。

于欢案中，"辱母"二字冲击着中国传统的情感价值。在民众朴素的情感价值观中认为于欢是不应当受到法律制裁的，其行为在法律之外存在广泛的合理性基础，而这一行为却被司法作出否定性评价，由此引发民众对法律本身的质疑。一审判决抛开了对"辱母情节"这一重要道德传统因素的考量，片面强调了"法"的因素，忽略了被害人的过错和对人格尊严、人身自由的保护，对刑法中"理性人"的要求标准过高，认为即便是在母亲受到极端侮辱、人身自由被剥夺的情况下，仍应当保持理性，以正当行为处理纠纷。此种判断与人民群众心中的正义观念极度不符，引发广泛争议，造成公众对司法裁判的误解。二审则对"不法侵害"的内容进行合理解释，在此基础上充分考量"辱母"情节，认定被害人存在严重过错，以保护人身自由和人格尊严为落脚点，得出于欢的行为应当减轻处罚的结论，填补了情与法之间的缝隙，获得了良好的社会效果。

表4

于欢案	法	情
一审	于欢行为符合故意伤害罪的构成要件；人身自由的限制及言语侵害不属于不法侵害，讨债方没有使用工具，不法侵害不具有紧迫性和严重性。	于欢未能正确处理纠纷，造成严重后果，主观上具有过错。
二审	杜志浩等人的行为符合"不法侵害正在进行"的构成要件；于欢及母亲面临的言语挑衅等不法侵害不具备紧迫性和严重性和紧迫性，于欢的防卫行为限度过当，构成防卫过当。	杜志浩的对于欢母亲的侮辱行为亵凌人伦；于欢在其辱母行为发生的20分钟后予以反击，难免存在报复情绪，在量刑时对此予以考虑；在自己及母亲人身自由受到限制、母亲受到极端侮辱、危害行为持续进行、公力救济无法救助的情形下，采取相应手段保护自己及家人属"人之常情"。

五、融情入法的实施进路探究

（一）坚持"以人为中心"的审判理念

"法非从天下，非从地出，发于人间，合乎人心而已。"[20]法律不是冷冰冰的条文，其运用应当体现人文的关怀。裁判的过程应当是和人民群众将心比

[20]《慎子·逸文》。

心、以心换心的过程，要始终站在人民群众的立场思考问题。前文提到的传统血亲复仇案件处断中体现出来的宽宥，恰恰基于裁判官对"人"的重视。以血亲复仇为历史镜鉴，深入探索法与情之间的冲突解决机制的过程，就是当下中国法治建设向传统法律文化学习的过程。当代中国特色法治文化体系建设过程中，汲取传统文化精华，强调"融情入法"，追求对蕴含在法律逻辑之中更深层次的价值，必须回归到"以人为中心"这一本质要求，以此为出发点进行司法实践的探索。具体而言，司法审判应当关注到个案存在的特殊因素，如在涉未成年人、老年人、残疾人等特殊群体案件时，在评价其行为时，应当通盘考虑，适当倾斜保护，以解决其存在的现实问题为根本落脚点。又如在处理涉及民生、群众利益的"急难愁盼"问题时，要从群众利益、群众愿望、群众感受的角度去考虑问题，善于倾听的同时做好释法说理、情绪疏导工作。

（二）坚持法律的主导地位

"天下之事，不难于立法，而难于法之必行。"[21]"以法律为准绳"是司法裁判最基本的要求，也是融情入法的基础。法律是最高的裁判依据，融情入法并不是允许道德审判、舆论审判、法外说情。在融情入法的过程中，要注意维护法律本身所具有的权威性和可预测性，平衡司法能动性和法律规定稳定性的关系，坚持法律的主导地位。尽管在应对具体案件时，现有的法律规定可能存在不尽完善甚至相互之间矛盾的情况，对此应严格遵循法律适用规则、善于使用法律解释方法、深入探究法律规定本意，发挥法律的主导作用，破解法律适用难题。"情"的因素只能在法律规定的框架内发生补充作用，在完成法律规定内部的合法性证成的基础上，作为印证法官心证、优化裁判说理的素材，从而使得案件处理结果更加接近个案实质正义、判决文书说理更具温度和可接受性。

（三）构建判决合理性

判决的合理性即是要解决在考虑社会整体正义理念和法律本身内在逻辑

---

[21] 《请稽查章奏随事考成以修实疏》。

及法律适用稳定性的基础上，将"情"的因素纳入法律考量，从而使判决更具有合理性和可接受性的问题。妥善处理好这一问题，笔者认为可从以下路径，分步骤完成：第一，对案件涉及的"情"的因素的定性。即识别是否属于上文中提到的可以纳入法律考量的"法外因素"。判决结果必然与一方当事人的意识相违背，所以如果这里的情仅仅是涉及一方当事人私人利益的个人感情，并未上升为社会集体意识感情，则不应纳入考量范围。第二，考量法律规定本身是否具有"融情于法"的空间。即便在第一步中被识别为可以纳入法律考量的因素，但并不意味着可以以此来影响司法，更不能以法外因素打破法律的内在逻辑和适用平衡，正义必须在有限的范围内被运用，因此在完成第一步的基础上，需要为情的进入找到合适的法律适用空间。第三，进行"融情于法"的法律逻辑反思及合法性证成。将"情"融于"法"的过程中，要避免为获得社会认可而夸大"情"的因素，导致法律自身逻辑体系的损害，进而导致法律适用的混乱和造成不良的社会引导。

（四）加强法治宣传与引导

自媒体时代，公众的目光极易聚集并形成压倒性舆论，又由于传播途径和传播媒介多样性，信息传播质量参差不齐，民众极易被不实或倾向性信息所误导，由此造成对司法的误解进而引发司法和舆论之间的争议。如在张扣扣案件中，媒体仅仅从情理和传统孝道的角度出发，将张扣扣描绘成为母报仇的英雄，未能客观传达出其犯罪行为构成与我国当前法治建设要求，由此引发民众对该案判决的误解。对此，应加强法治宣传和引导，引领更加法治化和理性的社会风气：一是，强化裁判说理。司法审判应发挥其应有的引导功能，在情、法冲突案件中，应当特别关注到该类案件容易引起的民众误解，从而在文书写作中作出相应回应，以充分的释法说理去化解民众误解，形成对公民对法治的信仰。做到裁判有事实根据、有法律依据的基础上，有公正立场、有鲜明态度，增强裁判的公正和温度。二是，强化典型案例推广。充分认识到案例在法治宣传中的重要作用，善于挖掘审判实践中有代表意义的情、法冲突典型案例，打造多元化法治宣传渠道，以生动的案例和接地气的适法评析，营造公民擅于"用法治的思维和方式"化解矛盾的文化氛围。

六、结语

情与法的有机统一，是中华法系最鲜明的特色。中国传统法文化形成于过去，难免带有历史局限。由于传统司法文化对亲情伦理关系的过分看重，也往往会造成传统法文化的误区，血亲复仇就是其中的一个例证。血亲复仇的观念并不为古人鄙弃，其不仅在立法上有所妥协，还在司法实践中也有所认同，例如，卫无忌替父报仇案、贾孝女姐弟替父报仇案、孙男玉替夫报仇案等，司法官对这类案件的处理不但没有适用应有的刑罚，反而是在尽情察狱时对案件当事人的亲情关系过分地看重，予以免罪。此外，民间社会还特作《秦女休行》收录于《乐府诗集》为这种血亲复仇的行径歌功颂德。如此以往，在人们的潜意识里难免会形成抗法复仇的行径具有正当性，因而在类似事件发生时，人们也将血亲复仇为行为首选，不顾国家正法的威力与效用，这无疑与当今社会法治观念相去甚远。

对此，我们需要批判地吸收、创造性地转化，走出传统法文化的误区。但走出误区的方法是深入挖掘传统法文化。只有这样，我们才能知道传统法文化中的局限与不足，克制阴暗面的蔓延，从而从误区中走出。血亲复仇的观念形成于过去，法律对其容忍的做法也在过去常现，西方历史法学派代表萨维尼认为："法律适用首先是对适用于当时纠纷的法律进行解释。解释的首要目的是'考虑立法者的立场，并在立法者的立场上人为地重复立法者的行为'。"[22] 我们不能苛求古法突破历史局限来约束今人，也不能让"哀之而不鉴之，亦使后人复哀后人也"的悲剧重现，鉴古明今是我们现代人法治建设的必经之路。

---

[22] ［德］伯恩·魏德士：《法理学》，丁晓春、吴越译，法律出版社 2013 年版，第 301 页。

某物流公司诉某保险公司等财产保险合同纠纷案

——保险合同当事人就投保事宜所形成的真实合意之判断与认定

征伟杰　邱元超*

【关键词】民事　财产保险合同　物流责任险　货物运输险　合同内容　真实意思　保险利益　目的解释　误导销售

【基本案情】

原告某物流公司向上海市静安区人民法院提起诉讼，请求：判令被告某保险公司等支付原告保险金 1832944.20 元（货物损失 1828444.20 元、检验费 4500 元），并支付原告利息损失 1988758 元（自 2018 年 6 月 9 日起至 2019 年 8 月 19 日止，按中国人民银行同期贷款基准利率计算，自 2019 年 8 月 20 日起至被告实际支付之日止，按全国银行间同业拆借中心公布的贷款市场报价利率计算）。

法院经审理查明：2018 年 3 月 30 日，原告某物流公司向被告某保险公司等投保物流责任保险，原告为被保险人，保险期限自 2018 年 3 月 31 日起至 2019 年 3 月 30 日止。物流责任保险条款约定："在保险期间内，被保险人在经营物流业务过程中，由于下列原因造成物流货物本身的损失……保险人按照本保险合同约定负责赔偿：……（二）运输工具发生碰撞、出轨、倾覆……"《保险单》特别约定部分第 25、26 条载明："本保单仅承保以下列明

---

* 征伟杰，法学硕士，上海市静安区人民法院金融审判庭审判员。邱元超，法学硕士，上海市静安区人民法院金融审判庭审判员。本案例入选 2023 年第 8 期《最高人民法院公报》、人民法院案例库入库案例。

车牌号的承运车辆发生保险事故时的保险责任：如被保险人在保险期限内需要更换承运车辆，需提前 1 个工作日将承运车辆车牌号通过邮件向保险人进行申报，否则保险人不承担任何保险责任……"物流责任保险投保单的"特别约定"部分载明"按协议规定"，该投保单的"投保人声明"部分载明："贵公司已向本人详细介绍了物流责任保险条款的内容及本投保申请书中的各项注意、说明及投保须知，并特别就该条款中有关保险责任、责任免除和投保人、被保险人义务的内容做了明确说明，本人接受上述内容，同意投保本保险。"原告在该投保单上盖章。

2018 年 6 月 8 日，车辆号牌为冀 ×× 的重型半挂牵引车在货运途中发生交通事故，致使原告承运的货物受损，经江苏省连云港市交通警察支队高速公路二大队认定，事故车辆驾驶员负事故全部责任。原告向被告报案后，被告于同年 6 月 21 日委派公估人员进行查勘，确认受损货物数量，并于同年 9 月 17 日，以事故车辆未曾向被告进行申报，保险责任不成立为由，向原告出具《拒赔通知书》。原告于同年 11 月 24 日委托案外人对上述货物损失进行评估，该公司对货物定损金额为 1951533.68 元，协商赔付金额为 1828444.32 元，原告为此支付公估费 4500 元。审理中，原告与被告确认货物损失金额为 1828444.20 元（未扣除货物残值）。案外人某货运代理公司于 2020 年 4 月 28 日出具赔款证明，证明上述货物损失的协商赔付金额已分 12 期从原告运费中扣除，且已扣除完毕。

另查明，在原、被告双方缔约磋商过程中，原告曾于 2018 年 3 月 22 日通过微信向被告公司员工（现已离职）发送《某保险公司国内货物运输保险协议书》《国内水路、陆路货物运输保险条款（2009 版）》，该员工提示原告上述险种为货物运输险。同年 3 月 29 日、3 月 30 日，被告向原告发送邮件，包括附件《物流责任保险投保单》，邮件载明："承保条件与之前中保一致。烦请吴总审阅。另还需提供材料：1. 营业执照复印件加盖公章。2. 原告公司名下车辆清单（车牌号即可）加盖公章。"后原告将上述材料加盖公章后交付被告，其中《物流责任保险投保单》的"运输车辆"栏载明车辆类型为"普货"，数量为"8"，《自有货运车辆清单》中 8 个车牌号同上述案涉保险单特别约定部分载明的车牌信息一致。原告在收到保险单后，曾向被告了解退保流程，但未提出退保申请。

上海市静安区人民法院于 2020 年 9 月 23 日作出（2020）沪 0106 民初
10591 号判决：驳回原告某物流公司的诉讼请求。宣判后，某物流公司提起
上诉，上海金融法院于 2021 年 6 月 25 日作出（2021）沪 74 民终 368 号民事
判决：驳回上诉，维持原判。

【裁判理由】

法院生效裁判认为，本案涉及的争议焦点主要在于保险人能否以事故车
辆并非承保车辆进而拒赔。分析该问题主要应从两方面展开研判：一是判断
投保人与保险人之间就案涉投保事宜所形成的真实意思合意为何，即投保人
究竟欲购买一份怎样的保险产品，保险人有无据此销售匹配的保险产品，抑
或存在误导销售；二是在确定合意的基础上分析保险人拒赔的依据能否成立。

一、探求投保人与保险人之间真实意思表示的考量因素

《保险法》第十三条规定："投保人提出保险要求，经保险人同意承保，
保险合同成立。保险人应当及时向投保人签发保险单或者其他保险凭证。保
险单或者其他保险凭证应当载明当事人双方约定的合同内容。当事人也可以
约定采用其他书面形式载明合同内容。"当事人在订立合同的过程中常常会通
过多轮缔约磋商才最终形成正式合同文本，其间将不断产生新要约。本案所
涉保险合同的缔约过程，即涉及微信聊天记录以及电子邮件的内容，而本案
纠纷的起因即在于某物流公司认为某保险公司等并未做到缔约时在邮件中提
及的"承保条件与之前某第三方财险公司一致"，按照某物流公司的要求向其
销售类似于第三方保险公司的货物运输保险产品，导致其无法顺利获得保险
理赔。因此，探求某物流公司与某保险公司等之间的真实意思表示成为处理
本案纠纷的关键。

本案的考量因素大致从以下几个方面入手：

一是在案证据的考量。本案中，某物流公司并未提供全部完整的缔约磋
商内容，而当时与该公司接洽的某保险公司等业务员已离职，在案证据无法
客观反映本案投保阶段的沟通过程全貌。例如，某保险公司等在收到某物流
公司发送的第三方公司保险产品后即提示该险种为货物运输险，而某物流公
司最终正式投保的是物流责任险，二者险种并不一致，某物流公司在经某保

险公司等提示及收到空白投保单后并未提出异议。即便如某物流公司所述，其在收到保险单后提出过异议，某保险公司等也曾向其寄送了有关退保的材料，但并无证据能够证明某物流公司向某保险公司等作出了退保申请。

因此，法院认为根据案涉保险合同的缔约过程，邮件及微信往来记录均属缔约磋商过程的一部分，其间无法排除当事人作出其他新的意思表示，故不能仅以缔约过程中的承保条件与某第三方财险公司一致来确认双方最终形成的意思合意。在无相反证据推翻的情况下，应当将某物流公司盖章递交的投保单认定为其最后作出的要约，某保险公司等同意承保并出具保险单，本案保险合同即依法成立并生效。

二是合同目的解释的考量。《保险法》第十二条第二款规定："财产保险的被保险人在保险事故发生时，对保险标的应当具有保险利益。"某物流公司作为物流运输企业，其对承运的货物并不享有所有权，若仅以其自身作为被保险人投保货物运输险，出险后非但不能如愿获赔，更是不具有保险利益。某保险公司等向其销售物流责任险产品，并在邮件中提及承保条件与之前某第三方财险公司一致，不仅未构成对某物流公司的误导；相反，系充分考虑了其希望转移物流运输潜在责任风险的真实投保需求，将适当的保险产品销售给合适的保险产品消费者。倘若某物流公司最终投保的是上述货物运输险产品，且未将货主列为被保险人，当发生本案保险事故时，则暂且不论保险人应否理赔，作为承运人的某物流公司将面临诉讼主体是否适格的法律风险。

二、保险人拒赔依据能否成立的分析

首先，在某物流公司向某保险公司等盖章交付的投保单和《自有货运车辆清单》中分别明确了其所有的货运车辆数量及车牌号，该些车辆信息亦与之后某保险公司等出具的保险单记载一致。

其次，该保险单的特别约定部分明确了某保险公司等承保的保险责任以约定的 8 辆承运车辆为限，如某物流公司需要更换，需提前 1 个工作日申报更换车辆的车牌号，否则某保险公司等不承担保险责任。

最后，某物流公司在上述投保单的"投保人声明"部分亦盖章确认，某保险公司等已向其详细介绍了投保的各项注意、说明及须知，其接受上述内容并同意投保。

因此，上述特别约定的内容已订入案涉合同并产生法律效力，案涉承运货物既非某物流公司所有，案涉车辆亦非上述特别约定的承保车辆，在某物流公司未按约提前申报更换车辆信息的情况下，某保险公司等有权依该特别约定拒绝理赔。

综上所述，某物流公司的诉讼请求缺乏事实和法律依据，某保险公司以出险车辆号牌不符合双方保险单约定为由拒绝理赔，该理由可以支持。

【裁判要旨】

判断保险合同当事人的真实意思表示，应当结合投保单、保险单、保险条款或者其他保险凭证等保险合同的组成内容综合判断，并探求当事人最终形成的真实合意。依法订入合同并已产生效力的合同内容，对保险合同各方当事人均具有法律约束力。当事人仅以缔约过程中未形成最终合意的单方意思表示主张其保险合同权利的，人民法院不予支持。

【关联索引】

《中华人民共和国民法典》第五百零九条第一款（本案适用的是 1999 年 10 月 1 日施行的《中华人民共和国合同法》第六十条第一款）

《中华人民共和国保险法》第十三条

一审：上海市静安区人民法院（2020）沪 0106 民初 10591 号民事判决（2020 年 9 月 23 日）

二审：上海金融法院（2021）沪 74 民终 368 号民事判决（2021 年 6 月 25 日）

吴某等诉某养老保险股份有限公司等
人身保险合同纠纷案
——损失是否属于承保事故或免责事由的
举证责任承担

鲍陶然*

【关键词】民事　人身保险合同　承保事故因素　初步举证证明义务

【基本案情】

原告吴某、倪某、吴某某诉称，2020 年 4 月 15 日，案外人上海某网络通信工程有限公司（以下简称上海某网络公司）在某养老保险股份有限公司（以下简称某养老保险公司）、某养老保险股份有限公司上海分公司（以下简称某养老保险上海分公司）处投保团体意外伤害保险，被保险人为吴某贵等上海某网络公司员工。2020 年 6 月 2 日傍晚，吴某贵在施工工地走路时不慎摔倒，捂着头站起来后回到宿舍。当晚陷入昏迷被送医救治，在转院途中死亡。吴某、倪某等作为法定受益人向某养老保险公司、某养老保险上海分公司申请理赔，但某养老保险公司、某养老保险上海分公司拒不赔付。吴某、倪某等遂诉请判令：某养老保险公司、某养老保险上海分公司支付吴某、倪某等身故保险金 50 万元、医疗责任保险金 28230.60 元。

被告某养老保险公司、某养老保险上海分公司共同辩称，被保险人吴某贵真实死因系高血压病导致的脑干出血。根据保险条款第四条第一款、第

---

* 鲍陶然，法律硕士，上海市静安区人民法院金融审判庭副庭长。本案例入选 2022 年第 10 辑《人民法院案例选》并获全国法院系统 2021 年度优秀案例分析三等奖。

2

2

二十二条"意外事故"释义的规定，吴某贵死因并非意外事故，不属于保险责任范围，某养老保险公司、某养老保险上海分公司有权拒赔。

法院经审理查明：2020年4月15日，案外人上海某网络公司向某养老保险公司、某养老保险上海分公司投保平安团体意外伤害保险并附加意外伤害团体医疗保险等。意外伤害和意外医疗保险金额均为50万元，投保人数为包括吴某贵在内的10名员工，受益人为法定，保险期间为2020年4月23日至2021年4月22日。《某团体意外伤害保险（2013版）条款》第四条第一款：被保险人因遭受意外事故，并自事故发生之日起180日内因该事故身故的，本公司按其意外伤害保险金额给付意外身故保险金，对该被保险人的保险责任终止。第二十二条释义："意外事故：指外来的、突发的、非本意的、非疾病的使身体受到伤害的客观事件。"保险单特别约定第二条：意外伤害保险仅承担意外身故责任及猝死责任，猝死指非意外的，突然发生的急性症状，且直接、完全因此急性症状突然发作后的48小时内不幸身故，且直接致死原因无法确定的。

2020年6月2日，晚上9时10分，吴某贵被送往上海某二甲医院抢救；晚上9时15分，该院出具病危（重）通知书。当晚23时59分，吴某贵转院至上海某三甲医院；次日0时02分，该院出具病危通知书。2020年6月3日上午，吴某贵家属要求出院，该院办理自动出院手续，同时出具出院记录，确诊："1.神经源性休克、脑疝、脑干出血破入脑室；2.高血压病；3级极高危组。"嗣后，由社会力量提供的车辆承担转送服务，转送至当地县医院，途中吴某贵死亡。嗣后，吴某贵被直接送入当地家中。2020年6月3日，当地村委会出具死亡证明，其上载明吴某贵于120救护车转院途中（未到医院）突然死亡（卒于2020年6月3日13点30分）。2020年6月5日，吴某贵尸体火化。2020年6月15日，当地县医院防保科出具《居民死亡医学证明（推断）书》（以下简称《死亡证明》），其上载明吴某贵去医院途中，于2020年6月3日死亡，死亡原因：脑损伤。次日，当地派出所加盖公章。

吴某等法定受益人向某养老保险公司、某养老保险上海分公司申请理赔。某养老保险公司、某养老保险上海分公司于2020年8月3日作出理赔决定，以保险事故不属于保险责任范围为由拒绝理赔。

有争议的事实为：被保险人吴某贵的确切死因。

吴某、倪某、吴某某为证明其主张提供：（1）意外事故说明（投保人上海某网络公司出具）；（2）死亡证明（村委会出具）；（3）《死亡证明》；（4）证人证言。证明被保险人吴某贵确切死因是意外事故。同时，原告申请吴某贵同事戴某、戴某某到庭作证，证明吴某贵工地收工后意外摔倒回到宿舍及送医治疗全过程。某养老保险公司、某养老保险上海分公司为证明其主张，提供：（1）鉴定意见书；（2）出院记录；（3）保险事故调查笔录；（4）院前急救病历。证明被保险人吴某贵的确切死因是高血压病导致的脑干出血，不符合意外（如摔倒等机械性损失）导致。

上海市静安区人民法院于 2021 年 3 月 8 日作出（2020）沪 0106 民初 40529 号民事判决：吴某、倪某、吴某某的诉讼请求不予支持。宣判后，各方当事人均未上诉，一审判决已生效。

【裁判理由】

法院生效裁判认为，吴某、倪某、吴某某提供的"意外事故证明"、证人证言及到庭证言，仅能证明被保险人吴某贵于入院抢救当日曾意外摔倒，但并不能证明该事实与吴某贵死亡之间具有相当因果关系；村委会出具的"死亡证明"仅能证明死亡事实，并未载明确切（推断）死因，对待证事实（死因）没有证明力；《死亡证明》系在吴某贵尸体火化后出具，违反相关法律规定，且出具主体当地县医院并非实际救治单位，且不符合"死因调查主体"的有关规定，该证据不具有"合法性"。某养老保险公司、某养老保险上海分公司提供的出院记录、保险事故调查笔录及宝山区院前急救病历仅能证明被保险人生前患有"高血压病"，但并不能证明该事实与吴某贵死亡之间具有相当因果关系；鉴定意见书性质上属于临床文证审查意见，鉴定资料主要是上海某二甲医院门诊病历、上海某三甲医院就医记录册、CT 片等，然而被保险人吴某贵在出院后仍然健在，鉴定意见书载明的"病因"并不等同于"死因"，对待证事实亦缺乏证明力。本案的争议焦点包括：（1）吴某、倪某、吴某某是否完成初步举证证明义务；（2）吴某贵死因是否属于猝死。

针对争议焦点一，《中华人民共和国保险法》（以下简称《保险法》）第二十二条第一款规定，保险事故发生后，按照保险合同请求保险人赔偿或者给付保险金时，投保人、被保险人或者受益人应当向保险人提供其所能提供的与确认保险事故的性质、原因、损失程度等有关的证明和资料。根据上述法律规定，并结合《保险法》及相关司法解释有关保险人举证证明责任范围的规定可知，保险事故发生后，投保人、被保险人或者受益人对保险事故发生的性质、原因及损失程度等具有初步举证证明义务，当受益人等完整提供了应当且能够提供的证明和资料，并足以证明存在承保事故因素的，就应当视为受益人等完成了该初步举证证明义务；此时，保险人根据法律规定或保险合同约定行使拒赔权利时，相应举证证明责任即转移至保险人，保险人对存在"非承保事故因素""免责事由"等负有举证证明责任。因此，保险人拒赔时的举证责任承担以投保人、被保险人、受益人完成初步举证证明义务为前提，"初步"以应当且能够提供的原始证明和资料范围为限。本案中，合法且有效的《死亡证明》即是受益人应当且能够提供的确认被保险人死亡事实及死因的证明之一。然而，吴某、倪某、吴某某提供的《死亡证明》并不具有合法性，主要表现在以下两个方面：首先，出具流程违反行政法规。根据《殡葬管理条例》第十三条第二款之规定，遗体处理必须遵守下列规定："……（二）火化遗体必须凭公安机关或者国务院卫生行政部门规定的医疗机构出具的死亡证明。"然而，本案中，被保险人吴某贵遗体火化先于《死亡证明》的开具时间，开具流程违反上述行政法规。其次，出具主体违反国家有关规定。国家卫计委、公安部、民政部联合发布的《关于进一步规范人口死亡医学证明和信息登记管理工作的通知》规定，自2014年1月1日起，各地医疗卫生机构启用全国统一制定的新版《死亡证明》，签发单位为负责救治或正常死亡调查的医疗卫生机构。其中，负责正常死亡调查的医疗卫生机构在《死亡证明》填表说明中载明，即家中、养老服务机构、其他场所正常死亡者，由本辖区社区卫生服务机构或乡镇（街道）卫生院负责调查的执业（助理）医师根据死亡申报材料、调查询问结果并进行死因推断之后填写。被保险人吴某贵在途中或家中死亡，理应由所在乡镇卫生院执业医师进行死因调查并开具《死亡证明》，而本案中由村委会先开具非制式死亡证明，再凭该证明火化尸体后由当地县医院补开制式《死亡证明》的方式违反上述规定，村委会及当地县医院非死因链调查的适当主体，且从未参与救治过吴某贵。综上，吴某、倪某、吴某某提供的《死亡证明》不具有合法性，未完成确定被保险人吴某贵死因，即保险事故属于保险责任范围的初步举证证明义务，根据《中华人民共和国民事诉讼法》及相关司法解释的规定，吴某、倪某、吴某某应当承担举证不能的不利后果。

针对争议焦点二，根据保险单特别约定，"猝死"须满足"直接致死原因无法确定"。然而，本案中被保险人吴某贵死因无法确定的根本原因在于原告未按法律规定开具合法且有效的《死亡证明》，吴某、倪某、吴某某若按规定流程，申请适当主体开展死因调查，被保险人吴某贵的直接死因很大程度上可以确定。因此，被保险人吴某贵死因既有可能出于意外事故，也有可能源于高血压病，还有其他因素介入的可能，直接致死原因无法确定并非客观所致，吴某、倪某、吴某某对死因无法查明具有过错。该情形不符合保险单特别约定，吴某、倪某、吴某某有关保险事故性质属于"猝死"范围的意见，不予采纳。

【裁判要旨】

投保人、被保险人或受益人对保险事故的性质、原因及损失程度等具有初步举证证明义务，"初步"以应当且能够提供的原始证明和资料范围为限，且足以证明存在承保事故因素。《居民死亡医学证明（推断）书》是受益人应当且能够提供的确认被保险人死亡事实及（推断）死因的原始证明之一。《居民死亡医学证明（推断）书》开具流程、主体不符合行政法规及国家有关规定的，应当认定受益人未完成初步举证证明义务，并由其承担举证不能的不利后果。

【关联索引】

《中华人民共和国保险法》第二十二条

《中华人民共和国民事诉讼法》第六十七条（本案适用的是 2017 年 6 月 27 日修正的《中华人民共和国民事诉讼法》第六十四条）

《最高人民法院关于适用〈中华人民共和国民事诉讼法〉的解释》第九十条（本案适用的是 2020 年 12 月 23 日修正的《最高人民法院关于适用〈中华人民共和国民事诉讼法〉的解释》第九十条）

一审：上海市静安区人民法院（2020）沪 0106 民初 40529 号民事判决（2021 年 3 月 8 日）

罗某某盗窃案

——窃取虚拟货币行为的刑法规制及量刑依据

顾正仰*

【关键词】刑事　盗窃罪　虚拟货币　非法获取计算机信息系统数据罪　销赃数额

【基本案情】

公诉机关指控，被告人罗某某利用计算机网络漏洞，非法侵入被害单位上海甲网络科技有限公司（以下简称甲公司）的服务器，从该服务器中的数字货币钱包内窃取泰达币（USDT）1890792.538 枚，共计价值 1200 余万元。嗣后，被告人罗某某将上述泰达币兑换成数字货币以太坊（ETH）及比特币（BTC），并将部分以太坊向他人出售，共计获利 91 万余元。

2019 年 5 月 14 日 11 时许，公安人员在广东省广州市将被告人罗某某抓获，其到案后对上述事实能够如实供述。

针对上述指控事实，公诉机关当庭宣读并出示了甲公司法定代表人的陈述笔录、公安机关出具的扣押文件、涉案单位出具的安全事件应急响应服务报告、甲公司出具的资产转移路径、资产最终转出情况、被盗 USDT 价值核算说明等相关书证，认为被告人罗某某以非法占有为目的，窃取公私财物，情节特别严重，应当以盗窃罪追究刑事责任；被告人罗某某如实供述自己的犯罪事实。要求依照《中华人民共和国刑法》第二百六十四条、第二百八十七条和第六十七条第三款之规定，依法追究被告人罗某某的刑事

＊　顾正仰，法学学士，上海市静安区人民法院刑事审判庭审判员。本案例入选 2021 年度上海法院百例精品案例、2022 年第 11 辑《人民法院案例选》。

责任。

被告人罗某某对起诉指控的基本犯罪事实不持异议，对起诉指控认定构成盗窃罪有异议，认为自己侵入他人计算机系统中获取的是数据；所有的数据都有价值，并不能因为数据有价值认定获取数据的行为是盗窃；故应当以非法侵入计算机信息系统罪或是非法获取计算机信息系统数据罪对其定罪量刑。

被告人罗某某的辩护人认为本案部分证据真实性、合法性无法认定，无法证明起诉指控的被告人罗某某获取泰达币的数量及转移过程，也无法证明泰达币的人民币价值，起诉指控被告人罗某某构成盗窃的事实不清、证据不足；被告人罗某某的行为不符合盗窃罪的规定，公诉机关认定其犯罪情节特别严重没有法律和事实依据，泰达币作为虚拟货币不是我国刑法意义上的财物，应属于计算机信息系统数据，罗某某获取泰达币的行为符合非法获取计算机信息系统数据罪；罗某某退还部分获取的虚拟货币，无证据证明获取的其他虚拟货币无法追回，其行为社会危害性不大，请求对其依法判决，适用缓刑。

法院经审理查明：被告人罗某某利用计算机网络漏洞，非法获取他人的管理权限并侵入甲公司管理的服务器，分多次窃取保管在该服务器中虚拟货币电子钱包内的泰达币1890792.538枚。嗣后，被告人罗某某将上述泰达币兑换成虚拟货币以太坊及比特币，并将部分以太坊向他人出售，共计获利约90万元。

2019年5月14日11时许，公安人员在广东省广州市将被告人罗某某抓获，其到案后对上述事实能够如实供述，并向甲公司退出兑换的以太坊4605枚。

上海市静安区人民法院于2020年12月21日作出（2020）沪0106刑初551号刑事判决：一、被告人罗某某犯盗窃罪，判处有期徒刑十二年，并处罚金人民币五十万元。二、尚未退赔的违法所得，责令退赔、依法发还；查获的作案工具予以没收。一审宣判后，罗某某依法提出上诉，于二审期间申请撤回上诉。上海市第二中级人民法院于2021年3月24日作出（2021）沪02刑终197号刑事裁定：准许上诉人罗某某撤回上诉。

【裁判理由】

法院生效判决认为，本案控辩双方的争议焦点主要在于：罗某某的行为是否构成非法获取计算机信息系统数据罪；罗某某的行为是否构成盗窃罪；罗某某的犯罪情节如何认定。

第一，本案中，被告人罗某某通过获取他人对于服务器的管理权限，侵入计算机信息系统后，将保存在他人服务器公钥内的虚拟货币泰达币转移至其个人控制的公钥中。相关犯罪过程有在案证据予以印证，被告人罗某某也均予以供认。在犯罪行为过程中，罗某某未经服务器管理者同意获取管理权限并侵入服务器，以及获取虚拟货币的公钥及私钥并转移虚拟货币的占有，其行为已构成非法获取计算机信息系统数据罪。

第二，泰达币作为常见虚拟货币之一，具有财产的基本特性，即价值性、可控性与流通性。首先，根据《中国人民银行、工业和信息化部、中国银行业监督管理委员会等关于防范比特币风险的通知》(以下简称《通知》)《中国人民银行、中央网信办、工业和信息化部等关于防范代币发行融资风险的公告》(以下简称《公告》)否定了虚拟货币的货币属性，但承认其"是一种特定的虚拟商品"，虚拟货币作为商品在市场上具有交易价值，虚拟货币需要通过计算机经过特定的计算方式生成，需要付出劳动力及经济成本。而大部分人获取虚拟货币的方式亦是通过金钱作为对价相互转让，即虚拟货币具有经济价值。其次，虚拟货币可以通过建立电子钱包储存在公钥上，在能被任何人查询到的基础上，排除了除所有者外其他人对于虚拟货币的占有，而所有者又可以通过特定的私钥随时支付、转移其虚拟货币，虚拟货币可以受所有者的支配。最后，《通知》《公告》规定虚拟货币"不应作为货币在市场上流通使用""各金融机构和支付机构不得开展与相关的业务""任何组织和个人不得非法从事代币发行融资活动"等，但并未禁止个人之间进行虚拟货币与法定货币以及虚拟货币互相之间的交易，客观上通过特定的境外网站，随时都能观察到虚拟货币的巨额交易，《通知》《公告》的发布正是由于虚拟货币融资的活动严重扰乱了经济金融秩序，也证明虚拟货币具有流通转移的可能。

结合本案，被告人罗某某获取泰达币后，迅速将泰达币通过交易平台兑换为比特币及以太坊。其中部分以太坊兑换为人民币；部分以太坊用于支付与他人签订的软件服务合同；部分比特币存储于其电子钱包内，由于罗某某无法提供有效的私钥，至今无法提取。罗某某的行为恰恰证明了虚拟货币的价值性、可控性与流通性。罗某某犯罪行为的目的不限于为了获取虚拟货币所对应的公钥与私钥，这两者只是计算机系统随机生成的英文与数字的组合，其根本目的是通过公钥与私钥转移他人对虚拟货币的占有，并取得虚拟货币带来的财产性利益，故仅认定其非法获取计算机信息系统数据不足以评价其犯罪行为。根据刑法的规定，公民私人所有的财产包括"依法归个人所有的股份、股票、债券和其他财产"，虚拟货币虽然并无实体，但其具有与股份、股票、债券相同的财产属性，可以认定为刑法所保护的财物。故罗某某将他人控制的虚拟货币非法占有的行为，亦构成盗窃罪。被告人罗某某及辩护人的相关辩护意见，法院不予采纳。

第三，被告人罗某某非法获取计算机信息系统数据，其违法所得超过25000元、造成经济损失超过50000元，根据相关司法解释，应当认定为情节特别严重，处三年以上七年以下有期徒刑，并处罚金。

被告人罗某某盗窃泰达币189万余枚，由于现行法律及司法解释对于盗窃具有特别严重情节的规定并未包含本案所指控罗某某的犯罪行为，故对于公诉机关指控被告人罗某某盗窃情节特别严重的意见，法院不予支持。根据《公告》中"任何所谓的代币融资交易平台不得从事法定货币与代币、'虚拟货币'相互之间的兑换业务，不得买卖或作为中央对手方买卖代币或'虚拟货币'，不得为代币或'虚拟货币'提供定价、信息中介等服务"的规定，我国不认可任何虚拟货币交易价格信息发布平台对于虚拟货币的交易价格数据，故不应当认定涉案泰达币根据相关网站的历史价格计算价值1200余万元，采纳辩护人的相关辩护意见。考虑到罗某某将泰达币兑换以太坊后，又将以太坊兑换人民币，实际获利约90万元，可以参考相关司法解释，根据销赃数额认定盗窃数额，应当认定盗窃数额特别巨大，处十年以上有期徒刑或者无期徒刑，并处罚金或者没收财产。

综上，法院认为，被告人罗某某以非法占有为目的，违反国家规定，侵入计算机信息系统，获取该计算机信息系统中存储的数据，秘密窃取泰达币189万余枚，非法获利约90万元，其行为已分别构成非法获取计算机信息系统数据罪、情节特别严重及盗窃罪、数额特别巨大；被告人罗某某同一行为触犯两个罪名，应当择一重罪处罚，比较上述两罪，盗窃罪的处刑较重，依法应当以盗窃罪予以惩处。

【裁判要旨】

1. 非法窃取虚拟货币的行为，通常利用非法手段获取他人对于服务器的管理权限，侵入计算机信息系统获取电子数据，转移虚拟货币的占有，故构成非法获取计算机信息系统数据罪；同时，又因为虚拟货币具有价值性、可控性与流通性三个财产的基本属性，属于《刑法》所规定的公私财物，应当受到刑法的保护，故上述行为亦构成盗窃罪。在具体案件中，应综合评判二罪的罪量与情节，择一重罪处断。

2. 根据现行法律法规，虚拟货币不具有货币属性，不能作为货币在市场上流通使用，亦不存在被认可的虚拟货币价值公示机制，故不能以虚拟货币交易平台的兑换价格认定窃取虚拟货币的盗窃犯罪金额。在量刑时可参考同类型盗窃犯罪的相关司法解释，对于被窃财物无法进行估价、被窃财物无有效价格证明或者有效价格证明认定明显不合理时，可以以销赃价格认定盗窃数额。

【关联索引】

《中华人民共和国刑法》第二百八十五条、第二百六十四条、第二百八十七条

一审：上海市静安区人民法院（2020）沪 0106 刑初 551 号刑事判决（2020 年 12 月 21 日）

二审：上海市第二中级人民法院（2021）沪 02 刑终 197 号刑事判决（2021 年 3 月 24 日）

仇某诉某服装公司劳动合同纠纷案

——女职工单方缩减哺乳期并主张终止劳动合同经济补偿的行为认定

陈秀兰　肖　楠*

【关键词】民事　劳动合同　劳动合同终止　女职工　哺乳期

【基本案情】

原告仇某诉称，原告于 2020 年 3 月 16 日生育一子。被告某服装公司于 2020 年 9 月 8 日向原告发送《劳动合同到期不再续签通知书》，表示因原告处于女职工"三期"内，故双方原于 2020 年 9 月 30 日到期的劳动合同依法顺延至原告哺乳期届满之日即 2021 年 3 月 15 日，合同到期后被告将不再与原告续签。原告于 2020 年 12 月 12 日书面告知被告因原告身体原因，将于 2021 年 1 月 1 日起不再继续哺乳，因原告哺乳期情形消失，故劳动合同应当于哺乳期情形消失时即 2021 年 1 月 1 日终止。鉴于被告已明确合同到期后不再续签，故要求被告于 2021 年 1 月 4 日前结算工资、奖金、经济补偿金等款项并办理退工。2021 年 1 月 4 日，被告为原告结算了劳动报酬并办理退工，但被告以原告无权缩短哺乳期、劳动合同系因原告辞职解除为由，不同意支付原告经济补偿金。原告申请仲裁被驳后，诉至法院，请求判令：被告支付终止劳动合同经济补偿金 100590 元。

被告某服装公司辩称，不同意原告的诉讼请求。被告向原告发送的《劳动合同到期不续签通知书》中已经载明若原告于到期日前主动离职则无法获

---

* 陈秀兰，原上海市静安区人民法院民事审判庭审判员。肖楠，法学学士，上海市静安区人民法院民事审判庭法官助理。本案例入选《中国法院 2023 年度案例》。

得法定经济补偿金，原告收到该通知后未提出异议。劳动合同期限顺延至哺乳期满系法律强制性规定，原告无权单方放弃或缩短，双方均应在顺延期间依法履行劳动合同的义务，现原告系以个人身体原因不再继续哺乳为由自动离职，并非双方劳动合同期满终止，被告依法不应当向原告支付经济补偿金。

法院经审理查明：原告于 2017 年 9 月 18 日入职被告，担任法律顾问，双方于同日签订了期限为 2017 年 9 月 18 日至 2020 年 9 月 30 日的《劳动合同》。2020 年 3 月 16 日，原告生育一子。2020 年 9 月 8 日，被告向原告发送《劳动合同到期不再续签通知书》，载明双方的劳动合同将于 2020 年 9 月 30 日到期，因原告处于女职工"三期"，故将劳动合同期限延续至 2021 年 3 月 15 日，且被告决定在合同到期后不再续签，若原告在 2021 年 3 月 15 日前主动离职将无法获得法定经济补偿金。2020 年 12 月 12 日，原告向被告寄送《情况说明》，告知被告因原告身体原因，将于 2021 年 1 月 1 日起不再继续哺乳，鉴于原告哺乳期情形消失，故劳动合同应当于哺乳期情形消失即 2021 年 1 月 1 日时终止，鉴于被告已明确合同到期后不再续签，故要求被告于 2021 年 1 月 4 日前结算工资、奖金、经济补偿金等款项并办理退工。2020 年 12 月 23 日，被告针对原告提交的《情况说明》作出答复，认为原告单方缩短哺乳期缺乏法律依据，若原告出于身体状况等个人原因需要请假等特殊安排，被告会在原告提供相关支持文件后充分考虑并予以合理安排，若原告坚持办理离职手续，则属因个人原因主动离职，不应获得经济补偿金。后原告通过电邮向被告提出异议，并再次坚持《情况说明》中所涉观点。后被告为原告办理了内容为 2021 年 1 月 1 日合同解除的退工证明。2021 年 2 月 1 日，原告向上海市劳动人事争议仲裁委员会申请仲裁，要求被告支付终止劳动合同的经济补偿金 100590 元。该仲裁委于 2021 年 3 月 17 日作出仲裁裁决：对原告的请求事项不予支持。原告不服该裁决，在法定期限内向法院起诉。

上海市静安区人民法院于 2021 年 6 月 18 日作出（2021）沪 0106 民初 8647 号民事判决：驳回原告仇某的诉讼请求。宣判后，仇某提出上诉。上海市第二中级人民法院于 2021 年 8 月 18 日作出（2021）沪 02 民终 8144 号民事判决：驳回上诉，维持原判。二审宣判后，仇某申请再审。上海市高级人民法院于 2021 年 12 月 23 日作出（2021）沪民申 2634 号民事裁定：驳回仇某的再审申请。

【裁判理由】

法院生效裁判认为：哺乳期女职工无权单方缩减哺乳期，案件处理关键在于对哺乳期性质的界定。

根据国务院《女职工劳动保护特别规定》第九条"对哺乳未满1周岁婴儿的女职工，用人单位不得延长劳动时间或者安排夜班劳动"、劳动部关于《女职工劳动保护规定》问题解答第14点"凡哺乳（包括人工喂养）一周岁以内婴儿的女职工都应按本规定执行"的规定，女职工的哺乳期应当为自婴儿出生至满一周岁止，该期限不以喂养方式、个人身体原因是否具备哺乳条件而发生变化。同时，《中华人民共和国劳动合同法》规定，劳动合同期满，存在女职工在孕期、产期、哺乳期情形的，劳动合同应当延续至该情形消失时终止。

根据本案查明的事实，原告在2020年3月16日生育，哺乳期应当至2021年3月15日止，故双方原本于2020年9月8日期满的劳动合同应当延续至2021年3月15日终止。现原告以2021年1月1日起自身不具备哺乳条件、哺乳期情形消失为由，主张劳动合同顺延至2021年1月1日终止，于法无据。此外，被告已多次明确告知原告若在劳动合同到期日即2021年3月15日前离职则将无法获得经济补偿金，由此可见被告已尽充分告知义务，在此情况下原告仍坚持要求办理离职手续，并已实际领取了退工单，现原告要求被告支付经济补偿金，依据不足。原告仇某的诉讼请求应予驳回。

【裁判要旨】

女职工能否单方缩短哺乳期、是否有权提前终止劳动合同并主张经济补偿，应当从哺乳期的性质、劳动合同法定顺延的规定、当事人具体行为表现等方面综合判断认定。

1.哺乳期的性质界定

为了保护母婴健康、鼓励和支持母乳喂养，立法对哺乳期的女职工劳动合同的履行和解除进行了特殊规定。根据目前法律规定，女职工的哺乳期应当为自婴儿出生至满一周岁止，且该期限不以喂养方式、个人身体原因是否具备哺乳条件而发生变化。国家法律法规对哺乳期女职工与婴儿的特别保护，属于法律强制性规范，不因个人意志予以变更和排除适用，我国当前的法律、法规并未规定可以通过用人单位与劳动者双方约定或通过单方规定的方式而缩减。

2. 哺乳期情形下的劳动合同法定顺延

劳动双方可以约定劳动合同的有效期间。如果劳动双方对劳动合同的期限由明确约定的，通常情况下，劳动合同期限届满时，则该合同自然终止。不过，对一些具有特殊情形的劳动者，即使合同期限届满也不得终止，亦即劳动合同的终止受到限制，劳动合同的终止时间非因劳动双方当事人意志而延长。《中华人民共和国劳动合同法》第四十二条规定："劳动者有下列情形之一的，用人单位不得依照本法第四十四条、第四十一条的规定解除劳动合同：……（四）女职工在孕期、产期、哺乳期的……"第四十五条规定："劳动合同期满，有本法第四十二条规定情形之一的，劳动合同应当顺延至相应的情形消失时终止……"从上述规定可见，女职工哺乳期情形系法定顺延的情形之一。劳动合同应当延续终止，该终止时间的确定不以用人单位或劳动者的意志为改变。

3. 哺乳期情形下女职工要求提前终止劳动合同的法律后果

在劳动合同法定顺延期间，应视为在原劳动合同期限内。在用人单位已尽充分告知义务的情况下坚持要求办理离职手续，应当视为主动辞职。按照《中华人民共和国劳动法》第二十四条的规定，主动提出解除劳动合同的，用人单位可以不支付经济补偿金。

【关联索引】

《中华人民共和国劳动法》第七十八条

一审：上海市静安区人民法院（2021）沪 0106 民初 8647 号民事判决（2021 年 6 月 18 日）

二审：上海市第二中级人民法院（2021）沪 02 民终 8144 号民事判决（2021 年 8 月 18 日）

再审：上海市高级人民法院（2021）沪民申 2634 号民事裁定（2021 年 12 月 23 日）

何某某（H）、赵某诉上海市某妇婴保健院医疗服务合同纠纷案

——个人关于冷冻胚胎权利的界定与限制

宋东来　狄茹馨*

【关键词】民事　医疗服务合同　冷冻胚胎　直接占有　公共利益　权利限制

【基本案情】

原告何某某（H）（以下统称何某某）和赵某诉称，何某某和赵某为夫妻关系，因未能自然生育后代，于 2018 年 1 月前往被告上海市某妇婴保健院（以下简称某妇婴保健院）寻求辅助生殖技术治疗。2018 年 3 月，某妇婴保健院先后为赵某实施了取卵手术和胚胎移植手术，并冷冻保存了剩余的 3 个胚胎。2018 年 10 月，在赵某接受胚胎移植约 34 周后，胎儿死于母体腹中，某妇婴保健院实施的胚胎移植手术失败。何某某和赵某认为，冷冻胚胎包含两人的遗传基因，法律性质为物，所有权属于何某某和赵某。冷冻胚胎与两人之间有特殊的情感联系，何某某和赵某对冷冻胚胎应当有监管和处置权。同时在双方的医疗服务合同关系中，何某某、赵某与某妇婴保健院之间就冷冻胚胎存在保管关系，对于保存在某妇婴保健院的冷冻胚胎，何某某和赵某有权要求作为保管方的某妇婴保健院立即返还。现何某某和赵某不再信任某妇婴保健院提供的医疗服务，不愿意继续在某妇婴保健院进行胚胎移植。故

---

* 宋东来，法学硕士，上海市静安区人民法院立案庭副庭长。狄茹馨，法学硕士，上海市静安区人民法院民事审判庭法官助理。本案例获全国法院系统 2023 年度优秀案例分析一等奖。

请求法院判令：（1）解除双方之间的医疗服务合同；（2）某妇婴保健院返还剩余的3个冷冻胚胎。

被告某妇婴保健院辩称，对于何某某和赵某前往某妇婴保健院接受辅助生殖技术治疗，现剩余3个冷冻胚胎保存在某妇婴保健院处的事实无异议，但不同意何某某和赵某的全部诉请。理由如下：（1）何某某、赵某与某妇婴保健院之间构成医疗服务合同关系，双方的权利义务均有明确的法律规定和合同约定。何某某、赵某主张的合同解除理由不符合法律规定的合同解除条件。双方对冷冻胚胎的保存期限有明确约定，何某某、赵某选择在期满后将冷冻胚胎丢弃。若何某某、赵某选择即时丢弃冷冻胚胎，某妇婴保健院可以提前终止保存。（2）某妇婴保健院保存的3个冷冻胚胎，系通过辅助生殖技术培育形成，目的是帮助何某某、赵某进行辅助生育。即使冷冻胚胎属于物，也是特殊的物，何某某、赵某要求返还没有法律依据，同时也无相应的法律法规或者诊疗规范规定医疗机构可以返还。（3）何某某、赵某要求返还冷冻胚胎，在技术上存在障碍，个人无法保存胚胎。即使何某某和赵某获得冷冻胚胎，也无法进行利用，故客观上无法返还。综上，请求驳回何某某和赵某的诉请。若何某某和赵某有正当的理由，且有符合条件的医疗机构愿意接受冷冻胚胎，某妇婴保健院愿意配合与该医疗机构进行交接。

法院经审理查明：何某某和赵某为夫妻关系。2018年1月，两人前往被告处，约定由某妇婴保健院提供辅助生殖技术治疗。2018年3月，某妇婴保健院先后为赵某实施了取卵和胚胎移植手术，共移植胚胎2个，剩余2个卵裂期胚胎进行冷冻，3个胚胎行囊胚培养。2018年3月15日，行囊胚培养的3个胚胎中又有1个胚胎达冷冻标准。至此，某妇婴保健院共保存了3个冷冻胚胎。在治疗过程中，何某某、赵某与某妇婴保健院签署的一系列文件中载明以下内容：某妇婴保健院实施的体外受精-胚胎移植手术的治疗过程、所需费用；何某某、赵某已经知晓对实施人类辅助生殖技术过程中获得的配子、胚胎拥有选择处理方式的权利，对于达到冷冻标准的胚胎，何某某、赵某选择冷冻；胚胎冷冻保存的目的是为了在以后的治疗周期中不再诱发排卵，仅通过移植复苏胚胎而获得妊娠；根据有关管理要求，冷冻胚胎临床使用时间一般控制在5年之内，如果超过保存期，何某某、赵某同意将胚胎丢弃（另一可选择项为去标识后作为教学科研用）。2018年10月，在赵某接受胚胎移植约 34 周后，胎儿死于母体腹中，某妇婴保健院实施的胚胎移植手术失败。

上海市静安区人民法院于 2022 年 6 月 27 日作出（2020）沪 0106 民初 53568 号民事判决：驳回何某某（H）、赵某的全部诉讼请求。一审宣判后，何某某（H）、赵某提出上诉。上海市第二中级人民法院于 2023 年 2 月 15 日作出（2022）沪 02 民终 9678 号民事判决：驳回上诉，维持原判。

【裁判理由】

法院生效裁判认为：

第一，关于涉案医疗服务合同可否解除的问题。某妇婴保健院对剩余胚胎的冷冻保存，系因某妇婴保健院需为何某某、赵某提供医疗服务而产生，该行为并非医疗行为，故保存冷冻胚胎不属于某妇婴保健院提供的医疗服务，并非涉案医疗服务合同的内容。何某某、赵某主张某妇婴保健院对冷冻胚胎的保存系履行医疗服务合同义务，法院不予确认。某妇婴保健院已经为何某某、赵某实施了取卵、胚胎培养和胚胎移植等治疗，但本次胚胎移植已经以失败而告终，故关于涉案医疗服务合同，某妇婴保健院已经将相应的合同义务履行完毕，该合同已经没有解除的基础，故何某某、赵某要求解除涉案医疗服务合同，缺乏事实依据，法院不予支持。

第二，关于何某某、赵某能否要求某妇婴保健院返还剩余冷冻胚胎的问题。基于冷冻胚胎的生物属性，何某某、赵某对于冷冻胚胎当然地享有民事私法上的正当权利，何某某、赵某主张对涉案冷冻胚胎享有监管和处置的权利，法院予以确认。何某某、赵某有权在符合现行法律规定的范围内按照自己的意愿处置冷冻胚胎，有权对冷冻胚胎的实际用途进行监管。但是何某某、赵某对冷冻胚胎享有的监管和处置权不等同于对冷冻胚胎直接占有支配的权利。在现行法律规定下，何某某、赵某无权要求某妇婴保健院返还冷冻胚胎，理由如下：首先，冷冻胚胎的利用及相关医疗技术的实施，涉及生命伦理，具有明显的社会公共利益和公共秩序属性。因此，涉及个体关于冷冻胚胎的权利时，应当进行必要的适当限制。对冷冻胚胎的保存予以必要的严格限制，是符合现行相关法律法规立法目的和价值取向的当然之义。而由符合资质具有保存条件的医疗机构保存冷冻胚胎，排除个体对冷冻胚胎的直接占有，能够从源头上加强对涉冷冻胚胎及相关医疗技术的监管，符合维护社会公共秩序和社会公共利益的要求。故对何某某、赵某直接占有支配冷冻胚胎的权利进行限制，具有合理性和正当性，符合我国现行相关法律法规的立法目的。其次，对于何某某、赵某来说，涉案冷冻胚胎的价值在于情感寄托和辅助生殖技术治疗，通过胚胎移植实现生育目的。就冷冻胚胎这一特殊形态的物来说，直接占有保存与实现情感上的寄托并无直接的关联。而从实现生育目的的角度来看，在我国现行法律规定下，何某某、赵某只能在符合资质的正规医疗机构中接受辅助生殖技术治疗。何某某、赵某不愿意继续在某妇婴保健院治疗，某妇婴保健院亦表示愿意配合将冷冻胚胎移交至有资质的医疗机构，故某妇婴保健院保存冷冻胚胎未影响何某某和赵某合法正当地利用涉案冷冻胚胎实现生育目的。因此，无论是情感上，还是实际用途上，由某妇婴保健院保存冷冻胚胎未损害何某某、赵某的正当权益。最后，何某某、赵某要求返还冷冻胚胎也缺乏合同上的依据。关于冷冻胚胎的保存并非涉案医疗服务合同的内容，故即使涉案医疗服务合同可以解除，何某某、赵某也不能据此要求某妇婴保健院返还冷冻胚胎，况且涉案医疗服务合同并无解除的基础。冷冻胚胎系某妇婴保健院通过辅助生殖技术培育形成，由作为医疗机构的某妇婴保健院保存冷冻胚胎系基于为何某某、赵某提供辅助生殖技术治疗之需，且具有强制性要求。故何某某、赵某与某妇婴保健院之间就冷冻胚胎的保存并不构成合同法上的保管合同关系。何某某、赵某不能作为寄存人要求返还冷冻胚胎。根据何某某、赵某与某妇婴保健院签订的相应文件约定，涉案冷冻胚胎的临床使用时间控制在5年之内，超过保存期后，何某某、赵某选择将冷冻胚胎丢弃。双方并无5年保存期内如何处理冷冻胚胎的约定，故何某某、赵某要求某妇婴保健院返还剩余3个冷冻胚胎缺乏相应的合同依据。即使何某某、赵某不再要求某妇婴保健院继续保存冷冻胚胎，涉及剩余冷冻胚胎的处理时，参照双方关于保存期满后冷冻胚胎可选择丢弃或去标识后作为教学科研用的约定，何某某、赵某亦无权要求返还剩余的冷冻胚胎。综上，何某某、赵某要求解除医疗服务合同，并要求某妇婴保健院返还剩余3个冷冻胚胎的诉请，依据不足，不予支持。

【裁判要旨】

基于冷冻胚胎的生物属性，夫妻双方对于冷冻胚胎当然地享有民事私法上的正当权利。但由于冷冻胚胎的利用涉及生命伦理，具有明显的社会公共利益和公共秩序属性，因此，个人关于冷冻胚胎的权利应当受到限制。在现行法律规范和社会价值取向下，对于冷冻胚胎的保存，应当予以严格地监管。个人作为民事主体，有权对冷冻胚胎的利用进行监管和处置，但不应享有直接占有和支配冷冻胚胎的权利。个人要求医疗机构返还冷冻胚胎，交由个人保存的，人民法院应当不予支持。

【关联索引】

《中华人民共和国民法典》第一百一十四条、第一百一十五条、第一百二十六条（本案适用的是 2017 年 10 月 1 日施行的《中华人民共和国民法总则》第一百一十四条、第一百一十五条和第一百二十六条）

一审：上海市静安区人民法院（2020）沪 0106 民初 53568 号（2022 年 6 月 27 日）

二审：上海市第二中级人民法院（2022）沪 02 民终 9678 号（2023 年 2 月 15 日）

田某甲、滕某甲诉滕某乙、冯某乙
其他婚姻家庭纠纷案
——隔代抚养行为的性质认定与裁判规则

黄　念　郭珺洁[*]

【关键词】民事　其他婚姻家庭　法律行为　互助行为　意思表示　无因
管理　隔代抚养

【基本案情】

原告田某甲、滕某甲诉称，被告滕某乙系原告田某甲、滕某甲之子，被
告滕某乙、被告冯某乙系夫妻。2008 年滕某乙与前妻生育一女滕某丙，2013
年二人离婚后滕某丙随滕某乙共同生活。2014 年滕某乙与冯某乙结婚，婚
后二人购置房屋并装修，未安排滕某丙与二人共同生活。滕某丙一直与田某
甲、滕某甲共同生活，生活开支及部分学习辅导费用由田某甲、滕某甲支付。
2016 年滕某乙、冯某乙生育滕某丁，2018 年滕某丁查出患发育迟缓，因滕某
乙、冯某乙工作繁忙，2018 年至 2021 年间田某甲、滕某甲每周一至周四带
滕某丁至相关机构进行康复训练。多年来，田某甲、滕某甲代滕某乙、冯某
乙为滕某丙、滕某丁付出就医、生活、辅导、住宿等各项费用，而上述行为
严重侵害田某甲、滕某甲的权益，故请求法院判令：（1）两被告支付两原告
滕某丙 2014 年 1 月至 2022 年 2 月的住宿、生活费共计 883700 元；（2）两被
告支付两原告滕某丁 2018 年 1 月至 2021 年 3 月生活开销共计 86352.30 元。

---

* 黄念，法学硕士，上海市静安区人民法院审判监督庭审判员。郭珺洁，法学硕士，上海
市静安区人民法院未成年人与家事案件综合审判庭审判员。本案例获全国法院系统 2023
年度优秀案例分析二等奖。

被告滕某乙辩称，2012 年滕某乙与前妻协议离婚，女儿滕某丙由滕某乙抚养。2014 年年初，其与冯某乙结婚并购置房屋，滕某丙便随两原告共同居住。滕某丁自 2016 年出生一直与两被告共同居住，2018 年为康复发育迟缓问题每周一至周四吃住在两原告处，周五至周日回到两被告住处。滕某丁在两原告处居住期间，滕某乙未定期给过生活费。滕某丁的康复费大多由滕某乙支付。平时滕某丙、滕某丁的吃、住、玩由滕某乙陪同并支付费用，但两原告为了两个孙女日常付出较多，亦有很多支出，故同意两原告诉请。

被告冯某乙辩称，自 2013 年其与滕某乙相识起，滕某丙就与被告滕某乙、两原告共同居住在原告住处，冯某乙从未与滕某丙共同生活过，未形成继父母子女关系。滕某丁自 2016 年出生一直和两被告共同居住，所有日常开销及大部分的康复费用均由两被告支出，有相关支付凭证为证，两原告提供的相关票据是从两被告处拿走的，无法显示支付人，实际也并非两原告支付。每周一至周四上午，两原告带滕某丁参加康复训练，中午便将滕某丁送回两被告住所由被告冯某乙父母照料。极个别情况下，比如冯某乙的父母生病，滕某丁会短住在两原告处，其余时间均和两被告及冯某乙父母共同居住、生活。被告冯某乙曾于 2021 年起诉离婚，虽未获支持，但即将再次起诉离婚，两原告在这个节点提出诉讼是为滕某乙争取更多财产。

法院经审理查明：田某甲、滕某甲系夫妻关系，田某甲、滕某甲系滕某乙父母。2008 年，滕某乙与前妻生育一女滕某丙。2014 年 1 月至 2022 年 2 月期间，滕某丙与田某甲、滕某甲共同生活。2014 年 5 月 8 日，滕某乙、冯某乙登记结婚，2018 年生育一女滕某丁，滕某丁自出生至今与滕某乙、冯某乙共同生活。另查明，2021 年 6 月 7 日，滕某乙诉至法院要求与冯某乙离婚，后撤诉。2021 年 6 月 15 日，冯某乙诉至法院要求与滕某乙离婚，2021 年 8 月 26 日法院判决不予准许离婚请求。

上海市静安区人民法院于 2022 年 10 月 27 日作出（2022）沪 0106 民初 9582 号民事判决：驳回田某甲、滕某甲的诉讼请求。一审判决后，当事人均未提出上诉，一审判决已生效。

【裁判理由】

法院生效裁判认为：本案争议焦点为滕某乙、冯某乙是否需向田某甲、滕某甲给付关于滕某丙、滕某丁的住宿、抚育、教育支出等各项费用。根据庭审陈述，在滕某丙与田某甲、滕某甲共同生活期间，滕某乙亦参与到滕某丙的照顾和抚育当中，而滕某丁更是出生后就随其父母共同生活，滕某乙、冯某乙已履行了抚育子女的义务。田某甲、滕某甲作为滕某丙、滕某丁的祖父母，系二人的直系血亲，其对两孙女的抚育、日常生活照顾和支出系家庭成员间基于血缘亲情、传统习俗、家庭生活安排等多种因素考量而自愿予以的照顾和帮助，符合中华民族的传统和社会公序良俗。即使田某甲、滕某甲用其收入负担了两孙女的部分抚育、教育及医疗等费用，但田某甲、滕某甲既未提供证据证明双方对相关费用有过事先约定，也未提供证据证明在两孙女多年的成长过程中曾向滕某乙、冯某乙主张过上述费用，故田某甲、滕某甲负担该费用也系基于亲情、习俗等而自愿予以的帮助行为，不足以产生民事法律后果。因此，法院判决驳回田某甲、滕某甲的诉讼请求。

【裁判要旨】

隔代抚养纠纷的裁判，以自愿帮助为原则、公平补偿为例外。如各方均尽到抚养义务，隔代抚养行为一般无设定法律上权利义务的意思表示，其性质不因成年子女婚变而改变，应认定为家庭成员间的互助行为；如法定抚养义务人有能力抚养但长期拒绝抚养，此种情况已突破了一般家庭伦理调整的范畴，不宜再将隔代抚养行为界定为自发性的纯道义行为，基于公平原则，可赋予（外）祖父母要求成年子女及子女配偶偿付为抚育未成年孙子女支出的合理费用或补偿相应损失的权利。

【关联索引】

《中华人民共和国民法典》第九百七十九条、第一千零四十三条

一审：上海市静安区人民法院（2022）沪 0106 民初 9582 号民事判决（2022 年 10 月 27 日）

某投资咨询有限公司诉上海某置业发展有限公司房屋租赁合同纠纷案

——《民法典》视角下房屋承租人优先承租权的司法适用

董 锟 王 菁*

【关键词】民事 房屋租赁合同 优先承租权 同等条件

【基本案情】

原告（反诉被告）某投资咨询有限公司（以下简称某咨询公司）诉称，2018年3月6日，其与上海某置业发展有限公司（以下简称上海某置业公司）就上海市静安区南京西路某处房屋（以下简称系争房屋）订立《上海市房屋租赁合同》，上海某置业公司将该房屋租赁给其使用，租赁期限为2018年5月1日至2021年4月30日止，租金为每月103339元，各项保证金合计372178.1元。合同订立后，上海某置业公司按约交付房屋，某咨询公司在合同约定的范围内对租赁房屋进行了装修、装饰。2020年9月，某咨询公司按合同约定及相关法规规定，向上海某置业公司提出要求行使优先续租权，然而，上海某置业公司拒绝其行使该权利。2021年4月30日，经多次协商无果，某咨询公司按约归还系争房屋，上海某置业公司未及时退还保证金及偿付装修损失。请求法院判令：（1）上海某置业公司退还租赁保证金372567.65元；（2）上海某置业公司赔偿某咨询公司搬迁损失18000元、装修

* 董锟，法律硕士，上海市静安区人民法院民事审判庭副庭长。王菁，法律硕士，上海市静安区人民法院民事审判庭审判员。本案例获全国法院系统2023年度优秀案例分析三等奖。

损失 1031000 元。

被告（反诉原告）上海某置业公司辩称，不同意原告的诉讼请求，理由如下：（1）押金的退还要符合合同约定的条件，现合同约定条件未成就，故无需返还。（2）上海某置业公司已提前向某咨询公司发函告知不再续约，双方没有提前续约的合意，故不存在优先续租权的问题。某咨询公司向上海某置业公司发函询问优先续租权时，上海某置业公司未将系争房屋承租给第三方，所以上海某置业公司并未侵犯某咨询公司的优先承租权。上海某置业公司已告知某咨询公司不再续租，某咨询公司应提前将系争房屋恢复原状，且其也应知晓不复原房屋所应承担的扩大损失。

被告（反诉原告）上海某置业公司提起反诉请求称，租赁期届满前，上海某置业公司多次书面函告，系争房屋到期后不再单独出租，并要求某咨询公司依约将系争房屋恢复原状后交还，按时办理迁出工商登记手续。但某咨询公司退租时未将房屋恢复至合同约定的标准，上海某置业公司收房后代为恢复原状，严重影响后续出租，造成损失扩大。且某咨询公司直至 2021 年 7 月 9 日才将房屋内的工商登记迁出，违反合同约定，应承担违约责任。请求法院判令：（1）某咨询公司按照日租金的 1.5 倍向上海某置业公司支付房屋空置期间的租金损失 152885.48 元；（2）某咨询公司按照日租金的 1.5 倍向上海某置业公司支付逾期迁出工商登记的占用费 203847.3 元；（3）某咨询公司支付房屋复原费用 308063.87 元。

原告（反诉被告）某咨询公司针对反诉辩称，不同意反诉原告的全部反诉请求。上海某置业公司主张复原期间的租金没有合同和法律依据，上海某置业公司侵犯某咨询公司优先承租权在先，房屋复原费用不应当由某咨询公司承担，且该笔费用无相应的合同、支付凭证、清单；某咨询公司已于 5 月份向工商机关提起迁出工商登记的申请，是客观原因造成时间较长，且上海某置业公司并未就这部分损失进行举证，占用费标准也过高，请求法院予以调整；对于法院认定的合理复原费用同意在未返还的保证金中予以一并结算。

法院经审理查明：2015 年，某咨询公司承租了上海某置业公司名下的系争房屋，租期至 2018 年 4 月 30 日。某咨询公司经对方同意后对房屋进行了装修。

2018 年 3 月 6 日，双方再次就系争房屋签订《上海市房屋租赁合同》，租期自 2018 年 5 月 1 日至 2021 年 4 月 30 日；房屋面积 329.85 平方米。合同对租金金额、租赁保证金、电费押金、支付方式及违约责任等进行了约定，关于续租事宜，合同约定：某咨询公司如希望租赁期满后继续租赁该房屋，则应在租期届满前 6 个月之前发出书面续租申请，经上海某置业公司同意后方可续租。续租期内的租金由双方根据届时公开市场租金协商一致确定。上海某置业公司如同意续租申请，某咨询公司须于租赁期届满前 3 个月前与其签署续租合同，否则其有权将房屋租予第三方。

2020 年 9 月 21 日，某咨询公司通过邮件询问上海某置业公司续租事宜。2020 年 10 月 23 日，上海某置业公司回复邮件表示不同意某咨询公司的续租申请。2020 年 11 月 24 日，上海某置业公司向某咨询公司发送《房屋收回通知书》，表示其有权决定是否与某咨询公司续租，现已决定不再续租，双方租赁合同将于 2021 年 4 月 30 日到期终止，届时需按合同约定标准状态交还房屋。

在此期间，双方一直就某咨询公司是否享有优先承租权及相关事宜进行协商，均未果。2021 年 4 月 30 日，某咨询公司搬离系争房屋，该房屋所在楼宇的物业公司出具了《收据》，证明已收到系争房屋电费押金收据以及门卡、钥匙等物品。2021 年 5 月 11 日，某咨询公司开始办理迁移工商登记信息事宜，并于同年 7 月 9 日迁出。

2021 年 10 月 9 日，上海某置业公司向某咨询公司发送《押金扣款通知》主张复原工程款 308063.87 元和复原期间租金损失 152885.48 元，要求将保证金和押金将用于抵扣上述费用。关于复原工程款，双方曾确认过的金额为 235090 元。

上海市静安区人民法院于 2022 年 8 月 30 日作出（2021）沪 0106 民初 41028 号民事判决：一、上海某置业公司返还某咨询公司租金押金 310017 元、物业管理费押金 42550.65 元、禁烟押金 20000 元，共计 372567.65 元；二、某咨询公司向上海某置业公司支付房屋复原费用 235090 元；三、某咨询公司向上海某置业公司支付逾期迁出工商登记的占用费 5000 元；四、驳回某咨询公司的其余诉讼请求；五、驳回上海某置业公司的其余反诉诉讼请求。判决后，原、被告均未提起上诉。一审判决已发生法律效力。

【裁判理由】

法院生效裁判认为：本案的法律争议之核心在于某咨询公司是否享有优先承租权以及对合同项下费用可能产生的影响。对于某咨询公司是否享有优先承租权，其一，根据《民法典》规定，法律赋予了承租人享有以同等条件优先承租的权利；其二，租赁合同亦对续租事宜进行了约定，故某咨询公司享有优先承租权。至于某咨询公司的优先承租权是否受到了损害，进行如下分析：一方面，上海某置业公司在某咨询公司提出续租申请之前已与案外人商谈包括系争房屋在内的整体租赁事宜，未征询某咨询公司意见，故上海某置业公司确实存在履行瑕疵；另一方面，某咨询公司虽已按照合同约定询问续租事宜，但在得到不同意续租的答复后，并未主张过以同等条件承租系争房屋。法律虽赋予了承租人在同等条件享有优先续租权，但合同续租与否还应以双方就合同项下内容达成一致为前提，综上，上海某置业公司尽管未尽到通知义务，但并不构成违约或对某咨询公司优先承租权的侵犯。基于此，某咨询公司主张装修、搬迁等损失的诉讼请求，缺乏事实和法律依据，不予支持。至于各项保证金，合同期限届满后，应在结清相应费用后予以返还。

对于恢复原状的费用，双方曾达成一致的金额为235090元，尚属合理，且双方沟通时未提及恢复原状期间的费用承担问题，应视为双方就恢复原状达成了一揽子的解决方案。对于逾期迁出工商登记占用费，某咨询公司的实际迁出时间超出了合同约定的时间，确已违约，但考虑上海某置业公司主张的逾期迁出占用费明显过高且未提供相应依据，故酌情确定某咨询公司应支付的该项费用为5000元。

【裁判要旨】

《民法典》第七百三十四条第二款规定，租赁期限届满，房屋承租人享有以同等条件优先承租的权利。这一新增规定是对房屋租赁合同双方主体的权利义务考量后创设，其中"同等条件"这一限制条件体现了利益平衡和公平正义的价值理念。现阶段经营场所的稳定对于承租人而言有重要意义，在现有法律规定下如何在司法层面让优先承租权的保护落到实处，公平公正的保障房屋租赁合同双方的合法权益尤为具有探究价值。

是否构成对房屋承租人优先承租权的侵犯以及房屋承租人是否可因此主

张赔偿，需综合考量合同履行情况、合同中续租的约定、出租人有无尽到通知义务、与案外人签订新合同的情况，从而作出承租人是否按照法律规定或合同约定主张了同等条件下优先承租权的判断，并对承租人的权利是否受到损害进行认定；在认定优先承租权受到损害的情形下，则需进一步根据承租人的实际损失、出租人的获益等因素来确定赔偿金额。

【关联索引】

《中华人民共和国民法典》第七条、第四百六十五条、第五百八十三条、第七百三十三条、第七百三十四条

一审：上海市静安区人民法院（2021）沪 0106 民初 41028 号民事判决（2022 年 8 月 30 日）

厦门某物业有限公司申请执行上海市某市场监督管理局工商行政纠纷案

——已上缴国库的拍卖款经最高人民法院判决确定发还相关权利人的执行实践

周婷婷*

【关键词】执行　行政　上缴国库　拍卖款

【基本案情】

1999 年 9 月 7 日，上海某工商分局受上海市工商局的指令，调查上海海关移交的某贸易有限公司涉嫌走私羊毛案，对涉案澳大利亚进口羊毛采取了扣留措施。嗣后，经有关鉴定机构对该批羊毛进行鉴定，发现已出现脱脂变质现象，上海某工商分局遂先行拍卖，得款人民币 7196545.66 元。因查不到相关当事人，上海某工商分局作出涉案被扣羊毛为无主财产并上缴财政的决定。此后涉案羊毛的质权人某银行起诉请求判决撤销上海某工商分局作出的没收涉案羊毛的决定，并返还拍卖所得款。上海市黄浦区人民法院（以下简称黄浦法院）作出（2002）黄行初字第 83 号行政判决：维持上海某工商分局作出的涉案羊毛作为无主财产上缴财政的具体行政行为。某银行不服，提出上诉。上海市第二中级人民法院作出（2003）沪二中行终字第 11 号行政判决，驳回上诉，维持原判。

厦门某物业有限公司（以下简称厦门某物业公司）因受让涉案羊毛的质权及相关债权而承继某银行的诉讼地位，向最高人民法院（以下简称最高院）

* 周婷婷，法学学士，上海市静安区人民法院执行局审判员。本案例获全国法院系统 2023 年度优秀案例分析三等奖。

申请再审。

最高院作出（2007）行监字第153-1号行政裁定，提审本案，并作出（2013）行提字第7号行政判决书：一、撤销上海市黄浦区人民法院（2002）黄行初字第83号行政判决；二、撤销上海市第二中级人民法院（2003）沪二中行终字第11号行政判决；三、责令上海市某市场监督管理局在本判决生效之日起15日内将涉案羊毛涉嫌违法的问题交由有权机关处理，或者在本判决生效之日起15日内依职权启动调查并在其后120日内对再审申请人厦门某物业公司提出的返还涉案羊毛拍卖款的请求作出处理。

判决生效后，申请执行人厦门某物业公司于2016年12月8日向黄浦法院申请强制执行，在执行过程中，上海市某市场监督管理局将涉案羊毛涉嫌违法的问题交由有权机关上海海关处理，上海海关以"没有证据证明该批羊毛系走私货物，不接受移交"为由将案件退回。此后，黄浦法院于2019年9月23日向上海市某市场监督管理局发出执行通知书，要求上海市某市场监督管理局"在接到本通知之日起15日内依职权启动调查并在其后120日内对厦门某物业公司提出的返还涉案羊毛拍卖款的请求作出处理"。根据黄浦法院移送卷宗材料中的黄市监法〔2021〕28号《上海市某市场监督管理局关于厦门某物业公司诉上海市某市场监督管理局无主财产上缴财政一案相关情况的请示》载明，上海市某市场监督管理局于2021年5月20日已向市工商局请示退还涉案羊毛拍卖款人民币7196545.66元，但未有结果。

上海市高级人民法院于2021年12月21日作出（2021）沪执监71号执行裁定书，将上述执行案件指定上海市静安区人民法院（以下简称静安法院）执行。静安法院于2022年1月20日立案执行。最终，相关拍卖款项由上海市财政局内部发放审批流程发放至申请执行人厦门某物业公司账户内，本案执行完毕。

【执行理由】

静安法院执行过程中查明，判决生效后，厦门某物业公司向黄浦法院申请强制执行，执行过程中，上海海关已认定涉案羊毛不成立走私。此后，上海市某市场监督管理局已向市工商局请示退还涉案羊毛拍卖款，但未有结果。2022年1月21日，静安法院向上海市某市场监督管理局发出《执行通知书》，责令上海市某市场监督管理局于收到通知之日起三十日内将涉案羊毛拍卖款7196545.66元返还厦门某物业公司。同年3月7日，静安法院约谈上海市某市场监督管理局的相关负责人及委托代理人。同年6月29日，向上海市某市场监督管理局发出《履行义务告知书》，载明静安法院经与上海市财政局、上海市某市场监督管理局沟通确认，因相关政策原因，上海市财政局只能将相应款项退还给公司名下，而不能退到法院账户或者上海市某市场监督管理局账户，且只要收款公司的名称和账户信息明确后，将及时办理退款手续。为了推动本案尽快执行完毕，静安法院对于上述退款方式予以确认，认可由上海市财政局直接将相应款项直接退给申请执行人厦门某物业公司，要求申请执行人提供相关款项的收款信息，并责令上海市某市场监督管理局在收到此函后七个工作日内向上海某市场监督管理局发函，确认相关款项所退的公司名称以及账户，完成本案的退款。无正当理由，逾期未完成的，静安法院将据《中华人民共和国民事诉讼法》之相关规定，将上海市某市场监督管理局纳入失信人名单，对主要负责人采取限制高消费措施，并根据《中华人民共和国行政诉讼法》第九十六条之规定向监察机关或上一级行政机关提出司法建议。最终，相关拍卖款项已经由上海市财政局内部发放审批流程发放至申请执行人厦门某物业公司账户内，本案执行完毕。

【执行要旨】

虽基层行政机关在拍卖款通过上级机关上缴至市财政最终上交国库后已不实际控制该笔款项，但其作为退还拍卖款义务主体的被执行人，并非只需履行上报义务，由其他部门和上级机关原路返还，而应负有启动拍卖款返还程序的义务，再由市财政根据相关政策将拍卖款依据程序予以退还。

【关联索引】

执行：上海市静安区人民法院（2022）沪0106执950号（2022年1月21日）

一审：上海市黄浦区人民法院（2002）黄行初字第83号（2002年11月

25 日）

二审：上海市第二中级人民法院（2003）沪二中行终字第 11 号（2003年 2 月 26 日）

再审：最高人民法院（2013）行提字第 7 号（2016 年 2 月 25 日）

王某某诉倪某甲等赠与合同纠纷案

——以生育为条件的夫妻间赠与合同的不得任意撤销

缪为军　郇　鑫　王世轩*

【关键词】民事　赠与合同　以生育为条件　合同效力　道德义务

【基本案情】

原告王某某诉称，与被告倪某甲原为夫妻，双方于2016年6月经人介绍认识并开始恋爱，2016年9月27日登记结婚，2017年8月5日生育一女。2019年被告起诉离婚，经判决原、被告于2020年1月31日解除婚姻关系。被告与原告结婚登记时承诺：一旦原告为被告产下子女，被告同意将系争房屋50%产权份额赠与原告。目前原告已为被告诞下一女，原告现要求被告继续履行协议内容。请求判令：（1）被告倪某甲履行原、被告于2016年12月2日签订的《协议书》第2条，将位于上海市静安区某路某弄5号2201室房屋（以下简称系争房屋）50%产权份额过户到原告名下，第三人倪某乙、汤某某履行协助过户义务；（2）本案受理费由被告承担。

被告倪某甲辩称，不同意原告的诉讼请求，理由如下：（1）原、被告于2016年12月2日签订的《协议书》因违反公序良俗，应属无效；（2）前述协议类似于夫妻间的忠诚协议，不具有可诉性；（3）生育是夫妻双方的权利和义务，将生育作为合同对价，违反公序良俗；（4）被告已经向原告赠与了胶州路房屋50%的产权份额，目前被告及其父母名下仅有一套房即系争房

....

* 缪为军，上海市静安区人民法院民事审判庭庭长。郇鑫，法学硕士，上海市静安区人民法院审判监督庭法官助理。王世轩，法学硕士，上海市静安区人民法院民事审判庭法官助理。本案例获全国法院系统2023年度优秀案例分析三等奖。

屋，既没有义务也没有能力赠与，且赠与有违公平原则；（5）系争房屋系被告父母出资购买，现登记在被告及其父母名下，实际上为被告和父母共有，被告无权自行处分；（6）即使法院认为合同有效，对于该赠与合同，被告有权任意撤销。

第三人倪某乙、汤某某述称，同意倪某甲的答辩意见。系争房屋的购房款均系第三人支付，并且原、被告在婚前协议中明确了系争房屋与原告无关。第三人虽然将被告作为唯一产权人做登记，但实际上系争房屋是第三人和被告共有的。被告名下除了系争房屋外，无其他房屋。

法院经审理查明：倪某甲、王某某原系夫妻，倪某甲系倪某乙与汤某某之子。

2016年9月27日，倪某甲、王某某登记结婚。同日，双方签订《婚前协议书》，载明：（1）男方需在同女方完成结婚登记后3个工作日内，将胶州路房屋房产证上添加女方姓名，并将前述房产50%的所有权无偿赠与女方。（2）女方放弃婚后首套由男方父母出资首付购买、由男方偿付贷款、并登记在男方一人名下之房产（即系争房屋）所有权。自第二套起，所有在双方婚姻存续期内购得之房产按照相关法律规定确定归属。

2016年10月10日，倪某甲（买受人，乙方）向案外人刘某（卖售人，甲方）购买系争房屋，房地产转让价款共计780万元。转账记录显示，房款中546万元系先由倪某乙账户转账至倪某甲账户，后通过倪某甲账户向刘某账户转账；229万元由倪某乙账户支付至刘某账户。刘某出具的收款证明显示，尾款5万元系倪某乙以现金方式支付。

2016年12月2日，倪某甲、王某某签订《协议书》，载明：（1）男方如在婚内背叛双方感情，出现第三者（包括但不限于：与第三者确立恋爱关系、对第三者给予未经女方同意的经济援助、与第三者婚外同居等），则男方将系争房屋无条件赠与女方。女方如在婚内背叛双方感情，则以法院判决为准。（2）女方一旦为男方产下子女，男方同意将系争房屋产权证（或不动产证）上添加女方为共同权利人，并将系争房屋50%所有权赠与女方。

2017年1月10日，系争房屋被核准登记在倪某甲一人名下。

2017年1月21日，倪某甲与倪某乙、汤某某签订《房地产买卖合同》，约定由倪某乙、汤某某受让系争房屋，转让价款共计148200元，附件三付款协议为空白。2017 年 3 月 2 日。系争房屋被核准登记为：倪某乙（1%）、汤某某（1%）、倪某甲（98%）按份共有。

2017 年 8 月 5 日，倪某甲、王某某之女倪某丙出生。

2019 年 6 月 3 日，法院受理倪某甲诉王某某离婚纠纷一案，案号（2019）沪 0106 民初 26155 号（以下简称 2019-26155 号案件），并于 2019 年 8 月 29 日判决：准予倪某甲、王某某离婚；倪某丙跟随王某某生活，倪某甲每月给付抚养费 3000 元直至倪某丙 18 周岁；个人处及各人名下财产归各人所有；胶州路房屋产权归王某某所有，王某某应向倪某甲支付折价款 2500000 元。后王某某提起上诉，上海市第二中级人民法院于 2020 年 1 月 31 日判决驳回上诉，维持原判。

在 2019-26155 号案件的审理中，王某某曾提出要求倪某甲履行本案所涉赠与协议，将系争房屋 50% 产权份额过户至王某某名下。但因系争房屋涉及倪某乙、汤某某各 1% 份额，法院告知王某某可另案起诉。

2022 年 1 月，王某某提起本案诉讼，要求倪某甲履行倪某甲、王某某于 2016 年 12 月 2 日签订的赠与王某某房产的《协议书》，将系争房屋 50% 产权份额过户到原告名下，并要求倪某乙、汤某某履行协助过户义务。

审理中，被告、第三人均表示系争房屋系倪某乙、汤某某出资，全款购买，没有贷款，房款均已支付完毕。

上海市静安区人民法院于 2022 年 11 月 16 日作出（2022）沪 0106 民初 2188 号民事判决：被告倪某甲、第三人倪某乙、汤某某应于本判决生效之日起十日内日协助原告王某某将上海市静安区某路某弄 5 号 2201 室房屋 50% 产权份额过户至原告王某某名下；该过程产生的税费（如有）由原告王某某、被告倪某甲按照国家及本市有关规定缴纳。判决后，各方当事人均未上诉，一审判决已发生法律效力。

【裁判理由】

法院生效裁判认为：关于原告诉请所依据的双方于 2016 年 12 月 2 日签订的《协议书》第 2 条的效力。被告认为生育是夫妻双方的权利和义务，不能将生育作为合同对价，双方所签《协议书》违反公序良俗，应属无效。但本案所涉《协议书》第 2 条并未对双方的生育权进行限制，也未强制双方生育或者不生育子女，亦未对双方的其他人身权利进行限制，本质系在双方生育子女的前提下，倪某甲自愿履行赠与义务。因此，该《协议书》第2条约定并不违反公序良俗，亦不存在法律规定的其他无效情形，应属合法有效，双方均应恪守。

关于倪某甲是否有权处分系争房屋，被告、第三人均认为系争房屋实际上为被告和第三人共有，被告无权自行处分。首先，对于该主张，被告及第三人并未提供相应证据予以证明。系争房屋虽由第三人出资，但被告购买系争房屋后，产权仅登记在其一人名下；根据倪某甲、王某某签订的《婚前协议书》，王某某放弃婚后首套由倪某甲父母出资购买并登记在倪某甲一人名下之房产所有权即系争房屋所有权，因此《协议书》第2条倪某甲处分的系其个人财产；其次，倪某乙、汤某某通过买卖形式加名并各享有系争房屋1%的产权份额系发生在倪某甲、王某某签订《协议书》之后，不影响倪某甲之前对系争房屋50%产权份额进行处分的效力。因此对于被告及第三人的前述抗辩，法院不予采纳。

关于倪某甲有无任意撤销权。首先，《协议书》第2条的内容系倪某甲自愿在王某某生育子女后将系争房屋50%的产权份额赠与给王某某。现双方之女已出生，倪某甲理应按约履行赠与承诺。其次，《协议书》第2条载明的"女方一旦为男方产下子女"，涉及女方所生子女与男方的特殊身份关系问题，故该条款不应适用法律关于赠与合同任意撤销权的相关规定。再者，诚实信用原则作为一种具有道德内涵的法律规范，要求民事主体在民事活动中应当诚实守信、恪守承诺。因此，倪某不享有任意撤销权。

综上，倪某甲应恪守约定，将系争房屋50%的产权份额过户至王某某名下，第三人对前述过户行为应予以协助。

【裁判要旨】

以女方生育子女为生效条件的夫妻间赠与合同，在未限制双方生育权及其他人身权利时，不违反公序良俗，合同有效。在条件成就后，即使婚姻关系解除，受赠人也有权请求赠与人履行合同义务。该赠与有关家庭伦理，系具有道德义务性质的赠与合同，更涉及妇女权益保护，故赠与人不享有任意撤销权。

【关联索引】

《最高人民法院关于适用〈中华人民共和国民法典〉时间效力的若干规定》第一条

《中华人民共和国民法典》第七条（本案适用的是 2017 年 10 月 1 日施行的《中华人民共和国民法总则》第七条）

《中华人民共和国民法典》第一百五十八条、第四百六十四条、第六百五十八条（本案适用的是 1999 年 10 月 1 日施行的《中华人民共和国合同法》第二条、第四十五条、第一百八十六条）

《最高人民法院关于适用〈中华人民共和国民法典〉婚姻家庭编的解释（一）》第三十二条（本案适用的是 2011 年 8 月 13 日施行的《最高人民法院关于适用〈中华人民共和国婚姻法〉若干问题的解释（三）》第六条）

一审：上海市静安区人民法院（2022）沪 0106 民初 2188 号判决（2022 年 11 月 16 日）

李某诉钦某某等遗嘱继承纠纷案
——遗嘱信托效力及信托受托人认定规则

李　彦　唐莹琪*

【关键词】民事　遗嘱继承　遗嘱信托　自然人担任信托受托人　遗产管理人

【基本案情】

原告李某诉称，原告系被继承人李某明之女。李某明生前有两段婚姻，第一段婚姻的配偶为案外人李某莉，生育原告一女；第二段婚姻的配偶为被告钦某某，李某明与钦某某共生育李某今、李某佳两女，其中李某佳夭折。李某明的父母分别为李某华、刘某香，均已过世。李某明于2015年8月11日因病去世，过世时，其遗有房产、股票、理财产品等遗产，并留有遗嘱一份，对其遗产的管理及使用作出了明确的安排。因系再婚夫妻，李某明在与钦某某结婚前签署了婚前财产协议，明确约定了婚前财产以及婚姻关系存续期间取得的财产归各自所有。后因被告钦某某拒不执行遗嘱，且擅自将部分遗产进行转移，故原告诉请要求：（1）按照被继承人李某明的遗嘱继承其遗产，包括：李某明名下的月月盈理财资金人民币（以下币种除另行标明外均为人民币）500万元、股票账户股票196.86万元、银行账户资金60.4万元、银行账户资金8863.43美元、三菱汽车一辆（价值约10万元）、海口房产一套（价值约40万元）；（2）剩余遗产部分由原告与两被告依法继承分割。

* 李彦，法学硕士，上海市第二中级人民法院未成年人与家事案件综合审判庭审判员。唐莹琪，法律硕士，上海市静安区人民法院民事审判庭法官助理。本案例入选《中国法院2021年度案例》、上海市高级人民法院2023年第三批（总第二十四批）参考性案例（第164号）。

被告钦某某、李某今辩称，对原告陈述的亲属关系及被继承人死亡情况等无异议。李某明的遗嘱是真实的，但两被告认为遗嘱实际无法执行，故应将遗产依照法定继承处理。钦某某与李某明在婚前并未签署婚前财产协议，李某明名下的财产系夫妻共同财产，故被告钦某某在李某明过世后将其中部分财产取出并无不当之处。即使按照遗嘱继承，也应当将夫妻共同财产中钦某某应得部分析出后再按照遗嘱处理。

第三人李甲、李乙、李丙述称，其与李某明系兄弟姐妹关系，李某明在遗嘱中将其三人确定为遗产管理人和信托受托人，要求执行遗嘱，第三人愿意担任管理人和信托受托人，按照遗嘱对李某明的遗产进行管理并承担相应义务。第三人向法院提交了信托管理计划。

法院经审理查明：被继承人李某明于1950年8月19日出生，其父母为李某华、刘某香。李某华于1984年10月10日死亡，刘某香于1998年1月3日死亡。1980年4月2日，李某明与案外人李某莉登记结婚。婚后二人育有一女，即本案原告李某。2006年，李某明与被告钦某某生育被告李某今。2012年5月28日，李某莉向法院起诉要求离婚。2012年11月3日，李某明与被告钦某某又生育一女，取名李某佳。2013年2月16日，李某明与李某莉经法院判决离婚。2013年9月5日，李某明与被告钦某某登记结婚。2015年5月30日，李某佳死亡。2015年8月11日，李某明因病过世。过世前，李某明于2015年8月1日写下亲笔遗嘱一份，内容如下：

"一、财产总计：1.元普投资500万（月月盈）招商证券托管；2.上海银行易精灵及招商证券约500万；3.金家巷、青浦练塘前进街、海口房产各一套。二、财产处理：1.在上海再购买三房两厅房产一套，该房购买价约650万左右，只传承给下一代，永久不得出售（现有三套房产可出售，出售的所得并入李某明家族基金会，不出售则收租金）；2.剩余350万资金及房产出售款项约400万和650万房屋和其他资产约1400万，成立'李某明家族基金会'管理。三、财产使用：妻子钦某某、女儿李某今每月可领取生活费一万元整（现房租金5000元，再领现金5000元），所有医疗费全部报销，买房之前的房租全额领取。李某今国内学费全报。每年钦某某、李甲、李乙、李丙各从基金领取管理费一万元。妻儿、三兄妹医疗费自费部分报销一半（住院大病）。四、财产的管理由钦某某、李甲、李乙、李丙共同负责。新购650

万房产钦某某、李某今、李某均有权居住，但不居住者，不能向居住者收取租金。"

另查，李某明曾于 2014 年 11 月 23 日写下自书遗嘱一份，其中提及设立"李某明家族信托基金"。

李某明过世时，钦某某及李某明名下财产中夫妻共同财产部分的价值为 8542396.42 元及 8876.03 美元。另有海口房屋一套及三菱汽车一辆，系李某明婚前财产，属于李某明的遗产。李某明遗嘱中提及的金家巷房屋和青浦练塘房屋，均系公有住房，不属于李某明的遗产，本案中不予处理。李某明的遗产，扣除其婚前债务，经折价后总值为 4150421.28 元及 4438 美元。

就遗产管理人一事，钦某某向法院表示其拒绝担任遗产管理人，经法院再三释明法律规定，钦某某仍坚持其意见，故一审法院予以准许。但二审中，钦某某又提出成为遗产管理人申请。

上海市静安区人民法院于 2018 年 10 月 29 日作出（2017）沪 0106 民初 33419 号民事判决：一、确认李某明通过 2015 年 8 月 1 日自书遗嘱设立信托有效，第三人李甲、李乙、李丙为受托人，按照法律规定以及本判决确认的遗嘱内容履行受托人义务；二、……（其余内容均为财产处理，从略）。宣判后，李某、钦某某、李某今提出上诉。上海市第二中级人民法院于 2019 年 5 月 30 日作出（2019）沪 02 民终 1307 号民事判决：驳回上诉，维持原判。

【裁判理由】

法院生效裁判认为：

一、关于遗嘱的效力

从遗嘱的内容来看，李某明表达的意思是不对遗产进行分割，而是要将遗产作为一个整体，通过第三方进行管理，第三方被李某明命名为"李某明家族基金会"，组成人员为钦某某、李甲、李乙、李丙，管理方式为共同负责管理。李某明还指定了部分财产的用途，指定了受益人，明确了管理人的报酬，并进一步在购买房屋一事上阐明其目的为"只传承给下一代，永久不得出售"，也就是要求实现所有权和收益权的分离。李某明上述意思表示，符合信托的法律特征，应当识别为李某明希望通过遗嘱的方式设立信托，实现家族财富的传承。李某明在 2014 年 11 月 23 日自书遗嘱中也明确表示了"信托"二字，与 2015 年 8 月 1 日遗嘱可相互印证。因此，该份遗嘱的效力，应当根据继承法和信托法进行认定。

根据继承法的规定，常规的遗嘱形式包括公证遗嘱、自书遗嘱、代书遗嘱和录音遗嘱。本案所涉李某明 2015 年 8 月 1 日遗嘱为自书遗嘱，双方均无异议，法院不再赘述。自书遗嘱必须全部由遗嘱人亲笔书写、签名，注明年、月、日，本案所涉李某明 2015 年 8 月 1 日遗嘱为李某明所立最后遗嘱，符合上述形式要件，且未见存在遗嘱无效的情形，应当认定该份遗嘱成立并有效。

根据信托法的规定，信托目的必须合法。李某明的信托目的在于根据其意志管理遗产并让指定的受益人获得收益，符合法律规定。根据法律规定，信托应当采用书面形式，包括遗嘱等。李某明立有自书遗嘱，符合书面形式的要求。根据法律规定，信托文件还应当载明信托目的、委托人及受托人姓名、受益人范围、信托财产范围、受益人取得信托利益的形式和方法。李某明所立自书遗嘱明确其信托目的为管理遗产，委托人为李某明，受托人为钦某某、李甲、李乙、李丙，受益人为钦某某、李某今、李某，信托财产为其遗嘱中所列举的财产，受益人以居住、报销和定期领取生活费等方式取得信托利益。因此，李某明的遗嘱符合信托法的规定，为有效信托文件。

二、关于遗嘱的理解和执行方式

李某认为，遗嘱中提及购买一套 650 万元的房屋，该房屋"只传承给下一代，永久不得出售"，说明李某明就该部分剥夺了钦某某的继承权，即该 650 万元的房屋或钱款由"下一代"继承，钦某某不属于"下一代"，所以该部分遗产应当由李某和李某今均分。至于"永久不得出售"，这只是李某明的一个愿望，实际无法实现。钦某某、李某今认为，李某理解有误，李某明的安排是为了保护未成年人成长。分割夫妻共同财产后，李某明的遗产已经没有 650 万元，因此遗嘱实际无法执行，不能成立信托。

法院认为，对遗嘱的理解，应当结合遗嘱的目的和上下文来进行。从遗嘱的目的来看，李某明的目的在于保持其继承人及直系后代能够获得稳定收益，将遗产的处分权与收益权相分离。从上下文来看，李某明在遗嘱中明确要把 650 万元房产并入"李某明家族基金会"，由管理人统一管理。因此，遗嘱对该650万元房产的安排与其他资产一致，既没有剥夺钦某某的继承权，也没有安排李某、李某今直接继承。遗嘱中的"只传承给下一代，永久不得出售"在法律上并非不能实现，这恰恰正是信托制度的功能之一。因此，李某的主张法院不予采纳。

由于股市波动等客观原因，李某明的遗产总值已不足650万元，因此遗嘱中关于购买650万元房屋的内容已无法执行。遗嘱中提及的金家巷房屋和青浦练塘房屋亦无法处分，该部分不可执行。但遗嘱中还有设立信托以及钦某某、李某今可收取信托利益等内容，上述内容与购买650万元房屋之间没有因果关系或前提关系。只要信托财产符合法律规定，即具备执行条件，可获执行。因此，部分遗嘱可获执行，钦某某、李某今的主张法院不予采纳。

三、关于遗嘱执行与财产管理

根据法律规定，立遗嘱人有权在遗嘱中指定遗嘱执行人，信托的委托人有权指定多个共同受托人。从遗嘱的上下文来看，李某明指定的管理人即为遗嘱执行人和信托受托人。钦某某亦为被指定的管理人之一，但其在明确拒绝受托后又申请成为遗产管理人员，有违诚信，故钦某某不再列为遗嘱执行人、管理人和受托人。第三人李甲、李乙、李丙向法院表示承诺信托，愿意履行相关法律义务，故法院确认信托成立，李甲、李乙、李丙为遗嘱执行人、管理人和受托人，有权根据判决指定的范围接管李某明的遗产。

综上所述，李某明所立遗嘱有效，依法成立信托，李某要求按照遗嘱继承的请求可获支持。第三人李甲、李乙、李丙要求执行遗嘱的请求可获支持，并担任受托人，根据判决指定的范围，按照法律规定以及遗嘱的内容履行受托人义务。

【裁判要旨】

1. 被继承人在遗嘱中未明文提出设立信托，但人民法院经审理后发现遗嘱内容具备信托关系法律特征的，应当根据被继承人的真实意思认定构成遗嘱信托。

2. 遗嘱信托的执行，应当本着最大化促成遗嘱有效的原则进行。部分信托内容无法执行，不影响遗嘱中与之无关联的其余部分的效力。

3. 自然人担任民事信托受托人的，无须事先取得行政许可。如果自然人已经明确拒绝受托，在审理过程中反悔并无正当理由的，人民法院不予准许。

【关联索引】

《中华人民共和国民法典》第一千一百三十三条第四款（本案适用《中华人民共和国继承法》第十六条）

《中华人民共和国信托法》第二条、第六条、第八条、第九条

一审：上海市静安区人民法院（2017）沪 0106 民初 33419 号民事判决（2018 年 10 月 29 日）

二审：上海市第二中级人民法院（2019）沪 02 民终 1307 号民事判决（2019 年 5 月 30 日）

孙某甲诉祁某离婚纠纷案

——抚养权归属的因素考量与夫妻婚内财产协议的效力认定

刘　莎[*]

【关键词】民事　离婚　抚养权归属　婚内财产协议　抢夺子女

【基本案情】

原告孙某甲诉称，原告孙某甲、被告祁某婚后感情不睦且长期异地分居，故要求离婚；离婚后，要求取得婚生女孙某乙的抚养权，被告以每月 5000 元支付抚养费；要求分割夫妻共同财产，现登记在被告名下的上海市静安区武定路某弄某号 2703 室房屋、上海市浦东新区玉柏路某弄某号 1001 室房屋均系婚姻存续期间购买，要求上述两套房屋归被告所有，被告支付原告房屋净值 50% 的折价款，同时主张各半分割被告名下的银行存款。原告认为，被告性格偏激、对待孩子冷漠，孩子对其有极强抵触情绪。被告现今读博，收入不稳定，没有抚养孩子的能力。而原告情绪稳定、心理健康，德国留学博士毕业，现在上海 A 大学任职，能够给孩子提供良好的教育资源、优渥的生活条件以及细致体贴的照顾和陪伴。原告发自内心的爱护和关心孩子，孩子已单独跟随原告父母共同生活多年，形成稳定的生活环境，原告父母有意愿且有能力继续帮助原告在上海照顾孩子，如孩子与原告生活，将实现孩子的利益最大化。原告另认为，在诉讼期间、原告不知情的情况下，被告通过非法手段获取原告母亲隐私信息，并有预谋地通过恶劣手段花费几万元雇佣第三

---

*　刘莎，法律硕士，上海市静安区人民法院未成年人与家事案件综合审判庭审判员。本案例入选 2023 年度上海法院百例精品案例。

方当街强行把孩子从原告母亲处抢走，事后拒绝原告看望，其行为已构成恶意抢夺且隐匿，法院应对被告该恶劣行为应予以严厉制裁。

被告祁某辩称，同意原、被告离婚。要求取得离婚后女儿的抚养权，原告按月支付抚养费5000元。关于夫妻共同财产，原、被告曾达成婚内财产协议，约定各人名下财产归各自所有，要求按照财产协议约定判决上海的两套房屋均归被告所有，不同意分割被告名下的银行存款。被告祁某认为，孩子出生后长期跟随被告生活，并由被告父母予以照顾，其间原告父母偶尔接送孩子并照顾孩子。被告及被告父母为了照顾孩子，为孩子创造良好的教育环境，在静安和浦东临港购买两处房子，便于照顾孩子日常生活起居。原告从海外刚刚留学归来，在上海没有任何住房，没有经济支持，原告自称有公寓、福利房等并没有事实依据，原告并没有提供确切有效的证据证明其居住收入条件均优于被告。而被告父母均系政府干部，有良好的生活条件，且均已退居二线，被告也有高等学历，对于孩子的成长是有利的。导致原、被告感情破裂的根本原因系原告及原告父母想恶意侵占被告财产，故被告在与原告、原告父母沟通过程中言辞难免有不当之处，但确实系原告及原告父母恶意侵占财产的目的激怒了被告，不能作为被告存在心理疾病的依据，原告也没有任何证据可以证明。

法院经审理查明：原、被告于2017年5月17日登记结婚，于2017年11月24日生育一女名孙某乙。婚后原、被告感情尚可，后因家庭琐事、经济问题产生矛盾。原、被告结婚后，原告孙某甲长期在德国学习，其间有数次短暂回国，2022年3月原告博士毕业自德国回国，工作于上海A大学。被告祁某自2018年起在上海工作，后考取上海B大学博士，目前博士在读。

2018年上半年，原告孙某甲的父母从其老家黑龙江齐齐哈尔搬迁至被告祁某老家江苏盐城租房居住，后原告爷爷亦赴盐城居住。2021年9月，婚生女孙某乙在上海静安区一幼儿园就读，为照顾孙某乙，原告母亲代某、被告祁某及孙某乙共同居住于上海市静安区武定路某弄某号2703室房屋。共同生活期间，因原、被告感情不睦及经济、生活琐事产生矛盾，代某与被告祁某发生多次冲突。2022年6月2日，代某与被告祁某再次产生争执，代某携孙某乙离开武定路房屋。2022年6月5日，代某携孙某乙离开上海返回齐齐哈尔居住。其间，孙某乙在齐齐哈尔一幼儿园就读。2022年9月19日，代某在送孙某乙上幼儿园途中，被告祁某将孙某乙带离齐齐哈尔。目前孙某乙随被告祁某在江苏生活。

关于原告孙某甲回国情况：2017年11月至2018年1月间回国；2018年5月间回国举办婚礼；2018年9月底至2018年10月间回国；2019年年底至2020年1月间回国；2022年3月原告博士毕业回国，并在上海A大学就业至今。

2020年1月6日，被告祁某与案外人签订房地产买卖合同，购买上海市静安区武定路某弄某号2703室房屋（以下简称武定路房屋）一套，购入价728万元，其中首付款468万元来源于被告祁某的父母，房屋贷款共计260万元。2020年3月，武定路房屋登记在被告祁某名下。截至2023年1月，该址房屋剩余贷款本金244.73万元。原、被告一致确认武定路房屋市场现值为728万元。

2022年1月22日，被告祁某与案外人签订商品房预售合同，购买上海市浦东新区玉柏路某弄某号1001室房屋（以下简称玉柏路房屋）一套，购入价235万元，购入时全额付清房款。2022年3月，玉柏路房屋预告登记在被告祁某名下。原、被告一致确认玉柏路房屋市场现值为235万元。

审理中，被告祁某提交《夫妻财产约定协议书》一份，该协议书载明："甲方（男方）：孙某甲，1988年*月*日出生，现住德国斯图加特，身份证号码：23**************7系女方祁某之夫。乙方（女方）：祁某，1990年*月*日出生，现住上海市静安区延长路某弄，身份证号码：32**************5，系男方孙某甲之妻。

甲、乙双方系夫妻关系，于2017年5月17日登记结婚。现双方本着平等自愿的原则，经双方友好协商一致，对相关合法拥有的财产归属约定如下：

第一条 房屋所有权归属

1. 位于德国斯图加特市 区 街 号 幢 单元 号（建筑面积为 平方米）的房屋及该房屋内的一切装修、家具、家电均归甲方所有，该房屋购买时女方父母出资50万元，该款作为女方的财产，男方已于2020年1月4日归还女方，其中20万元由男方母亲代某分别于2020年1月2日和1月3日代为偿还。在本协议签订之后男方承诺自愿继续为以上房屋偿还贷款。

2. 位于上海市静安区武定路某弄某号2703室（建筑面积为62.63平方

米）的房屋及该房屋内的一切装修、家具、家电均归乙方所有该房屋首付款468万元，全部由女方父母支付，该款为女方父母对女方个人的赠与。

该房贷款由女方负责偿还，如女方无力偿还由女方父母代为偿还。

第二条　机动车归属

登记在　方名下的汽车（车牌号　　）一辆归　方所有。

第三条　存款

各自名下的存款归各自所有。

第四条　债权债务

1. 本协议签订前双方各自所负的债务由各自承担。

2. 本协议生效后以各自名义所欠债务归各自承担。

第五条　生活支出

1. 在本协议生效后，各自购买的物品归各自所有：共同购置物品按各自出资比例拥有所有权。

2. 本协议生效后，平时生活费用、孩子抚养费、教育费用各自承担一半。

3. 双方的父母由各自赡养。

第六条　受让财产

1. 夫妻一方给付或赠与另一方的财物归接受方所有。

2. 夫妻各自接受的赠与或继承的遗产归各自所有。

第七条　其他

1. 本协议未明确说明的所有其他财产的归属，可参照《中华人民共和国婚姻法》和其他相关法律法规以及相关司法解释之规定。

2. 如双方离婚，双方按本协议约定确定财产归属；如发生争议，任何一方有权要求具有管辖权的法院依据本协议确认相关财产所有权的归属。

3. 本协议一式二份，双方各执一份，具有同等法律效力，自双方签字之日起生效。"

该协议书系打印件，共计三页，原告孙某甲仅在第三页签名未注明日期，被告祁某在第三页签名并注明日期为"2020年1月6日"。协议书第三页内容为："3. 本协议一式二份，双方各执一份，具有同等法律效力，自双方签字之日起生效。"

关于《夫妻财产约定协议书》，原告认可于 2020 年 1 月 6 日在协议书第三页签名，但系被告强迫原告签署，并非原告的真实意思表示。对于非签名页（协议书第一页、第二页），被告当时并未出示给原告，且协议中存在多处空格，存在被告后续补充的可能性。2020 年 1 月 6 日原告即将回德国，被告在原告入住酒店后要求原告签署离婚协议，称离婚财产要分清楚，威胁原告只有签好协议才能回德国。原告着急回德国，且原告并不在乎被告的财产，被逼无奈之下才在该页面签字，亦未留意该页面中"本协议一式二份"的字样。原告另认为，双方自 2019 年 9 月已经矛盾不断，该协议签署背景系以离婚为条件，双方后未办理离婚登记，该协议不应生效。2022 年 6 月被告还要求和威胁原告前往公证处重新签署婚内财产协议，进一步印证被告也清楚该协议不能作为离婚财产分割依据。被告则认为，双方因德国房屋的归属产生矛盾，双方为了和好并消除因德国购房引起的矛盾，2020 年 1 月 6 日原、被告在酒店开房间协商今后财产各人归各人所有。协议拟好后，原告仔细阅看过全部协议内容并签字，不认可原告所述因被告胁迫才在该协议书上签字。被告认为，原告受过高等教育，不可能在空白的协议书上签字。此外，被告曾因购买德国房屋向原告转账 50 万元，而在 2019 年原告向被告返还 2 万欧元，又于 2020 年由原告母亲代某向被告方转款 20 万元，实际履行了《夫妻财产约定协议书》的第一条第一小项。原告针对该转账情况认为，原告方向被告方返还德国房屋出资款并非是履行被告所谓的婚内协议。原告向被告返还出资款的时间均早于 2020 年 1 月 6 日，故不可能是履行协议。关于 50 万元购房款与原告向被告返还款项之间有 14 万元的差额，原、被告一致确认系用于补贴原告母亲在盐城照顾孙某乙的劳务费用。

关于协议书中德国房屋情况，原告确认登记在原告名下，剩余贷款由原告承担，自原告账户支出。被告对此予以认可。

关于武定路房屋情况，被告认为房屋购买后，剩余银行贷款均由被告与被告父母承担。原告确认偿还武定路房屋银行贷款未从原告账户支出，但认为被告的还贷是用夫妻共同财产偿还，如果涉及被告父母承担银行贷款，亦系被告父母在婚后对于原、被告双方的赠与。

关于玉柏路房屋情况，原告在法院于 2022 年 10 月 17 日询问笔录中表述玉柏路房屋由被告父母出资；2023 年 1 月 28 日庭审笔录中原告又称，不清楚玉柏路房屋是被告出资还是被告父母出资，仅能从被告提交的证据中看出被告父母将钱款打给了被告，不能看出钱款流向，原告仅能确认原告本人未有出资。被告对此不予认可，认为玉柏路房屋由被告父母全额出资。

关于原、被告工作及收入情况，原告称其在上海 A 大学任职，年收入税前 30 万元。被告认可原告的工作情况，不清楚原告的收入情况。被告称其系上海 B 大学在读博士，每月收入五千元，原告对此予以确认。被告另自称还有兼职收入，每月到手收入为 3 万元。

关于孙某乙出生后的抚养照顾情况。原告认为，孙某乙自出生后 3 个月至 2022 年 9 月去上海读幼儿园期间，由原告母亲代某在江苏盐城照顾。原告父母及原告爷爷亦是为了照顾孙某乙便利需要才居家搬迁至江苏盐城。被告自 2018 年 3、4 月即在上海一家德企工作，偶尔从上海回盐城探望孙某乙，孙某乙衣食住行、学习、兴趣班均是原告父母陪伴。2021 年 9 月至 2022 年 6 月上海生活期间，孙某乙与代某共同作息，生活起居均由代某完成，被告很少陪伴女儿，且经常对其大喊大叫，肆意发泄情绪，导致孙某乙长期情绪压抑，亲子关系极差。原告虽然在国外求学，但疫情前频繁回国探望；在国外期间每天与孙某乙视频，关心女儿的日常生活。被告则称，孙某乙出生后由被告母乳喂养 10 个月，随被告共同生活。2018 年 8 月底，被告入职上海一家德企，此后孙某乙由被告父母照顾，被告经常回盐城看望女儿。孙某乙在盐城期间一直随被告及被告父母生活，生活开销由被告承担，尽管被告父母尚未退休，但被告父亲已经退居二线，有空余时间照顾孙某乙。上海生活期间，女儿确实与被告及原告母亲生活，但孙某乙主要是由被告照顾。被告另认为，2018 年原告父母搬至江苏盐城的原因是因为原告爷爷不愿意在齐齐哈尔养老，同时原告的父亲在大连装修房子，所以原告父母选择在盐城短暂生活，并非为了照顾孙某乙。

审理中，原、被告一致确认孙某乙上海生活期间，原告每月向被告转账2000 元。关于该 2000 元的性质，原告在 2022 年 10 月 17 日询问笔录中自认其系给女儿的生活费，后又在 2023 年 4 月 13 日询问笔录中否认系抚养费，称是给被告补贴家用，因当时原告母亲在照顾女儿，不存在支付抚养费的情况。被告对此不予认可，认为每月 2000 元系原告承担的女儿抚养费，亦是履行《夫妻财产约定协议书》中"本协议生效后，平时生活费用、孩子抚养费、教育费用各自承担一半"的约定。

关于孙某乙被带离上海、被带离齐齐哈尔的相关事实。原告孙某甲称，2022年6月2日，被告情绪失控，辱骂、虐待原告母亲和孩子，原告母亲代某听从警察建议，带着孙某乙从武定路房屋逃出避难，加之此时上海疫情反复，原告方又有带孩子回老家避暑的习惯，故2022年6月5日代某带孙某乙回齐齐哈尔，并于当日就向被告告知了孙某乙去向。齐齐哈尔生活期间，因考虑减轻代某负担、征询孙某乙意愿及有较好对口幼儿园学区等角度，代某和孙某乙住在代某妹妹家。原告母亲本计划待疫情稳定、温度舒适后就带孙某乙回上海上学，可未等带孙某乙回上海，2022年9月19日早上，在代某送孩子上幼儿园的路上，被告雇佣几个男性按住代某，将孙某乙当街抢走。被告祁某认为，上海生活期间，代某经常声称武定路房屋是其财产、盐城房屋待被告父母过世后亦为原告家财产，被告因此被激怒，同时双方为孩子养育问题产生矛盾，故被告曾与原告母亲代某发生争执。2022年6月5日，代某在未经被告同意的情况下，擅自将孙某乙带离上海，且未告知其在齐齐哈尔的具体居住地址。被告无法再与原告取得联系，原告亦不再回应被告要求与孩子视频、发孩子视频的要求。2022年8月上海幼儿园即将开学，幼儿园老师发返校通知，原告无动于衷。原告方恶意藏匿孙某乙，孙某乙在齐齐哈尔居住地并非原告父母房屋所在地，就读的幼儿园亦非原告父母户籍地对口的幼儿园，被告无法获取孙某乙的居住地址。无奈下，被告通过孙某乙做核酸的医院地址寻找到孙某乙，同被告堂弟及叔叔驱车前往齐齐哈尔将孩子带离齐齐哈尔。为防止原告再抢走孙某乙，被告现安排孙某乙在江苏南京一家幼儿园就读。

上海市静安区人民法院于2023年5月19日作出（2022）沪0106民初36311号民事判决：一、准予原告孙某甲与被告祁某离婚；二、离婚后，原告孙某甲与被告祁某所生之女孙某乙随被告祁某共同生活，原告孙某甲自2023年5月起按月支付孙某乙抚养费5000元至其年满18周岁止（该款由被告祁某具领）；三、上海市静安区武定路某弄某号2703室房屋产权归被告祁某所有，剩余银行贷款由被告祁某承担；四、上海市浦东新区玉柏路某弄某号1001室房屋产权归被告祁某所有；五、原告孙某甲要求分割被告祁某名下银行存款的诉讼请求，不予支持；六、原告孙某甲、被告祁某（携女孙某乙）

居住自行解决。判决后，原、被告均未提起上诉。一审判决已发生法律效力。

【裁判理由】

法院生效裁判认为：婚姻关系的维系应以良好的夫妻感情为基础。原、被告虽系自主婚姻，但婚后未正确处理好因生活琐事、经济纠纷引发的矛盾，致夫妻关系不睦，原、被告现就离婚达成一致，法院予以准许。

关于孙某乙的抚养问题，双方均要求女儿孙某乙随其生活，从原、被告的抚养条件以及对子女的态度来看，双方均有能力和意愿抚养子女，原、被告亦未能提供直接证据证明对方有不适合抚养子女的法定事由。孙某乙出生后不久，原告父母即举家搬迁至江苏盐城租房居住；孙某乙在上海就读幼儿园期间，原告母亲代某亦赴上海与孙某乙同住，审理中原、被告又一致确认被告曾有 14 万元折抵给原告父母作为照顾孙某乙的劳务费，故可以认定原告父母一家搬迁至江苏盐城主要目的是为了照顾孙某乙。原告以孙某乙单独跟随原告父母共同生活多年为由要求取得孙某乙的抚养权，法院认为，孙某乙出生后至 2022 年 9 月期间，原告父母确实对孙某乙抚养照顾较多，但不可否认的是，抚养照顾孙某乙的地点系被告老家，在上海生活期间亦为原告母亲与被告共同照顾孙某乙，故无法认定孙某乙单独随原告父母共同生活多年。2021 年 9 月孙某乙在上海幼儿园入园后，原告母亲代某在与被告祁某共同生活期间产生矛盾，后于 2022 年 6 月 5 日将孙某乙带离上海，原告现无证据证明其在离开上海前征得了被告祁某同意，亦无法提供其告知被告祁某关于孙某乙在齐齐哈尔生活、学习状况的证据材料，法院难以认定原告母亲将孙某乙带离上海是原、被告协商一致的结果。如果确如原告所述，孙某乙在齐齐哈尔仅是短住避暑，应当在暑假结束后、幼儿园开学前即携孙某乙返回上海，而非滞留齐齐哈尔并在当地幼儿园入园。原告的父母并非孙某乙的法定监护人，将孙某乙带离其经常居住地应当经过孙某乙母亲即被告祁某的同意，原告以孙某乙不愿见到被告、原、被告关系较差等作为未征得被告同意即将孙某乙带离、不披露孙某乙生活、就学情况的理由，不具有相当性与合理性，法院难以采纳。同样，被告于 2022 年 9 月 19 日带人将孙某乙从原告父母处强行带离的行为，亦未能从孙某乙角度考虑。2022 年一年来，孙某乙被带离上海，又从齐齐哈尔被强行带离，生活和学习的稳定性受到了极大挑战，两次不当行为已对孩子的成长造成不利影响，原、被告均有过错，法院予以严肃批评。纵观本案，尽管原告母亲对孙某乙照顾较多，但隔代直系血亲不可代替父母，综合孙某乙抚养现状及孩子出生后原、被告对孙某乙的直接照顾情况，法院判决孙某乙随被告共同生活。需要指出的是，离婚后子女的抚养方式必然会发生变化，直接抚养子女的一方意味着更多的付出与奉献，原、被告均要求直接抚养孩子的决心应予肯定，但双方更应彼此包容理解、理性、平和、妥善处理关乎孩子成长的相关事宜，通过言传身教让孩子真正感受到来自父母双方完整的关爱，尽力抚平因双方纠葛对孩子造成的伤害。法院希望，原、被告能够放下过去的恩怨情仇，从有利于孙某乙健康成长需要而非自身情感需要的角度出发，在日后的抚养、探望等问题上及时沟通、友好协商，不要用贬低对方的方式让孩子站位，让完整的父爱与母爱共同伴随孙某乙健康成长。

关于抚养费金额，原告自认税前年收入 30 万元，被告主张由原告每月承担抚养费 5000 元，尚属合理，法院予以采纳。

关于《夫妻财产约定协议书》的效力问题，原告自称未见到前两页协议内容、仅在第三页签名，但作为一位理性谨慎的自然人，受过多年高等教育的原告贸然在一份无实质内容，却有着"本协议一式二份，双方各执一份，具有同等法律效力，自双方签字之日起生效"的文本上签字，与一般社会经验法则相悖，法院实难采信。原告又以上述协议系以离婚为条件签订否认协议效力，未提供相应证据予以佐证，法院不予采信。另结合原、被告签订协议时间与武定路房屋购买合同的网签时间均系 2020 年 1 月 6 日、原告未参与武定路房屋银行贷款还贷、原告未有举证证明协议书签订后双方财产有混同等情况，法院认定该份协议书是原、被告协商一致的结果，并依法发生法律效力。根据法律规定，男女双方可以约定婚姻关系存续期间所得的财产以及婚前财产归各自所有、共同所有或者部分各自所有、部分共同所有。约定应当采用书面形式。本案中原、被告在协议书中对于武定路房屋的权属作出了归被告所有的约定，系夫妻双方意思自治的结果，应当受到法律尊重和保护，故武定路房屋应当归被告所有。关于玉柏路房屋，原、被告在协议书上约定"夫妻各自接受的赠与或继承的遗产归各自所有"，而玉柏路房屋的出资情况，原告原确认系被告父母全款出资，后又对该事实予以否认，仅认可玉柏路房屋己方未出资，根据禁反言原则，法院认定玉柏路房屋由被告父母全款出资。玉柏路房屋现预告登记在被告一人名下，应视为被告父母对被告的个人赠与，故该房屋应归被告所有。协议书上又约定"各自名下的存款归各自所有"，原告现要求分割被告名下的银行存款，法院不予支持。

【裁判要旨】

离婚纠纷中，子女的抚养权归属和共同财产分割通常是案件的焦点与难点。特别是离婚纠纷案件中当事人呈年轻化态势的当下，多数离婚案件都涉及未成年子女抚养问题。面对由谁取得子女抚养权这一问题，经常会出现双方争抢或是推脱抚养权的情形。实践中，离婚诉讼中或者离婚判决后，隐匿抢夺子女的现象呈逐年上升趋势。

1. 在处理离婚诉讼中涉未成年子女问题时，应当始终坚持"儿童最大利益原则"，该原则也是确立子女抚养权归属的首要考量因素。法律规定，不满两周岁的子女，以由母亲直接抚养为原则；子女已满八周岁的，应当尊重子女真实意愿。对于两周岁至八周岁之间的未成年人，重点应当审查的因素应当包括：一是过往的抚养经历。子女出生后，如果是夫妻两人共同抚养，应当全面了解家庭生活中对子女的实际照顾情况，包括对子女衣食住行的照顾、学习辅导的参与、接送上下学等。考虑现实生活中，祖辈往往会协力照顾幼儿，故对该方面事实亦应当重点查明。祖辈的照顾情况大致可以分为与夫妻两人共同生活参与照顾、在祖辈家中单独照顾两种情况。如果是后一种情况，应当依据《最高人民法院关于适用〈中华人民共和国民法典〉婚姻家庭编的解释（一）》第四十七条之规定："子女单独随祖父母或者外祖父母共同生活多年，且祖父母或者外祖父母要求并且有能力帮助子女照顾孙子女或者外孙子女的，可以作为父或者母直接抚养子女的优先条件予以考虑。"进行裁量。二是当下的抚养情况。进入离婚诉讼后，为争取子女的抚养权，部分当事人通过直接控制子女的方法来为自己增加筹码。这时，不能仅仅着眼于现状，而要了解前因后果，查实抚养现状是否是双方共同认可或一方默许的状态下长期自然形成。如果抚养现状是一方通过过激或者非法手段达成，应当将其列为负面因素，让相关当事人承担不利后果，绝不能以一方控制子女就简单将子女判决由其抚养。另外，法院可利用社会资源，引入心理干预机制，委托专业心理咨询师评估父母、子女的情绪状态，通过沙盘游戏投射技术等，了解父母和子女间亲密关系状态，为确定抚养权的归属提供现实参考。三是将来的抚养条件。需要全面考察父母双方各方面抚养条件予以综合判断，不仅仅需要关注各方的"硬件"条件，包括住房、收入、学区等，还需要对父母与子女的情感连接、精神层面进行审查分析，对于父母双方的品行、文化教育、能够投入的时间精力、情绪控制能力都需要综合考量。

2. 在共同财产分割方面，如涉及婚后夫妻财产制契约的效力问题，根据《民法典》第一千零六十五条的规定，男女双方可以约定婚姻关系存续期间所得的财产以及婚前财产归各自所有、共同所有或者部分各自所有、部分共同所有。约定应当采用书面形式。夫妻对婚姻关系存续期间所得的财产以及婚前财产的约定，对双方具有法律约束力。关于夫妻财产制契约，是意思自治原则在婚姻家庭领域中的适用。是否产生法律效力，应当考察该意思自治是否与身份行为产生混同。具体表现在，如果签订以离婚为目的的"离婚协议"，或者夫妻间的"忠诚协议"限制配偶婚外性行为，不但包含财产变动的约定，而且具有引发身份关系变动的内容，那么，原则上该份协议不应当产生法律效力。而如果仅仅是对于婚姻期间取得的财产进行各自约定，不含身份行为，不需要兼顾亲属法上的特殊价值取向，就应当贯彻意思自治原则，在夫妻内部产生法律效力。

【关联索引】

《中华人民共和国民法典》第一千零六十五条、第一千零七十九条、第一千零八十四条、第一千零八十五条、第一千零八十七条

《最高人民法院关于适用〈中华人民共和国民法典〉婚姻家庭编的解释（一）》第四十九条

一审：上海市静安区法院（2022）沪0106民初36311号民事判决（2023年5月19日）

某实业公司诉某水务公司股权转让纠纷案

——股权转让方信息披露义务的审查标准

陈树森　林　彬　周子宣*

【关键词】民事　股权转让　信息披露义务　合理注意义务限度

【基本案情】

原告某实业公司诉称，被告某水务公司原持有某自来水公司（以下简称目标公司）100% 股权，后某水务公司拟将该股权对外转让，委托评估公司对目标公司的股东权益评估，提供价值参考依据。2015 年 9 月，评估公司出具《评估报告》，确认股东全部权益的市场价值评估值为 1367.92 万元，另载明目标公司原为全民所有制，1994 年名称变更为某旅游公司，2009 年改制为某旅游有限公司，后经股权转让，股东变更为某水务公司，其中山阴路房地产权证未办理名称变更手续。

2015 年 12 月，某实业公司与某水务公司签订《上海市产权交易合同》，约定某水务公司将其持有的目标公司 100% 股权转让某实业公司，转让价1367.92 万元。除某水务公司已向某实业公司披露的事项外，不存在《评估报告》中未予披露或遗漏的、可能影响评估结果或对目标公司及其产权价值产生重大不利影响的事项。该产权转让涉及目标公司债权债务由转让后的目标公司继续承继。双方不存在故意隐瞒对合同构成重大不利影响的任何债务、争议、诉讼等情况。

....

＊　陈树森，法学博士，上海市高级人民法院综合处处长。林彬，法学硕士，上海市静安区人民法院商事审判庭审判员。周子宣，法律硕士，上海市静安区人民法院商事审判庭法官助理。本案例入选 2023 年度上海法院百例精品案例。

后某实业公司按约支付股权转让款，2016 年 1 月 7 日完成股权变更登记手续。2021 年 12 月，目标公司要求变更山阴路房屋产权。经税务局审核，因公司改制时发生投资主体的改变，不符合减免税优惠条件，需缴纳相关税款。目标公司缴纳上述税款 554521.88 元，2022 年 10 月某实业公司将上述款项支付至目标公司。

某实业公司认为，股权转让价格系根据《评估报告》的结果确定，由于某水务公司未披露目标公司名下房产需要补缴税款，因此《评估报告》中并未说明补税事宜，从而影响了股权价值的确定。某实业公司仅依据《评估报告》中显示的目标公司改制及产权证未办理更名手续等事项，无法预见税款的产生。且在评估公司已经就目标公司净资产价值作出评估后，某实业公司不可能依然检查每一项资产是否还需要缴纳税款。现由于某水务公司未按约履行披露义务，影响了股权价值的确定，其行为构成违约，遂诉请：（1）某水务公司支付某实业公司代缴税款 554521.88 元；（2）某水务公司支付某实业公司逾期付款利息损失（以 554521.88 元为基数，按照 2021 年 12 月全国银行间同业拆借中心公布的一年期贷款市场报价利率，自 2021 年 12 月 25 日起计算至实际清偿之日止）。

某水务公司辩称：（1）其在股权交易时已履行了披露义务，不存在违约行为。在双方签署合同前，某水务公司已向某实业公司提供了《评估报告》，报告中披露了目标公司改制情况和案涉房产的登记信息，并对房屋没有更名的情况作了特别提醒，某水务公司未隐匿债务或财产等真实情况。关于税收政策，2015 年公告与 2021 年公告内容一致，在双方产权交易时就已存在相应缴税政策，某实业公司应当尽到审慎的注意义务。（2）某实业公司无权要求调整股权交易价格。根据合同约定，目标公司股权交易后，其债务应由目标公司自行承担。目标公司改制情况已披露，交易后如目标公司房产更名，目标公司应承担房产更名发生的税款，某实业公司对此都应知晓，其仍同意受让股权，应视为某实业公司认可目标公司基于房产更名承担案涉税款已包含在交易条件中，某实业公司无权再因案涉产权产生税款要求某水务公司承担。

法院经审理查明：2015 年某实业公司与某水务公司签订《产权交易合同》，约定某水务公司拟将持有的目标公司 100% 股权转让给某实业公司，经评估目标公司价值为 1367.92 万元，产权交易标的价值同上。除某水务公司已向某实业公司披露的事项外，不存在《评估报告》中未予披露或遗漏的、可能影响评估结果或对目标公司及其产权价值产生重大不利影响的事项。本次产权转让涉及目标公司债权债务由转让后的目标公司继续承继。双方不存在故意隐瞒对本合同构成重大不利影响的任何债务、争议、诉讼等情况。任何一方违反约定，给另一方造成损失的，应当承担赔偿责任。《评估报告》载明：目标公司市场价值评估值为1367.92万元；另目标公司2009年改制，山阴路房地产权证未办理更名手续。嗣后，某实业公司按约支付股权转让款，目标公司完成股权变更登记手续。2021年目标公司缴纳山阴路房屋税款554521.88元。后某实业公司将上述款项支付至目标公司。经查，因目标公司改制时发生投资主体的改变，不符合减免税优惠条件，因此税务机关要求缴纳税款。

审理中某水务公司确认：股权转让时，其知晓案涉房屋因改制、更名事项会产生税款，从理论上也能计算出税款金额，但不确定是否一定要更名，某实业公司也未要求更名或者对税款进行扣减，《评估报告》中的评估值没有扣减系争税款。

上海市静安区人民法院于2023年1月29日作出（2022）沪0106民初10783号民事判决：一、某水务公司赔偿某实业公司损失554521.88元；二、某水务公司偿付某实业公司逾期付款利息损失（以554521.88元为基数，按照2021年12月全国银行间同业拆借中心公布的一年期贷款市场报价利率计算，自2021年12月25日起至实际清偿之日止）。宣判后，各方当事人均未提出上诉，一审判决已发生法律效力。

【裁判理由】

法院生效裁判认为，关于某水务公司应否承担责任，需要从争议事项是否属于某水务公司披露义务范围；如属于，某水务公司是否已充分履行披露义务等方面具体分析。

一、案涉缴税事项是否属于某水务公司披露义务的范围

（一）缴税缘由发生在股权转让前

根据税务机关出具的《说明》，案涉税款征收的原因是目标公司2009年

改制时投资主体发生变更，目标公司不符合减免税优惠条件，因此需要缴纳相关税款。而办理房屋产权变更，是税务机关核查发现此前目标公司改制未缴税的时点，而非缴税的实质原因。至本案股权转让时，纳税条件早已满足，目标公司作为纳税人理应履行缴纳税款的法定义务，该笔税款的缴纳不存在某水务公司所说的或然性。

（二）缴税事项影响股权对价的确定

在股权转让法律关系中，受让方支付股权转让价款，转让方交付满足对价的股权。因受让方在受让股权前对于目标公司实际资产和经营情况的了解，主要依赖于中介机构的审计报告、评估报告，以及转让方的充分披露等，如某项信息不进行披露会导致股权实际价值与股权转让对价失衡，则该项信息应当属于披露义务的范围。本案中，股权转让价格系根据评估结果确定，而评估报告中未考虑系争税款，导致净资产评估结果未作相应扣减，从而影响股权对价的确定。可见，该事项应当属于某水务公司的披露义务范围。且某水务公司确认股权转让时对此明确知晓，故某水务公司对于该项内容的披露亦不存在障碍。

二、某水务公司是否就案涉缴税事项充分履行披露义务

（一）某水务公司未秉持诚信原则

民事主体从事民事活动，应当秉持诚实信用原则。缴纳税款是目标公司的法定义务，某水务公司作为当时目标公司持股100%的股东，在明知目标公司欠付税款的情况下，股权转让时却仅就改制时投资主体发生变更、房产未更名等事项披露，未明确告知某实业公司需缴纳税款一节。对此，某水务公司没有作出合理解释，有违诚实信用。

（二）缴税事项超越某实业公司合理注意义务的限度

股权转让交易中，转让方负有信息披露义务，受让方亦负有合理的注意义务。根据《评估报告》，评估公司对目标公司改制时投资人变更，以及房产未更名等事项均知晓，但在某水务公司未充分披露涉案税款应予缴纳的情况

下，专业的评估机构亦未明确需要补缴税款及具体金额，未在评估结论中予以扣减。此时若要求某实业公司注意到专业评估机构都未曾核查出的缴税事项，明显超越其应负的合理注意义务的限度。

（三）某水务公司履行披露义务更符合经济效益原则

法律在保障当事人合同自由和维护交易秩序的同时，也应当注重经济效益。本案中，某实业公司作为股权受让方，履行谨慎注意和审慎审查义务时，需花费大量成本来了解目标公司的资产、负债、经营情况等，且受限于披露资料的完整性、真实性以及专业知识的要求，部分事项超越其能够知晓的范围。相反，某水务公司对于案涉缴税事项处于明知状态，相较于某实业公司，某水务公司履行披露义务更为方便快捷，更为符合经济效益原则。

综上所述，案涉税款的缴纳系某水务公司应尽的披露义务范围，由某水务公司履行披露义务也更符合经济效益原则，但实际履行过程中某水务公司未秉持诚信原则充分履行披露义务，同时该事项也超越了某实业公司合理注意义务的限度。某实业公司有权要求某水务公司按约承担损失赔偿责任。关于损失的金额，由于某水务公司未尽到充分的披露义务，评估结论中未考虑案涉税款，某实业公司和某水务公司根据评估结论确定的股权转让对价与股权实际价值之间失衡，差额即为系争税款554521.88元。某实业公司受让目标公司100%股权，故损失金额应为554521.88元。某实业公司主张自实际补缴税款次日起按照同期全国银行间同业拆借中心公布的一年期贷款市场报价利率为标准计算利息损失，于法不悖，应予以支持。

【裁判要旨】

1. 关于股权转让方的信息披露义务范围，当事人有约定的，按照约定；没有约定或者约定不明的，遵循公平原则合理确定义务范围，如争议事项发生在股权转让前，不进行披露会导致股权实际价值与股权转让对价失衡的，则该事项属于披露义务范围。

2. 对于披露义务范围内的事项，应由转让方举证证明其已尽到披露义务；如转让方仅以股权转让时出具《评估报告》，尚不足以认定其完成举证责任的，应当根据《评估报告》实际内容、转让方披露信息时是否秉持诚实信用原则、披露内容是否真实、准确、完整，以及争议事项是否超越受让方合理注意的限度等因素，综合判断转让方是否已充分履行披露义务。

【关联索引】

《中华人民共和国民法典》第六条、第七条、第五百条、第五百零九条第一款

一审：上海市静安区人民法院（2022）沪 0106 民初 10783 号民事判决（2023 年 1 月 29 日）

周某被控故意伤害准许撤诉案

——民间纠纷引发轻微暴力案件中还击行为的性质认定

葛立刚*

【关键词】刑事　故意伤害罪　民间纠纷　轻微暴力　还击

【基本案情】

2021年5月28日，丁某在使用共享单车过程中裤脚管不慎卷入单车齿轮中，后经路过的被告人周某为其扯出裤管后脱困。同年6月1日6时许，丁某及其母亲被害人程某在上海市静安区民和路西藏北路路口遇到被告人周某，因认为5月28日周某在帮丁脱困时趁机对丁性骚扰，丁某遂上前用随身携带的无纺袋（内有纸巾、塑料小瓶装饮料等）甩向周某，后程某打了周某一耳光，周随即通过推搡、挥舞胳膊等方式予以还击。在双方冲突过程中，周某挥舞胳膊致程某接连后退，并因站立不稳倒地后受伤。经鉴定，被害人程某腰2椎体压缩性骨折，构成轻伤；枕部头皮挫伤，构成轻微伤。

上海市静安区人民检察院指控被告人周某犯故意伤害罪，向上海市静安区人民法院提起公诉。

被告人周某及其辩护人对指控的基本事实没有异议，但均认为被告人的行为系正当防卫，不构成犯罪。

在判决宣告前，公诉机关以证据发生变化为由，要求撤回起诉。

上海市静安区人民法院于2023年1月30日作出（2021）沪0106刑初

---

* 葛立刚，法学博士，上海市静安区人民法院刑事审判庭审判员。本案例入选2023年度上海法院百例精品案例。

1230 号裁定：准许公诉机关撤回起诉。一审裁定作出后，被告人未提出上诉，公诉机关亦未抗诉，一审裁定已生效。

【裁判理由】

法院生效裁判认为：如何认定针对民间纠纷引发的轻微暴力实施的还击行为的刑法性质，一直是司法实践的难点。在发生双方打斗的案件中，"还击即互殴"的观点随着一系列"反杀案"的舆论助推在实践中彻底被摒弃，但也要防止陷入"还击即防卫"的另一个极端。同时，在不成立正当防卫的情况下，仍然需要准确判断行为人的主观心态，避免客观归罪。本案中，被告人周某在与对方的冲突中还击并致对方轻伤，审理中就出现三种认定意见：一是被告人的行为构成故意伤害罪；二是被告人的行为构成正当防卫，无罪；三是被告人主观上仅具有过失，故不成立犯罪。

本案的定性主要涉及两个问题，现分述如下：

一、针对民间纠纷引发的轻微暴力实施的还击行为，如何认定行为人的主观心态

从客观行为来看，被告人周某挥舞胳膊致程某摔倒致伤，周某的行为与程某的轻伤结果之间的因果关系是明确的。问题在于，被告人周某是否具有伤害的主观故意？

刑法中犯罪故意的成立，要求在认识因素上，行为人已经预见到自己的行为会发生危害社会的结果；在意志因素上，行为人对发生的危害结果持希望或者放任态度。实务中，行为人只要在意志自由状态下实施了达到一定程度的暴力并造成轻伤以上后果，通常来讲，就可以认定行为人至少具有伤害的主观故意。但在由民间纠纷引发的轻微暴力冲突中，对于行为人主观心态的判断可能并非一目了然。该类案件中，冲突的起因、冲突双方所处的特定情境、暴力的强度乃至附带的社会危害等都具有较强的特殊性，在具体个案中，对行为人主观心态的认定自然离不开对上述案件特殊性的深刻把握。主观心态体现的是行为人的内在心理活动，但主观又见之于客观，通过对案件客观状况的分析，可以对行为人的主观心态作出符合实际情况的认定。

首先，本案中，程某、丁某认为周某先前存在对丁的性骚扰行为而对周先行实施甩包、掌掴等轻微暴力，但在案证据无法证实存在性骚扰的事实，即便认为被性骚扰了，在间隔长达四日之后再通过暴力手段"讨要说法"，也因已不具有私力救济的客观紧迫性而丧失合法性。故而程某、丁某二人对周某先行实施的轻微暴力是引发双方肢体冲突的直接导火索，被害人一方具有明显过错，周某的反制行为具有一定的正当性。

其次，周某的还击行为采用的也是推搡、挥舞胳膊等同样显著轻微的暴力。上述推搡、挥舞胳膊等手段通常并不会直接造成轻伤以上后果，客观上程某的伤势也系其摔倒着地后造成，是摔伤，而非挥舞胳膊直接致伤。最高人民检察院、公安部《关于依法妥善办理轻伤害案件的指导意见》也明确，"如果犯罪嫌疑人只是与被害人发生轻微推搡、拉扯的……不宜认定为刑法意义上的故意伤害行为"。也即，故意伤害罪中的"伤害"仍然有强度要求，对于具体个案中通常不致发生轻伤后果的显著轻微暴力，实践中应谨慎认定其性质，避免"唯结果论"，本案即属该种情况。

最后，在程某倒地、丁某与被告人周某隔了一段距离后，被告人周某便径自离开。实际上，从被告人周某实施还击的强度来看，周某也是基本保持在为摆脱对方纠缠的程度，在摆脱对方纠缠后，周某就停止了还击行为。简言之，被告人周某在与对方的冲突过程中并未主动升级暴力，在取得力量对比的相对优势后也未实施进一步的侵害，从周某的上述反应看也难言其具有致对方伤害的故意。

综合考虑本案发生的起因、还击的强度及行为人事后的反应，法院认为被告人周某显著轻微的暴力还击行为尚不能被评价为伤害行为，主观上也不应认定其具有致对方轻伤以上后果的故意。也即，针对民间纠纷引发的轻微暴力实施的具有一定正当性的还击行为，结合当时的情境，如果没有达到可以评价为伤害行为的程度，应当否定伤害故意的成立。当然又必须看到，挥舞胳膊导致他人摔倒并致伤的因果关系并不具有明显的异常性，被告人周某应当预见到自己的行为可能导致被害人轻伤的结果，也即，其对轻伤结果具有预见义务，只是因为疏忽大意而没有预见，最终导致轻伤结果发生。因而被告人周某对程某的轻伤后果主观上存在过失，但过失致人轻伤尚不成立犯罪，故被告人周某无罪。

二、在由民间纠纷引发的轻微暴力冲突中，如何理解和适用正当防卫制度

审理中有意见认为，程某、丁某先行实施的轻微暴力具有明显的违法性，最高人民法院、最高人民检察院、公安部《关于依法适用正当防卫制度的指导意见》（以下简称《意见》）也明确，作为正当防卫适用前提的不法侵害，"既包括犯罪行为，也包括违法行为"。程某、丁某二人的上述行为属于不法侵害，故被告人周某针对上述行为当场予以还击具有防卫性质，客观上也没有造成重大损害，本案应当认定为正当防卫。

法院对此持不同意见，并认为本案不存在正当防卫制度适用的空间，理由如下：

首先，正当防卫制度适用的前提是，行为符合刑法规定的犯罪构成要件。正当防卫是刑法明确规定的违法阻却事由，在刑事司法评价中承担出罪功能。防卫行为在形式上同样也应当是符合刑法规定的特定犯罪构成要件的行为，只是因为其具有防卫性质，在本质上是有利于社会的行为，故不认定为犯罪。如果一个行为本就不符合犯罪构成的四个要件，也就根本不需要正当防卫制度来评价。诚如本案中，被告人周某在主观上仅存在过失，本就不符合故意伤害罪（致人轻伤）的主观构成要件，故直接以不符合构成要件为由不认定为犯罪即可，而无需再通过正当防卫出罪。

其次，对于民间纠纷引发的显著轻微的暴力冲突，应当优先鼓励互谅互让。通常，针对一般的恶性暴力犯罪，还击者采取的反击方式和强度不应被过度苛求，尤其是反击致对方轻伤的，两害相权取其轻，正当防卫制度仍认为施暴者系"咎由自取"。但是，在民间纠纷引发的轻微暴力冲突中，毕竟系事出有因，如果只要一方实施了哪怕是推搡等显著轻微的暴力，就可以实施足以致人轻伤的还击行为，不仅会导致冲突升级，无利于双方矛盾化解，实际上也不符合正当防卫制度设立背后两害从轻的法治机能及弘扬社会正气的价值意蕴，更不符合谦恭礼让的社会主义核心价值观。实际上，《意见》也明确，"因琐事发生争执，双方均不能保持克制而引发打斗，对于有过错的一方先行动手且手段明显过激"，还击的一方一般应当认定为防卫行为。据此，民间纠纷引发冲突的双方均有防止矛盾升级的克制义务，只有在有过错一方先

行动手并且手段明显过激的情况下，才可以考虑正当防卫的空间。本案中，被告人周某与程某、丁某二人因民间纠纷发生冲突，程某、丁某二人动手在先，具有明显过错，但手段并非明显过激，此时以提倡互谅互让为宜，而不应鼓励直接暴力反制。当然，即便认为本案中被告人周某也未尽克制义务，但不意味着其就构成犯罪，还是需从其还击的方式、强度、造成的结果等方面综合认定其行为的性质。

综上，本案不成立正当防卫。同时，被告人周某的还击行为与程某的轻伤结果具有因果关系，但主观上也仅具有过失，故仍然不构成故意伤害罪。据此，裁定准许公诉机关撤回起诉。

【裁判要旨】

民间纠纷引发的轻微暴力冲突中，对方先动手但手段并非过激，此时应优先提倡互谅互让，不鼓励行为人直接还击；行为人不能保持克制而予以还击并造成对方轻伤后果的，也不得仅以轻伤后果推定行为人的还击系在伤害故意支配下的伤害行为，而仍应当结合冲突起因、还击强度及行为人事后反应等案件具体情况综合认定行为人还击行为的性质。

【关联索引】

《最高人民法院关于适用〈中华人民共和国刑事诉讼法〉的解释》第二百九十六条

一审：上海市静安区人民法院（2021）沪 0106 刑初 1230 号刑事裁定（2023 年 1 月 30 日）

丁某兵诉上海市杨浦区司法局行政处理案

——律师法庭言论的豁免与规制

陈剑红　江晓丹[*]

【关键词】行政　行政处理　律师言论　言论豁免　名誉权

【基本案情】

原告丁某兵诉称，刘某智作为律师在法庭中多次辱骂原告。法庭存有录音录像归入档案，且保存 60 年。刘某智辱骂后果比一般辱骂更恶劣，严重违反《中华人民共和国律师法》（以下简称《律师法》）第三十七条第二款的规定，不恪守律师职业道德和执业纪律，并非"用词不当"，构成恶意诽谤他人，应吊销刘某智的律师证。故请求法院判决确认沪杨司律投字（2021）第 46 号《答复书》（以下简称被诉答复）违法，责令被告上海市杨浦区司法局（以下简称杨浦区司法局）对原告的举报事项重新作出答复。

被告杨浦区司法局辩称，被告通过审核投诉材料，并向（2021）沪民申 **8 号一案主审法官等调查核实，刘某智在上述案件听证开庭时虽言语比较激烈，但原告所投诉刘某智的言论系刘某智本人的主观评价，不属于其虚构相关事实。且当天听证采取在线庭审的方式，刘某智的发言系在密闭的庭审空间在线进行，其受众仅限于当天开庭的法官、书记员、申诉人等，上述行为不具备社会公开的扩散性，亦未发现刘某智本人存在主动公开散布的行为，刘某智的言论不具备降低原告社会评价的效果。刘某智的言辞不属于

---

* 陈剑红，法学硕士，上海市静安人民法院行政及执行裁判庭庭长。江晓丹，法学硕士，上海市静安区人民法院行政及执行裁判庭审判员。本案例入选 2023 年度上海法院百例精品案例。

《律师法》第三十七条第二款中规定"恶意诽谤他人的言论"。被诉答复认定事实清楚、适用法律正确、程序合法合规。故请求法院判决驳回原告的诉讼请求。

法院经审理查明：在（2021）沪民申 **8 号一案中，丁某兵系再审申请人港闸区某某法律咨询服务部的经营者，刘某智系被申请人方某明的委托代理律师。该案于 2021 年 11 月 23 日 9 时进行了在线谈话。其间，丁某兵称，"方某明的代理律师他这人素质太差……这个判决书实际上都是方某明的代理律师违法乱纪，隐瞒证据造成的后果"。后刘某智称，"知道他向司法局进行举报，向法院进行起诉，他这个人道德败坏的行为，我要是一个人民警察的话，我说他是个诉棍"，"在法院弄不到钱要弄我律师的钱，这么一个可耻的小人"。2021 年 11 月 26 日，原告向被告杨浦区司法局邮寄举报信，认为刘某智严重违反《律师法》规定，不恪守律师职业道德和执业纪律，在法庭里故意有 4 分钟时间骂人录音，应吊销刘某智的律师证。2021 年 12 月 3 日，被告杨浦区司法局出具《补正通知书》，要求原告补正相关材料。次日，原告提交了补正材料，并要求被告在举报信处理答复时公开刘某智户籍信息。被告杨浦区司法局于同月 10 日受理后，依法进行了调查。2022 年 1 月 29 日，被告杨浦区司法局作出延长办理期限通知，决定延长 30 日办理期限，并邮寄送达原告。2022 年 2 月 25 日，被告杨浦区司法局作出被诉答复，被告杨浦区司法局于 2022 年 2 月 25 日作出被诉答复，答复如下：原告和刘某智在庭审中言辞比较激烈，法庭予以制止，没有扰乱法庭秩序，诉讼活动正常进行。综合调查情况并结合原告提交的录音材料，刘某智在（2021）沪民申 **8 号一案庭审中言辞比较激烈，但未影响诉讼活动的正常进行，被告不能认定刘某智存在应当予以行政处罚的情形。但是，被告认为律师的庭审发言用词应当文明、得体，对于刘某智言辞过激一事予以批评教育。原告不服，遂涉诉。

上海市静安区人民法院于 2022 年 11 月 29 日作出（2022）沪 0106 行初 529 号行政判决：驳回原告丁某兵的诉讼请求。宣判后，丁某兵提出上诉。上海市第二中级人民法院于 2023 年 4 月 21 日作出（2023）沪 02 行终 65 行政判决：驳回上诉，维持原判。

【裁判理由】

法院生效裁判认为：根据《律师法》第四条、《关于加强律师和律师事务所违法违规行为投诉处理和惩戒工作的事实办法》第二条、第六条的规定，被告具有受理和处理本行政区域内律师和律师事务所执业活动中违法违规行为的投诉，其执法主体适格。被告受理原告的投诉后，调查核实了相关情况，经延期后，在法定期限内作出被诉答复并送达原告，执法程序合法。本案的争议焦点在于刘某智在（2021）沪民申 **8 号案件在线谈话中的发言是否构成《律师法》第三十七条第二款"恶意诽谤他人"。根据《律师法》第三十七条的规定，律师在法庭上发表的代理、辩护意见不受法律追究。但是，发表危害国家安全、恶意诽谤他人、严重扰乱法庭秩序的言论除外。对于是否构成"恶意诽谤他人"，应从行为人是否具有主观过错、是否捏造事实、是否导致权利人社会评价降低等综合判断。从刘某智在法庭中的言论内容来看，涉案相关言论并非基于代理律师的身份为当事人发表代理意见，而是刘某智以其个人的身份发表的言行，不应受到律师辩护言行的豁免。刘某智作为一名执业律师，用语应当文明、得体，其在法庭中言辞过激、用词不当，被告认为其尚不构成《律师法》第三十七条第二款"恶意诽谤他人"的情形，对刘某智予以批评教育，并无不当。对于原告提出的要求公开刘某智户籍信息，其并非被告杨浦区司法局的法定职责。故原告的诉讼请求缺乏事实证据和法律依据，法院不予支持。

【裁判要旨】

行政机关在处理涉及律师言论的投诉举报时，首先，应将律师言论区分为事实概述和意见表达，合理界定法庭言论豁免的边界。律师在法庭中对案件事实、证据、所涉法律适用问题而发表的意见才受到法庭言论豁免的保护。其次，衡量一般民众的名誉保护与特殊职业群体表达自由的关系。对于律师法庭言论是否构成"恶意诽谤他人"，应从行为人是否具有主观过错、是否捏造事实、是否导致权利人社会评价降低等综合判断。最后，律师作为特殊执业群体，除对委托人负责外，仍应遵守执业道德，承担更高的法庭责任和社会责任。

【关联索引】

《中华人民共和国律师法》第三十七条

《中华人民共和国行政诉讼法》第六十九条

一审：上海市静安区人民法院（2022）沪 0106 行初 529 号行政判决（2022 年 11 月 29 日）

二审：上海市第二中级人民法院（2023）沪 02 行终 65 号行政判决（2023 年 4 月 21 日）

桂某贪污、受贿、职务侵占案

——国家出资企业的工作人员认定为国家工作人员应符合形式要件和实质要件两方面

顾正仰　周子扬[*]

【关键词】刑事　贪污罪　受贿罪　侵占罪　国家工作人员　形式要件　实质要件

【基本案情】

法院经审理查明:

一、职务侵占犯罪事实

2008年8月,被告人桂某入职新某船代公司并担任市场部业务员,先后负责上海地区伊朗航运舱位销售业务和重庆地区伊朗航运舱位销售、长江内支线运输等业务。2014年3月至2015年8月间,桂某作为公司工作人员,利用其职务便利,在新某船代公司与甲公司、乙公司、丙公司等多家公司的业务往来中,通过增设上海瑞某国际货物运输代理有限公司(以下简称上海瑞某公司)作为中间交易环节、截留海运费、虚高长江内支线运输成本等方式,与他人共同侵吞新某船代公司钱款。嗣后,上海瑞某公司负责人姚某和甲公司总经理助理古某某(均另案处理)将所得钱款通过银行转账等方式交付桂某。经查,桂某使用上述方式侵吞公司钱款人民币598673元、197815美元(折合人民币1228756.58元),共计人民币1827429.58元。

* 顾正仰,法学学士,上海市静安区人民法院刑事审判庭审判员。周子扬,法律硕士,上海市静安区人民法院刑事审判庭法官助理。本案入选2023年度上海法院百例精品案例。

二、贪污犯罪事实

2015年8月和2017年2月，经新某船代公司党政班子议事会议讨论决定，先后任命被告人桂某为公司市场部经理助理兼长江事业部部长和公司市场部副经理，负责经营、管理重庆、湖北等地伊朗航运舱位销售、长江内支线运输、箱管以及修箱改箱等业务。此后，桂某作为国家工作人员，利用其代表新某船代公司在重庆、湖北开展船舶代理业务的职务便利，与他人共同贪污钱款折合共计人民币4585482.66元。具体分述如下：

（1）2015年9月至2018年6月间，被告人桂某在新某船代公司与甲公司、乙公司、丙公司等多家公司的业务往来中，继续以前述手法，侵吞新某船代公司钱款人民币1141430.94元、美元5535元（折合人民币40214.91元），共计人民币1181645.85元。

（2）2019年7月至2022年7月间，被告人桂某在新某船代公司与丁有限公司开展修箱改箱业务过程中，与该公司负责人赵某某（另案处理）商议，由桂某利用其职务便利，采用虚增工时费、材料费等方式，骗取新某船代公司支付虚增款项。嗣后，赵某某将所得钱款通过银行转账或代买金条等方式交付桂某。经查，桂某使用上述方式侵吞公司钱款共计人民币483777.9元。

（3）2018年2月至2021年12月间，被告人桂某在新某船代公司与戊公司、己公司开展海运订舱、长江内支线运输、箱管、修箱改箱等业务过程中，通过增设上海瑞某公司作为中间交易环节、截留海运费、虚高长江内支线运输成本、隐瞒减免的箱管费用、虚增工时费和材料费等方式，侵吞和骗取新某船代公司钱款。嗣后，上海瑞某公司负责人姚某将所得钱款通过现金提现或银行转账等方式交付桂某。经查，桂某使用上述方式侵吞公司钱款人民币2760458.91元、22800美元（折合人民币159600元），共计人民币2920058.91元。案发后，上海瑞某公司将尚未转给桂某的人民币551999.42元退回至戊公司。

三、受贿犯罪事实

2017年12月至案发，被告人桂某作为新某船代公司市场部副经理，利用其代表公司在湖北开展海运订舱业务及在北京开展空运订舱业务的职务便利，为庚公司、辛公司等多家公司谋取利益，收受贿赂款折合共计人民币2706270.44元。具体分述如下：

（1）2017年12月至2021年2月间，被告人桂某在新某船代公司与庚公司开展海运订舱业务过程中，利用其职务便利，采用套改提单的方式，为庚公司违规出具修改过的提单，并通过上海瑞某公司收受庚公司给予的好处费共计135861美元（折合人民币926492.7元）。嗣后，上海瑞某公司负责人姚某将所得钱款通过现金提现或银行转账等方式交付桂某。

（2）2020年11月至2022年4月间，被告人桂某在新某船代公司与辛公司以及任公司、癸公司、中某公司北京分公司开展空运订舱业务过程中，利用其职务便利，为上述公司在增加客户量、航班量等方面提供帮助，并由辛公司汇总4家企业给予的好处费，再由辛公司财务人员通过个人银行账户转账的方式，将好处费交由桂某最终占有。经查，截至案发，桂某实际收受好处费共计人民币1779777.74元，尚有人民币826259.02元在辛公司账户留存。

四、其他相关事实与证据

2022年7月28日，被告人桂某主动向公安机关投案，并在到案后能如实供述基本犯罪事实。虽然其在庭审过程中，对犯罪主观故意及行为性质的供述有所反复，但在一审判决前仍能作如实供述。在审查起诉阶段，被告人桂某在家属帮助下退出违法所得人民币20万元，在法院审理过程中，又退出违法所得人民币50万元。另查明，戊公司退出贪污款人民币551999.42元；被告人桂某家属退出从丁有限公司处分得贪污财物黄色金属两块；丁有限公司退出贪污款人民币44770.75元；同案关系人姚某通过上海瑞某公司退出违法所得人民币42万元。

上海市静安人民法院于2023年8月1日作出（2023）沪0106刑初161号刑事判决：一、被告人桂某犯职务侵占罪，判处有期徒刑二年六个月，并处罚金人民币二十万元；犯贪污罪，判处有期徒刑九年，剥夺政治权利一年，并处罚金人民币六十万元；犯受贿罪，判处有期徒刑六年六个月，并处罚金人民币四十万元；决定执行有期徒刑十三年，剥夺政治权利一年，并处罚金人民币一百二十万元。二、责令退出职务侵占犯罪、贪污犯罪违法所得，连同已查扣、退交的部分发还被害单位；责令退出受贿犯罪的违法所得，依法予以没收。

一审宣判后，被告人未提出上诉，公诉机关亦未抗诉，一审判决已生效。

【裁判理由】

法院生效裁判认为：本案的争议焦点系在主要工作内容不变的情况下，变化的职位是否导致需以不同的罪名对其职务犯罪行为定性，即主体身份是否由非国家工作人员转变为国家工作人员。

被告人桂某在为新某船代公司工作 14 年间，其主要工作内容并未发生实质性的变化，主要负责市场部的销售工作，与上下游的客户单位对接业务。任职期间，其的职位从市场部业务员晋升为市场部的长江事业部部长，后又晋升为市场部副经理。新某船代公司系由某某国际创业股份有限公司及其全资子公司、孙公司 100% 控股。某某国际创业股份有限公司则为一家上市公司，国有企业某某国际（集团）有限公司持股不到 50%。根据新某船代公司的股权结构，可以清晰地判断出新某船代公司并非国有公司，而是国家出资企业。

最高人民法院、最高人民检察院于 2010 年颁布的《关于办理国家出资企业中职务犯罪案件具体应用法律若干问题的意见》（以下简称《意见》），对于国家出资企业工作人员构成职务犯罪的主体身份情况作了详细的规定，主要是"经国家机关、国有公司、企业、事业单位提名、推荐、任命、批准等，在国有控股、参股公司及其分支机构中从事公务的人员，应当认定为国家工作人员。具体的任命机构和程序，不影响国家工作人员的认定"，"经国家出资企业中负有管理、监督国有资产职责的组织批准或者研究决定，代表其在国有控股、参股公司及其分支机构中从事组织、领导、监督、经营、管理工作的人员，应当认定为国家工作人员"。上述第一条是对《刑法》第九十三条第二款规定的国家工作人员作进一步解释，基本内容一致。而第二条则是对于第九十三条第二款规定的国家工作人员的委派主体作了适度扩大解释，将本不具有委派资格的国家出资企业中负有管理、监督国有资产职责的组织的批准或者研究决定视作国家机关、国有公司、企业、事业单位的委派行为，可以称之为"间接委派""二次委派"。在通过"间接委派"认定国家工作人员时，应当具备两个条件，即"委派"以及"公务性"，也即形式要件与实质要件。

一、形式要件——"委派"主体的认定

"负有管理、监督国有资产职责的组织"一词源自 2001 年 5 月 23 日最高人民法院《关于在国有控股、参股的股份有限公司中从事管理工作的人员利用职务便利非法占有本公司财物如何定罪问题的批复》(以下简称《批复》)，《批复》未详细论述"委派"，却对"国家工作人员"作了排他性的表述"在国有资本控股、参股的股份有限公司中从事管理工作的人员，除受国家机关、国有公司、企业、事业单位委派从事公务的以外，不属于国家工作人员"。从这个意义上来说，似乎与《意见》中的"间接委派"国家工作人员认定存在矛盾，实则不然。

在现代化公司治理以及国有改制的大背景之下，"直接委派"的国家工作人员日益减少，"负有管理、监督国有资产职责的组织"本身是"直接委派"的具有公务性的组织，代表国家对企业资产管理与监督。该组织在行使权力的过程中需要进行再委派到个人，代表其进行管理、监督等行为，该个人实质上行使的是该组织的公务职权，体现的国家机关、国有公司、企业、事业单位的意志，可以看做是该组织以批准或者研究的方式将自身进行外延，《意见》中的"间接委派"由此而来，这样的解释也没有违反公众对于"国家工作人员"的常规认识。

关于"负有管理、监督国有资产职责的组织"范围，一种意见认为仅指国家出资企业中党委和党政联席会；另一种意见认为不仅包括前述，还包括公司股东会、董事会、监事会；多数意见认为，除国家资产监督管理机构、国有公司、企业、事业单位外，主要是指上级或者本级国家出资企业内部的党委、党政联席会。国家出资企业中的董事会、监事会不能认定是适格的委派主体。

本案中，新某船代公司的重大决策事项、重要人事任免事项、重大项目安排事项、大额度资金运作事项均由新某船代党政议事班子决议所做，其中就包含对于桂某作为中层管理职位的任免。虽然新某船代公司没有党委和党政联席会，但党政议事班子作为新某船代公司的党组织领导核心班子，对于国家出资企业的国有资产负有管理、监督的职责，并且由"三重一大"事项

决策表决的规定予以背书。在国有企业、国家出资企业的管理实践中，也能观察到，国家出资企业的公司高层一般由上一级国有企业或国家出资企业的党委或党政联席会议等领导班子决定、中层管理人员一般由本级国家出资企业的党委或党政联席会议等领导班子决定，部分单位还规定财务、组织、人事、纪检、监察等重要中层岗位要报上级国家出资企业批准或备案。由此可见，国家出资企业的党委和党政联席会是当然得国家工作人员，"委派"具有延续性和传递性，新某船代公司的党政议事班子作为《意见》所规定的"负有管理、监督国有资产职责的组织"显然是符合形式要件的。

二、实质要件——"公务性"的认定

国家出资企业内部的党委和党政联席会对"三重一大"事项进行集体讨论决定，企业日常议事机构对企业的日常决策进行表决。在司法实践中，由于国家出资企业的企业特性，往往发现党委和党政联席会与日常议事机构的成员存在混同的情况，即同一套班子成员既负责管理、监督国有资产的相关事项，又负责企业日常经营管理的相关事项。如果仅仅以作出表决的组织作为构成国家工作人员的主体要件，易将认定范围不当扩张，有悖于宽严相济的刑事政策。国家出资企业内部的党委和党政联席会被认定为"负有管理、监督国有资产职责的组织"，是在当下"党管干部"形势政策原则的体现。因此，在符合"委派"主体这一形式要件以外，还需要证明，党政联席会对国家工作人员的职务任命实质上是在履行"党管干部"的特殊职责，而非企业日常议事机构的职责。而是否履行"党管干部"问题的实质从结果导向来看，就是最终决定是否涉及对国有资产的管理、监督，即组织、领导、监督、经营、管理工作的认定。

如果简单地从文义角度来认定《意见》中组织、领导、监督、经营、管理的内涵，则无疑会与《批复》中的管理、监督行为产生冲突，将"公务性"的理解扩大化，特别是"经营"二字直接可以涵盖整个企业的运营，在这样的情况下如果企业难以区分党委和党政联席会与日常议事机构，则容易将所有企业的人员均认定为国家工作人员，显然这不符合罪责刑相适应原则。故，运用逻辑学的角度来看，《意见》中组织、领导、监督、经营、管理的内涵应当是在《批复》中管理、监督的基础上的行为，这样就对"公务性"的理解进行了限缩，也更符合法律的体系解释。

本案中，被告人桂某看似一直以来的业务模式没有变化，即使担任中层管理人员之后还是从事业务员时期相同的业务。但实质上，桂某在业务员时期就具有一定的管理国有资产的职责。由于新某船代公司的放权，桂某可以在公司规定的范围内与客户自行协商价格，公司也不进行审查与监督。议价权意味着控制国有资产收入与支出的实际金额，此时，桂某已具备一部分管理国有资产的权力。但考虑到业务员所拥有的权力范围有限，且不符合"负有管理、监督国有资产职责的组织"任命的形式要件，不能认定为国家工作人员。之后，桂某被任命为中层管理人员，虽然职责的具体内容没有变化，但业务范围的增加使得桂某的权力进一步扩张，对于公司在重庆、武汉等一定区域内的业务具有绝对的控制。桂某在具体业务上开展的工作也不同于业务员时期的工作，而是直接对国有资产管理、监督的具体方式，即从单纯的岗位职责逐渐转化为管理、监督国有资产有关的经营职权。故桂某在被任命为中层管理人员后，即符合"公务性"的认定，同时符合了形式要件和实质要件，应认定为国家工作人员的主体身份。

三、认定"间接委派"的重要意义

任何对于犯罪行为的违法性判断都要以是否符合刑法条文的具体规定为前提，这是认定是否构成犯罪的基础。在此基础上要对法益侵害进行甄别，针对不同行为主体、不同行为方式进行区分，适用不同的罪名、情节等作到罪责刑相适应的刑法原则。"间接委派"认定国家工作人员的规定从某种意义上来说将更多的刑事犯罪主体纳入了国家工作人员的范畴。根据我国刑法的规定，实施同一类犯罪行为，对国家工作人员的处罚显然要重于非国家工作人员。尽管"间接委派"国家工作人员对内与"直接委派"国家工作人员以及国家机关、国有公司、企业、事业单位工作人员在任命程序上有所区别，但对外，"间接委派"的国家工作人员实施犯罪的社会危害性是等同于一般国家工作人员的，同样均破坏了公务行为的不可收买性，使得社会公众对于公务人员的廉洁性产生负面看法，降低民众对于国家机关的信赖程度。对于国家工作人员主体身份的严格认定有助于准确把握和处理国家出资企业管理人员渎职犯罪案件，以零容忍态度惩治腐败，以党风廉政建设和反腐败工作的实际成效有力有效推动国家出资企业的高质量发展。

【裁判要旨】

国家出资企业不同于国有企业，其内部工作人员的工作职责往往与国有资产的联系并没有国有企业的工作人员那么紧密。因此，在判断国家出资企业的工作人员是否属于国家工作人员时，应当充分考量形式要件和实质要件。只有在同时符合法定的"委派"主体和工作职责具有"公务性"时，才能认定为国家工作人员。

【关联索引】

《中华人民共和国刑法》第九十三条、第二百七十一条、第三百八十二条、第三百八十三条、第一百六十三条、第三百八十五条、第三百八十六条

《最高人民法院、最高人民检察院关于办理国家出资企业中职务犯罪案件具体应用法律若干问题的意见》第六条

一审：上海市静安区人民法院（2023）沪 0106 刑初 161 号刑事判决（2023 年 8 月 1 日）

沈某诉某商务公司、卫某民间借贷纠纷案

——股东协议约定与公司会计账簿记载不一致时对股东投入公司款项性质的认定

陈家旭[*]

【关键词】民事　民间借贷　借款　投资款　性质认定　会计账簿记载

【基本案情】

原告沈某诉称，原告沈某为被告某商务公司的股东，持股比例为50%。2018年，因某商务公司的日常运营需要资金，沈某向某商务公司提供借款共计190万元。上述股东借款在出借时未约定还款期限，但根据法律规定，沈某有权要求某商务公司在合理期限内返还。然而经沈某多次催讨，某商务公司始终以资金紧张为由拒绝还款，沈某遂提起本案诉讼，请求判令某商务公司向沈某返还借款190万元。审理中，沈某曾两次变更诉请的借款金额，最终明确为120万元。

被告某商务公司辩称，沈某与某商务公司之间不存在借款合同关系。沈某与卫某之间订立有投资协议，沈某所转入某商务公司的款项均是投资款，其中50%是沈某的出资，另外50%是沈某代卫某出资，卫某当时是持有某商务公司50%股权的隐名股东，其股权由沈某代持。2021年3月，沈某根据卫某的指令，将沈某代持的50%公司股权转让给了卫某控股的案外人某咨询公司。之后，因股东之间产生矛盾，沈某希望将股权转让给卫某，经协商

---

[*] 陈家旭，法学硕士，上海市静安区人民法院商事审判庭审判员。本案例入选上海法院依法保障民营企业健康发展　营造良好法治化营商环境的典型案例（第五批）、人民法院案例库入库案例。

未能达成一致，沈某遂提起本案诉讼。综上，沈某的诉请没有事实依据，请求法院予以驳回。

第三人卫某述称，根据沈某与卫某订立的相关投资协议，沈某转入某商务公司的款项均是股权投资款，其中一半是沈某的出资，另一半是代卫某出资。沈某与某商务公司之间不存在借款合同关系。

法院经审理查明：某商务公司注册资本为 100 万元，沈某系该公司股东、实际控制人。2018 年至 2019 年期间，沈某与卫某（瑞士国籍）达成合作意向，打算共同经营进口食品业务，双方陆续订立三份《合作意向书》，明确将直接向某商务公司投资，双方股权各半，分三次各注资 165 万元，使新公司的总资本达到 330 万元，由沈某直接转账 290 万元（其中有 125 万元系代卫某支付，卫某已通过其他方式归还），卫某直接转账 40 万元。2018 年 11 月起，某商务公司开始经营，由沈某负责日常经营管理并代卫某持有股权。沈某未将三份意向书交给财务人员作为记账凭证，直接告知将 330 万元记为股东借款，具体记载为沈某出借 290 万元、卫某出借 40 万元。

2021 年 2 月，经卫某要求，沈某将其代持的某商务公司 50% 的股权以 1 元的价格转让给卫某控制的某咨询公司，由卫某委派人员担任某商务公司的经理、法定代表人。之后，卫某委派的管理人员就"股东借款"的记载提出异议，与沈某协商先将借款转为注册资本，将注册资本实缴到位。调整后，会计账簿记载的沈某出借款项变更为 190 万元。之后，因沈某、卫某产生矛盾，沈某遂提起本案诉讼。

上海市静安区人民法院于 2022 年 9 月 29 日作出（2021）沪 0106 民初 31982 号民事判决：驳回原告沈某的诉讼请求。一审宣判后，沈某提出上诉。上海市第二中级人民法院于 2023 年 4 月 27 日作出 2023 沪 02 民终 3439 号民事判决：驳回上诉，维持原判。

【裁判理由】

法院生效裁判认为：案涉款项究竟是借款还是股权投资款，应结合款项投入时的意思表示、投入后相应的财务记载情况等综合认定。

首先，沈某与卫某订立的三份《合作意向书》的意思表示明确，即双方共同投资一家公司，股权比例为各 50%，为此，双方每次均等投入资金；

《合作意向书》中没有借款的意思表示，亦没有约定资金的使用期限、取回条件；双方的出资金额与股权比例直接关联，所投入的款项并非用于短期周转，而是用于启动及维持公司经营的长期资本。

其次，根据查明的事实，某商务公司的会计记载并不规范，未能真实反映案涉款项及往来的性质；考虑到卫某系外国公民，欠缺中文阅读能力，结合卫某实际负责公司经营后立即对会计记载提出异议的事实，相关会计记载不足以证明沈某与卫某达成了新的合意，将款项性质变更为借款。

综上，尽管沈某与卫某投入的款项超出了某商务公司的注册资本，且双方未有过明确的增加注册资本的意思表示，但根据双方出资时订立的协议，相关款项系用于公司长期经营，并非一般的债权性投入。我国法律并不禁止股东在认缴出资额以外向公司出资，该部分款项属于公司的其他收入，应由公司根据相关法律规定及会计准则进行处理。沈某关于相关款项系借款的主张，缺乏依据，法院不予支持。

【裁判要旨】

注册资本制下，股东应当按照认缴的注册资本数额向公司注入资金。实践中，因公司经营需要，股东超出注册资本向公司或其经营项目投入资金的情况也十分普遍。我国《公司法》并不禁止股东在注册资本之外向公司出资，但对该类款项性质如何界定未作明确规定。当股东与公司存在分歧时，如何认定款项性质系实务处理的难点。本案采取的审查思路为：依据股东间协议、公司会计资料、付款凭证等各项证据材料，综合判断股东投入款项的真实意思表示。在股东协议的约定与会计资料记载存在矛盾的情况下，应对会计资料的编制依据、过程进行审查，对相关会计资料是否能真实反映案涉款项及往来的性质，是否能证明股东之间、股东与公司之间达成了新的合意、变更了原股东协议的约定进行判定。该审查思路有助于准确把握股东出资时的真实意思表示，避免控股股东借助实际控制公司的便利随意更改款项性质、侵害公司责任财产。

【关联索引】

《中华人民共和国会计法》第九条

《中华人民共和国民事诉讼法》第六十七条

《最高人民法院关于民事诉讼证据的若干规定》第九条、第八十五条

一审：上海市静安区人民法院（2021）沪 0106 民初 31982 号民事判决（2022 年 9 月 29 日）

二审：上海市第二中级人民法院 2023 沪 02 民终 3439 号民事判决（2023 年 4 月 27 日）

某保险公司诉高某保险代理合同纠纷案
——保险代理人违规销售应在过错范围内承担损失赔偿责任

刘　婷*

【关键词】民事　保险代理合同　违规销售　误导销售　过错责任

【基本案情】

原告某保险公司诉称，被告高某系原告某保险公司保险代理人，其在从事保险代理活动期间代理或挂单在其他保险代理人名下的44份保单遭投保人投诉，投诉原因均为误导销售，即高某夸大宣传保单具有贷款功能，导致投保人基于错误认识投保。为此，某保险公司将上述44份保单均做退保处理。据统计，上述44份保单共计缴纳保险费为514902元，现金价值共计30228.12元，两者差额484673.88元。某保险公司针对该44份保单发放给高某本人且尚未退还的佣金为11062.19元。故请求判令：高某赔偿因某保险公司向案外人（共44人）退保产生的经济损失484673.88元及退还佣金11062.19元。

被告高某辩称，涉案44份保单的保费均由某保险公司收取，其仅代为销售。其是在某保险公司公司培训时被口头告知涉案保单具有贷款功能，故不应承担赔偿责任。

法院经审理查明：2017年7月13日，某保险公司（甲方）与高某（乙方）签订了《保险代理合同书》并约定，甲方授权乙方在规定的行政区域内

----

* 刘婷，法学硕士，上海市静安区人民法院金融审判庭审判员。本案例入选2021年度上海法院百例精品案例、人民法院案例库入库案例。

代理销售甲方保险产品，从事如下代理行为：（1）持有和使用经甲方制作或核准的展业资料，全面、忠实地向客户解释、说明甲方保险产品的内容和保险条款……乙方发生下列行为的，视为违反本合同义务，甲方有权追究乙方责任：（1）误导客户：向客户提供虚假资料或误导性的宣传说明……凡因违反相关规定，造成公司或客户损失的，除按相关规定追究责任外，还应赔偿客户或公司损失，如因保单引起，应扣回该保单所取得的相应佣金利益，具体损失追偿标准如下：（1）保单退保、协解、理赔等引起的损失，追偿金额为公司实际给付给客户的金额与按正常情况应给付给客户的金额差额，具体可根据实际情况由前线、后援和法律部门评估。追偿金额从对应保单首佣、续佣、训练津贴、继续率奖金等科目中扣除。

另查明，2017年10月至12月期间高某代理或挂单在其他保险代理人名下的44份保单遭投保人投诉，投诉原因主要为误导销售，即夸大宣传保单具有贷款功能，导致投保人基于错误认识投保。投诉涉及的44份保单共计已缴纳保险费为514902元（均已退还客户），现金价值共计30228.12元，两者差额484673.88元。某保险公司因高某代理销售或挂单在其他保险代理人名下销售上述44分保单而发放的佣金共计242245.69元（该佣金分别由高某和挂名的名义保险代理人实际收取），其中某保险公司已收取高某等人退还的佣金197295.49元，故，剩余尚未退还的佣金为44950.20元（其中高某代理销售的保单项下尚未退还的佣金为11062.19元）。审理中，某保险公司表示其诉请主张的佣金部分11062.19元系某保险公司直接支付给高某的佣金，某保险公司支付给其他名义代理人的佣金部分将另行向实际收取佣金的代理人追索，不在本案中主张；高某表示同意返还其尚未退还的佣金部分11062.19元。

上海市静安区人民法院于2021年2月24日作出（2020）沪0106民初31484号民事判决：一、被告高某退还原告某保险公司佣金11062.19元；二、被告高某赔偿原告某保险公司损失121214元。宣判后，某保险公司以其不应承担部分损失为由提出上诉。上海金融法院于2021年5月28日作出（2021）沪74民终529号民事判决：驳回上诉，维持原判。

【裁判理由】

法院生效裁判认为：本案争议焦点为：第一，高某是否违反保险代理合同约定销售保单；第二，高某承担的违约责任应如何认定。

一、高某是否违反保险代理合同约定销售保单

根据《保险代理合同书》约定，高某应明确无误地知晓某保险公司有关个人寿险业务人员的各项管理规定，且应全面、忠实地向客户解释、说明保险产品的内容。此外，寿险保险产品作为金融属性产品具有一定的专业性，高某作为保险代理人从事寿险保险代理活动应具备保险专业知识、秉持职业操守，使投保人正确理解所购买的保险产品本质和保障范围，避免影响客户选择。本案中，高某在向涉案 44 份投诉保单的投保人销售保险产品时存在销售误导行为。高某违反合同约定，没有客观公正地向客户介绍适合于客户投保的保险产品，尽到保险代理人的基本职责，确保客户得到匹配的风险保障方案。故，高某在从事保险代理销售行为过程中存在过错，根据双方的合同约定已构成违约，由此给某保险公司造成的损失，高某应当承担赔偿责任。

二、高某承担的违约责任应如何认定

首先，关于某保险公司诉请主张返还佣金 11062.19 元，某保险公司有权根据合同约定扣回高某因保单所取得的相应佣金利益，且高某在审理中亦表示同意返还该部分佣金，故某保险公司诉请高某退还已领取的佣金 11062.19 元，予以支持。

其次，关于某保险公司诉请主张的经济损失 484673.88 元（即因退还涉案 44 份保单共计产生的保费 514902 元与该 44 份保单共计产生的现金价值 30228.12 元之间的差额部分），法院认为，在涉案 44 份保单不存在虚假销售等违规销售行为而依约正常履行的情况下，投保人提前退保可获得的是保单现金价值部分，现某保险公司基于投保人在投保时因高某的误导销售行为而同意解除保险合同并退还保费，并无不当；某保险公司实际向投保人退还的保费超过现金价值部分的金额即 484673.88 元可认定为某保险公司实际产生的损失。

至于上述损失应如何承担，根据合同约定，应从保单佣金部分优先予以抵扣，现涉案 44 份保单所产生的佣金共计 242245.69 元，尽管其中有部分佣金并非支付给高某本人，但某保险公司可向实际收取佣金的代理人另行追索，

故上述损失金额 484673.88 元应扣除所对应的 44 份保单所有佣金 242245.69 元，即 242428.19 元。法院认为，尽管高某作为保险代理人在保单销售过程中未尽到基本职业操守、违反合同约定误导销售导致某保险公司产生退保损失，但高某在短短几个月内从事保险代理业务销售的问题保单比例如此之高，某保险公司未提供充分证据证明其在核保、监管环节尽职，作为保险公司亦存在核保不严、监管不力的过失，故也应承担相应的责任。故，法院酌情认定高某应向某保险公司赔偿损失金额为 121214 元。

【裁判要旨】

1. 保险代理人从事寿险保险代理活动应具备保险专业知识、秉持职业操守，使投保人正确理解所购买的保险产品本质和保障范围，避免影响客户选择。

2. 对于保险代理人为了促成保单、获取高额佣金，从事销售误导等违规保险销售行为，导致保险公司对外赔偿而产生的损失，保险代理人应在过错范围内担责，保险公司未尽责承担部分损失。

【关联索引】

《中华人民共和国民法典》第五百零九条第一款（本案适用的是 1999 年 10 月 1 日施行的《中华人民共和国合同法》第六十条第一款）

《中华人民共和国民法典》第五百七十七条（本案适用的是 1999 年 10 月 1 日施行的《中华人民共和国合同法》第一百零七条）

《中华人民共和国民法典》第五百八十五条第一款（本案适用的是 1999 年 10 月 1 日施行的《中华人民共和国合同法》第一百一十四条第一款）

一审：上海市静安区人民法院（2020）沪 0106 民初 31484 号民事判决（2021 年 2 月 24 日）

二审：上海金融法院（2021）沪 74 民终 529 号民事判决（2021 年 5 月 28 日）

北京某科技有限公司诉上海某电子游戏有限公司等其他合同纠纷案

——直播平台因主播违约跳槽遭受损失难以具体量化，应结合行业特点减轻平台方的举证责任

陆维溪*

【关键词】民事　其他合同　网络直播　主播违约　违约金　抗辩过高　违约金调整　举证责任　减轻

【基本案情】

原告北京某科技有限公司（以下简称某科技公司）诉称，2017 年 7 月 1 日，原告与被告上海某电子游戏有限公司（以下简称某游戏公司）、被告王某签订《直播服务合同》（以下简称合同），约定王某在直播平台提供独家直播服务一年，未经原告同意不得与其他平台合作；服务费用 90 万元，并就道具收益分成。此后，原告按约付款合计 639615.92 元，并在直播平台站内、外投入大量资源推广并提升王某知名度。然王某 2018 年 1 月 1 日起擅自停播，至竞品平台直播，致原告遭受广告收入、流量红利及其他可期待利益损失。故请求判令：（1）解除合同；（2）两被告返还已付费用 622367.50 元；（3）两被告支付违约金 400 万元。

被告某游戏公司辩称，同意解除合同；对已付费用，系已履行服务的对价，不应返还；不同意支付违约金：（1）按直播业惯例，须有经纪公司参与，

---

* 陆维溪，法学硕士，上海市静安区人民法院民事审判庭副庭长。本案例入选 2020 年度上海法院百例精品案例，人民法院案例库入库案例。

方予盖章，且据合同性质，违约责任应由王某承担。（2）王某擅自在竞品平台直播系其个人违约，某游戏公司已劝阻和警告。（3）某游戏公司对王某投入了大量成本，人力成本就达131余万元，而原告已付部分在两被告间还需分配，本方尚未获益。权利义务对等，某游戏公司不应担责。（4）违约金约定过高，应以实际损失为基础调整，原告未提供直接证据证明损失；与返还费用不可同时主张。

被告王某辩称：（1）对解除合同无异议。但因原告未提供直播条件及维护主播利益与职业发展，致合作信任丧失。故停止直播，系维护劳动权益，并不违约。（2）已提供了劳务对价，不应返还。（3）即使构成违约，违约金约定过高，应以实际损失为准，且原告无充分证据，望予调整。另，合同的乙方是某游戏公司，相关责任应由其承担。

法院经审理查明：2017年7月1日，甲方原告某科技公司、乙方被告某游戏公司、乙方艺人被告王某共同订立合同，约定：鉴于甲方拥有或经授权拥有并运营某直播软件。乙方以安排其旗下艺人王某使用甲方平台进行直播的形式为用户提供直播服务。服务期限自2017年7月1日至2018年6月30日止。服务费用为90万元/年。甲方向乙方支付服务费用总额的20%作为预付款，其余80%按月后付，分十二期支付。乙方艺人在甲方平台所得某币收益，由甲乙双方五五分成。乙方应独立负责与其艺人酬劳及费用等的分配。乙方有责任确保乙方艺人亦遵守本合同约定，且乙方对乙方艺人行为承担无限连带责任。"5.2 乙方艺人与甲方的合作作为独家直播业务合作。除经甲方同意外，服务期限内乙方艺人不得以任何形式与任何第三人进行与本合同相同或类似的直播平台/产品。"乙方违反上述保证给甲方造成损失的，乙方应：承担赔偿责任；退还所有甲方已付款项；并按乙方艺人在甲方平台累计收益之和的4倍或400万元（以高者计）向甲方支付违约金。如甲方选择直接与乙方解除合同，则乙方应按合同第9.4条承担违约责任。乙方和乙方艺人就签订及履行本合同共同向甲方承担连带责任。"8.2 本合同有效期内，任何一方可在以下情况发生时提出终止本合同：（1）任何一方不能按约履行义务……守约方有权终止合作并要求违约方进行赔偿……（3）任何一方连续不能或不履行本合同达三十天，守约方有权终止合作并要求违约方进行赔偿"……"9.4 本合同条款已经约定了相应违约责任的，按约定执行……

因乙方违反本合同约定导致本合同解除的，甲方无需支付服务费用，乙方应立即向甲方退还已收取的全部款项，并向甲方支付：（1）乙方艺人在某直播平台累计收益之和的4倍或400万元（以高者计）作为违约金；（2）甲方为培养乙方艺人而投入的所有成本和费用；（3）甲方为乙方艺人提供的推广资源所对应的价值（推广资源有刊例价的，则其价值以刊例价为准……）；（4）乙方及乙方艺人在违约期间产生的收益……"王某签署附件《授权公示函》，承诺已与原告达成独家合作，未经原告事先书面同意无权自行或与任何第三方合作直播，否则承担违约责任。

王某自2017年7月至12月在原告某平台直播。2018年1月1日起，王某至竞品平台直播。审理中，各方确认原告就王某2017年7月至12月向某游戏公司结算了费用。

2018年1月9日，原告收到王某《解除合同通知书》，审理中，王某表示发函仅系表达意见的方式。

另，原告提供证据证明推荐位单价在5万—8.5万元／小时；王某2017年7—11月房间锁定前10位的时长为7797.28小时。

上海市静安区人民法院于2019年8月30日作出（2018）沪0106民初7903号民事判决：一、确认原告与两被告订立的《直播服务合同》解除；二、两被告共同返还原告预付款9万元；三、两被告共同给付原告违约金200万元。宣判后，各方当事人均未提出上诉，一审判决已发生法律效力。

【裁判理由】

法院生效裁判认为：各方对王某自2018年1月1日起未再于原告平台而至竞品平台直播的事实及合同解除，均无异议。本案争议焦点在于导致合同解除的原因、合同解除后的法律责任的承担。

一、导致合同解除的原因

各方对解除的原因存在分歧。王某跳槽至竞品平台直播，违反合同第5.2条及《授权公示函》，且发出《解除合同通知书》，以实际行动及明确意思表示其不继续履行合同，有违诚信原则，应认定为根本违约。故原告解除合同，合法有据。

二、合同解除后的法律责任的承担

（一）关于违约责任的承担主体

两被告分别提出己方不应承担的事由，但合同约定"乙方对乙方艺人行为承担无限连带责任""乙方和乙方艺人就签订及履行本合同共同向甲方承担连带责任"，且王某在《授权公示函》中亦确认担责。故，两被告均应承担违约责任。

（二）关于违约责任的具体界定

当事人可以约定一方违约时应当根据违约情况向对方支付一定数额的违约金。约定的违约金过分高于造成的损失的，当事人可以请求人民法院予以适当减少。原告主张王某违约"跳槽"，应返还已付款项，并承担400万元违约金，为此提供推荐位刊例价及统计信息等宣传成本，以证约定的违约金应属合理。两被告称，给予推荐位系原告义务，及获益途径，故此并非损失，且原告并未举证损失具体金额；此外，违约金约定过高，请求调整。

一般情况下，当事人主张约定的违约金过高请求予以适当减少的，应以实际损失为基础，兼顾合同的履行情况、当事人的过错程度以及预期利益等综合因素，根据公平原则和诚实信用原则予以衡量。鉴于本案涉及的是网络直播这一新兴行业，对于公平、诚信原则的适用尺度，与因违约所受损失的准确界定，须考虑行业的特点：平台估值的重要指标载体系流量，流量依附或绑定于主播，平台的经营宗旨在于保证及提升流量，再通过流量变现盈利，具体手段在于确保头部或明星主播的直播活动，这必然需就带宽、主播上投入大量成本，也难免致使整个行业具有一定泡沫化的特征，无法真正客观反映本身价值。因此，合同约定的违约金及直播费用的金额或无法真实反映主播的价值，进而也无法反映主播跳槽给平台带来的损失。而界定平台损失时，涉及平台投入的带宽、运营、宣传、人力等各方面成本，实际上难以在某一个主播身上具体量化。相应的，除了礼物分成，其他诸如广告、平台估值、流量红利等方面的收益，也难以在某一个主播上量化。

基于上述网络直播行业的特点，法院就本案所涉的违约金及损失界定具体作如下分析：

首先，主播违约"跳槽"造成平台的损失，不应局限于显而易见的实际已发生的具体损失。第一，主播是网络直播平台的核心资源，流量又是估值的重要指标，王某违约"跳槽"，必将伴随平台流量的减少，直接导致以流量为主要价值指标的平台竞争力与市场占有率的贬损，进而影响以此作为评估重要指标的风险投资，致原告整体估值的降低。第二，主播在合同履行期限内所占有、使用的平台带宽及人力成本，于合同履行期间对平台产生效益，并通过积聚的过程也将在剩余合同期间继续释放效益，甚至鉴于网络平台企业的收益模式，可能产生爆发式的增长。故，王某的"跳槽"使其此前所占有使用的巨大成本在剩余合同期间中沉淀，无法释放并转化为原告可享受的流量红利，不再为平台产生效益，当然亦造成了原告的损失。第三，因平台就直播内容作了不同类别的细分，细分下的主播对应的固定粉丝群体，往往具有一定消费倾向及更强的流量转化效率（即变现效率），使广告主能更精准地投放广告、高效地触达目标用户。王某的"跳槽"带走了粉丝群体，除账面上的礼物道具分配收益的当然减损，也致使其粉丝所吸引的广告投放及对应收入的减少。故，因王某"跳槽"而造成的损失，不能仅限于显而易见的具体损失，还要考虑到平台整体估值的降低，可期待利益的损失，特定对象广告收益减损等因素。

其次，关于损失的具体金额，应注意到主播"跳槽"所致损失难以量化，如对平台苛求过重的举证责任，有违公平原则。前文已提及平台基于流量而获益的途径包括礼物道具的打赏以及广告收入等。其中，主播个体就道具分配的可期待收益或尚可按一定规律推算。但就广告收益而言，平台拥有众多主播，且存在流动性、播出时长、直播内容、流量黏性强度等诸多非财务性指标的变量，显然难以计算主播个体所产生或可能产生的收益，毋庸说去计算合同剩余期间中，直播行业迭代发展中的未来收益。何况，也正因难以量化，原、被告才对违约金作了明确约定。加之，某游戏公司作为专业的经纪公司，对违约金的数额及相应的风险承担能力等都具有更专业的判断，理应出于其理性商业思维订约。本案中，以原告主张的推荐位资源损失为例，原告的举证，结合王某所称的平台导流及合同对推广资源按刊例价赔偿的内容，可判定原告确为王某提供大量推荐位。当然，若完全认同原告的计算方式，金额则远不止 400 万元，以此计算推广王某的资源价值在合理性上亦有所欠缺。故，原告以推荐位资源为据证明其损失客观存在，是具有一定参考意义的，但在举证损失时，不能过于苛求平台举证具体金额，而应注意到网络直播平台的具体特点，遵循公平原则，考虑其举证能力和举证成本，适当减轻其举证责任。

最后，对违约金合理性的判断，应立足行业健康发展。如前所述，直播平台为了提升流量，频繁挖角恶意竞争，使得主播的市场价值泡沫化，具体则体现在直播费用及违约金数额上过高。事实上，直播平台在催生市场泡沫的过程中，不断推高人力成本投入，显然并不利于平台的可持续发展。有鉴于本案合同发生于前述网络直播行业激烈竞争的大环境中，王某在原告平台直播的半年期间固定费用为 45 万元、礼物道具分成收入约 17 万元，而对剩余未完成直播义务的半年，若按合同约定向原告赔偿违约金 400 万元，不难作出违约金数额亦存在一定泡沫的判断。因此，无论从建立稳定、有序、健康的网络直播行业业态，还是为直播平台营造一个良好的营商环境，抑或促使主播市场价值回归理性的角度，对于不合理的高额违约金，应适当予以调整。

综上，法院结合合同履行期间、被告王某的收益情况及其过错程度，综合直播行业的特点、直播平台的投入、经纪公司的参与及主播个体的差异四个维度予以考虑，根据公平原则及违约金的惩罚性因素，并平衡各方利益，对于王某"跳槽"这一不符合诚实信用原则的行为之违约金，酌情确定为 200 万元。至于原告要求返还已付费用，其中涉及王某未提供直播服务的半年期间对应的预付款 9 万元，因合同解除尚未履行的部分不再履行，应返还；而剩余部分的返还，是合同约定的被告违约所应承担的多项责任中的其中一种，对此在酌定被告应承担的违约金时已一并考虑，不再另予支持。

【裁判要旨】

对于网络主播违约跳槽，直播平台要求作为违约方的网络主播、经纪公司等按照合同约定承担违约金时，违约方辩称过高要求按照实际损失调整违约金数额的，人民法院应当考虑网络直播行业的本身特征，对主播跳槽违约金的调整遵循以下原则：一是综合网络直播行业的特点、平台的投入、经纪公司的参与、主播个体收益及过错四个维度考量，考虑直播行业就收益及成本投射在主播个人上难以具体量化的特征，应适当减轻平台举证责任，不应简单以举证证明的、"显而易见"的实际损失为限调整；二是应立足行业健康发展，坚持去泡沫、归理性，调整过高、不合理的违约金。

【关联索引】

《中华人民共和国民法典》第六条、第七条（本案适用的是 2017 年 10 月 1 日施行的《中华人民共和国民法总则》第六条、第七条）

《中华人民共和国民法典》第五百六十二条第二款、第五百六十六条、第五百七十七条、第五百八十五条（本案适用的是 1999 年 10 月 1 日施行的《中华人民共和国合同法》第九十三条第二款、第九十七条、第一百零七条、第一百一十四条）

一审：上海市静安区人民法院（2018）沪 0106 民初 7903 号民事判决（2019 年 8 月 30 日）

盛某等诉某置地有限公司等房屋买卖合同纠纷案
——精装修房屋买卖双合同模式下责任认定

陈　钰　张　蕾*

【关键词】民事　房屋买卖合同　装饰装修合同　法律关系相对方认定　违约责任

【基本案情】

原告盛某、毛某诉称，两原告晚于《上海市商品房预售合同》《室内装修协议》约定交房日期取得房屋钥匙，被告某置地有限公司应承担逾期交房违约金，被告上海某工程有限公司因自愿加入债务承担连带责任。故请求判令：被告某置地有限公司支付逾期交房违约金（以已付房款13410371元为本金，按万分之一每日的标准自2018年4月1日计算至2018年11月9日）并赔偿评估费31028元，被告上海某工程有限公司承担连带责任。

被告某置地有限公司辩称，《上海市商品房预售合同》标的为毛坯房，装修验收迟延与其无关；其已按期将房屋交给上海某工程有限公司进行装修，不存在逾期。综上，不应承担违约责任。

被告上海某工程有限公司辩称，其装修工期未超过《室内装修协议》约定，不存在逾期；交房义务应由某置地有限公司承担；其配合交房的行为不构成债的加入。

法院经审理查明：2016年9月12日，两原告与被告某置地有限公司就某

---

* 陈钰，法学硕士，上海市静安区人民法院民事审判庭审判员。张蕾，法律硕士，上海市静安区人民法院民事审判庭法官助理。本案例入选2021年度上海法院百例精品案例、人民法院案例库入库案例。

房屋签订房款（不含全装修价格）暂定为 11931047 元的《上海市商品房预售合同》，约定于 2018 年 3 月 31 日前交房。同日，两原告经被告某置地有限公司指示，又与被告上海某工程有限公司就该房屋室内精装修签订《室内装修协议》，约定装修款 1479324 元，工期 547 天，至 2018 年 3 月 31 日结束。两原告向某置地有限公司支付了房款、装修款。2018 年 3 月 21 日，两被告曾共同向原告发送装修验收通知。同年 6 月，某置地有限公司向原告发函表示对装修验收延迟非常遗憾，其已初步拟定补偿方案，请原告于同年 7 月 8 日至 15 日办理移交手续。原告前往收房时，某置地有限公司员工予以接待并表示公共区域未装修好，不能交付钥匙，直至 10 月 31 日才表示可以交房。同年 11 月 9 日，原告取得钥匙并接收房屋。2019 年，两原告曾以《室内装修协议》为依据，起诉要求两被告赔偿系争房屋逾期交房损失，后申请撤诉获准。该案中，原告坚持对系争房屋 2018 年 4 月至 11 月租金进行评估，为此支付评估费 31028 元。

上海市静安区人民法院于 2020 年 7 月 6 日作出（2020）沪 0106 民初 1552 号民事判决：被告某置地有限公司应于本判决生效之日起十日内支付两原告逾期交房违约金 286981.94 元；驳回两原告其余诉讼请求。宣判后，某置地有限公司认为其在合同约定期限内将毛坯房交付给上海某工程有限公司施工，即已完成交房义务，不应将瑕疵修复期计入逾期交房期等为由提起上诉。上海市第二中级人民法院于 2020 年 11 月 25 日作出（2020）沪 02 民终 8286 号民事判决：驳回上诉，维持原判。

【裁判理由】

法院生效裁判认为本案争议焦点：一是某置地有限公司出售的是商品毛坯房还是精装修房；二是某置地有限公司是否应承担逾期交房的违约责任。

《上海市商品房预售合同》《室内装修协议》从约定到实际履行存在诸多不合理之处。首先，各方当事人明知可能 2018 年 3 月 31 日才能交付毛坯房并开始装修，却仍约定同日装修工程竣工；毛坯房尚未竣工就约定装修开始。其次，某置地有限公司从未按照买卖合同约定通知原告进行毛坯房验收，原告对钥匙移交的过程亦不知情；两被告首次邀请原告验收的就是已装修完毕的房屋，此时原告已不可能进行毛坯房验收，买卖合同的履行欠缺了重要步骤。再次，装修前，原告对装修方案无任何自主权利，装修方案由某置地有限公司确定；装修中，原告不知晓上海某工程有限公司何时进场施工，亦无法进入系争房屋对装修情况进行监督和了解；装修结束后，原告在与某置地有限公司办理相关手续后才能从物业公司处取得房屋钥匙，并非与上海某工程有限公司办理交接手续；原告自始未与上海某工程有限公司接触，上述情形均与一般装修合同明显不同。复次，如果某置地有限公司仅承担毛坯房交房义务，则理应由上海某工程有限公司组织和参与装修验收，并承担所谓逾期责任。相反，某置地有限公司自认了延期验收的事实并作出补偿的意思表示。最后，系争房屋装修工程既已完成，上海某工程有限公司理应有权依照装修协议要求某置地有限公司支付全部装修款项，或要求原告指示付款。但上海某工程有限公司却依照与某置地有限公司签订的施工合同进行结算，且至今未收到全部工程款。上述不合理之处可以相互印证各方当事人均认为验收和交付的对象是精装修房屋，且应由某置地有限公司履行交付义务。

结合在案证据，原告在 2018 年 3 月实际无法取得房屋，某置地有限公司工作人员直至 2018 年 10 月 31 日才表示可以交房，故交房逾期期间应自 2018 年 4 月 1 日计至 10 月 31 日。因交付标的物系包含装修价值在内的精装修房屋，故违约金计算基数应为包括装修款在内的总价款 13410371 元；买卖合同约定日万分之一的违约金标准尚属合理。原告在另案中支付的评估费并非必然产生的费用，应由其自行承担。现有证据不能证明装饰装修公司承诺就逾期交房一事对原告进行赔偿，故不能认定构成债的加入。

【裁判要旨】

法律关系相对方的认定不应拘泥于合同形式，应注意探求当事人真实意思表示。经开发商指示，买受人与装修企业另行签订装修合同，也可以是精装修房屋买卖中装修部分权利义务的表现形式。此时，应从商品房买卖合同及装饰装修合同的订立过程、合同条款内容、实际履行情况等因素评价二者之间的关联性，探究合同相关各方的真实合意，继而认定开发商是否应就逾期交房向买受人承担违约责任。

【关联索引】

《中华人民共和国民法典》第五百七十七条（本案适用的是 1999 年 10 月 1 日施行的《中华人民共和国合同法》第一百零七条）

《中华人民共和国民法典》第五百八十五条（本案适用的是 1999 年 10 月 1 日施行的《中华人民共和国合同法》第一百一十四条）

一审：上海市静安区人民法院（2020）沪 0106 民初 1552 号民事判决（2020 年 7 月 6 日）

二审：上海市第二中级人民法院（2020）沪 02 民终 8286 号民事判决（2020 年 11 月 25 日）

上海某某房地产有限公司诉杨某某等房屋买卖合同纠纷案

——外籍买受人死亡导致房屋买卖合同无法履行的责任认定

吴　瑛[*]

【关键词】民事　房屋买卖合同　外籍买受人　合同履行　责任认定

【基本案情】

原告上海某某房地产有限公司诉称，原告向严某甲发出书面通知，告知其办理房屋交付手续，但因其个人原因一直未能办理，造成原告不得不为该套房屋和其租赁的车位代缴物业费。同时，严某甲尚有车位租金未付。后原告因其他案件得知，严某甲已在美国死于车祸，被告严某乙、被告杨某某系严某甲的法定继承人。原告遂于 2009 年 11 月、2010 年 7 月两次向两被告发出律师函，催促其办理相关手续并支付相应款项，但两被告一直未来办理。

被告严某乙未答辩。

被告杨某某辩称，对合同内容及面积找补款并无异议，但其曾于接获原告通知后多次赴原告处办理相关交房手续，未料原告以未付清物业费为由拒绝办理。被告杨某某曾向原告表示，如果拿到房屋钥匙，即愿支付物业费，但原告既不肯办理过户手续，也不肯交付房屋钥匙，致使其至今未能使用房屋。

---

[*] 吴瑛，法学硕士，上海市静安区人民法院民事审判庭审判员。本案例入选《中国法院 2014 年度案例》、人民法院案例库入库案例。

针对被告杨某某的辩称意见，原告认为虽然被告杨某某确曾要求交房，但严某甲共有两个第一顺位法定继承人，原告无法单独交给其中一人，且房屋过户与房屋实际交接必须同时进行，故未予同意。

法院经审理查明：2003年12月15日，原告与严某甲签订商品房预售合同一份，向严某甲出售上海市静安区长宁路某弄某号某某室房屋一套，房屋建筑面积为158.77平方米，合同单价每平方米10660元，约定交房期限为2005年5月31日前，如交房面积超出合同约定的面积，则严某甲应补交房款，若逾期未补交房款应按照每日未交金额万分之一承担违约金。同时原告与严某甲另签有车位租赁协议一份。2005年1月15日，严某甲在美国死亡，两被告系其法定继承人。据被告杨某某陈述，严某甲死因为车祸。2005年5月17日，原告向严某甲所留地址发出信函，通知其来办理房屋交接手续。2007年2月28日，因严某甲为购买系争房屋所办贷款未能及时清偿，上海市第一中级人民法院受理了抵押权人某某银行上海某支行诉杨某某、上海某某房地产有限公司借款合同纠纷一案。此后被告杨某某曾多次向原告提出交付房屋钥匙，但原告认为须严某甲的全体继承人到场方可交付，故予拒绝。自2005年7月至2007年3月，系争房屋共发生物业服务费用9271.74元，由原告支付。原告另外还支付了系争房屋的维修基金6200.46元、有线电视初装费420元、电表初装费100元。审理中，原告支付了翻译费10300元，送达费2000元。审理中，被告严某乙未表示放弃继承。

上海市静安区人民法院于2012年2月8日作出（2010）静民一（民）初字第2956号民事判决：一、被告杨某某、严某乙与原告上海某某房地产有限公司应于本判决生效之日起十日内办理相关手续，将上海市静安区长宁路某弄某号某某室房屋产权登记为被告杨某某、严某乙共同共有，并实际交付；二、被告杨某某、严某乙应于本判决生效之日起十日内支付原告上海某某房地产有限公司物业服务费9271.74元、维修基金6200.46元、有线电视初装费420元、电表初装费100元；三、被告杨某某、严某乙应于本判决生效之日起十日内支付原告上海某某房地产有限公司面积找补款8848元；四、被告杨某某、严某乙应于本判决生效之日起十日内支付原告上海某某房地产有限公司翻译费10300元、送达费2000元；五、对原告上海某某房地产有限公司的其余诉讼请求不予支持。宣判后，上海某某房地产有限公司不服一审判决，提起上诉，后在收到原审法院催交上诉费的通知后，未能在规定期限内缴纳上诉费。上海市第二中级人民法院于2012年7月13日作出（2012）沪二中民二（民）终字第1430号民事裁定：本案按上诉人上海某某房地产有限公司自动撤回上诉处理。双方当事人均应按原审判决执行。

【裁判理由】

法院生效裁判认为：依法成立的合同受法律保护，双方均应恪守约定，如有违约，应当承担相应违约责任。但因不可抗力致使一方难以履行合同的，为法律所规定之例外情形。依照合同约定，原告应于交房日前10天书面通知严某甲办理交房手续。原告虽于2005年5月17日发出书面通知，但此时严某甲已经死亡，对一个消亡的法律主体作出的书面通知，不能视为一次有效的通知，因此原告此时并未完成合同中约定的通知义务。但经查，双方合同约定交房到期日为2005年5月31日，同年1月15日，严某甲即已身故，此时双方均未发生延迟履行。由于严某甲之死并非其本人或原告故意所为，因此不能预见，也无法避免；而严某甲并非我国公民，原告无从知晓其死亡及继承人通信情况，因死亡带来的通信障碍无法克服。故严某甲的死亡是合同双方均无法预见、不能避免且不能克服的客观状况，属于不可抗力。因此，原告虽未能完成通知义务，过错并不在原告，不能要求原告承担因延迟履行产生的费用。系争房屋已预登记在严某甲名下，该房屋在因不可抗力而无法交付期间产生的物业费用，是为了管理严某甲的财产发生的有益费用。该费用标准系业主公约所定，不可避免，管理义务转移对象不明，且不能因严某甲的个人意志减少，故该费用理应由继承严某甲财产的两被告在所继承的财产范围内承担。同样，房屋因不可抗力无法交付，其过错亦不在被告。且依照法律规定，原告对严某甲的遗产有妥善保管之责任，理应及时支付管理费用，因此对原告就物业费违约金提出的主张，法院难以支持。

2007年3月17日，某某银行上海某支行诉杨某某、上海某某房地产有限公司借款合同纠纷案件达成调解协议。此时原告应当知道被告杨某某为严某甲的法定继承人，因不可抗力造成的合同履行障碍已经开始消除，原告应当尽最大努力向严某甲的法定继承人履行合同义务。而原告却以另一法定继承人未到场为由，拒绝实际交付房屋，致使被告杨某某无法管理系争房屋。

遗产在法定继承开始后，未分割前，应视为全体继承人共同共有，共有人的权利范围及于整套房屋。未存在其他约定的情况下，各共有人都有管理的权利和义务。将房屋实际交付于继承人之一管理，符合法律规定，同时并不会损害其他继承人的合法权益。故原告拒绝实际交房，难谓有合理理由，就2007年3月之后发生的管理费用，不能得到支持。

对于原告关于办理系争房屋交付手续及过户手续的诉讼请求，因原告主张合同约定的条件已经具备，两被告亦无反对意见，法院依法可予支持。因过户产生的有关费用，因其尚未发生，法院不予处理，由双方当事人在办理相关过户手续时根据法律规定各自承担。

原告主张的房屋面积找补款，在合同中已有约定，故依法可予支持。原告就此部分所主张的违约金系逾期支付违约金，因双方在合同中明确约定该费用在交房时确定，而双方至今没有办理交房手续，故被告并未发生逾期付费的情况，原告关于房屋面积补偿款违约金的主张，法院难以支持。

原告主张的维修基金，在合同中有明确约定，法院依法可予支持。

原告主张的有线电视初装费、电表初装费，系完善系争房屋功能、良好履行合同所支出的必要费用，有利于系争房屋的价值提高，符合一般人对房屋使用的合理要求，法院对该项主张可予支持。

原告主张的翻译费和涉外送达费用，因系原告启动诉讼程序主张其合法权利所必须支出的费用，法院依法可予支持。

原告主张的律师费用，因于法无据，法院难以支持。

对于原告就车位租赁协议及该车位物业管理费提出的主张，因原告与严某甲在系争房屋预售合同补充条款第七条中明确约定，停车位不包含在合同标的物范围内，故原告就停车位提出的主张本案不予处理。原告如认为两被告违约，可另行主张。

【裁判要旨】

民法意义上的不可抗力是一项免责条款，是指合同签订后，非因合同当事人的过失或疏忽，而是基于发生了合同双方都无法预见、无法避免、无法控制和无法克服的意外事件（如战争、车祸等）或自然灾害（如地震、火灾、水灾等），以致当事人不能依约履行或不能如期履行合同，发生意外事件或遭受自然灾害的一方可以免除履行职责的责任或推迟履行职责。买受人因车祸死亡这一事件对房屋买卖合同的双方当事人而言都是不能预见、不能避免并不能克服的客观情况。所以，应对亡者继承人所应承担的延迟履行合同义务予以免责处理。实践中，基于不可抗力事件的不可预见性和偶然性，决定了人们不可能列举出其全部外延。在法律没有具体规定的情况下，司法审查何种情况属于不可抗力尤为重要。发生不可抗力可能导致两种后果：一是解除合同；二是延期履行合同。合同双方未发出解除合同的意思表达时，延期履行合同是双方合意的结果。

开发商无从知晓买受人死亡及继承人的通信联系方式，因死亡带来的通信障碍也是无法克服的，所以也不应承担因他人延迟履行而产生的费用。原告因合同延期履行而支付了维修基金、电视电表初装费、物业费等管理费用，上述费用均因管理房屋而产生。在继承人未明确表示放弃遗产的情况下视为继承人接受遗产，则其应在遗产实际价值范围内承担被继承人应缴纳的相关费用。开发商主张继承人承担因延迟支付物业费而产生的违约金，但实际上在未与继承人取得联系之前其为遗产的保管人，对存有的遗产承担妥善保管的义务。如何理解"妥善保管"是最终是否支持原告违约金诉请的考虑因素。所谓妥善保管，即以善良管理人的注意义务加以保管。善良管理人的注意是指有一般的知识经验及诚意的人所具有的注意来保管遗产。本案中，原告作为房屋保管人，有妥善保管的责任，理应及时支付管理费用，而不应扩大不必要的损失。其次，在已经知道法定继承人的情况下，此时因不可抗力造成的合同履行障碍已经消除，原告应当尽最大努力向继承人履行合同义务，其拒绝交房不符合法律规定，因此其主张继承人出现后的管理费用无法得到支持。

【关联索引】

《中华人民共和国民法典》第三百条（本案适用的是 2007 年 10 月 1 日施行的《中华人民共和国物权法》第九十六条）

《中华人民共和国民法典》第一百一十九条、第五百九十条（本案适用的是 1999 年 10 月 1 日施行的《中华人民共和国合同法》第八条、第一百一十七条）

《中华人民共和国民法典》第一千一百五十一条、第一千一百二十四条第一款、第一千一百五十九条（本案适用的是 1985 年 10 月 1 日施行的《中华人民共和国继承法》第二十四条、第二十五条第一款、第三十三条第一款）

一审：上海市静安区人民法院（2010）静民一（民）初字第 2956 号民事判决（2012 年 2 月 8 日）

二审：上海市第二中级人民法院（2012）沪二中民二（民）终字第 1430 号民事裁定（2012 年 7 月 13 日）

徐某栋、朱某华职务侵占案

——保险代理人作为职务侵占犯罪主体的认定

顾正仰　周子扬[*]

【关键词】刑事　职务侵占　保险代理人　犯罪主体

【基本案情】

被告人徐某栋、朱某华于 2020 年 4 月起组织"保险黑产"犯罪团伙。2020 年 4 月至 6 月间，由徐某栋先与被害单位某某人寿上海分公司现代部业务总监徐某阳共谋，由徐某阳指使该部门业务主任张某、顾某清等人提供保险业务团队内新人业务员账号；再由徐某栋、朱某华从他人处购买保险公司客户投保的交易信息，将信息交由"保险黑产"犯罪团伙成员冒充某某人寿员工与客户取得联系，采用"撬单"或其他方式促成客户在某某人寿购买新的保单。徐某栋、朱某华等团伙成员再将上述销售的新保单挂单在张某、顾某清等人提供的新人业务员账号下，以此骗取某某人寿上海分公司对新人业务员提供的新人训练津贴、增员奖等额外奖励共计 184.8 万余元。赃款由"保险黑产"犯罪团伙成员与某某人寿内部人员进行分赃。

2020 年 10 月 29 日，被告人徐某栋、朱某华被公安人员抓获。到案后，被告人徐某栋拒不供认上述犯罪事实。在法院审理过程中，被告人徐某栋、朱某华均能如实供述全部犯罪事实，且徐某栋退出违法所得 39 万元、朱某华退出违法所得 30 万元，连同其他同案关系人已退出全部违法所得。

上海市静安区人民法院于 2021 年 12 月 1 日作出（2021）沪 0106 刑初

---

[*]　顾正仰，法学学士，上海市静安区人民法院刑事审判庭审判员。周子扬，法律硕士，上海市静安区人民法院刑事审判庭法官助理。本案例系人民法院案例库入库案例。

735 号刑事判决：一、被告人徐某栋犯职务侵占罪，判处有期徒刑三年九个月，并处罚金人民币十五万元。二、被告人朱某华犯职务侵占罪，判处有期徒刑三年六个月，并处罚金人民币十五万元。三、退赔的违法所得发还被害单位中国某某人寿保险股份有限公司上海分公司。宣判后，没有上诉、抗诉，判决已发生法律效力。

【裁判理由】

法院生效判决认为，本案的争议焦点主要在于：保险代理人是否属于保险公司的工作人员，是否具有相应的职务便利。（1）保险代理人可以视为保险公司工作人员。同案关系人徐某阳、张某、顾某清等人与某某人寿上海分公司签订保险代理合同书，接受保险公司的培训与管理，对外以保险公司的名义展业，从形式上看似与保险公司属于委托代理关系。但从实质上看，保险代理人以保险公司名义为保险公司代办业务，保险公司从保险业务中获得保费收入，从中再支付给保险代理人以佣金，为保证保险代理人的工作质量，保险公司还为保险代理人组织培训，安排监督员实施严格的管理手段，这与保险公司的工作人员工作属性基本相同。两者的区别仅在于赚取收益的形式不同。保险公司签订保险代理合同的根本目的在于保险代理人的用工成本相对较低，不需要为保险代理人支付基本工资及缴纳社保，保险代理人通过实际展业的业务量赚取佣金能够形成激励机制，为保险公司创造收益。因此，仅因支付报酬的方式不同不足以区分保险代理人与保险公司工作人员之间的界限，保险代理人具有职务侵占的主体身份条件。（2）保险代理人具有保险公司工作人员的职务便利。徐某阳、张某、顾某清等人具有一定上下级的管理关系。某某人寿上海分公司的保险代理人采取多层级的管理模式。一般由资深的保险代理人邀请新人保险代理人加入保险公司，被邀请者的数量达到一定标准后，邀请者则晋升为业务主任，对被邀请者们进行管理并从其中的业务分成，被邀请者也可以继续邀请他人加入，当团队规模到达一定标准后，业务主任也可以晋升为部门业务总监、地区业务总监等，管理方式和业务提成以此类推。同案犯徐某阳、张某、顾某清等人虚构新人保险代理人，实际由他人展业，挂单在新人名下的方式，骗取某某人寿上海分公司支付的新人训练津贴、增员奖等额外奖励。这恰恰是利用自己作为业务主任、业务总监等职务便利，向保险公司隐瞒真实的情况，虚构自己邀请并负责管理的下级保险代理人的业务情况。

综上，被告人徐某栋、朱某华伙同他人，利用被害单位公司工作人员具有职务上的便利，将被害单位的财物占为己有，数额巨大，其行为均已构成职务侵占罪。公诉机关指控的罪名成立，法院予以支持。在职务侵占的共同犯罪中，被告人徐某栋、朱某华起主要作用，系主犯；被告人朱某华到案后如实供述司法机关还未掌握的本人其他罪行，以自首论，依法可以减轻处罚；被告人徐某栋、朱某华当庭能如实供述自己的罪行，可以酌情从轻处罚。二名被告人已退赔全部违法所得，亦可以酌情从轻处罚。故法院依法作出如上裁判。

【裁判要旨】

保险代理人与保险公司签订保险代理合同书，接受保险公司的培训与管理，根据保险公司委托，在授权范围内以保险公司的名义代为办理保险业务，并收取佣金。保险代理人与保险公司在实质上符合事实劳动关系。保险代理人在一定时期内实际履行着单位职责，承担着与保险公司业务员相同的工作任务，具有保险公司日常经营业务过程中的职务便利，可以成为职务侵占罪的犯罪主体。

【关联索引】

《中华人民共和国刑法》第二百七十一条

一审：上海市静安区人民法院（2021）沪 0106 刑初 735 号刑事判决（2021 年 12 月 1 日）

严某诉姚某甲等遗赠、物权确认纠纷案
——境外遗嘱的法律适用与效力认定

万健健*

【关键词】民事　遗赠　物权确认　境外遗嘱　共同遗嘱　法律适用

【基本案情】

原告严某诉称，1992 年 9 月，原告与姚某乙在巴拉圭的法院办理了离婚手续，姚某乙即与德国籍老人 E 在德国登记结婚。同时，姚某乙与 E 办理了互不继承对方遗产的公证，原告与姚某乙签订一份互相继承对方遗产的协议，并经公证。约 1998 年起，原告和姚某乙通过回国带现金和汇款等方式先后将十几万德国马克存放在姚某乙父母处，委托父母在上海买房。2004 年 11 月 8 日，姚某乙因抢救无效在德国病故。2005 年 1 月，原告与姚某乙家人在上海为姚某乙办理了落葬仪式。2010 年 11 月，原告回国后，才知四被告已于 2005 年 6 月将系争房屋权利人变更为被告王某、展某、陈某。原告与姚某乙订立的《继承遗产协议》成立且有效，原告是姚某乙遗产的受遗赠人且已表示接受遗赠，姚某乙在系争房屋中的权利应由原告继承，四被告在姚某乙去世后采取冒用姚某乙名义的方式，假借买卖合同将系争房屋登记到被告王某、展某、陈某名下，是恶意串通损害原告利益的行为，应为无效，系争房屋应确定为原告与被告姚某甲共同共有。关于法律适用，从遗嘱的角度，姚某乙在订立遗嘱时是中国国籍，按照我国《涉外民事关系法律适用法》第三十三条的规定，应当适用中国法；从不动产所在地或侵权行为地角度，均应当适

---

* 万健健，法律硕士，上海市静安区人民法院民事审判庭审判员。本案例入选 2014 年度上海法院百例精品案例、人民法院案例库入库案例。

用中国法。现诉讼请求：（1）确认四被告就系争房屋签订的《上海市房地产买卖合同》无效；（2）判决原告与被告姚某甲共同共有系争房屋。

被告姚某甲辩称，认定《继承遗产协议》是否有效，应当适用与协议有最密切联系的德国法律，而不是中国法律。即使《继承遗产协议》有效，原告也以其实际行动放弃了继承姚某乙遗产的权利。如果法院认为应当适用中国法律，《继承遗产协议》性质应认定为遗赠。即便协议有效，原告也不享有对系争房屋产权的继承权，原因有：原告与姚某乙缔结《继承遗产协议》时，姚某乙尚没有取得本案系争房屋产权，不属于继承遗产的范围；原告没有及时作出接受遗赠的表示，应当视为其放弃接受遗赠，无权再主张接受本案系争房屋权利。故被告姚某甲是姚某乙遗产唯一的第一顺序法定继承人，系争房屋全部产权归属于被告姚某甲所有，被告姚某甲有权处置系争房屋，并不侵犯原告权利。

被告王某、展某、陈某辩称，本案为继承纠纷，不是房屋买卖合同纠纷，被告王某、展某、陈某不是原告诉称的继承系争房屋法律上的利害关系人。原告不是系争房屋买卖合同的当事人，而且其继承权没有经过生效法律文书确定，其无权主张包括第一项诉请在内的合同上的任何权利。系争房屋中有四被告及其他案外人的利益，姚某乙没有权利，原告也不享有权利，原告要求确认系争房屋为原告与被告姚某甲共同共有，侵犯了其他人的合法权益。

法院经审理查明：被告姚某甲与蒋某共生育四个女儿，即姚某乙、姚某丙、姚某丁、姚某戊。被告王某、展某、陈某分别是姚某甲的女婿与外孙子女。蒋某于2000年4月8日在上海报死亡，姚某乙于2004年11月8日10时30分在德国朗根（黑森）去世。

原告严某与被继承人姚某乙曾于1975年在上海市静安区登记结婚，婚后未生育。1987年原告赴德国探亲，后姚某乙亦前往德国。约1989年，原告办理了巴拉圭移民手续。1992年，原告与姚某乙在巴拉圭亚松森市当地法院离婚。后姚某乙与E办理了结婚登记。1994年1月8日，原告与姚某乙在德国法兰克福市进行了遗产继承公证："公证员为法兰克福市汉某，公证办理地点为法兰克福市雷帝考街××号，参与公证的第一当事人严某（具有巴拉圭国籍），第二当事人姚某乙（具有中国国籍），双方当事人均未育有子女，也未曾收养子女。公证员向双方当事人指出，公证员不了解巴拉圭与中国继承法的相关规定，双方当事人声明：如有一切后果公证员不承担任何责任；以下协议在形式和内容上完全以德国继承法规定为准。在公证过程中，公证员认定遗嘱人具有独立的民事行为能力。双方当事人的德语水平均足以参与公证过程，无需要求证人或翻译到场。双方当事人向公证员口头声明如下：我们共同缔结以下的遗产继承协议。1. 我们相互把对方指定为各自唯一的遗产继承人。2. 我们两人中寿命较长的一方可于在世期间或临终之时自由处理其自有财产以及其从另一方处所获的遗产。3. 若我们双方同时亡故或者在同一事件中短时间内先后亡故，且双方均未对遗产做出安排决定的，则我们双方的遗产均按照德国法律规定的继承顺序进行处理。这种情况下，我们各自的遗产应由各自的父母继承，若父母一方不在世的，由其后裔或者我们各自的兄弟姐妹代位继承。即便在上述情况下，姚某乙的丈夫不得继承遗产。4. 我们双方均保留作废此遗产继承协议的权利。一方作废本遗产继承协议须进行公证，并当面向另一方进行声明。5. 本遗产继承协议应交法兰克福市地方法院保管。我们双方此前已要求公证处向我们出具协议副本。此外，公证处也留存协议副本一份。6. 我们双方的遗产净值申报为 17 万德国马克。"2001 年，德国向姚某乙颁发护照，此时姚某乙已获准加入德国籍。

2000 年 2 月 25 日，被告姚某甲与案外人董某签订公有住房差价交换合同，通过公有住房差价交换的形式，被告姚某甲取得了系争房屋的使用权，合同记载：系争房屋的调入方户名为姚某甲，同住人为蒋某、姚某乙。原、被告庭审中确认，实际是通过买卖取得系争房屋使用权，支付对价为 25 万元。2000 年 7 月 6 日，以姚某甲、姚某乙的名义办理了系争房屋公有住房出售手续，购买公房产权时使用了姚某甲的工龄优惠，支付价款 20828 元。2000 年 10 月 26 日，系争房屋登记为姚某甲与姚某乙共同共有。原、被告审理中确认，姚某乙在系争房屋差价交换、购买售后产权时，人均在国外，国内户籍注销，交易材料中的身份证不是姚某乙合法持有证件，签名、盖章均不是姚某乙本人所为。

2000 年 4 月蒋某去世时，姚某乙曾回国奔丧。2003 年 8 月，原告与姚某乙曾回上海探亲，在上海停留一段时间。2004 年 11 月 8 日 10 时 30 分（德国当地时间），姚某乙因病在德国朗根（黑森）去世，德国死亡证明记载死者配偶是德国老人 E（已故）。同月 13 日，姚某丁在上海代原告办理了墓穴认购手续，认购上海福寿园双穴墓地。2005年1月3日，原告回到上海与姚某乙的家人共同办理了姚某乙的落葬事宜。同年3月10日，德国法兰克福的A向被告姚某甲邮寄了一封信。原告称因提出房屋过户之事，被告姚某甲要求原告提供姚某乙死亡证，故原告委托德国老人E的女儿从德国寄到上海，被告姚某甲否认有同意办理产权过户的说法。2005年4月4日，原告书写收条一份，内容为：本人收到姚某乙在2000年交爸爸姚某甲人民币16万元整。原告陈述，被告在给付该款时扣除了购买墓穴的4万元，实际收到12万元。

2005年6月10日，被告之间签订了一份《上海市房地产买卖合同》，出卖人写为被告姚某甲、姚某乙，买受人为被告王某、展某、陈某，双方同意以70万元价款转让系争房屋权利。合同及转让材料中姚某乙的身份证明、签名、图章应均为伪造。同月26日，系争房屋被核准登记为被告王某、展某、陈某共同共有。审理中，被告王某、展某、陈某未能提供已实际给付70万元的凭证。

2006年7月19日，原告回到上海重新进行户籍登记。2012年7月11日，原告在向房屋登记部门查询系争房屋产权信息时发现系争房屋产权发生了变更，认为自己的权益受到侵犯，故向法院提起诉讼。

上海市静安区人民法院于2013年12月20日作出（2013）静民三（民）初字第22号民事判决：一、被告姚某甲、王某、展某、陈某就系争房屋签订的《上海市房地产买卖合同》无效；二、系争房屋产权归原告严某与被告姚某甲共同共有，被告姚某甲、王某、展某、陈某应于本判决生效之日起十日内配合原告严某办理上述房屋的产权过户手续，产生的相关税费按国家规定承担。宣判后，被告姚某甲、王某、展某、陈某均不服一审判决，提出上诉。上海市第二中级人民法院于2014年4月16日作出（2014）沪二中民一（民）终字第294号民事判决：驳回上诉，维持原判。

【裁判理由】

法院生效裁判认为，本案的争议焦点为：第一，法律适用问题；第二，原告是不是姚某乙遗产的合法继承人；第三，系争房屋权利的归属。

针对争议焦点一，本案所涉的继承法律关系，产生、变更或消灭民事关系的法律事实发生在国外，为涉外民事关系，应当依照《中华人民共和国涉外民事关系法律适用法》确定本案的法律适用。该法第二条第二款规定，本法和其他法律对涉外民事关系法律适用没有规定的，适用与该涉外民事关系有最密切联系的法律；第三十二条规定，遗嘱方式，符合遗嘱人立遗嘱时或者死亡时经常居所地法律、国籍国法律或者遗嘱行为地法律的，遗嘱均为成立；第三十三条规定，遗嘱效力适用遗嘱人立遗嘱时或者死亡时经常居所地法律或者国籍国法律。遗嘱人姚某乙立遗嘱时国籍为中国籍，原告现向法院提起诉讼，并主张适用中国法律，法院可以适用中国法律认定遗嘱是否成立及遗嘱的效力。

针对争议焦点二，原告与姚某乙订立的《继承遗产协议》是一份共同遗嘱，我国继承法虽未对共同遗嘱作出明文规定，但只要该共同遗嘱的订立不违反我国法律的禁止性规定，具备遗嘱的形式要件和实质要件，应可认定为有效。从形式要件上看，原告与姚某乙采用法律许可的公证方式订立共同遗嘱，从实质要件上看，公证员认定遗嘱人具有独立的民事行为能力，德语水平足以参与公证过程，并亲自向公证员表述了协议内容，遗嘱内容处分的为原告与姚某乙个人的合法财产，且《继承遗产协议》订立之后原告或姚某乙均未对协议声明过作废，因此该《继承遗产协议》应为有效。在《继承遗产协议》中，原告与姚某乙相互以对方为自己遗产的唯一继承人，该共同遗嘱属于相互遗嘱。相互遗嘱中一个遗嘱人死亡，另一遗嘱人尚健在时，应当确认已经死亡的遗嘱人所作的意思表示生效，尚健在的遗嘱人所作的意思表示失效。原告与姚某乙在订立协议时，已没有夫妻关系，不是彼此的法定继承人，两人通过共同遗嘱的方式，将各自的遗产赠与法定继承人以外的被继承人，我国继承法中规定该行为为遗赠。从协议表述内容应认定双方所作的遗赠为概括遗赠，即到立遗嘱的任何一方去世时，他的所有财产由另一方继承，不限于双方立协议时申报的财产，立协议之后获得的个人财产也应包括在内。我国继承法规定，受遗赠人应当在知道受遗赠后两个月内，作出接受或者放弃受遗赠的表示。但在本案的共同遗嘱中，立遗嘱却是一种双方的民事行为，共同遗嘱的成立乃是原告与姚某乙双方共同合意的结果，原告与姚某乙订立共同遗嘱、领取公证书的行为，应视为两人在获知受对方遗赠的同时即明确作出了接受遗赠的表示。之后，原告与姚某乙长期保管着公证遗嘱，原告对姚某乙生病期间的照料、原告在姚某乙去世后购买墓地、送姚某乙骨灰回国落葬等行为，都是接受遗赠意思表示外在的持续行为。原告称回国办理完丧事后亦提出过房产过户事宜，被告姚某甲要求原告提供姚某乙的死亡证明，故才有德国的 A 给被告姚某甲寄来信件的说法，考量寄信的时间、地点及被告姚某甲对信件未能给出更合理解释等因素，法院认为原告的说法有一定可信度。故法院认为，原告在姚某乙作出遗赠决定时及姚某乙去世前后都以自己的行为表示了接受遗赠，原告应是姚某乙本案所涉遗产的合法继承人。

针对争议焦点三，办理系争房屋购买手续时姚某乙在国外，交易中提交的材料存在瑕疵，但却能表明被告姚某甲对于登记姚某乙成为共有产权人是明知而且追求的（否则不必采取提交瑕疵材料的方式实施），原告提交的姚某乙所保管系争房屋原产权证复印件，也可推知姚某乙生前即知晓且同意系争房屋的产权共有情况，因此系争房屋由被告姚某甲、姚某乙共同共有系双方真实意思表示，在此前提下，交易材料虽有瑕疵，仍应根据不动产物权登记公信原则，确定在姚某乙去世前，被告姚某甲、姚某乙为系争房屋的合法权利人。原告应是姚某乙遗产的合法继承人，原告在姚某乙去世时即应成为系争房屋的权利人，原告对系争房屋物权主张权利，不受诉讼时效的限制；原告虽然不是系争房屋买卖合同的相对方，但其作为系争房屋权利人，在权利受到侵犯的情况下，可以起诉主张四被告间的房屋买卖合同无效，要求确定房屋权利归属。系争房屋买卖合同列姚某乙为出售人，而此时姚某乙已去世，合同中姚某乙的签名系伪造，纵观整个事件处理过程，被告姚某甲与姚某乙的姐妹们对于原告为姚某乙遗产的继承人应当是知晓的，四被告采取冒用姚某乙名义的方式进行变更登记且未支付相应价款，故四被告的行为应认定为恶意串通，损害原告的利益，根据合同法的规定应认定为无效。

【裁判要旨】

一、境外遗嘱的法律适用

在继承法律关系中，产生、变更或消灭民事关系的法律事实发生在国外，为涉外民事关系，应当依照《中华人民共和国涉外民事关系法律适用法》确定案件应当适用的准据法。该法第三十二条规定，遗嘱方式，符合遗嘱人立遗嘱时或者死亡时经常居所地法律、国籍国法律或者遗嘱行为地法律的，遗嘱均为成立；第三十三条规定，遗嘱效力适用遗嘱人立遗嘱时或者死亡时经常居所地法律或者国籍国法律。该法对涉外民事关系中遗嘱方式、遗嘱效力的法律适用有明确规定，应当适用该规定而不应采用最密切联系原则去适用法律。

二、境外遗嘱的效力认定

我国继承法虽未对共同遗嘱作出明文规定，但只要该共同遗嘱的订立不违反我国法律的禁止性规定，具备遗嘱的形式要件和实质要件，应可认定为有效。当事人如在中国境内依据在国外订立的遗嘱主张相关权利，还必须符合中国的法律法规。在国外订立的遗嘱不违反我国的公序良俗，也不损害国家、集体、个人利益的，应认定遗嘱有效。

【关联索引】

《中华人民共和国涉外民事关系法律适用法》第二条、第三十二条、第三十三条

《中华人民共和国民法典》第一千一百三十三条、第一千一百二十四条（本案适用的是 1985 年 10 月 1 日施行的《中华人民共和国继承法》第十六条、第二十五条）

一审：上海市静安区人民法院（2013）静民三（民）初字第 22 号民事判决（2013 年 12 月 20 日）

二审：上海市第二中级人民法院（2014）沪二中民一（民）终字第 294 号民事判决（2014 年 4 月 16 日）

W 媒体网络有限公司诉吴某等损害
公司利益责任纠纷案

——公司董事、监事、高管人员违反忠实义务的判定与追责

陈慰苹*

【关键词】民事　损害公司利益责任　涉外　准据法　忠实勤勉义务　过错责任原则

【基本案情】

原告 W 媒体网络有限公司诉称，原告系注册成立于美国加州的合法公司，被告吴某原系原告的首席执行官（CEO）及董事。2008 年 4—5 月间，原告拟在美、中两国组建技术团队进行项目开发，被告吴某提议以其设立在中国上海的公司作为操作平台；同年 8 月，原告决定以吴某设立的上海某信息科技有限公司作为平台，由其组建原告的技术团队进行 WMN 项目（即包含网络收音机在内的一种网络多媒体终端设备及其运行平台项目）的研发。其后，原告陆续将研发经费汇至被告吴某指定的账户（其中第一笔 70000 美元汇入被告上海乙信息科技有限公司账户、其后的 830000 美元分次汇入被告上海某信息科技有限公司账户），用于项目研发所需的人员工资及其他相关支出；同时，该项目研发团队的部分人员如玉某等人的工资由原告直接支付，被告吴某在项目研发期间来回美国及其他公干地区的差旅费由其通过电邮向

* 陈慰苹，法学硕士，上海市静安区人民法院商事审判庭副庭长。本案例入选 2017 年度上海法院百例精品案例、人民法院案例库入库案例。

原告申请报销。2009 年 3 月，原告作为权利人将项目研发的部分成果在美国申请专利。2010 年 8 月，经被告吴某提议，原告决定停止 WMN 项目在中国上海的研发工作，吴某也于当月 30 日向原告提出辞去 CEO 职务。原告在随后的 WMN 项目善后事宜中发现被告吴某未将项目运营期间的真实状况向原告披露，且拒绝了原告审计相关账目的要求；此外，原告还发现被告上海某信息科技有限公司将 WMN 项目研发成果申请了中国专利并无偿永久地授权吴某个人使用。同时，被告上海某信息科技有限公司代收 WMN 项目经费后，在吴某实际控制下拒绝向原告公开账目并返还多余经费，被告上海乙信息科技有限公司代收原告汇付的 70000 美元后则未用于 WMN 项目，亦在吴某实际控制下不予返还原告，三被告的上述行为严重损害了原告利益。鉴于被告所在地、损害行为发生地及标的物所在地都位于中国上海市闸北区（现静安区），原告为此诉至上海市闸北区人民法院（现上海市静安区人民法院）。另因被告拒绝审计，原告受损利益金额仅能根据原告投入经费总额减去被告上海某信息科技有限公司财务人员提供的运营费用支出报表记载金额暂计，被告应返还之项目关闭余额亦仅能根据财务报表记录暂计。原告为此请求：（1）判令被告吴某向原告返还侵占资金暂计 2836099 元人民币（实际视司法审计金额调整）；（2）判令被告吴某向原告偿付逾期还款利息损失（暂以 2836099 元人民币为基数，按中国人民银行公布的同期同档企业贷款基准利率上浮 50% 的标准，自 2010 年 9 月 1 日项目结束起计至实际返还之日止）；（3）判令被告上海某信息科技有限公司对被告吴某应承担的上述第 1、2 项债务承担连带清偿责任；（4）判令被告上海乙信息科技有限公司对被告吴某应承担的上述第 1 项债务中的 479745 元人民币（即 70000 美元汇入当时的汇率折算价）及按第 2 项债务计算标准计付的相应利息承担连带清偿责任。

　　审理中，一审法院根据原告申请，委托上海沪中会计师事务所针对被告上海某信息科技有限公司 2008 年 8 月至 2010 年 12 月期间 WMN 项目的资金收入、支出、结余情况、上海某信息科技有限公司费用收支决策人等事项进行司法审计。上海沪中会计师事务所对此出具"沪会中事〔2014〕司会鉴字第 1003 号"《司法鉴定意见书》，主要载明：……根据送审资料显示，上海某信息科技有限公司没有采用规范的方法进行会计核算，只是以流水账的方式记录经济活动……根据流水账记录，将费用分别记入"上海某信息科技有限公司营运费用表"下的"WMN 项目费用""和乐康项目费用""其他费用"。WMN 项目支出报销流程：由经办人签字，吴某审批，财务支付，有个别凭证未见审批人签字……WMN 项目收入情况：2008 年 8 月至 2010 年 12 月上海某信息科技有限公司收到原告汇款合计美元 829970 元，账面记载折合人民币 5652043.99 元，经审计未发现异常……WMN 项目支出情况：在 2008 年 8 月至 2010 年 12 月期间，营运费用表反映 WMN 项目支出 3638733.22 元。经审计调减 656745.60 元，包括统计差错和重复入账调减 43574 元……"小账"支出调减 580429.30 元。"小账"支出为通过吴某个人银行账户支付的款项，其中材料及设计费 36455.30 元、机票款 11300 元，上海某信息科技有限公司及吴某未提供相关发票和机票；人员工资和奖金 532674 元，上海某信息科技有限公司及吴某提供了由人事部门编制的但未经领取人签字的工资单，未提供证明该发放行为的相关原始凭证。根据现有资料我们无法对"小账"支出进行核实，予以调减。不属于 WMN 项目支出调减 32742.30 元……经审计调增 24835.56 元。其中设备支出调增 24835.56 元……明细如下：……支付时间 2010/11/30，支付内容"海信高清液晶电视"，金额 2955.56 元……经审计 WMN 项目支出为 3006823.18 元。明细如下：员工薪酬 1823512.63 元，其中吴某 2010 年 6—12 月工资，每月 8000 元，合计 56000 元；财务冯某、人事孟某薪金及社保费用合计 234433.09 元。差旅费 80778.31 元，主要为吴某、玉某、李某等人报销的差旅费费用。业务招待费用 18098.30 元，主要为吴某、孙某报销的业务招待费用。车辆费用 30561.61 元，主要为吴某、孙某报销的车辆保险费、保养费、汽油费、洗车费、通行费、停车费等。公司办公费用 35161.20 元，其中 9505.00 元为网络收音机装置及网络多媒体终端设备的专利费用。设备费用 45212.54 元，为 11 台电脑及 1 台电视机的购置原价，2010 年 12 月 31 日折余价值 30297.53 元（截至 2010 年 8 月 31 日共 11 台电脑，设备折余价值 30065.13 元）。装修费摊销 50269.60 元，为 2010 年 7 月期间装修江宁路新办公房发生装修费用及购置办公家具费用，发生的费用合计 100539.20 元，WMN 项目承担 50%，即 50269.60 元……原告认为，WMN 项目关闭和停止运营时间为 2010 年 8 月 15 日，项目停工后，除 2010 年 8 月份应发生的员工工资和员工遣散费用（如有）外，不存在任何关闭后的后续善后费用，WMN 项目不承担该时间点以后其他费用。在已审定的 WMN 项目支出中，包括 2010 年 8 月 15 日以后发生的费用 112079.59 元，该金额已扣除 8 月份员工薪金及社保费用（无员工遣散费用），（系）2010 年 8 月 15 日前发生、但在 2010 年 8 月 15 日以后支付的费用……2010 年 12 月 31 日 WMN 项目资金结余人民币 2645220.81 元……依据原告提供的资料，原告于 2008 年 8 月 13 日汇入上海乙信息科技有限公司美元 70000 元，折合人民币 479745.00 元。经审核该笔收入及对应支出未在上海某信息科技有限公司账务中反映……原告认为，公司财务冯某、人事孟某是公司管理人员，上海某信息科技有限公司经营"WMN 项目""和乐康项目"两个项目，他们的工资和社保 234433.09 元（其中 2010 年 9 月至 2010 年 12 月为 24851.20 元）全部由 WMN 项目承担不合理……依据现有资料，无法确认该部分工资和社保费用是否应在各项目中分摊……原告认为，上海市科委因 WMN 项目给予上海某信息科技有限公司创新专项基金 60 万元，该基金所有权应该属于原告，其中在上海某信息科技有限公司账上收到 3 笔创新专项基金，款项合计 40 万元……上海某信息科技有限公司未提供相关收款依据及银行收款凭证等原始资料，审计部门无法核实该款项是否属于原告认为的上海市科委因 WMN 项目给予上海某信息科技有限公司创新专项基金……上海某信息科技有限公司及吴某认为，上海某信息科技有限公司其他费用共计 383916.35 元，其中 262556.16 元应由 WMN 项目承担……该类费用当时未归入"WMN 项目"及"和乐康项目"的费用，而归入"其他费用"，根据上海某信息科技有限公司提供的发票等原始凭证，审计部门无法确认该部分费用与 WMN 项目的关联性，也无法确认是否应分摊……吴某认为，原告同意支付其每月工资 10000 美元，其中 2008 年 9 月至 2010 年 8 月……共计 240000 美元，折人民币 1644400 元，虽然没有直接从上海某信息科技有限公司账面支付，但该工资费用应由 WMN 项目承担。在每次报给原告费用时都明确费用中包含吴某工资，由原告财务核实并经原告董事长兼财务长刘（Liu）某审核确认，未提出反对意见。经审计，上海某信息科技有限公司"WMN 项目营运费用表"及账面仅反映支付给吴某 2010 年 6 月至 12 月工资共 56000 元……《司法鉴定意见书》附件六"专利费用明细表"所附材料显示，上海科盛知识产权代理有限公司开具给被告上海某信息科技有限公司的《收费通知单》记载"……专利名称：一种网络多媒体终端设备……申请人：上海某信息科技有限公司……发明人/设计人：1.吴某；2.玉某……"。该司法审计费用170638.48元，由原告垫付。同时，上海沪某会计师事务所鉴定人员在庭审时针对《司法鉴定意见书》补充述称：（1）针对原告的异议，账面上显示的金额要大于112079.5元，该数额已经是账面费用扣减了《司法鉴定意见书》记明的费用；10800元机票费的原始凭证就是一张发票，记载吴某名字，从上海浦东到旧金山，并无其他行程单之类原始凭证，此笔机票费与司机孙某的招待费、车辆费用均已由上海某信息科技有限公司做在WMN项目下，原始凭证上显示不出这些费用不是用在WMN项目上；专利费用也已做在WMN项目下，涉及的原始收据都与WMM项目有关；装修费用已对WMN项目与和乐康项目进行了分摊，被告提交的财务账册已对此进行了分摊，原始凭证中看不出有几台空调，上海某信息科技有限公司的固定资产清单中有海信电视机，因鉴定期间段截至2010年12月31日，故将此项目计入分摊；有关两名证人的工资和社保234433.09元坚持《司法鉴定意见书》意见。（2）针对被告的异议，上海某信息科技有限公司对于"小账"支出的580429.30元仅提供了工资单，没有签字凭证，亦无对外发放的原始凭证，从财务角度来说无法认定该笔钱款已支付，且该笔费用是账外账，故《司法鉴定意见书》未予认定；被告的补充证据8、9从财务角度来讲都不能作为成立依据；每月10000美元的工资在正式账与小账上均无记录，被告所依据的10000美元明细表本身就是审计对象，因此从财务角度讲不可仅凭明细表本身认定该笔费用成立；附件十中的费用本身未在公司账目中反映在WMN项目下，且无相应原始凭证证明费用与WMN项目有关，因此没有理由将该笔费用认定在WMN项目下。

原告根据《司法鉴定意见书》内容变更诉请为：（1）判令被告吴某向原告返还侵占资金3870000元人民币（即：投入上海乙信息科技有限公司的479745元人民币＋投入上海某信息科技有限公司的5652043.99元人民币＋《司法鉴定意见书》所涉固定资产折价残值30066.13元人民币＋创新专项基金400000元人民币=6561855.12元人民币，扣除《司法鉴定意见书》WMN项目费用支出3006823.18元人民币，其中314978.75元原告不认可）；（2）判令被告吴某向原告偿付逾期还款利息损失（以3870000元人民币为基数，按中国人民银行公布的同期同档企业贷款基准利率上浮50%的标准，自2010年9月1日项目结束起计至实际返还之日止）；（3）判令被告上海某信息科技有限公司对被告吴某应承担的上述第1、2项债务承担连带清偿责任；（4）判令被告上海乙信息科技有限公司对被告吴某应承担的上述第1项债务中的479745元人民币（即70000美元汇入当时的汇率折算价）及按第2项债务计算标准计付的相应利息承担连带清偿责任。

被告吴某、被告上海某信息科技有限公司共同辩称，不同意原告的诉请。原告系通过吴某与上海某信息科技有限公司订立了五份合法有效的《技术开发合同》，并按约支付了部分合同费用，上海某信息科技有限公司则在被告吴某监督下完成了合同项下的开发义务，且合同约定相关设备资产属于上海某信息科技有限公司，因此不存在两被告侵害原告公司利益的情况，两被告也无返还款项的义务；原告反而构成违约，未向上海某信息科技有限公司付足款项，上海某信息科技有限公司保留反诉权利；根据中国的外汇管控政策，原告要在中国运行项目的资金必须通过签订相应合同才能转化；境外企业与境内企业的合作一般通过服务贸易形式或在境内设立外商投资企业形式进行，本案双方间的合作形式不属于上述合作形式，若原告认为双方不存在合同关系，则双方之间只能是挂靠经营关系，但挂靠经营关系在双方间也是无效的，则原告主张偿付利息没有依据；即便原告主张的案由成立，原告也无证据证明被告侵害了原告公司利益，被告吴某获得了原告董事会的授权，不存在自我交易行为；根据中国《涉外民事法律关系适用法》的规定，本案案由系公司类纠纷，应适用企业登记地法律，即应适用美国公司法，而非适用中国公司法，原告对此有查明义务。

被告上海乙信息科技有限公司辩称，不同意原告的诉请，原告通过被告吴某与被告上海乙信息科技有限公司签订了《技术服务合作协议》，2008年10月该合同已履行完毕，款项70000美元也已结清。上海乙信息科技有限公司是相对独立的法人，与被告吴某及被告上海某信息科技有限公司并无关联关系，仅有业务往来，原告的诉请无任何事实及法律依据。

法院经审理查明，原告注册成立于美利坚合众国加利福尼亚州，2010年8月30日前，被告吴某系美国籍华人，担任原告的首席执行官、首席财务官及董事，案外人G系首席技术官。2008年4月22日，被告吴某向原告董事长刘某发送电邮谈及原告公司："……我想与你及David确认下股权结构。1.创始人和员工股权占有30%，……薪资方面，我将作出大幅调整，我的年薪削减为 12 万美元/年，……2. 本人最初责任为：制定公司战略、在美国和中国招聘并组建一支技术及业务团队……3. 我们将在旧金山湾区和上海设立办事处。4. David 同意将所有硬件销售和收益投入使用到这家新公司……"2008 年 5 月 20 日，被告吴某向原告其他董事会成员发送电邮称："……我认为我们同样应当着手在中国组建团队并确定办公场所。……尽管我们想保持成本最低化，但仍然需要一定的成本费用，主要费用如下：1. 在中国的工资，来自 Apex Digital 的两个工程师，加上我们想雇用的一些软件工程师。2. 雇佣成本……3. 办公室……4. 电脑和其他设备，我们需要获得新员工的办公电脑，此外，我们还需在中国建立一些实验室……我们可以使用 Apex Digital 中国公司或我的中国公司来雇佣该等人士和收取或支付费用……如果我们使用我在中国的公司，我们应当签订一份简单的合同以便我们能把美元转换为人民币汇款，我可以很快起草这份合同……"2008 年 8 月 8 日，被告吴某向原告董事会成员发送电邮告知被告上海乙信息科技有限公司的账户信息。2008 年 9 月 24 日，被告吴某向原告董事长刘某发送电邮表示"下面是电汇信息，请通过……账号汇款……至上海某信息科技有限公司……若有疑问，请随时与我联系"。2010 年 8 月 8 日，刘某向被告吴某发送电邮称"David 已作出决定，我们需要关闭上海营运部，以便保存所有 WMN 资金……这对推动 WMN 继续运营极其重要……尽管这是个痛苦的决定，但是我们需要迅速作出反应……"被告吴某对此向原告的其他董事会成员回复称"……我将于 8 月 15 日提供停工成本评估，主要包括中国劳动法规定的法定通知期限及最低遣散费。随附截至 6 月底上海 WMN 资产清单……最后重要的是，我将被视为中国团队成员裁掉还是被视为美国团队成员继续任职？请告知"。2010 年 8 月 11 日，被告吴某发送了附件为"关闭 WMN 中国营运部相关的遣散费详情"的电邮称"……我的建议是 WMN 仅需负责此次截至 8 月 15 日我们计算得出的结算/停工成本，其他后续成本将由我个人承担……我将承担极大风险，尤其是自 8 月 15 日以来，我从未从 WMN 或 WMG 领取任何工资……"2010 年 8 月 18 日，被告吴某向原告其他董事会成员发送电邮称"……中国团队定于 8 月 15 日解散，由于我无法通过邮件或电话远程终止合同，因此，我依然向他们支付工资。他们是我亲自雇用的人员，我会在见到他们之前自费向他们支付工资……Edward 部分薪水已通过美国以美元形式予以支付……"当天，被告吴某还发送了一份名为《Walnut Media Network 上海营运费用表》的财务报告。2010 年 8 月 30 日，被告吴某发送题为"上海清算过程"的电邮表示"谢谢给我提供了一次前往美国经营 WMN US 的机会。我在此郑重谢绝该邀请并辞去 CEO 职位。与此同时，我想辞去董事会职位并立即生效……关于上海营运部关闭，我会查看你所述事宜，并将回复你相关详情……"2010 年 10 月 17 日，被告吴某向原告董事长刘某发送题为"上海关闭过程"的电邮并抄送原告其他董事称"……你和 David 一开始便不想成立 WMG 在华独资企业，我只是同意通过我在华公司雇用所有员工并进行产品研发，但我从未同意进行审计，如我反复所述，该中国公司是一家独立公司。电汇给中国的所有资金中国政府均作为承包开发费用予以记录……这 2 年，我们给中国运营的资金只有大约 40 万美元，这包括了所有中国职员的薪资、租金、样品制作、交通等……基于团队终止，我们已于 8 月 15 日遣散所有 WMN 开发团队人员……请承担遣散费用。请注意，我个人并未领取任何遣散费用……资产方面，我并不是故意撤销 W400，毋庸置疑，W400A 已被开发，但仍尚未完成……自 WMG 和 WMN 成立之日起，我不仅是公司的联合投资人，而且薪资大幅缩减……尽管我不再是公司职员，但我依然竭力处理所有关闭事宜。若信任不再，那么在商言商，我除了按照承诺将剩余资金汇回外将不承担任何义务"。次日，原告董事长刘某向被告吴某发送电邮表示"……你在桑尼维尔和上海两地担任 WMN 的 CEO，相应地管理两地的预算。母公司 WMG 根据你的要求没有任何异议地给你汇款，你过去同意提供上海账簿以供随时审计……除非你在如何使用这些资金方面存在利益冲突，我们不明白为什么你不让投资人审计账簿，这是投资人的权利，而且你也是投资人之一……"此外，被告吴某曾在 2008 年至 2010 年期间向原告发送名为《Walnut Media Network Shanghai Office 营运费用表/WMN 上海费用报告》或《Walnut Media Network Shanghai Operations 营运费用表》的财务报告电邮。其后，原、被告就 WMN 项目的资金结算问题发生争议，协商未果，致涉讼。

另查明，为便于原告向 WMN 项目在上海的运营注资，原告与被告上海乙信息科技有限公司签订了一份《技术服务合作协议》，记载："……乙方（即被告上海乙信息科技有限公司）根据甲方（即原告）的要求为甲方进行新产品的研究和开发……甲方支付乙方 USD70000 美元作为研发费用……"协议甲方处落款由被告吴某签字，记载签署日期为 2008 年 7 月 21 日。2008 年 8 月 13 日，原告向被告上海乙信息科技有限公司账户汇入 70000 美元，被告发送给原告的电邮附件《2008 年 1 月 1 日至 12 月 31 日 Walnut Media Network Shanghai Office 营运费用表》中，该 70000 美元列于"总汇入"栏目中。此外，原告还与被告上海某信息科技有限公司签订了 5 份项目名称分别为"网络电子消费产品软件平台开发""网络多媒体互动娱乐产品软件系统""网络无线电台信息内容搜索和管理软件""电子和家居产品网络商城""便携式多媒体软解码软件包和界面应用软件的开发"的《技术开发合同》，总标的为 930000 美元，均记载"签订地点上海市静安区，签订日期 2009 年 1 月 1 日，争议解决方式为起诉、由合同签订地人民法院管辖"，合同落款加盖原告与被告上海某信息科技有限公司公章，并分别签署被告吴某的英文名及上海某信息科技有限公司原法定代表人吴某伟的名字，均加盖"上海市技术市场管理办公室技术开发合同认定专用章"。前述合同均未实际履行。

又查明，被告上海某信息科技有限公司成立于 2008 年 7 月 21 日，原法定代表人吴某伟系被告吴某胞姐，江苏省南通市工商银行职员，现法定代表人黄某成系被告吴某母亲。被告吴某的新浪微博首页"简介"显示为"和乐康有机食品的创始人兼 CEO……"，"新浪认证"显示"上海某信息科技有限公司 CEO 吴某"。

再查明，上海市科学技术委员会官网（2011）第 9 期《上海市科技创业信息》记载"上海某信息科技有限公司是一家从事有机健康食品网上销售的电子商务和 ASP 软件开发的科技企业……考虑到乐萌信息的创办人吴某博士刚从美国回国创业……乐萌信息除了健康食品电子商务平台的运营外，还从事 ASP 软件产品的开发业务……企业的'创新型便携式互动网络音视机'软件开发项目获得了 2009 年度国家科技部中小企业技术创新基金 60 万元的专项资助……"

还查明，被告上海乙信息科技有限公司股东为吴某伟、吴某英，持股比例分别为 80%、20%。上海市人力资源和社会保障局外国人就业管理办公室出具的备案资料显示，由被告上海某信息科技有限公司加盖公章的《个人简历》"工作经历"栏记载被告吴某在 2008 年至 2011 年期间担任被告上海乙信息科技有限公司的首席执行官。

此外，被告上海乙信息科技有限公司在一审审理中依据上述五份《技术开发合同》，以原告欠付合同余款 380030 美元及应支付违约金 46500 美元为由将原告诉至上海知识产权法院，本案一审判决时该案仍在审理中。

上海市静安区人民法院于 2015 年 8 月 19 日作出（2013）闸民二（商）初字第 S804 号民事判决：一、被告吴某向原告赔偿人民币 3451158.64 元并偿付逾期还款利息损失（以 3451158.64 元人民币为基数，按中国人民银行公布的同期同档贷款基准利率上浮 50% 的标准，自 2010 年 9 月 1 日项目结束起计至实际支付之日止）；二、被告上海某信息科技有限公司在 2971413.64 元人民币及相应逾期还款利息损失（以 2971413.64 元人民币为基数，按中国人民银行公布的同期同档贷款基准利率上浮 50% 的标准，自 2010 年 9 月 1 日项目结束起计至实际支付之日止）范围内对被告吴某应承担的前述付款义务承担连带清偿责任；三、被告上海乙信息科技有限公司在 479745 元人民币及相应逾期还款利息损失（以 479745 元人民币为基数，按中国人民银行公布的同期同档贷款基准利率上浮 50% 的标准，自 2010 年 9 月 1 日项目结束起计至实际支付之日止）范围内对被告吴某应承担的前述付款义务承担连带清偿责任；四、驳回原告的其他诉讼请求。一审判决宣判后，被告吴某、被告上海某信息科技有限公司共同提出上诉。上海市第二中级人民法院于 2017 年 2 月 28 日作出（2016）沪 02 民终 1156 号判决：驳回上诉，维持原判。

【裁判理由】

法院生效裁判认为，本案的争议焦点有二：

一是本案事实应如何定性识别，如何确定本案的准据法。根据我国《涉外民事法律关系适用法》的规定，涉外民事关系的定性，适用法院地法律。就原告诉请理由及法院查明事实而言，本案争议焦点在于三被告之行为是否损害了原告公司利益，而非主要着眼于被告吴某之"董事"身份（职务），因此，本案不应适用《涉外民事法律关系适用法》第十四条关于"法人及其分支机构的民事权利能力、民事行为能力、组织机构、股东权利义务等事项，适用登记地法律"的规定，法院对于被告适用美国法律的辩称不予采信。鉴于董事、高管等损害公司利益的行为与普通侵权行为相较，系特别与一般之关系，即本案所涉损害公司利益责任纠纷仍属侵权责任纠纷范畴，故适用《涉外民事法律关系适用法》关于"侵权责任，适用侵权行为地法律"的规定，又因原告主张的侵权行为发生在我国境内，则本案应适用中华人民共和国法律。

二是原告的诉请可否成立。根据查明事实可知，被告吴某确系被告上海某信息科技有限公司及被告上海乙信息科技有限公司的实际控制人，但其在 WMN 项目运作过程中却是以原告董事、高管之身份参与，故其虚报账目及借由项目成果申请国家扶持基金供被告上海某信息科技有限公司使用的不当行为，显然违反了法律为公司董事、高管等人员规定的忠实勤勉义务，理应依法承担相应的赔偿责任，向原告返还 WMN 项目结余资金并偿付相应逾期还款利息损失。此外，被告上海某信息科技有限公司、被告上海乙信息科技有限公司虽然辩称两者自原告处所得资金系《技术开发合同》或《技术服务合作协议》项下款额、并未损害原告公司利益，却无充分证据佐证前述合同切实成立并履行，对照被告吴某与原告间的往来电邮内容，足可印证前述合同实为便于原告自美国向上海 WMN 项目注资而签，加之，被告吴某在否认 WMN 项目借上海某信息科技有限公司与上海乙信息科技有限公司平台运行的同时又主张在 WMN 项目资金中领取原告承诺支付的工资，显然自相矛盾，因此被告上海某信息科技有限公司与被告上海乙信息科技有限公司作为代收 WMN 项目运营资金的操作平台，并无占有原告汇入资金的法律依据及事实根据，理应承担返还责任。关于《司法鉴定意见书》应认定的各项数额：（1）原告向被告上海某信息科技有限公司主张上海市科委拨付的 400000 元人民币科研创新基金，但该款系行政管理部门向被告上海某信息科技有限公司拨付，涉及知识产权范畴，并非本案处理范围，法院对此不予支持。（2）鉴于并无依据证明原告在 WNM 项目中向我国专利部门申请过专利，因此原告主张在 WMN 项目支出费用中扣减专利申请费人民币 9505 元，法院予以支持。（3）鉴于审计部门不能提供 10800 元人民币机票款确系 WMN 项目支出的原始凭证，30561.61 元人民币车辆费用的原始凭证则确实与本案无关，因此法院对此支持原告的主张，在 WMN 项目支出费用中予以扣减。（4）鉴于双方均确认 WMN 项目终止于 2010 年 8 月 15 日且两名证人确系同时负责两个项目的工作，因此对于原告就装修费、电视机款、两名证人的工资与社保及 2010 年 8 月 15 日后发生的 112079.50 元人民币的费用所提之异议，法院均予支持。（5）关于被告吴某应收取每月 10000 美元工资的主张，根据原、被告之间往来电邮的内容可知，双方提及的薪金系被告吴某在原告处任职期间所涉，并非特指在 WMN 项目运行期间的薪金，因此被告吴某要求在 WMN 项目费用中计算薪金的主张，缺乏事实依据，法院不予采信。被告可就此另行向原告主张。（6）至于原告关于 18098.30 元人民币的业务招待费、被告提出的"小账"调减异议，因无积极证据加以佐证，亦无相反证据可反驳《司法鉴定意见书》的认定意见，法院对此均不予采信。综上，被告吴某应返还金额为：投入上海乙信息科技有限公司的 479745 元人民币 + 投入上海某信息科技有限公司的 5652043.99 元人民币 –《司法鉴定意见书》认定的 WMN 项目费用支出 3006823.18 元人民币 + 截至 8 月 31 日的固定资产折价残值 30065.13 元人民币 + 10800 元人民币 + 30561.61 元人民币 + 9505 元人民币 + 10053.92 元人民币 + 2955.56 元人民币 + 117216.55 元人民币 + 112079.50 元人民币 = 3451158.64 元人民币。被告上海某信息科技有限公司应在 2971413.64 元人民币（3451158.64 元人民币 – 投入上海乙信息科技有限公司的 479745 元人民币）及相应逾期返还利息范围内承担连带清偿责任，被告上海乙信息科技有限公司应在 479745 元人民币及相应逾期返还利息范围内承担连带清偿责任。原告主张的逾期还款利息损失标准符合法律规定，并无不当，可予支持。

【裁判要旨】

审理涉外商事纠纷案件，首先应就实体法律的适用问题作出明确判断，在排除国际条约的适用后，根据我国的冲突规范确定应适用的准据法。涉外公司董事、监事、高管人员损害公司利益的责任属侵权责任范畴，应适用《涉外民事法律关系适用法》关于"侵权责任，适用侵权行为地法律"的规定。

董事、监事、高管人员对公司的忠实勤勉义务作为公司治理研究中的核心命题和普遍性难题，核心是解决董事、监事、高管人员与公司的利益冲突问题，实现公司与个人之间的利益平衡。董事、监事、高管人员在执行公司职务时，应最大限度地为公司最佳利益努力工作，不得在履行职责时掺杂自己的个人私利或为第三人谋取利益，即不得在公司不知道或未授权的情况下取得不属于自己的有形利益（诸如资金）及无形利益（诸如商业机会、知识产权等）。被告吴某以归国引进人才身份长居国内，身为涉案技术合同项目公司的实际控制人、公司董事、高管，虚报账目并借由项目成果申请国家扶持基金供其所任职公司使用，此种不当行为显然违反公司法关于公司董事、监事、高管等人员忠实勤勉义务的规定，其面对审计结论及原告的大部分追责主张无法作出合理解释，亦无法自证其行为系来自原告公司授权而不存在过错，应当就其违法行为承担赔偿责任。涉案技术合同为便于向该技术项目注资而签，作为代收项目运营资金的公司方，应当承担相应连带清偿责任。

【关联索引】

《中华人民共和国涉外民事法律关系适用法》第八条、第四十四条

《中华人民共和国公司法》第二十一条、第一百四十七条

《中华人民共和国民事诉讼法》第六十七条第一款（本案适用的是 2012 年 8 月 31 日第二次修正施行的《中华人民共和国民事诉讼法》第六十四条第一款）

《最高人民法院关于适用〈中华人民共和国民事诉讼法〉的解释》第九十条（本案适用的是 2002 年 1 月 1 日施行的《最高人民法院关于民事诉讼证据的若干规定》第二条）

一审：上海市静安区人民法院（原上海市闸北区人民法院）（2013）闸民二（商）初字第 S804 号民事判决（2015 年 8 月 19 日）

二审：上海市第二中级人民法院（2016）沪 02 民终 1156 号民事判决（2017 年 2 月 28 日）

简某等诉上海某物业公司排除妨害纠纷案

——物业公司在商厦外墙面覆盖广告行为的合法性认定

沈　晔[*]

【关键词】民事　排除妨害　共有部位　业主共有权　业主权益保护

【基本案情】

原告简某、萧某（中国香港居民）诉称，2009 年 9 月，被告上海某物业公司在未经原告同意的情况下，以铝塑板制作广告覆盖原告购买的涉案商铺落地透明外玻璃上，极大减损了商铺的物业价值。经多次交涉未果，故诉请判令：（1）被告拆除覆盖原告涉案商铺上的铝塑板，恢复商铺原貌；（2）被告象征性赔偿原告经济损失人民币 1 元（以下币种均为人民币）。

被告上海某物业公司辩称，被告覆盖铝塑板的部位在商铺的外立面墙体，该部位应属于整个楼宇的公共部位，属于全体业主共有，不在原告的专有范围之内；最初楼宇外墙面覆盖的是公益广告，是根据政府要求在世博会期间统一设置，经过了广大业主和经营户同意；目前覆盖铝塑板并没有影响原告的正常经营，也没有改变涉案商铺的使用功能，对于原告不构成妨害；而且《物业管理服务合同》中明确约定，涉案商铺所在楼宇的所有室内外广告场地均由被告统一经营管理，所得收益大部分用于公共设施设备的维护和更新，所以被告的行为有合法依据，不同意原告的全部诉讼请求。

---

* 沈晔，法学硕士，上海市静安区人民法院民事审判庭法官助理。本案例入选 2014 年度上海法院百例精品案例、人民法院案例库入库案例。

法院经审理查明：1995 年 6 月 30 日，两原告与某房地产发展（上海）有限公司签订《外销商品房出售合同》，约定由两原告购买涉案商铺，建筑面积为 42.98 平方米（自用面积为 15.70 平方米），购买价格为港币 1928070 元。合同标识了涉案商铺的具体位置，其北侧墙面与商厦北墙体之间存在间隔；"附件三"载明商厦门面为高级玻璃橱窗及玻璃门。两原告于 1996 年 7 月 24 日登记成为涉案商铺的产权人，产权证附图记载，涉案商铺北侧墙面与商厦北墙体为同一条重叠的直线。最初，涉案商铺的北面为透明玻璃幕墙。

2008 年 7 月 30 日，被告被选聘为涉案商铺所在商厦的物业管理公司，并负责室内外广告场地的租赁管理。2009 年 4 月，为了迎接"世博会"的召开，政府对天目路沿线楼宇外立面实施综合改造，并由被告自行拆除商厦橱窗和墙面上的广告。目前，涉案商铺北面外墙由被告制作的某品牌铝塑板广告覆盖。

原上海市闸北区人民法院于 2013 年 9 月 9 日作出（2012）闸民三（民）初字第 1824 号民事判决：一、被告上海某物业公司应于本判决生效之日起十五日内拆除覆盖在涉案商铺外墙面的铝塑板广告，恢复商铺北侧墙面原状；二、被告上海某物业公司应于本判决生效之日起十五日内赔偿原告简某、萧某经济损失 1 元。宣判后，被告上海某物业公司以原审法院认定覆盖行为使商铺价值受到贬损与事实不符等为由提出上诉。2013 年 11 月 18 日，上海市第二中级人民法院作出（2013）沪二中民二（民）终字第 2090 号民事判决：驳回上诉，维持原判。

【裁判理由】

法院生效裁判认为，本案所涉争议焦点主要有以下四点：

一是覆盖铝塑板广告的墙面究竟是原告专有抑或是商厦业主共有的部位。根据系争及相邻商铺预售合同的附图记载，涉案商铺北侧与商厦墙体之间存在间隔，故法院认为在商厦设计之初两者应非同一墙体，按照有关规定建筑物的外墙等基本结构部分应属于全体业主的共有部分。即便以目前两者为同一墙体的实际情况而论，依建筑物区分所有所持的"壁心和最后粉刷表层说"观点，专有与共有部分的区分通常以房屋的墙壁、地板、天花板等边界部分厚度的中心线为界，并兼顾业主在墙体上的最后粉刷层面所及部分，因此被告覆盖广告的部位仍属全体业主共有。

二是被告在商厦外墙面覆盖广告的行为是否具有合法性。依照相关司法解释规定，改变共有部分的用途、利用共有部分从事经营性活动等事项，应当属于由业主共同决定与共有和共同管理权利有关的其他重大事项，须经专有部分占建筑物总面积过半数的业主且占总人数过半数的业主同意。而被告并无证据证明在商厦外立面覆盖广告时曾召开业主大会进行表决或征求两个过半数业主的同意，故法院认为其覆盖行为违法，侵犯了业主的共有权。被告主张，为配合外立面整治工作曾开展了捐款活动，应当视同征求业主意见。姑且不论捐款业主是否已达法定比例，而以捐款方式代替征求意见，尤其在未明确告知的情况下即视为业主默示同意，明显缺乏法律依据，亦有违诚信原则，故对于被告抗辩意见法院不予采纳。

三是覆盖公益广告或将商业广告收益用作维修基金能否构成被告违法行为的阻却事由。按照被告的陈述，商厦外立面的改造肇始于迎世博，由政府相关部门牵头，并覆盖以公益广告。此时能否不经业主同意而为之？该问题涉及个人利益与公共利益相抵触时究竟何者为先的命题，法院难以作出评判。但目前商厦外立面覆盖的系商业广告，并非出于公共利益之目的，自应优先考量业主个人利益无虞。至于被告将广告收益直接用作维修基金，法院认为亦不能构成其违法行为的阻却事由。因欠付维修基金与侵犯业主共有权系两个层面的法律问题，并不能发生相互抵销或先后履行的情况；而且以牺牲业主的物权利益为代价来换取维修基金的财产利益不符合法律的价值取向，法院实难认同。

四是被告的覆盖行为是否导致原告的合法权益受损。根据原告提供的照片，法院确信涉案商铺北侧最初应为透明玻璃幕墙，被告擅自覆盖了商业广告进行经营性活动，原告作为权利人有权依法请求排除妨害、恢复原状或者赔偿损失。鉴于涉案商铺所处的临街位置，通过透明玻璃橱窗陈列商品可以吸引潜在的顾客光顾和消费，具有一定的商业价值；而被告的覆盖行为势必造成该部分客源的流失，使涉案商铺应有的价值受到贬损，致原告罹患损失，被告应承担赔偿责任。现原告仅主张赔偿经济损失1元，系其对自身权益的处分，于法不悖，可予支持。

【裁判要旨】

业主和物业公司就商场外立面利用问题产生的纠纷，外立面即为商铺业主的透明橱窗，根据壁心和最后粉刷表层说，玻璃橱窗的外立面应属全体业主共有，物业公司利用共有部位张贴商业广告应遵循法定程序，不得在未明确告知的情况下视为业主同意，物业公司覆盖广告的行为不合法。同时侵害业主共有权与欠付物业管理费分属不同法律层面，商业广告收益用作维修基金亦不能构成物业公司违法行为的阻却事由，物业公司应当排除妨害。

【关联索引】

《中华人民共和国民法典》第二百七十一条、第二百七十八条（本案适用的是 2007 年 10 月 1 日施行的《中华人民共和国物权法》第七十条、第七十六条）

《关于审理建筑物区分所有权纠纷案件具体应用法律若干问题的解释》第三条、第七条、第十四条

一审：上海市闸北区人民法院（2012）闸民三（民）初字第 1824 号民事判决（2013 年 9 月 9 日）

二审：上海市第二中级人民法院（2013）沪二中民二（民）终字第 2090 号民事判决（2013 年 11 月 18 日）

某某有限公司诉孙某、某某（上海）融资租赁有限公司请求变更公司登记纠纷案

——请求变更登记的股东身份认定标准及公司章程的约束力

陈慰苹[*]

【关键词】民事　请求变更公司登记　涉外商事　股东身份　认定标准　章程约束力

【基本案情】

原告某某有限公司（以下简称澳门某公司）诉称，原告系被告某某（上海）融资租赁有限公司（以下简称上海某融资租赁公司）的独资股东。2013年10月21日，原告根据被告公司章程第十八条、第二十条、第二十九条的规定，作出2013联发字第02号《股东决议》，决定自2013年11月1日起：（1）免去被告孙某的执行董事和法定代表人职务，由案外人郑某担任公司执行董事和法定代表人；（2）免去案外人郭某总经理职务，由案外人古某担任总经理；（3）免去案外人姚某监事职务，由案外人王某担任监事；（4）由孙某及公司协助郑某就上述事项向工商局办理公司变更登记备案手续。该股东决议于2013年10月23日送达，原告屡次催促两被告办理手续均未果。原告认为，其系在工商行政管理部门登记公示的股东，对本案具有当然的诉请权利，两被告在收具《股东决议》后未及时配合办理变更登记手续，与法相悖，

---

* 陈慰苹，法学硕士，上海市静安区人民法院商事审判庭副庭长。本案例入选2015年度上海法院百例精品案例、人民法院案例库入库案例。

故请求判令：（1）两被告协助原告办理执行董事、法定代表人变更为郑某的工商登记变更手续；（2）两被告协助原告办理总经理变更为古某的工商登记变更手续；（3）两被告协助原告办理监事变更为王某的工商登记变更手续。

被告孙某、被告上海某融资租赁公司共同辩称，原告的起诉在形式上看是适格的，但事实上主体是不适格的，因原告系代案外人香港某投资公司设立了被告公司，注册资金 4000115 美元来自案外人某地产公司，不排除香港某投资公司将该款先付予某地产公司，再由某地产公司付给原告，原告受托设立被告公司导致公司受多头指挥，正常经营受阻，若法院判决支持原告第一、第三项诉请的话，两被告并无异议，只是担心若原告处理不好与香港某投资公司及某地产公司之间的问题，则两被告无法确定履行义务的对象；且根据公司章程第二十九条，变更总经理应由执行董事委派。

原告对此反驳称，被告无法证明原告系代香港某投资公司设立了被告公司且向某地产公司借取注册资本金，即便原告与某地产公司存在借款关系，也与本案无关；章程明确载明首任总经理由股东委派，则原告当然有权撤换首任总经理。

法院经审理查明：被告上海某融资租赁公司经上海市人民政府批准于 2012 年 9 月 26 日在上海注册成立，登记于上海市工商行政管理局，公司类型为有限责任公司（台港澳法人独资），住所地为上海市闸北区，注册资本 20000000 美元，实收资本 4000115 美元，股东为原告，法定代表人、执行董事均为孙某，监事为姚某，总经理为郭某。被告的公司章程就宗旨与经营范围、注册资本、投资者、执行董事、监事、经营和管理机构、劳动和用人体制、工会、期限、终止和清算、规章制度等事项作出明确约定，其中载明：公司投资者为原告，投资者以美元现汇形式缴付公司的注册资本，注册资本将由投资者在公司获发营业执照后三个月内缴付 20%，余额二年内缴付到位；公司不设股东会，投资者为公司最高权力机构；投资者决定公司的经营方针和投资计划、选举和更换执行董事与监事、决定有关执行董事和监事的报酬事项时，应当采用书面形式，并由投资者或其授权代表签名后置备于公司；公司不设董事会，设执行董事一名，执行董事由投资者委派，任期三年，执行董事是公司的法定代表人；投资者可以提前七天书面通知撤换执行董事，新执行董事的任期为被撤换执行董事的剩余任期；经投资者重新任命，执行董事可以连任；公司不设监事会，设监事一名，任期三年，由投资者任免；公司应建立管理层，由总经理负责，总经理由执行董事委派，但首任总经理由投资方委派，管理层受执行董事领导，对执行董事负责；章程的制定、履行、效力和解释，以及因章程引发的任何争议的解决都适用已公布的中国有关法律法规；章程须经相关批准机关批准后生效。截至 2013 年 3 月 21 日，原告以现汇出资 4000115 美元缴付了章程约定的首期 20% 注册资本。2013 年 10 月 21 日，被告上海某融资租赁公司作出 2013 联发字第 02 号《股东决议》，载明：根据《公司法》及公司章程，原告代表上海某融资租赁公司股东 100% 的表决权作出决议，决议事项为——自 2013 年 11 月 1 日起免去被告孙某公司执行董事和法定代表人的职务，由郑某担任公司执行董事和法定代表人；免去郭某公司总经理职务，由古某担任公司总经理；免去姚某公司监事职务，由王某担任公司监事；由被告孙某及被告公司协助郑某就上述事项向工商局办理公司变更登记备案手续。该决议落款处由原告及其法定代表人签章确认。次日，原告通过电子邮件及 DHL 速递向两被告发送《关于移交上海某融资租赁公司证照事宜》的函件，要求两被告根据前述《股东决议》于 2013 年 11 月 1 日将被告的公司证照、财务资料等移交郑某，逾期则将诉诸法律。两被告收悉该函件后未予配合办理工商变更登记手续，致涉讼。

原上海市闸北区人民法院于 2015 年 2 月 2 日作出（2014）闸民二（商）初字第 S438 号民事判决：一、被告上海某融资租赁公司、被告孙某于判决生效之日起十日内共同至上海市工商行政管理局办理关于公司法定代表人由孙某变更为郑某的登记手续；二、被告上海某融资租赁公司、被告孙某于判决生效之日起十日内共同至上海市工商行政管理局办理关于公司执行董事由孙某变更为郑某、监事由姚某变更为王某的备案手续；三、驳回原告澳门某公司的其他诉讼请求。宣判后，被告上海某融资租赁公司提出上诉，后申请撤回上诉。上海市第二中级人民法院于 2015 年 5 月 14 日作出（2015）沪二中民四（商）终字第 S488 号民事裁定：准予上海某融资租赁公司撤回上诉，各方均按原审判决履行。

【裁判理由】

原告系注册在澳门特别行政区的公司法人，根据《最高人民法院关于适用〈中华人民共和国涉外民事关系法律适用法〉若干问题的解释（一）》第十九条的规定，可以参照适用我国《涉外民事关系法律适用法》解决适用问题。依此，根据我国《涉外民事关系法律适用法》的规定，法人及其分支机构的民事权利能力、民事行为能力、组织机构、股东权利义务等事项，适用登记地法律，因此原告以股东身份向被告上海某融资租赁公司提起诉讼，应适用被告上海某融资租赁公司登记地法律即我国大陆地区法律。

请求变更公司登记纠纷是股东对于公司登记中记载的事项请求予以变更而产生的纠纷，原告应当具有股东身份。工商行政管理部门对于原告作为被告上海某融资租赁公司独资股东一节予以登记确认，具有公示效力，被告上海某融资租赁公司章程亦明确载明原告系唯一股东，两被告对此亦未否认，并确认收到了原告依照公司章程缴付的首期20%注册资本4000115美元，依此可确定原告系被告上海某融资租赁公司的唯一投资股东身份。至于原告缴付股本的资金究竟是自有抑或他人出借，在没有第三人提出股权异议的情况下，不影响原告股东资格的认定。两被告虽主张公司股东实为香港某投资公司，但并未提供充分证据予以佐证，且原告与案外人香港某投资公司之间是否存在委托投资关系属另一法律关系，不属本案审理范围。故原告作为被告上海某融资租赁公司的股东提起本案诉讼于法有据，并无不当。

公司章程系公司意思自治的体现，但凡其内容不违反法律、行政法规的强制性规定，就对公司、股东、董事、监事及高级管理人员均有约束力，理应得到遵守。本案所涉《股东决议》就其产生程序而言，符合法律规定和章程约定，并无瑕疵，其第一、第三项内容亦与章程约定不悖，应为合法有效，则被告上海某融资租赁公司作为企业法人，理应在公司工商登记信息发生变更时，依法履行依照决议内容办理变更登记、备案的法定义务，被告孙某作为公司法定代表人和执行董事应予协助。原告要求变更登记法定代表人、执行董事及监事的诉请，应予支持。此外，被告上海某融资租赁公司章程明确约定"总经理由执行董事委派，首任总经理由投资方委派"，即原告作为投资方仅就首任总经理享有委派权利，其后调换之总经理应由新任执行董事再行委派，现《股东决议》第二项直接调换总经理人选，显与章程约定相悖，应为无效，原告就此提出诉请，与章程不符，难获支持。

审判实践与探索：静安法院2023年度调研成果精粹

【裁判要旨】

请求变更公司登记纠纷是股东对于公司登记中记载的事项请求予以变更而产生的纠纷，原告应当具有股东身份。在没有第三人提出股权异议的情况下，工商行政管理部门关于股东身份的登记信息具有当然的公示效力，股东缴付股本的资金来源不影响股东资格的认定。

公司章程是股东共同一致的意思表示，系公司意思自治的体现。除非违反法律、行政法规的强制性规定，否则公司章程的效力不得以任何方式予以排除，其对公司、股东、董事、监事及高级管理人员均有约束力，理应得到遵守。当股东决议与章程约定相悖时，相悖内容应为无效。

【关联索引】

《中华人民共和国涉外民事法律关系适用法》第十四条

《最高人民法院关于适用〈中华人民共和国涉外民事关系法律适用法〉若干问题的解释（一）》第十七条（本案适用的是 2012 年 12 月 28 日发布的《最高人民法院关于适用〈中华人民共和国涉外民事关系法律适用法〉若干问题的解释（一）》第十九条）

《中华人民共和国公司法》第七条、第十一条、第十三条、第六十一条

《最高人民法院关于适用〈中华人民共和国民事诉讼法〉的解释》第九十条（本案适用的是 2002 年 1 月 1 日施行的《最高人民法院关于民事诉讼证据的若干规定》第二条）

一审：原上海市闸北区人民法院（2014）闸民二（商）初字第 S438 号民事判决（2015 年 2 月 2 日）

二审：上海市第二中级人民法院（2015）沪二中民四（商）终字第 S488 号民事裁定（2015 年 5 月 14 日）

442

顾某诉某银行股份有限公司上海静安支行储蓄存款合同纠纷案

——银行卡盗刷案件中扩大损失的责任承担

严亚璐　皮妍蓉[*]

【关键词】民事　储蓄存款合同　盗刷银行卡　安全保障义务　扩大损失　过错　责任承担

【基本案情】

原告顾某诉称，2014 年 4 月 9 日晚，其收到银行手机短信，显示支付多笔现金。经电话查询，接待人员让其第二天到银行核实。10 日晚又发现有数笔现金支付。原告遂与银行交涉并报警，但均未能解决存款丢失的问题。原告的银行卡被盗刷，被告至今未能解决，应当予以赔偿，故起诉来院，请求判令被告赔偿 50000 元，包括被盗刷的钱款及利息损失等。

被告某银行股份有限公司上海静安支行辩称，对原告银行卡在台湾被盗刷的事实无异议，金额为 20263.26 元（2014 年 4 月 9 日 10134.43 元、4 月 10 日 10128.83 元，以上金额均为台币结算人民币），均为 ATM 机取款。原告在知道有异常交易向银行电话查询后，未采取银行建议及时挂失，造成第二天（2014 年 4 月 10 日）的扩大损失，对此扩大损失不应由被告承担。

法院经审理查明：原告在被告处申请办理卡号 62****003800832**** 借记卡一张。2014 年 4 月 9 日，原告收到该卡手机短信取现提示，遂于 4 月 10

* 严亚璐，法律硕士，上海市静安区人民法院金融审判庭审判员。皮妍蓉，法学硕士，上海市静安区人民法院金融审判庭审判员。本案例入选《中国法院 2018 年度案例》、人民法院案例库入库案例。

日凌晨拨打 9**** 银行电话查询交易情况、提出交易异议。接待人员建议原告先行挂失，原告表示不会电话挂失的操作才打电话人工服务，不同意挂失。同年 4 月 10 日 15 时许，涉案银行卡又发生类似取现；4 月 11 日下午，原告到被告处交涉；4 月 14 日报警。后经银行查询，原告涉案银行卡在台湾通过 ATM 机被提取现金：2014 年 4 月 9 日 22 时许，6 笔计 9962.79 元、手续费 171.64 元，4 月 10 日 15 时许，3 笔计 9992.90 元、手续费 135.93 元（合计 20263.26 元）。该期间原告在中国大陆境内。之后，原告重新办理银行卡。因与被告交涉未果，原告遂诉至法院。

上海市静安区人民法院于 2015 年 12 月 19 日作出（2015）静民四（商）初字第 S914 号民事判决：被告某银行股份有限公司上海静安支行应于本判决生效之日起十日内赔偿原告顾某 15198.85 元及自 2014 年 4 月 10 日起至实际履行日止的利息损失（以 15198.85 元为本金，按同期中国人民银行颁布的活期存款利率计算）。宣判后，被告提出上诉，上海市第二中级人民法院于 2016 年 3 月 10 日作出（2016）沪 02 民终 949 号民事判决：驳回上诉，维持原判。

【裁判理由】

法院生效裁判认为，本案涉及外籍公民在境内银行办理的银行卡被境外使用伪卡盗刷引发的纠纷，争议焦点在于银行已经尽到提示义务建议持卡人及时挂失的情况下，持卡人未予采纳，导致再次盗刷的扩大损失由谁承担以及如何承担。

首先，关于原、被告之间的法律关系。原告与被告之间因申领银行卡所建立的储蓄存款合同法律关系，依法成立，合法有效，双方当事人均应恪守履行。银行卡系被告设计制作并交付原告，原告应当按照约定妥善保管和使用银行卡及密码，被告应当按照约定支付存款本息，并保障银行卡交易的安全。被告在凭卡支付存款的过程中，负有识别银行卡真伪的义务。本案中，从交易发生时间、地点，以及原告向被告交涉、报案等事实，可以证明原告本人不在交易现场，并且当时银行卡由原告保管，并未存在人卡分离的情况。系争的境外取款 20263.26 元应为利用伪卡盗刷的犯罪行为所引起，被告未能识别伪卡而向他人支付存款，并从原告账户中扣款的行为，未能保障原告资金的安全，违反合同约定，理应赔偿原告的损失。

其次，对于原告损失的承担主体及金额。对于被告抗辩原告未及时采取适当措施造成第二天（4月10日）的被盗刷有过错，原告不得就扩大的损失要求赔偿。为防范交易风险，原告有妥善保管银行卡及卡内数据信息的义务，被告作为发卡行及相关技术设备和操作平台的提供者，相对原告而言更有能力控制风险、预防损失。一方面，被告银行在首次接到原告对交易提出的异议后，通过人工服务平台向其提示风险并建议及时挂失，但银行保障交易安全的义务并不仅限于提示和建议。在原告未接受建议，且被告知晓原告不接受建议后，银行并未作进一步风险控制措施，不能因此免除银行方的赔偿责任。另一方面，原告在被银行提示应及时挂失银行卡防止风险进一步扩大时，亦未及时采取止损措施，对此双方均有过错，由此造成的损失双方应予分担。

综上，被告应赔偿原告15198.85元及利息损失，利息标准可按中国人民银行活期存款利率计算。

【裁判要旨】

1. 银行对银行卡交易过程负有安全保障义务。银行作为储蓄服务提供方，为保障银行卡交易安全，银行在进行凭卡支付的交易过程中，负有识别银行卡真伪的义务。当境外取款系利用伪卡盗刷的犯罪行为所引起，交易过程中银行未能识别伪卡而向他人支付存款，并从持卡人账户中扣款的行为，未能保障持卡人资金安全，未尽安全保障义务，违反合同约定，应该承担赔偿责任。

2. 银行作为发卡行及相关技术设备和操作平台的提供者，相对持卡人更有能力控制风险、预防损失。银行在首次接到持卡人对交易提出的异议后，通过人工服务平台向其提示风险并建议及时挂失，但银行保障交易安全的义务并不仅限于提示和建议。在持卡人未接受建议，且银行知晓其不接受建议后，并未作进一步风险控制措施，不能因此免除银行的赔偿责任。

3. 因持卡人自身过错导致的盗刷案件中扩大损失应根据过错承担责任。为防范交易风险，持卡人有妥善保管银行卡及卡内数据信息的义务，持卡人在银行提示应及时挂失银行卡防止风险进一步扩大时，未及时采取止损措施，对此双方均有过错，由此造成的损失双方应予分担。

【关联索引】

《中华人民共和国民法典》第五百零九条、第五百七十七条、第五百九十一条（本案适用的是 1999 年 10 月 1 日施行的《中华人民共和国合同法》第六十条、第一百零七条、第一百一十九条）

《中华人民共和国商业银行法》第六条

《中华人民共和国涉外民事关系法律适用法》第四十一条

一审：上海市静安区人民法院（2015）静民四（商）初字第 S914 号民事判决（2015 年 12 月 19 日）

二审：上海市第二中级人民法院（2016）沪 02 民终 949 号民事判决（2016 年 3 月 10 日）

基于"三圈理论"模型对司法建议助力社会治理的路径优化分析

——以上海法院司法建议数据库 2009—2022 年司法建议情况为样本

陈欣宜*

司法建议 [1] 一般指人民法院在司法审判、执行工作中发现的与案件有关但不宜由审判权直接处理的问题,通过向有关单位提出解决问题的参考性建议。其作为一项具有中国特色的司法制度,有助于堵塞漏洞、改进工作、完善制度等。近年来,司法建议工作在能动司法背景下,不断被肯定与提倡。司法建议制度也越来越多扮演着社会治理中的"啄木鸟"功能,[2] 成为法院助力社会治理创新的重要手段与举措。

本文选取上海法院司法建议数据库 2009 年至 2022 年的司法建议运行数据作为样本,分析当前司法建议制度运行呈现的特点,存在的制度困境。运用系统研究的方法,基于"三圈理论"的分析框架,从价值圈、能力圈和支持圈三维度出发,通过构建司法建议制度的"耐克区",以"重塑司法建议制度功能,构建价值圈""强化保障机制,增强能力圈""引入跟踪监督机制,拓展支持圈"出发,实现司法建议制度的路径最优化,以期使得司法建议制度更加具有生命力,提升司法建议推动社会治理的效果。

---

* 陈欣宜,法学硕士,上海市静安区人民法院商事审判庭法官助理。本文获 2023 年上海高院优秀司法统计分析成果评选活动二等奖。

[1] 广义的司法建议包括法院发出的司法建议和检察院发出的司法建议;狭义的司法建议仅指法院发出的司法建议,本文研究的对象系狭义说的司法建议。

[2] 参见汤啸天:《啄木鸟更要提高啄啄效率》,载《人民法院报》2015 年 1 月 8 日。

一、思与辩：上海法院司法建议制度运行情况的实证分析

自上海法院建立"司法建议信息库"以来，③信息库上载 2009 年 1 月 1 日至 2022 年 12 月 31 日发出的司法建议共计 4500 件。（见图 1）由于信息库

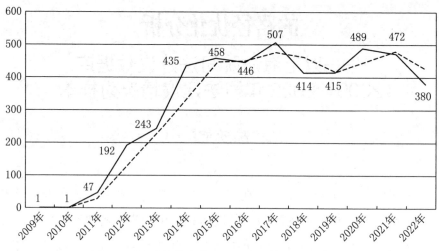

图 1 "司法建议信息库"司法建议数量年份分布图

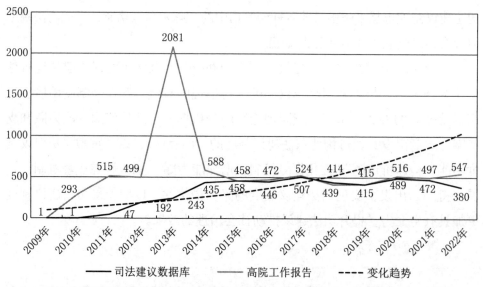

图 2 "司法建议信息库"与"法院工作报告"历年司法建议数量分布对比图

③ 需要说明的是，上海法院司法建议信息库于 2009 年 6 月正式上网运行，上载于信息库内的司法建议及白皮书系各法院自行输入。

在初期处于不断完善和规范的过程中，所以实际发布的数据应当大于信息库的数据。笔者通过与历年上海市高级人民法院工作报告中关于司法建议情况的对比，明显可见两者数据统计结果并非完全一致，尤其是 2013 年前存在较大的统计差异。（见图 2）但是，仍可以从中窥见上海法院司法建议制度的运行情况，以及其中呈现的特点。④

（一）总体呈平稳上升趋势，但法院间工作开展不平衡

上海法院发出的司法建议数量总体上升趋势明显，近些年趋于稳定在年均 500 件。2012 年《最高人民法院关于加强司法建议工作的意见》（以下简称《意见》）发布后，司法建议的发出数量在 2013 年至 2015 年期间出现了一次井喷式的上涨，这也是上海法院积极通过司法建议参与社会治理的一次努力尝试。其中，基层人民法院发布的司法建议数量显著高于中高级人民法院。司法建议发出数量前五名的基层人民法院分别为浦东（472 件）、闵行（373 件）、金山（333 件）、奉贤（256 件）、长宁（248 件）。中高级人民法院的发

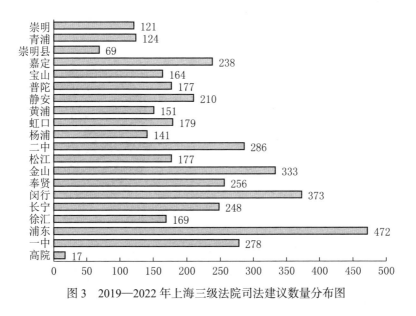

图 3　2019—2022 年上海三级法院司法建议数量分布图

④　由于法院工作报告的具体样本来源无法获取，下文的司法统计数据均系通过"上海法院司法建议信息库"获取的 2009 年 1 月 1 日至 2022 年 12 月 31 日的 4500 件司法建议以及 1061 件审判白皮书为分析样本。

布数量分别为高院（17件）、二中院（286件）、一中院（278件）。但发布司法建议数量最少的基层法院在该期间共计仅发出司法建议69件，年均不足5件，由此可见法院间对司法建议工作的重视程度不一，法院间司法建议工作的发展较为不平衡。（见图3）

司法建议发出数量稳步攀升的主要原因在于：一是能动司法对于司法建议在社会治理中的重视程度不断加大；二是各级法院在司法实践中加大了司法监督和服务的力度；三是法院系统内部加大了司法建议工作的考核力度，甚至对各级法院下达了司法建议的数量指标要求。

（二）司法建议类别运用失衡，辅之新形式建议的推进

最高人民法院在《意见》中根据司法建议对应的案件数量，将司法建议分为个案、类案以及综合性司法建议。虽然理论上司法建议的类别多样，但当前上海法院发出的司法建议中82%属于"一案一议"的个案建议类型；仅18%的司法建议针对普遍性的问题。（见图4）个案型司法建议占比居多，反映了司法建议类别运用失衡的现状，司法建议在社会治理方面并未充分发挥社会治理中"以点带面"的规模效应。

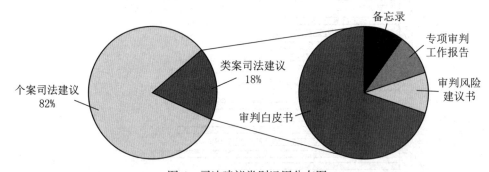

图4 司法建议类别运用分布图

为了弥补类案和综合性司法建议数量上的不足，各法院也努力通过发布司法建议书，如审判白皮书、专项审判工作报告、审判风险建议书等创新形式以形成制度的规模合力。自2009年以来，上海法院系统共计发出1061件审判白皮书，强化了对普遍性问题的汇总与解决方案的列明。（见图5）值得注意的是，虽然审判白皮书也是法院参与社会治理的一种方式，但是根据《意见》关于司法建议范畴的界定，审判白皮书仍不应当被直接归类为狭义的

司法建议的类别中，仅作为司法建议的参考性附件。⑤

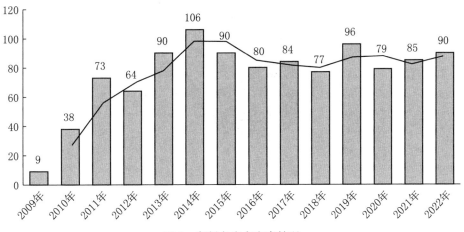

图 5　审判白皮书发布情况

司法建议针对个案占比大，最直接的原因是个案中存在的问题易于被法院捕捉，可以通过直接转化裁判文书内容的方式获得；其次是类案司法建议及综合司法建议在作出建议前期需要投入更多的精力及人力，而在办案压力较大的上海法院，法官力不从心的问题显著；最后法院对于专业性的问题可能并不了解，审判中更多是基于事实的查明，对于核心问题并未触及，更何谈普遍性司法建议的提出。

（三）建议发送对象较为集中，内容以原则性用语为主

从司法建议的统计情况看，司法建议的对象主要集中在企、事业单位（3038 件，占比 67%）以及国家行政机关（1197 件，占比 27%），其次为行业性团体（258 件，占比 6%）。（见图 6）

从发送对象的单位性质看，包括民营企业、国有企业、行政机构、自治组织等具有官方和半官方性质的机构。司法建议发送对象的集中使得司法建议参与社会治理的广泛性缺失。法院向检察院、党委等提出司法建议数量极

---

⑤　最高人民法院《关于加强司法建议工作的意见》第八条明确将司法建议书分为个案司法建议书、类案司法建议书和综合类司法建议书三个大类，同时规定"根据实际需要，综合司法建议书可以附相关调研报告、审判工作报告（白皮书）等材料"。其中，并未将调研报告、审判工作报告（白皮书）等纳入司法建议的范畴，仅仅作为司法建议辅助性的附件材料加以参考。

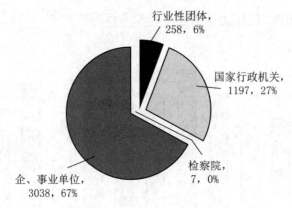

图 6　司法建议发送对象分布图

少，法院"厚此薄彼"现象的出现是因为前述单位的行政级别相对弱化，且向检察院提出司法建议的门槛相对较高，对法官的业务能力也提出了更高要求。此外，通过对司法建议的具体内容进行分析，笔者发现司法建议的用语多为原则性、笼统性、模糊性的字眼，缺乏具体的可操作性。司法建议内容的原则性也直接导致了反馈内容的泛泛性。

（四）建议领域分布广泛，案件类型呈"冷热"现象

根据分析可知，司法建议的作用多为关于加强监督管理、填补制度漏洞、纠正不合理行为以及做好矛盾化解或善后处理等工作的建议，主要可以归纳为六大类。（见图 7）目前司法建议制度在关于弘扬习近平法治思想、弘扬社

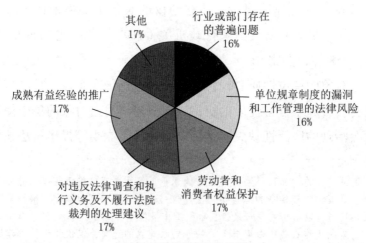

图 7　司法建议内容分类

会主义核心价值观、宣传正面典型、弘扬社会正气的功能并不显著。统计显示，符合前者堵塞漏洞类司法建议占比高达96%，符合后者功能的司法建议占比不足4%。未来可以考虑发挥党委"高位推进"的作用。

司法建议涉及的领域非常广泛，内容涵盖政策制定、社会保障、行政执法、文化教育、医疗卫生、土地房产、劳动争议、金融保险、市场监管、食品安全等60多个行业。根据案件类型的不同，司法建议涉及刑事、民事、商事、知识产权、海事海商、行政、执行以及综合类案件。（见表1）

表1 司法建议涉及案件类型统计

	案件类型分类	数量	占比
第一类	刑事案件：涉及各种类型犯罪	894件	20%
第二类	民事案件	1646件	37%
第三类	商事案件	808件	18%
第四类	知识产权案件	144件	4%
第五类	海事海商案件	116件	3%
第六类	行政案件：涉及行政处罚、拆迁、政府依法履职等	436件	10%
第七类	执行案件：民事、行政、刑事三类案件的执行	371件	7%
第八类	综合类案件：其他原因，主要系保障地方发展维护社会稳定类案件	85件	1%

其中，民事领域提出司法建议的绝对数量最多，为1646件，约占全部的37%；紧随其后为刑事案件894件，占比20%；商事案件808件，占比18%。但是如果以各领域处理案件总数作为对照，行政领域提出的司法建议虽然绝对数较少为436件，占比10%。但是行政案件占比的相对数量却是最大的。从各类型案件2012年至2022年十年间的变化趋势图可以看出，不同类型案件司法建议的制发"冷热现象"明显，这表明矛盾集中和多发的案件类型，反映的问题也相应较多，相应的司法建议在数量上也比较多。（见图8）

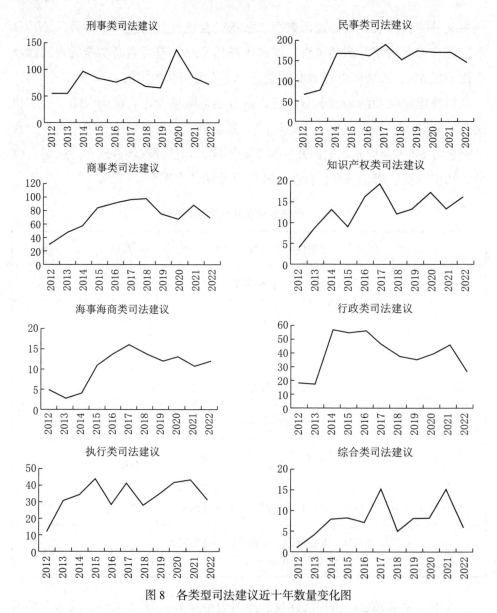

图8　各类型司法建议近十年数量变化图

（五）司法建议的整体反馈率⑥平稳，反馈内容形式化倾向明显

根据上海法院司法建议库的资料显示，司法建议近十年的平均反馈率达到了75%，相比全国法院司法建议反馈率的情况，上海法院的司法建议反馈

---

⑥　司法建议反馈（采纳）率＝［反馈（采纳）份数＋部分反馈（采纳）份数＋不采纳份数］/司法建议总数×100%。

率名列前茅。（见图9）虽然反馈率的情况取得了很大成效，但被建议方的反馈形式化倾向严重，内容主要为"接受建议，将进一步采取措施纠正错误"等答复，此后便没有下文。部分司法建议的反馈存在应付法院催促整改的情况，有的司法建议在发出的当天即回复，上述数据中的司法建议回复中期限最短的仅为一天，最长的为10个月。其中，一个月内即回函的约占回函的79.9%，从另一个侧面说明受建议方可能并未进行深入的研究。受建议方的形式化反馈，更像是送达回证，只有程序意义，并未实现司法建议的实体价值。

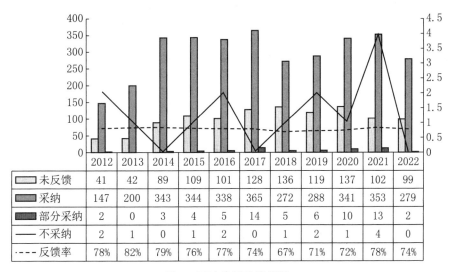

	2012	2013	2014	2015	2016	2017	2018	2019	2020	2021	2022
未反馈	41	42	89	109	101	128	136	119	137	102	99
采纳	147	200	343	344	338	365	272	288	341	353	279
部分采纳	2	0	3	4	5	14	5	6	10	13	2
不采纳	2	1	0	1	2	0	1	2	1	4	0
反馈率	78%	82%	79%	76%	77%	74%	67%	71%	72%	78%	74%

图9　司法建议反馈情况

司法建议反馈内容形式化明显，一是说明被建议单位对司法建议的重视程度不够，收到司法建议后，对建议的理解不充分，没有进行充分的内部纠察；二是法院发出的司法建议效力不具有强制性，被建议单位面临无强制性的司法建议，往往没有反馈或采纳建议的内在动力；三是司法建议所提出的问题可能并未切中要害，或者不具备可执行性，并未引起被建议单位的共鸣或者认同。

二、探与析：基于"三圈理论"[⑦] 模型对司法建议制度困境的梳理

上海法院司法建议实践中呈现的上述特征性现状，是目前司法建议制度

⑦　参见［美］Mark. H. MOORE：《创造公共价值：政府战略管理》，清华大学出版社2003年版。

运行中存在的共性的问题。通过法院充当社会治理的"啄木鸟"功能，[8] 将司法审判中发现的社会治理问题在源头得到最大程度的化解，是司法建议制度设立的初衷。实现法院社会"啄木鸟"功能的最重要的目标就是让每一份司法建议都可以被回应、被反馈、被重视，形成"发送——反馈"良性互动模式。（见图10）但是现实无情地告诉我们，这只是一个美好的愿景，实践中仍存在较大的偏差。

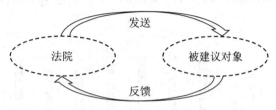

图10　良性的司法建议"发送—反馈"互动模式图

（一）"三圈理论"引入司法建议制度的可行性

"三圈理论"发轫于公共管理领域，在社会公共管理的过程中，该理论认为应当将社会组织看成一个不断与内外部环境发生作用的开放系统。[9] "三圈理论"将价值、能力、支持纳入模型分析框架。第一个维度是"价值"

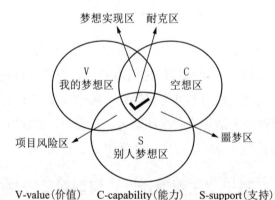

V-value（价值）　C-capability（能力）　S-support（支持）

图11　"三圈理论"——"价值—能力—支持"维度示意图

---

⑧　参见汤啸天：《啄木鸟更要提高啄啄效率》，载《人民法院报》2015年1月8日。

⑨　参见［美］卡斯特·罗森茨韦克：《组织与管理——系统方法与权变方法》，中国社会科学出版社1985年版。

（V-Value），即政策制定的初衷和归宿，价值定位是任何政策制定者提出一系列政策的最重要的依据。第二个维度是"能力"（C-Capacity），即具备政策制定和执行的资源，政策执行是否顺利的一个关键要素是能力。第三个维度是"支持"（S-Support），即顺利实施政策的各方利益相关者的支持。（见图11）

在法学领域引入"三圈理论"，通过"三圈理论"内部区域分解构成情况进一步分析论证，有助于证成制度设立的正当性与有效性问题，在司法建议制度的本土语境中也能够为其参与社会治理的有效性路径改造提供有益的理论视角。（见表2）

表2 "三圈理论"示意图内部区域分解构成情况表

名称	耐克区	空想区	别人梦想区	我的梦想区	噩梦区	项目风险区	梦想实现区
位置	V、C、S三圈的重叠区域	C区域，但不包括V、S两圈的交集部分	S区域，但不包括V、C两圈的交集部分	V区域，但不包括S、C两圈的交集部分	C、S两圈的重叠区域，但不包括"耐克区"	V、S两圈的重叠区域，但不包括"耐克区"	V、C两圈的重叠区域，但不包括"耐克区"
代表含义	公共价值、执行能力、利益相关者支持三者兼备	只有执行能力	只有利益相关者的支持	只具有价值约束，实现公共价值	具备执行能力和利益相关者的支持，不具备公共价值	具备公共价值，有利益相关者的支持，但没有执行政策的能力	具备公共价值、执行能力，需争取利益相关者的支持
预期结果	最容易成功	缺乏深入推行下去的动力	制定者和支持者在价值层面没有统一，变成了别人的政策	只能停留在思想的阶段，没办法付诸行动	将造成很大损失，就是政策制定者的一场噩梦	执行起来十分困难，具有很大的风险	缺乏利益相关者的支持很难执行和实施政策

1. 与社会治理强调多元主体共同参与的理念要求相一致

社会治理本就是一个多元主体共同参与的过程，这与"三圈理论"中涉及内部区域之间互相影响的能动性相契合。司法治理的效能可以被分为五个维度，其中规则供给性契合了"三圈理论"的价值维度，裁判拘束性和风险预警性可以被归类为"三圈理论"的能力维度，社会传播性和协同互助性则符合了"三圈理论"的支持维度。（见图12）

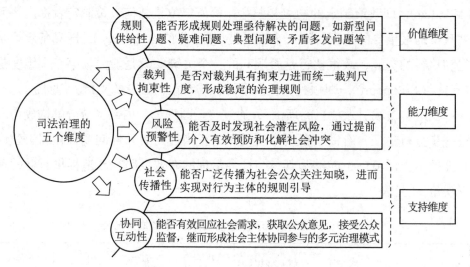

图 12　司法治理维度

2. 与司法建议本身"柔性化"的法理属性相契合

司法建议与司法裁决的制作主体虽然都是人民法院，但是两者在处理事项、发送对象、制作程序、内容明确性等方面的差异法律约束力。（见表3）在社会治理中，司法建议实质是一种柔性治理方式，类似"软法"，即不具有法律约束力但可能会产生实质社会效果的行为规则。[⑩]建议内容的实现不是以国家强制力为保障，而是以司法建议本身的说服力和道德约束为保障。司法建议本身的"柔性"法理属性决定了借助"三圈理论"分析框架，从增强司法建议本身的价值属性以及外部认可度角度出发，具有一定的现实可落实度。

表 3　司法建议与司法裁决的差异点

差异点	司法裁决（含指导性案例、典型案例等）	司法建议（含司法白皮书等）
处理事项	属于人民法院受理范围的裁判事项	与裁判案件有关联，但不属于人民法院裁判权处理范围的事项
发送对象	案件当事人	案件当事人或案件当事人以外的主体
制作程序	法定辩论程序	内部程序、缺乏当事人之间的对抗辩论
内容特点	明确性、具体性和可操作性	宏观性、概括性和预警性

---

⑩　参见罗豪才、毕洪海：《通过软法的治理》，载《法学家》2006 年第 1 期。

（二）"三圈理论"引入司法建议制度的本土语境

下文笔者试图通过"三圈理论"框架，从价值、能力、支持三个维度透视司法建议制度，为司法建议制度的下一步工作的展开提供智力支持。

1．价值维度的偏离

（1）法律规范供给不足导致制度价值基础薄弱

司法建议参与社会治理直接的理论依据为最高人民法院的《关于进一步加强司法建议工作为构建社会主义和谐社会提供司法服务的通知》（以下简称《通知》）和《意见》。这两份司法解释性文件将司法建议定位为司法机关参与社会治理具体方式，并对类型、适用情形以及制作主体作了规定，但是缺乏系统完整的制度运作规则。在上位法层面，司法建议制度在《宪法》《人民法院组织法》中均无规定，零散条文仅体现在《民事诉讼法》第一百一十七条和《行政诉讼法》第六十四条、第六十六条中，且被定位为一种诉讼保障措施，并未赋予司法建议强制力。法律规范的原则性和制度定位的偏差，弱化了司法建议参与社会治理的正当性，影响司法建议实践发展。（见表4）法律规范的缺失导致目前法院的司法建议多数是依靠法官和合议庭的自由发挥，主观性占主导地位。

表4　司法建议制度现行法律规范体系

文件层级	规范性文件	条款	体系位置	功能定位
法律	2021年《民事诉讼法》	第一百一十七条第二款	对妨害民事诉讼的强制措施	诉讼保障措施
	2017年《行政诉讼法》	第六十四条、第六十六条第二款	审理和判决	
		第九十六条第二款第（四）项	执行	
司法解释性文件	2007年《通知》⑪	均提出要认识到司法建议是充分发挥审判职能作用的重要方式，积极就审判工作中发现的问题向有关单位提出司法建议		
	2012年《意见》			

⑪ 《关于进一步加强司法建议工作为构建社会主义和谐社会提供司法服务的通知》（法发〔2007〕10号）明确指出："司法建议作为化解矛盾纠纷、提高社会管理水平的司法服务手段，是人民法院审判职能的延伸，对于促进社会安定和谐，增强全社会法律意识，建设法治社会，发挥了重要作用。"

（2）意识形态认识不足导致司法理念传统动摇

在官方的意识形态里，司法建议是法院进行回应型司法的一种重要形式，该观念强调的是如何建立高效的司法程序。而向社会发送高质量司法建议，努力延伸审判职能是回应型意识形态中的一种重要实践形式。⑫鉴于此，法院被认为应当积极地进行司法建议。但是，这种看法忽视我国当下的司法现状，我国本土法律形态下，法律形式主义传统尚未完全建立，法院和法官权威也没有完全确立，司法建议的主要任务是确立自治型司法的基本传统，因此在现阶段过分强调回应型司法并不合时宜。

（3）功能定位理想化导致社会治理效能滞后

根据最高人民法院《意见》明确的司法建议的范畴，⑬许多本就是需要法院通过裁判解决的问题。但是，司法实践中仍过分强调通过发送司法建议的方式来解决这些问题。原属法院司法职责分内的事情却要用司法外的途径去解决的做法在实质上是司法建议功能定位的过于理想化。

2. 能力维度的缺乏

（1）法官主动性不足制约司法建议工作发展

司法实践中，是否提出司法建议属于法官的自由权限范围，因此，法官个人的主观能动性对开展好司法建议工作具有决定性意义。通过对部分法官的问卷调查，发现调查数据显示97%的法官都能意识到司法建议工作的重要性和必要性，但在被问及"当遇到需要提出司法建议的情形时，你是否愿意

---

⑫ 参见金民珍、徐婷姿：《回应型司法的理论与实践》，载《人民法院报》2012 年 11 月 21 日第 8 版。

⑬ 参见《最高人民法院关于加强司法建议工作的意见》（法〔2012〕74 号）："审判执行工作中发现的下列问题，人民法院可以向相关党政机关、企事业单位、社会团体及其他社会组织提出司法建议，必要时可以抄送该单位的上级机关或者主管部门：（1）涉及经济社会发展重大问题需要相关方面积极加以应对的；（2）相关行业或者部门工作中存在的普遍性问题，需要有关单位采取措施的；（3）相关单位的规章制度、工作管理中存在严重漏洞或者重大风险的；（4）国家利益、社会公共利益受到损害或者威胁，需要有关单位采取措施的；（5）涉及劳动者权益、消费者权益保护等民生问题，需要有关单位采取措施的；（6）法律规定的有义务协助调查、执行的单位拒绝或者妨碍人民法院调查、执行，需要有关单位对其依法进行处理的；（7）拒不履行人民法院生效的判决、裁定，需要有关单位对其依法进行处理的；（8）发现违法犯罪行为，需要有关单位对其依法进行处理的；（9）诉讼程序结束后，当事人之间的纠纷尚未彻底解决，或者有其他问题需要有关部门继续关注的；（10）其他确有必要提出司法建议的情形。"

提出司法建议"的问题时，31% 的法官作出了否定性的回答，否定回答中近三成法官选择了"由于案件数量多，缺少撰写的精力"的选项、两成法官则认为"激励措施不足，缺乏撰写动力"，其余的法官认为"裁判文书已经足以作出相应的风险提示"。由此可见，法官自身的主动性是制约司法建议工作的一个重要因素。目前我国正处于社会的转型期，社会矛盾突出，法院受理的案件数量逐年飙升，案多人少是全国法院普遍面临的问题。在大量案件积压的情况下，如何提高法院制发司法建议的主动性，是需要解决的能力维度的一大问题。

（2）内容可执行性弱直接影响司法建议的质量

"司法建议不是居高临下的指手画脚，要努力确保建议内容的中肯合理，考量被建议单位的立场感受，注意建议表达的语言艺术。"[14] 从上海法院司法建议的发布内容看，司法建议整体质量仍有待提升，主要表现为以下几个方面：有的法院单纯追求司法建议数量，对于类似问题动辄发送内容相同的司法建议，使得司法建议的数量有所提升，但是效果上却没有明显改善。有些司法建议仅仅是个案情况的描述，缺少对问题的归纳总结以及原因分析，甚至有些司法建议不描述个案也不总结问题，只是笼统叙述为"针对××案中发现的问题，提出以下司法建议"。有个别司法建议的内容本身不是向被建议单位提出建议，而是就案件审理中的某一问题提出的异议，并不符合司法建议包括的范畴。有些司法建议反映的问题阐述笼统，提出解决问题的建议和对策不具有针对性和可操作性，如"加强管理，避免类似的案件发生""进一步提升队伍素质，增强处理问题的能力"等。有些司法建议言辞犀利，让被建议单位难以接受。

3．支持维度认可度低

（1）互动性思维模式尚未建立影响反馈机制

当事人对裁判结果缺乏反思、主管部门缺乏管理的敏感度以及行业协会未起到应有的作用是法院发出司法建议的主要动因。我国司法领域一直以来都是采用传统的管理思维模式，注重强调司法机关管理职能的行使。而对于被建议单位以及其上级主管部门、行业协会等来说，由于自身属性的限制，

---

[14] 参见李方民：《对改进司法建议工作的几点看法》，载《山东审判》2011 年第 1 期。

立场不可避免地与法院的立场存在差异。对行政机关而言，问题的解决方案必须考虑管理的有效性和行动的便利性，而对企业而言，需要考虑其与经济效益之间的关系。法院当前工作方式单一，缺乏沟通协调机制。法院在提出司法建议前极少与被建议单位进行座谈研讨，共同探讨全面可行的解决方案。提出司法建议后，重视司法建议的采纳率，但是缺乏对落地情况的追踪。只有建立互动思维模式，法院提出的解决方案被采纳的可能性才能提高。

（2）司法权威属性缺乏导致司法建议的服从度较低

从对各种情形的司法建议反馈情况的统计看，各种情形下的司法建议反馈率相差不大。对于有着明确法律规定，且相对有一定强制效力的司法建议，本应有更高的期待，然而其实际的采纳和反馈率虽已过半，但实质性执行情况仍不理想。可以说，司法建议目前的采纳执行情况不容乐观与我国司法权威现状密切相关，是司法权威现状的重要反映，司法建议得到社会尊重、效能真正发挥最终还是依赖于司法权威的提振。

（3）司法公开落实不到位影响信息获取、转化能力

我国尚未形成从司法裁判中获取社会管理信息的理念。目前行政机关主动行政意识还未完全形成，社会组织、企事业单位内部管理不规范、制度建设不到位、风险防控不充分，无法及时发现问题和解决问题。司法建议作为法院对问题的分类汇总，可以提高各方主体的判断能力、综合决策能力、逻辑推理能力和法治构建层次能力。[15] 但这些制度功能的实现，都取决于司法建议内容能够被公众获取并被转化。当前上海法院虽然已经建立了司法建议信息库，但是未有效公开公示，实质仍旧缺乏公示传播机制。建议的效果未有力地落到实处，被建议部门的责任缺乏监督和落实。社会对整体司法建议工作的认识还处于较低层面，未形成合力来共同推动司法建议工作，使其功能未得到充分发挥。

三、破与立：扩大"耐克区"，重构司法建议制度

正如上文图11的"三圈理论"三维维度示意图所示，其中的三个圈都是随着客观情况不断变幻的，当三个圈向着一定方向发展，就有可能实现重叠

---

⑮　徐健：《司法建议在法治政府建设中的具体作用》，载《暨南学报》2017年第2期。

从而出现"耐克区"。⑩ 只有同时满足三个维度的内在要求，即找到三个圆圈重叠部分的最大位置，制度才能出现最优的效果。司法建议是一项综合性强，涉及面广的制度设计，新形势下随着客观环境的变化，需要通过构建价值圈、增强能力圈、拓展支持圈的多重手段并举的方式，来扩大"耐克区"，以期构筑司法建议制度的优化路径。（见图 13）

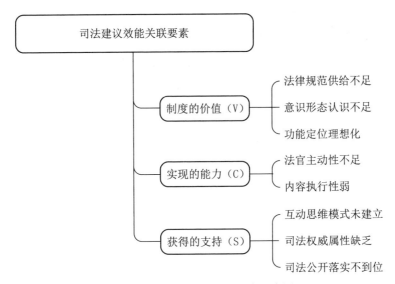

图 13　司法建议效能关联要素示意图

（一）重塑制度功能，构建"价值圈"

尽快推进司法建议的法治化进程，通过多层次的法律规范格局的设置，打破司法建议制度功能的僵局。首先，通过全国人大的"决定"方式明确包括司法建议属性、制定主体和效力等核心问题；其次，通过对《法院组织法》的修订明确司法建议的权限问题，同时规定作出司法建议的人民法院以及接受司法建议的相关单位的职责和相应法律责任；再次，通过修改三大诉讼法，类型化司法建议的内容、范围、形式、程序，使散落分布的有关司法建议法律条文形成体系。通过上述可操作性较强的措施以期在短时间内形成层次清

---

⑯　"三圈理论"中，公共价值、执行能力、相关利益者支持这三圈相互重叠的部分被称为耐克区，起源于耐克公司一句经典的广告语"Just Do It"，原意是向消费者暗示积极去购买、选择该公司产品，之后研究"三圈理论"的学者借用广告词所提出公司的名称命名这个区域。

晰、结构完整的司法建议法规体系，重塑司法建议的制度功能，赋予司法建议独立的"公共政策形成权"的制度功能。

（二）强化保障机制，增强"能力圈"

提高司法建议的质量，调动法院制发司法建议的积极性。首先，应当确保找准问题，树立精品意识，将日常调研与司法建议工作结合起来，善于从纷繁复杂的案件中发现、提炼问题，使司法建议不仅能切中问题要害，还要做到推进源头治理的实现。其次，应当确保建议制作流程规范化。应当建立完备的司法建议审核流程，充分推敲、斟酌司法建议内容，防止出现含糊不清、意思不明，以及问题分析空洞、说理浅显、依据不明的问题。最后，司法建议应当追求少而精。对于能够通过审判执行解决的问题，绝不能借助司法建议方式解决，应当最大限度遵循"必要性"原则，摒弃片面追求数量的现象，以"优秀司法建议评比"代替"司法建议数量考核"，建立内部奖惩机制，对提出优秀司法建议并被采纳或推广的法官，在通联宣传考核中予以加分，并给予相应的物质精神激励，提高法官制作优秀司法建议的积极性。规划综合性司法建议制定计划，进行司法建议的年初立项、中期检查、结项验收的方式，切实提高司法建议的质量。

（三）引入跟踪监督机制，拓展"支持圈"

提高司法建议的落实度，需要充分加强法院与被建议单位及其上级单位的沟通协调。充分的沟通有助于营造守法的社会氛围，也有助于印证法官的主观判断，避免发出一些不具有针对性的司法建议。司法建议的跟踪监督机制可以考虑设置前置征询程序、落实反馈机制、健全常态化管理机制、完善落实问责机制。[⑰] 此外，司法建议还应当依托司法公开"三大平台"公开，以及法院信息化建设，充分利用微博、微信等门户网站，开辟专门的司法建议公开专栏，除不宜公开的，其余的司法建议及所附裁判文书、建议内容、

---

⑰ 参见黄振东：《"社会啄木鸟"司法建议创新社会治理的功能、模型和路径》，载《审判体系和审判能力现代化与行政法律适用问题研究——全国法院第32届学术讨论会获奖论文集（上）》。

限时反馈情况、问题整改情况等均应及时更新上网，供被建议方及社会公众查阅。与此同时，利用数字信息平台等条件，建立与人大、党委、政府等部门以及外宣媒体的信息共享。涉及公共利益的司法建议，在发布之后，必须对媒体开放，向社会公开。

商品房规划设计变更纠纷的实证检视与治理进路

——以 S 市 2019—2022 年涉商品房规划设计变更纠纷案件为研究样本

沈　晔*

新建商品房是民生问题，涉及百姓安身立命之所，也是发展问题，关系民生福祉、经济社会发展全局。习近平总书记强调，人民群众对实现住有所居充满期待，我们必须下更大决心、花更大气力解决好住房发展中存在的各种问题。2023 年 1 月 17 日，全国住房和城乡建设工作会议提出要推进"保交楼、保民生、保稳定"工作，努力提升品质，建设好房子。2018 年以来，全国商品房销售总体仍然保持增长趋势，商品房项目开发牵涉范围广、建设周期长、开发商良莠不齐，建设过程中规划设计变更现象屡见不鲜，致"货不对板""严重减配""虚假宣传"等事件频发，侵犯了购房者的权益，成为影响社区幸福指数、超大城市治理及社会和谐稳定的隐患，是下一步社会治理工作的痛点和难点。本文依托近年来审判实践中商品房规划设计变更纠纷的数据样本，深入剖析规划设计变更暗含的风险，归纳审判实践中的司法难题，提炼司法实务中的有益经验，从多角度为实质化解商品房规划设计变更纠纷建言献策。

一、实证考察：商品房规划设计变更案件的审判概况和风险呈现

商品房建设过程中规划设计变更关系着人民群众的居住利益，近年来商

---

* 沈晔，法学硕士，上海市静安区人民法院民事审判庭法官助理。本文获 2023 年上海高院优秀司法统计分析成果评选活动鼓励奖，并获中国行为法学会司法专业委员会主办的第九届"天大·中国司法论坛"征文三等奖。

品房规划设计变更引发的纠纷频发，成为引发争议的高频案件类型。商品房规划设计变更纠纷并非法律意义上的民事诉讼案由，从定义而言，可以分为商品房规划变更和商品房设计变更两大类。商品房规划变更是指商品房建设过程中规划许可变更，主要涉及宏观层面对建设工程规划许可证所确定的土地用途、规模、小区配套等的变更；设计变更主要是对施工图纸设计文件所确定的商品房结构形式、户型、装修标准等施工条件微观层面的更改，两者在变更内容、审核部门及适用法律上均存在差异。（见表1）笔者以2019年1月1日至2022年12月31日S市法院商品房规划设计变更案件为研究对象，系统梳理审判现状。

表1　规划变更与设计变更的区别

变更事项	变更内容	变更基础	适用法律法规	审核部门	变更后通知程序
规划变更	楼盘位置、楼层高度、建筑面积、容积率、绿地率、小区道路、停车位等建筑标准、基础设施、公共服务及医疗、学校、商业等配套设施等	建设工程规划许可证	《城乡规划法》第四十条、《商品房销售管理办法》第二十四条	城乡规划主管部门	房地产开发企业应当在变更确立之日其10日内，书面通知买受人。买受人有权在通知到达之日起15日内做出是否退房的书面答复，买受人在通知到达之日其15日内未作书面答复的，视同接受变更
设计变更	商品房结构形式、户型、空间尺寸、朝向等方面	建设工程施工图设计文件	《商品房销售管理办法》第二十四条、《建设工程质量管理条例》第十一条、《建设工程勘察设计条例》第二十八条、《房屋建筑和市政基础设施工程施工图设计文件审查管理办法》第三条及第十四条	原施工图审查机构	

（一）透视：以S市法院2019—2022年司法实践为研究样本

1. 案件数量总体稳步增长，货不对板现象普遍

2019年至2022年S市法院受理商品房预售合同纠纷9807件，以判决方

式一审结案共计 4259 件，其中 1128 件 ^① 案件中存在开发商变更规划设计引发争议的情况，包括 2019 年 297 件，2020 年 375 件，2021 年 387 件，2022 年 69 件，（见图 1）案件数量总体呈上升趋势，2022 年受疫情影响，判决数量明显减少。民事一审 22.58% 案件中存在规划设计变更争议，商品房建设过程中规划设计变更现象较为普遍。

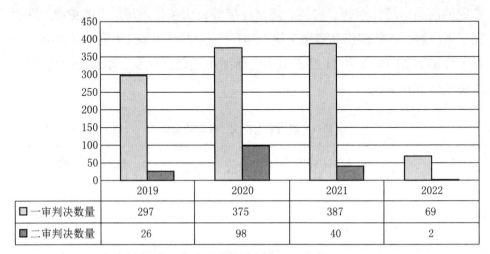

	2019	2020	2021	2022
一审判决数量	297	375	387	69
二审判决数量	26	98	40	2

图 1　2019—2022 年 S 市商品房规划设计变更纠纷判决数量

2. 变更内容多样化，诉讼标的额差异明显

对样本文书进行梳理分析，购房者与开发商产生争议的变更内容不仅包括涉及小区配套、共有部位等外部宏观层面的变更，包括花园游泳池等配套设施变更 353 件、车位变更 314 件、小区平面布局变更 43 件、外立面变更 27 件，亦包括内部结构、户型、装修标准等微观层面的更改，比如电梯楼梯变更 168 件、装修标准及材料变更 156 件、室内面积变更 88 件、户型变更 75 件、层高减少 43 件等。（见图 2）

由于规划设计变更，购房者认为房屋交付货不对板，会拒绝收房、索要赔偿，诉讼标的额大小不等，但因商品房总价高，动辄百万千万，部分争议标的额相对较大，涉诉标的达到 100 万元以上的案件达到 97 件。（见图 3）

---

① 以"设计变更"、"规划变更"等作为关键词，案由为商品房预售合同纠纷，时间限定于 2019 年 1 月 1 日至 2022 年 12 月 31 日，地域为 S 市，文书类型为判决书，搜索到文书 1155 件（含一审和二审），经人工查阅、筛选、分析、剔除，通过中国裁判文书网搜索到与本文相关一审有效文书共计 1128 件，2022 年受疫情影响，判决书数量减少。

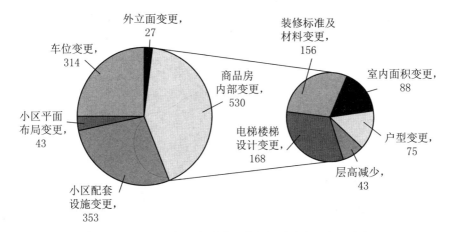

图2　2019—2022年S市涉商品房规划设计变更类型分布

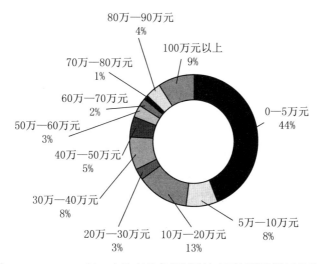

图3　2019—2022年S市涉商品房规划设计变更纠纷涉诉标的分布

3. 诉讼请求类型化，购房者诉求趋同

涉商品房规划设计变更案件中诉讼请求主要可以被归为四类：一是要求解除房屋买卖合同，购房者以不同意设计变更为由主张行使法定解除权或约定解除权，共计27件；二是购房者根据合同约定向开发商主张违约金，共计258件；三是要求开发商赔偿损失843件，主张包括房屋贬值损失、预期利益损失、资金占用损失、维权产生的律师费损失等；四是要求开发商进行恢复整改269件，购房人要求开发商按照原规划设计方案进行恢复或者予以整改。购房者的诉请中多包括赔偿损失的诉请。（见图4）

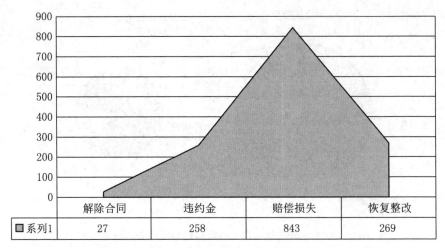

系列1	解除合同	违约金	赔偿损失	恢复整改
	27	258	843	269

图4　2019—2022年S市涉商品房规划设计变更纠纷诉请分布

4. 购房者诉请难以全部支持，上诉率偏低

从判决结果来看，对于购房者诉请全部不予支持491件，部分支持311件，全部支持326件，43.5%的购房者诉请难以得到法院支持。（见图5）对于购房者不予支持的理由主要有购房者未证明发生了规划设计变更、购房者未证明产生损失等。部分支持的理由主要是法官结合实际损失情况对于购房者所主张的违约金和损失予以调整。商品房预售合同纠纷案件上诉率为61.9%，商品房规划设计变更纠纷案件的上诉率相对较低，上诉率为17%，（见图6）且90%的二审案件均予以维持。

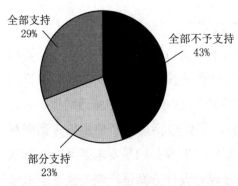

图5　2019—2022年S市涉商品房规划设计
变更纠纷判决结果分布

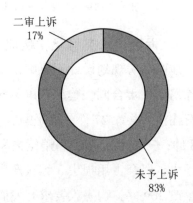

图6　2019—2022年S市涉商品房规划
设计变更纠纷上诉情况

（二）审视：商品房规划设计变更暗含多重风险

1. 涉众性较强，易引发群体性事件

商品房规划设计变更涉及小区内众多业主利益，在当今自媒体环境下，单个个体均可能成为社会关注的对象，进而引发大量舆情。司法实践中发现，购房者在购买商品房后，甚至在购买前即成立业主群，当出现规划设计变更导致房屋交付不符合约定等负面信息时，舆情会迅速在微信群内发酵，如缺乏有效畅通的矛盾解决机制和途径，购房者即会采取一致行动，比如联系媒体、向规划主管部门投诉、共同上访或者提起诉讼维权等，存在引发群体性事件的隐患，对法院审判、社会舆情及维稳工作均提出了较高要求。以涉诉量前八位的开发商为例，均为购房者就楼盘内的同一变更事项提起的诉讼，涉诉案件最多的上海甲房地产发展有限公司擅自变更地面车位布局，购房者多次信访投诉，S 市法院受理由此引发的纠纷共计 239 件。

2. 增加审批时间，存在逾期交楼风险

司法实践中购房者提出开发商擅自变更规划设计，增加审批时间和建设时间，文书样本中 25.53% 裁判文书中均提及存在逾期交房现象。发生逾期交房后，交房和办理产证的时间亦会延后，造成各项直接损失，如租房居住的购房者需要支付更多的租金成本，房屋过户时间、户籍迁入时间存在延迟会导致各项间接损失的产生，如处理不慎极易引发社会舆情，影响保交楼、保民生、保稳定工作的开展。在购房者起诉上海乙房地产发展有限公司案件中，[2] 开发商申请调整建筑高度及建筑面积，导致涉案房屋无法如期交付。购房者起诉上海丙置业发展有限公司案件中，[3] 法院认定涉案房屋外幕墙设计变更与逾期交房存在关联。

3. 关联纠纷频发，引发房企财务风险

房地产业是我国国民经济的基础产业、先导产业、支柱产业，商品房建设和销售过程涉及环节众多，牵一发而动全身，如出现规划设计变更，易引发一系列连锁反应。一方面，规划设计变更后，开发商逾期交房、购房者拒

---

[2] （2019）沪 0107 民初 804 号民事判决书。
[3] （2021）沪 0120 民初 18664 号民事判决书。

绝收房，购房者会对银行贷款偿还持消极态度，我国与房地产相关的贷款占银行信贷的比重接近40%，房地产占城镇居民资产的60%，④ 易引发金融机构的信用风险；另一方面，由于开发商变更设计，交付房屋不符合约定，影响开发商资金回笼，进而导致其无法按期支付供应商材料款或工程款，会影响房地产相关产业链条的正常运转和消费需求的释放。此外，不乏开发商因规划设计变更无法按期办出大产证，银行因此拖延贷款发放时间，中小房地产企业的抗风险能力较弱，更易因此引发资金链断裂、债务违约等问题，甚至导致项目停工停建、烂尾楼盘增加。⑤S 市 J 法院受理案件中，上海丁置业有限公司因对外立面进行变更，叠加疫情影响，致大产证无法按期办理，银行贷款也未能按期发放，影响公司的正常经营，该公司 2022 年以来在诉讼同期存在建设工程施工合同纠纷、装饰装修合同纠纷、物业服务合同纠纷等关联案件 9 件，涉及关联企业 10 家，涉诉标的 1200 余万元。

二、困境分析：商品房规划设计变更纠纷的法律困境与成因分析

商品房建设销售过程规划设计变更现象衍生出诸多法律问题和亟待解决的现实之困，需要深入剖析成因，合理规制，正向引导，以促进我国房地产市场的良性健康发展。

（一）商品房规划设计变更纠纷的司法应对难点

从样本文书来看，司法实践中商品房规划变更和设计变更纠纷的主要争议焦点为购房者是否有权解除合同、相关变更是否对购房者产生实质影响、相关变更是否履行通知手续、购房者的损害赔偿问题等，司法实践中存在以下难点亟须予以回应。

1. 开发商控制建设审批文件致调查取证难

商品房规划设计变更纠纷中，规划设计变更审批文件是反映案件事实的

---

④ 参见国务院副总理刘鹤在达沃斯世界经济论坛 2023 年年会上的致辞，https://www.gov.cn/guowuyuan/2023-01/17/content_5737643.htm，2023 年 7 月 16 日访问。

⑤ 参见李建伟、李欢：《中国购房者集体断供：房屋预售模式的风险失衡及其法律应对》，载《河南师范大学学报》2023 年第 4 期。

核心证据，可以根据规划设计变更的时间、内容、审批过程、变更必要性及合理性以判定开发商的责任，但建设审批申请文件一般由开发商保管控制，相关主管部门对于商品房规划变更设计审批程序及审批结果目前未有公开的官方信息公示渠道，购房者亦难以取得，律师持调查令向相关主管部门调取，主管部门也多以开发商处有留存而拒绝提供。开发商出于利益考量，往往不会主动向法院递交，导致案件审理中普遍存在规划设计变更材料调取难的问题。即使法院向相关部门调取审批文件也存在沟通障碍，导致购房者证明发生规划设计变更存在一定难度。

2. 开发商提供格式合同致违约责任认定难

虽然商品房预售合同由房管部门制定，但是开发商在商品房买卖合同的订立中仍然占据优势地位，会在补充条款中减轻或免除自身对商品房规划设计变更的责任。具体而言，一部分开发商在《商品房预售合同》中只赋予购房者规划设计变更合同解除权，不设定违约金抑或违约金设置标准极低，纠纷产生后购房者主张往往无违约金条款可予援引，致维权之路受阻。此外，开发商会在补充条款中设置免责条款，如"开发商对原规划设计方案作出细部调整，可不通知购房者，购房者确认对补充协议全部条款进行了详细的说明和讨论，并对当事人有关权利义务和责任限制或免除条款的法律含义有准确无误的理解"。[6] 相关条款体现了开发商的"甲方特征"。

3. 规划设计变更损失难确认致利益平衡难

目前房地产市场存在一手房价值优势较为明显，购房者解除合同成本较高，因限购政策、银行贷款政策等会导致购房者产生机会成本损失，出于利益衡量购房者不会选择退房，故样本文书中当事人诉请要求解除合同的数量较少。在合同中未约定违约条款的情况下，当事人往往援引《民法典》第五百八十四条主张赔偿损失，开发商多以不存在实际损失为由进行抗辩。相关变更客观上降低了房屋居住舒适度和业主的生活质量，房屋的使用价值也不可避免减损，但因规划设计变更所产生的影响难以评估和衡量，购房者并不能就因开发商规划设计变更行为所受到的实际损失进行举证。司法实践中常见的处理方式，一是以未能举证实际损失为由驳回购房者的诉请，比如购

---

[6] （2023）沪 0106 民初 2294 号民事判决书。

房者起诉开发商上海丁置业有限公司商品房预售合同纠纷中，购房者认为开发商设计变更致面积增加不同意支付面积补差款，且设计变更对房屋品质造成影响，法院认为购房者现有举证不足以证明因设计变更致交房不符合约定或对所购房屋品质或价值构成重大影响，对于购房者的意见不予采信。[7] 二是结合案件具体情况酌情确定赔偿金额，但关于损失认定并没有统一的标准，依赖于法官行使自由裁量权，存在同案不同判的风险。以司法实践中多发的层高不足情况为例，相关裁判文书中的表述一般为结合房屋位置、房屋价格、层高误差比例、开发商违约过错大小、逾期利益等因素酌定赔偿比例，[8] 但比对后可以发现名为对各类因素进行综合考量，实则对各类因素的影响并无量化依据，确定的最终比例更多是法官内心公平的考量，因缺乏统一的裁判标准，法律文书也存在欠缺说理，随意性大等问题。

4. 共有部位涉及公共利益致使恢复整改难

商品房规划设计变更纠纷中购房者的核心诉求之一为要求开发商按照原有的规划设计方案整改，因为商品房已经建成，就商品房内部的恢复整改尚有可能，但是对于涉及小区内的恢复整改存在较大的难度：第一，在小区平面布局已被实际改变的情况下，如果判令强制履行，恢复原状，无疑要将已经建成的小区进行部分拆除重建，势必要花费较大的费用，经济上不合理。第二，小区业主都实际入住，如果重新规划布局，势必影响业主的日常生活，引发新的矛盾和纠纷。第三，根据《民法典》规定，对于涉及小区公共利益的，诉讼主体限定为小区业委会，购房者以个人名义主张权利的，法院也不予支持。在样本文书中，购房者要求开发商上海戊房地产开发有限公司恢复小区平面布局165个地面车位，法院认为小区地面车位问题涉及小区业主公共利益，地面车位的划定及使用应当由小区业主共同决定，小区地上车位的规划已通过政府部门验收并有合格交付许可证，原告不能代表整体业主的权限，无主体资格，其主张可通过业主委员会解决，故驳回了购房者的相关诉请。[9]

---

[7] （2021）沪 0120 民初 25189 号民事判决书。

[8] （2020）沪 0118 民初 14385 号民事判决书、（2021）沪 0114 民初 1203 号。

[9] （2019）沪 0115 民初 69550 号民事判决书。

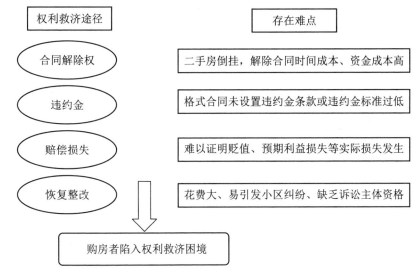

图 7　商品房规划设计变更购房者权利救济图示

（二）商品房规划设计变更纠纷的成因分析

1. 预售制度存弊端，购房者无法"眼见为实"

我国商品房以期房销售为主，根据国家统计局公布数据显示，2022 年全国商品住宅现房销售面积占比仅为 13.9%。长期以来，我国城镇商品房供不应求，因商品房预售制度存在缩短开发商的融资时间，提高资金使用效率，加快资金回笼等优势，商品房预售制度成为我国主要的房屋销售形式。[⑩] 在商品房预售制度下，开发商利用政策、信息、资金、技术等优势，通过预售中模糊售楼承诺与售楼广告的法律效力、单方对房屋设计作出重大调整，[⑪] 购房者支付了全部房价款，却无法查验房屋实际状况，对于商品房的周边环境、小区配套、户型情况等情况只能依赖于宣传手册、沙盘展示和销售人员的讲解，对于购买的房屋不能眼见为实，购房者完全承担了开发过程中存在规划或设计变更的风险，购房者历经多年取得商品房后，如发现"货不对板"极易引发较大不满。

[⑩]　参见林慰曾：《商品房交易模式：预售制与现售制的比较和改进》，载《南方金融》2023 年第 4 期。

[⑪]　参见雷兴虎、蔡科云：《中国商品房预售制度的存与废——兼谈我国房地产法律制度的完善》，载《法学评论》2008 年第 1 期。

2. 法律法规供给不足，司法审判"左右为难"

《民法典》中未有对开发商商品房规划设计变更的责任进行特别规定，现行的《商品房销售管理办法》规定，商品房销售后房地产开发企业不得擅自变更规划、设计，经规划部门批准的规划变更、设计单位同意的设计变更，房企应当书面通知买受人，买受人有权退房，如买受人在通知到达之日起 15 日内未作书面答复的视同接受变更以及由此引起的房价款变更。该规定在 2001 年出台，存在以下不足：一是只涉及商品房本身的变更问题，未涉及小区规划设计变更的处理方式；二是未对规划主管部门批准规划变更的条件、程序以及擅自变更规划的责任进行细化规定；三是未充分保障购房者的利益，该条赋予购房者退房权利，未赋予购房者其他救济的权利，导致法院在审理该类案件时存在法律适用难点。

3. 审批程序不完善，监管效果"差强人意"

目前政府主管部门对预售合同的强制登记、预售广告的发布监管、资金的监管、建设的过程，都是行政静态的、事后的管理，缺乏动态的、事前的防范，没有引入行之有效的监管手段。[⑫] 就商品房规划设计变更而言，政府行政机关有两个方面尚待完善：一是规划设计变更的公告程序，即对于规划设计变更方案应当及时让公众足够了解，并且允许公众查询。二是对于规划变更的听证程序，即规划设计变更应当通过听证听取利益相互冲突群体的不同意见。但目前的主管部门审批程序及审批结果缺乏公示，规划设计变更经主管部门同意已然演化成开发商为自身缺乏诚信、擅自变更规划的行为抗辩，引发购房者的强烈抵触，也让社会公众对于规划变更审批程序的合理性产生质疑。如开发商在浦东新区 A 楼盘建设过程中，以存在光污染为由将原设计的"铝板＋玻璃幕墙"外立面更改为涂料，开发商认为变更已经过相关部门的批准，对于审批是否合法合理引发了群众热议。

4. 开发商恶意逐利，建设销售"随心所欲"

通观商品房出现的规划设计变更情况，多数纠纷是由开发商主动变更引发，究其原因，其一在于开发商的逐利性，试图通过变更设计降低开发成

---

⑫ 于银霞、叶先权：《高质量发展视角下商品房预售制度研究》，载《住房与房地产》2023 年第 12 期。

本，比如在土地面积不变的情况下，增加建筑物的数量或楼层或者将规划绿地改建商品房，直接增加可售商品房面积，增加的房屋面积不需另付土地出让金，开发商能够获得更大的经济利益。其二在于开发商缺乏法律和规则意识，近年来我国房地产发展迅速，开发商水平良莠不齐，建设和销售过程中随意性较大，对于规划设计变更的法律责任及相关后果并不明晰，因而出现了开发商未经规划主管部门批准擅自更改设计规划或方案进行建设的现象。

三、能动司法：商品房规划设计变更纠纷的司法应对路径

最高人民法院院长张军指出，全国各级人民法院要把能动司法贯穿新时代审判工作始终。所谓能动司法，指的是法官不应仅仅消极被动地坐堂办案，不顾后果地刻板适用法律，在尚处于形成进程中的司法制度限制内，法官可以并充分发挥积极性和智慧，通过审判以及司法主动的各种替代纠纷解决方法，有效解决社会各种纠纷和案件。[13] 房地产领域的商品房规划设计变更案件涉众性强，关乎百姓福祉及社会稳定，单独通过诉讼程序化解难度大、实现权利慢、信访风险高，处理此类纠纷不仅要着眼个案解决，更需要法院往前迈一步，促进商品房规划设计变更纠纷的实质化解。

（一）治已病之疾：优化案件审理方式

1. 处理原则：适当保护购房者弱势群体利益

合同为双方自主选择签订，未违反法律强制性规定，应当自合同成立生效时即遵守合同约定，裁判者在相关案件的审理过程中应当严守合同约定依法裁判。但是开发商和购房者在《商品房预售合同》订立时不具备完全的平等性，开发商多会采取补充条款的形式对于商品房规划设计变更的行为进行免责，为实现实质公平，在处理商品房规划设计变更纠纷的过程中，第一，在实体审理过程中，法院应将违反强制性法律规定或通过补充条款形式规避开发商责任的行为纳入司法审查范围，适当保护购房者弱势群体的权利。第二，对于购房者调取规划设计变更文件受阻时，一方面合理分配举证责任，

---

[13] 苏力：《关于能动司法与大调解》，载《中国法学》2010 年第 1 期。

要求开发商主动提供由其保管的相关设计审批文件，另一方面，法院可以依职权向相关审批部门调取案件所需的材料。

2．裁判规则：规范裁判尺度以实现同案同判

对于购房者就商品房规划设计变更要求支付违约金和赔偿损失的诉请，要确保裁判尺度统一，避免出现"同案不同判"。第一，目前法院着力开展司法大数据的开发运用，但是未能结合不同的案由形成可供参考的数据，对于商品房规划设计变更这类纠纷的裁判尺度，更多的是需要承办法官通过案件的具体情况进行类案检数据分析来形成内心确信，导致个案的处理存在出入，后续可以结合司法大数据的建设工作，将相关损失进行量化计算处理。第二，上下级法院及相关部门应加强业务沟通和交流，统一类案的法律适用，化解群体性纠纷风险，同时在裁判文书中应当加强释法说理，把裁判依据和裁判理由进行充分论述，做到说理公开。

3．审理方式：示范判决 + 专业调解 + 司法确认解纷机制

商品房规划设计变更纠纷具有群体性强、跟风式诉讼频发的特征，同一楼盘同期一并进入法院会导致诉讼资源的浪费，引发当事人的讼累，对于此类案件可以探索建立"示范判决 + 专业调解 + 司法确认"，法院依职权或根据当事人意愿，选取一个或数个具有典型性、代表性的案件作为示范，见行审理，予以裁判，发挥生效裁判的示范作用，引导当事人比照示范判决形成合理预期。在类案形成示范案例情况下，通过街道、社区、人民调解等基层组织，引导当事人参照示范判决采取非诉方式和谐解决，促进案结事了，缓解审判资源与批量涉众商品房规划设计变更纠纷间的矛盾，实现"办理一案，治理一片"的效果。

（二）消未起之患：提高司法治理水平

结合前述，商品房进行了规划设计变更后，由于商品房已经建成销售，购房者采取诉讼的形式进行权利救济受到诸多限制，且商品房建成后恢复原设计方案存在着无法履行的困境，因而对于此类纠纷不仅要主张纠纷的实质化解，还要法院充分发挥司法审判职能作用，积极主动回应司法的社会治理需要和人民关切，商品房规划设计变更引发的纠纷还应通过以下方面着力化解：

1．制发司法建议，引导开发商依法依规经营

对于在案件中审理发现的开发商擅自规划设计变更的情况，主动延伸司法审判职能，向开发商制发司法建议，要求其限期整改，填补开发商在企业经营管理中的漏洞，推动开发商在新建商品房建设和销售过程中规范经营，做好诉源治理。

2．加强磋商研究，规范销售合同文本

联合房地产行业协会、开发企业、住建委、规划自然局建立会商机制，定期对商品房规划设计变更中存在的问题进行磋商研究，针对开发商利用合同示范文本，设置格式条款侵害购房者利益的情况，及时向房管部门进行反映，修改和完善现行制式《商品房预售合同》，限制开发商随意以补充条款减轻、免除自身义务或者加重购房者义务的责任的行为。

3．发布典型案例，提升购房者法律意识

司法机关应当及时总结案件特点和审理中发现的问题，通过制发典型案例，召开新闻发布会，向社会公众及时披露商品房规划设计变更类案的审理情况，通过以案释法引导社会公众深入了解商品房规划设计变更的法律责任的界定，提高购房者的法律意识和自我保护能力。

四、治理进路：多元共治实质化解商品房规划设计变更纠纷

2022 年中央经济工作会议明确指出，支持住房改善，要确保房地产市场平稳发展，扎实做好保交楼、保民生、保稳定各项工作。实现房地产领域矛盾纠纷顺利化解，是服务经济高质量发展的稳定器，是维护人民群众民生权益的防火墙，亦是防范化解重大风险的减压阀。[14] 司法机关处于纠纷化解的末端，对于社会治理的作用具有局限性，实现商品房规划设计变更纠纷的实质化解需要多措并举，多元发力，从顶层制度设计、完善法律保障体系、压实监管责任和规范商品房建设和销售行为四个层面防范纠纷产生。

（一）稳步推进商品房预售制度改革，鼓励现房销售试点

2023 年 1 月，住建部强调"有条件的可以进行现房销售，必须把资金监

---

[14] 参考杨临萍：《能动司法担当作为，努力开创房地产及建工领域纠纷诉源治理新局面》，载《人民司法》2023 年第 19 期。

管责任落到位，防止资金抽逃，不能出现新的交楼风险"。[15] 商品房预售制为推进我国房地产市场发展壮大、解决城镇居民住房短缺功不可没，但是我国商品房总体短缺的时代已经基本结束，开发商高杠杆、高周转、高负债的"三高"模式的弊端日益显现。目前，已经有包括深圳、北京、合肥、福州等地试点在土地出让环节设置"现房销售"条件，接下来可以在全国范围内因地制宜鼓励有条件的地方开展现房销售试点，让购房者做到"眼见为实、心中有数"，避免建设过程中规范设计变更引发的纠纷。

（二）完善更新法律法规，完善商品房法律保障体系建设

住房是民生之要，我国住房制度既要保民生，更要提品质，通过对案件审理过程中的难点进行归纳总结，可以从以下层面完善商品房法律保障体系，提高司法治理水平：第一，对《商品房销售管理办法》进行更新，明确涉及购房人利益的规划变更以征得购房者同意为实质要件，细化开发商对小区和商品房进行规划设计的法律责任，并给予购房者合理的救济权利。第二，对规划主管部门批准规划变更的条件、程序进行进一步细化规定，包括主管部门审批程序、公示方式、公示时间、批准规划变更时受影响购房者同意的比例、购房者意见的收集统计方法、利害关系人申请听证的程序、申请复议程序等进行明确规定。

（三）加强信访矛盾化解，压实房管规划等部门监管责任

预防重于整治，监督优于处罚，主管部门管比不管效果好，主动管比被动管效果好，管在前比罚在后的效果好。房管和规划等部门应当从以下方面落实审批和监管责任：第一，广泛征求意见，严格履行规划批前公示、批后公告制度。严禁开发商通过修改规划设计方案降低项目建设品质，开发商确需变更的，规划审批部门应当公开征询利害关系人和社会公众的意见，依法对规划设计变更的必要性、合理性、合法性进行审查以及科学论证，并及时

---

⑮《全面学习贯彻党的二十大精神 奋力开创住房和城乡建设事业高质量发展新局面》，载 https://www.mohurd.gov.cn/xinwen/jsyw/202301/20230118_769981.html，2023 年 7 月 16 日访问。

公示。第二，加强执法力度，保障购房合法权益。建立健全联合检查、联合查处和信用监管机制，对于开发商擅自规划设计变更的，及时进行惩处。第三，畅通投诉举报渠道，加强信访矛盾化解。如确因开发商规划设计变更损害购房利益的，相关部门应当注重矛盾化解，积极寻找替代性解决方案，引导开发商给予相应补偿或给予物业费减免，避免矛盾激化。

（四）提升开发商法律意识，规范商品房建设和销售行为

开发商应当从以下方面规范建设和销售行为，避免因规划设计变更陷入经营风险：首先，开发商应当谨慎变更。开发商在初期即应对规划设计方案进行充分考虑论证。其次，应当严格履行通知程序。开发商在销售前进行变更的，应当在签订合同时即告知购房者，签订合同后变更的应当以补充协议形式与购房者及时确认变更情况。最后，开发商准确进行宣传和承诺。前期宣传和销售人员承诺应仅限于已确定的规划和设计内容，对于不确定的或未批准的规划、设计，不在售楼处现场体现和展示，也不应向购房者承诺，避免虚假宣传。

五、结语

住有所居，居有所安，是人民追求美好生活的基本愿景，古今中外，概莫能外。为切实实现人民群众对住房品质的需求，实质化解开发商规划设计变更引发的纠纷，司法机关应当践行能动司法维护购房者的合法利益，立法、监管等部门亦需要多向发力，主动作为，切实实现商品房规划设计变更纠纷的诉源治理。

图书在版编目(CIP)数据

审判实践与探索：静安法院 2023 年度调研成果精粹/
上海市静安区人民法院编；孙静主编.—上海：上海
人民出版社，2024
ISBN 978 - 7 - 208 - 18921 - 8

Ⅰ.①审⋯ Ⅱ.①上⋯ ②孙⋯ Ⅲ.①法院-调查研
究-静安区-文集 Ⅳ.①D926.224 - 53

中国国家版本馆 CIP 数据核字(2024)第 094745 号

责任编辑 史尚华
封面设计 夏 芳

审判实践与探索：静安法院 2023 年度调研成果精粹
上海市静安区人民法院 编
孙 静 主编
沈 立 副主编

出 版 上海人民出版社
 (201101 上海市闵行区号景路 159 弄 C 座)
发 行 上海人民出版社发行中心
印 刷 苏州工业园区美柯乐制版印务有限公司
开 本 720×1000 1/16
印 张 30.5
插 页 4
字 数 477,000
版 次 2024 年 5 月第 1 版
印 次 2024 年 5 月第 1 次印刷
ISBN 978 - 7 - 208 - 18921 - 8/D·4326
定 价 128.00 元